U0488921

中原民间珍贵古籍展图录

（第一辑）

主编：谢昱　席聪
副主编：辛渭　李林昊

中原出版传媒集团
中原传媒股份公司

大象出版社
·郑州·

图书在版编目(CIP)数据

中原民间珍贵古籍展图录. 第一辑 / 谢昱, 席聪主编. — 郑州 : 大象出版社, 2021. 9
ISBN 978-7-5711-0859-5

Ⅰ. ①中… Ⅱ. ①谢… ②席… Ⅲ. ①古籍-中国-图录 Ⅳ. ①G256. 22-64

中国版本图书馆 CIP 数据核字(2020)第 249597 号

中原民间珍贵古籍展图录(第一辑)
谢 昱 席 聪 主编

出 版 人 汪林中
责任编辑 郑强胜
责任校对 张迎娟
装帧设计 王 敏

出版发行 大象出版社(郑州市郑东新区祥盛街 27 号 邮政编码 450016)
发行科 0371-63863551 总编室 0371-65597936
网 址 www.daxiang.cn
印 刷 洛阳和众印刷有限公司
经 销 各地新华书店经销
开 本 890 mm×1240 mm 1/16
印 张 18
字 数 191 千字
版 次 2021 年 9 月第 1 版 2021 年 9 月第 1 次印刷
定 价 480.00 元
若发现印、装质量问题,影响阅读,请与承印厂联系调换。
印厂地址 洛阳市高新区丰华路三号
邮政编码 471003 电话 0379-64606268

前　言

在五千年中华文明史中，河南有着举足轻重的地位。而对于传统文化传承最多的就是古籍，古籍是承载中国传统文化的最大载体。文化部在“十三五”规划中提出，要提倡传承和弘扬中华优秀传统文化，切实发挥古籍传承中华优秀传统文化的重要作用，真正让“书写在古籍里的文字活起来”。河南省图书馆和中原古书联盟于2017年在河南省图书馆举办了第一届中原民间珍贵古籍展，得到了国家古籍保护中心和社会大众的广泛认可。近年来，国家对于古籍保护和普查的关注度越来越高；河南省民间藏书氛围也更加活跃，参与藏书的群体在不断扩大，藏书的质量也在不断提高，中原古书联盟顺应古籍收藏与古籍保护的发展需求，正式改名为河南省民间古籍保护协会（筹）。在河南省文化和旅游厅、河南省图书馆和河南省古籍保护中心的大力支持下，为配合文化部首届全国晒书节活动以及向中华人民共和国七十华诞献礼，于2019年8月举办了第二届中原民间珍贵古籍展及首届中原古籍论坛。

两届展览共展出珍贵古籍、河南地方文献、碑帖拓片五百六十余件。其中珍贵古籍文献有：宋刻《朱文公校昌黎先生外集》、宋刻《资治通鉴纲目》、宋刻《思溪圆觉藏》、宋皇祐二年宗教文书、元刻《集千家注杜工部诗》等古籍五部；明代内府彩绘本《六壬秘书》一件、北魏写经一件、南北朝写经三件、唐写经六件等十八件；《拟古乐府》（明正德八年刻本）、《四书初问》（明嘉靖刻本）、《同时尚论录》（南明弘光刊本）、《乐律全书》（明万历三十四年郑藩刻本）、《本草纲目》（明万历三十一年江西刻本初印本）等明代刻书二百八十余部；《历代名媛尺牍》（清套印巾箱本）、《东观汉记》（清乾隆聚珍版木活字印本）、《毛诗名物图说》（清乾隆三十六年刻本）、《古文约选》（清雍正果亲王府刻本）、《山海经》（清康熙五十四年项絪群玉书堂本）、《红楼梦》（清乾隆五十六年程伟元萃文书屋木活字印本，即“程甲本”）等清代刻书一百八十余部；《中州金石考》（清乾隆刻本）、《中州金石目录》（清光绪徐乃昌刻本）、《壮悔堂文集》（清顺治刻本）等河南地方文献四十余部；《龙门八品》（清乾隆中期拓本）、《熹平石经》（马衡题跋民国拓本）、《曹忘禧造像》（陈介祺题跋民国拓本）、《元飏、元飏妻墓志铭》（民国拓本）、《八关斋会报德记》（清乾隆拓本）、《王铎琅华馆帖》（清初拓本）、《黄庭经》

（武慕姚跋明拓本）、《尹宙碑》（乾隆拓本）等三十余件。涵盖自宋到民国古籍善本的绝代风华。

我们从两届展览的藏品中精选二百三十余件，编辑成《中原民间珍贵古籍展图录》。（以下简称《图录》）

《图录》是从两届展览的五百六十余件展品中精选出版本价值高、学术代表性强、刊刻特点突出的古籍善本作为《图录》的主体。依据版本学的方法，参考各种古籍善本书目，对文献本身的特征进行考究，确定版本。根据古籍著录的基本要求逐一著录，揭示了所收录藏品的基本特征，使之成为一部融实用性、收藏性、阅读性为一体的工具图录。

本《图录》收录的藏品代表了中原民间所藏古籍善本的基本面貌，对促进民间古籍收藏与保护、交流与利用具有一定的价值，对扩大海内外对中国古籍善本的认知具有特殊意义和重要作用。

谢昱　席聪

2021 年 3 月 10 日

目 录

摩诃般若波罗蜜经　敦煌北魏写本　一

仁王般若经疏　敦煌南北朝写本　二

摩诃般若波罗蜜多经　敦煌南北朝写本　四

小品般若经　敦煌南北朝写本　六

法华经　敦煌盛唐写本　八

佛说灌顶经　敦煌盛唐写本　一〇

大般涅槃经　敦煌唐写本　一二

维摩诘经　敦煌唐写本　一四

大乘无量寿宗要经　吐蕃统治敦煌时期吐蕃文写本　一六

药师琉璃光如来本愿经　敦煌盛唐写本　一八

皇祐二年施仁永度牒　宋代写本　一九

格里高利圣咏　9世纪羊皮卷写本　二〇

《崇宁藏》佛经一版　北宋崇宁三年（1104）刻本　二二

郑文焯题跋宋英宗玉押　宋拓本　二三

大方广佛华严经　宋刻本　二四

资治通鉴纲目　南宋乾道八年（1172）江西庐陵官刻本　二六

南史　元大德十年（1306）刻本，明嘉靖递修本　二八

集千家注分类杜工部诗　元皇庆元年（1312）余氏勤有堂刻本　二九

玉海　元至元六年（1340）集庆路儒学刻本　三〇

《资治通鉴》音注　元前至元二十七年（1290）兴文署刻本　三一

乐府诗集　元至正元年（1341）集庆路儒学刻本　三二

标题注疏小学集成　元刻本　三四

礼书　元至正七年（1347）福州路刻本　三六

玉海　元庆元路儒学刻本，明递修本　三八

文献通考　元刻本，明递修本　三九
新编事文类聚翰墨大全　明初刻本　四〇
新编古今事文类聚　明正统十二年（1447）内府刻本　四一
新编古今事文类聚　明正统内府刻本　四二
论语集注大全　明正统内府刻本　四三
五伦书　明正统内府刻本　四四
欧阳文忠公集　明天顺刻本　四五
南丰先生元丰类稿　明成化八年（1472）南丰县学刻嘉靖补修本　四六
史钺　明弘治十五年（1502）翠严精舍刘祥刻本　四八
河东先生龙城录　明弘治华珵仿宋刻本　四九
海岳名言　明弘治华珵仿宋刻本　五〇
拟古乐府　明正德八年（1513）毛黄门刻本　五一
逊志斋集　明正德十五年（1520）顾璘刻本　五二
大明会典　明正德内府刻本　五三
九栢存稿　明正德精写刻　五四
中朝故事　明正德刻本　五五
史记　明嘉靖四年至六年（1525—1527）王延喆影宋黄善夫刻本　五六
宋文鉴　明嘉靖五年（1526）晋藩养德书院刻本　五七
水经注　明嘉靖十三年（1534）黄省曾刻本　五八
新笺决科古今源流至论　明嘉靖十六年（1537）白坪刻本　五九
柳文　明嘉靖十六年（1537）游居敬刻本　六〇
杜氏通典　明嘉靖十八年（1539）王德溢刻本　六一
六书精蕴　明嘉靖十九年（1540）魏希明刻本　六二
唐诗纪事　明嘉靖二十四年（1545）张子立刻本　六三
高拱圣旨　明嘉靖皇帝颁敕　明嘉靖二十四年（1545）宫廷写本原件　六四
妇人良方　明嘉靖二十七年（1548）沈鉴刻本　六六
艺文类聚　明嘉靖二十八年（1549）平阳府刻本　六七
东里文集续编　明嘉靖二十八年（1549）黄如桂刻本　六八
宗子相集　明嘉靖三十九年（1560）林朝聘、黄中等刻本　六九
王氏存笥稿　明嘉靖三十六年（1557）郑本立关中刻本　七〇
广舆图　明嘉靖三十七年（1558）刻本　七二

大学衍义　明嘉靖吉澄刻本　七三
韩君平集　明嘉靖刻本　七四
诗经正义　明嘉靖刻本　七五
华阳真逸诗　明嘉靖刻本　七六
春秋公羊注疏　明嘉靖李元阳福建刻本　七七
中说　明嘉靖敬忍居刻本　七八
四书初问　明嘉靖刻本　七九
容庵集　明嘉靖刻本　八〇
荀子　明嘉靖十二年（1533）顾春世德堂刻本　八一
东莱先生唐书详节　明嘉靖影宋刻本　八二
南华真经　明嘉靖影宋刻本　八三
百家类纂　明隆庆元年（1567）含山县儒学刻本　八四
古文类选　明隆庆六年（1572）顾知类、徐宏刻本　八五
吾学编　明隆庆归德府刻本　八六
文选删注　明万历初保定府刻本　八七
古文隽　明万历六年（1578）徐中行刻本　八八
宋大家欧阳文忠公文抄　明万历七年（1579）影宋刻本　九〇
唐十二家诗集　明万历十二年（1584）杨一统刻本　九一
山海经释义　明万历十三年（1585）金陵周希旦大业堂刻本　九二
文选　明万历十四年（1586）张凤翼刻本　九三
艺文类聚　明万历十五年（1587）王元贞刻本　九四
泊如斋重修宣和博古图　明万历十六年（1588）泊如斋刻本　九五
四书翼传三义　明万历十六年（1588）太原官刻本　九六
文章正论、文章绪论　明万历十九年（1591）徐图刻本　九七
分类补注李太白诗　明万历三十年（1602）许自昌刻本　九八
集千家注杜工部诗集　明万历三十年（1602）许自昌刻本　九九
吕祖志　明万历三十年（1602）内府刻本　一〇〇
本草纲目　明万历三十一年（1603）张鼎思刻本　一〇一
乐律全书　明万历三十四年（1606）郑藩王府刻本　一〇二
白氏长庆集　明万历三十四年（1606）马元调刻本　一〇四
三才图会　明万历三十七年（1609）刻本　一〇五

新刻临川王介甫先生诗集　明万历四十年（1612）王凤翔光启堂刻本　一〇六
太平御览　明万历二年（1574）游氏铜活字本　一〇七
脉诀　明万历十一年（1583）金陵仁寿堂刻本　一〇八
新编古今事文类聚别集　明万历金陵唐富春刻本　一〇九
两晋志传通俗演义　明万历金陵周氏大业堂刻本　一一〇
新刻全像三宝太监西洋记通俗演义　明万历刻本　一一二
山海经　明万历刻本　一一三
性命双修万神圭旨　明万历黄伯符刻本　一一四
唐诗品汇　明万历刻本　一一五
古篆韵谱正传　明万历十六年（1588）江篱馆刻本　一一六
批点史记节略　明万历刘怀恕刻本　一一七
史记　明万历抄本　一一八
六壬秘书　明万历内府彩绘写本　一一九
柏斋先生文集　明万历贾待问刻本　一二〇
史记评林　明万历凌稚隆刻本　一二一
朱子语类　明万历朱崇沐刻本　一二二
秦汉印统　明吴氏树滋堂刻本，红印本　一二三
上官拜命玉历大全　明中期刻写本　一二四
奇赏斋广文苑英华　明天启四年（1624）陈氏刻本　一二五
神农本草经疏　明天启五年（1625）绿君亭刻本　一二六
中州集　明天启汲古阁刻本　一二七
李太白诗集　明崇祯二年（1629）闻启祥刻本　一二八
通鉴直解　明崇祯四年（1631）高兆麟刻本　一二九
宋名臣言行录别集　明崇祯十一年（1638）张采刻本　一三〇
皇明诗选　明崇祯十五年（1642）云间三子刻本　一三一
南唐书　明崇祯汲古阁刻本　一三二
洛阳名园记　明末汲古阁刻本　一三三
水浒全传　明崇祯郁郁堂刻本　一三四
东堂词　明末汲古阁刻本　一三六
众妙集　明末汲古阁刻本　一三七
佛说福力太子因缘经　明末毛晋刻本　一三八

李卓吾先生批评《西游记》 明末刊本 一三九
海刚峰居官公案 明末刻本 一四〇
湧幢小品 明天启二年（1622）刻本 一四一
礼书、礼书图 明末刻本 一四二
风俗通义 明刻本 一四四
欧阳文忠公五代史抄 明刻本 一四五
唐宋白孔六帖 明刻本 一四六
同时尚论录 南明弘光刊本 一四七
徽言秘旨 清顺治听月楼刊本 一四八
壮悔堂文集 清顺治刻本 一四九
去伪斋文集 清康熙十三年（1674）吕慎多刻本 一五〇
石湖居士诗集 清康熙二十七年（1688）顾氏依园刻本 一五一
邵子湘全集 清康熙三十二年（1693）邵氏青门草堂刻本 一五二
古今韵略 清康熙三十五年（1696）宋荦刻本 一五三
才调集 清康熙四十三（1704）垂云堂刻本 一五四
曝书亭集 清康熙四十七年（1708）刻本 一五五
午亭文编 清康熙四十七年（1708）林佶写刻本 一五六
宋学士全集 清康熙四十八年（1709）彭始抟杭州刻本 一五七
山海经 清康熙五十四年（1715）项絪群玉书堂刻本 一五八
《金瓶梅》插图 清康熙刻本 一五九
天盖楼偶评 清康熙刻本 一六〇
嵩阳书院志 清康熙刻本 一六一
江村销夏录 清康熙朗润堂刻本 一六二
朱子遗书 清康熙吕留良宝诰堂刻本 一六三
白香山诗集 清康熙一隅草堂刻本 一六四
金刚般若波罗蜜经 清康熙十九年（1680）大学士纳兰明珠夫人觉罗氏手书刻本 一六六
御书《药师琉璃光如来本愿功德经》 清康熙皇帝手书上板，康熙内府刻康熙
五十一年和嫔请印本 一六八
泮洞集 清康熙刻本 一七〇
韦庵咏物诗 清康熙刻本 一七一
中州名贤文表 清康熙四十五年（1706）高山堂刻本 一七二

御选明宗真觉圆悟勤禅师语录　清雍正十一年（1733）内府刊本　一七四
古文约选　清雍正十一年（1733）果亲王府刊本　一七五
诗经　清雍正内府刻本　一七六
五茸赠言　清乾隆十年（1745）刻本　一七八
御选唐宋诗醇　清乾隆十五年（1750）内府刻四色套印本　一七九
尔雅音注　清乾隆二十九年（1764）孔继芬刻本　一八〇
毛诗名物图说　清乾隆三十六年（1771）刻本　一八一
红楼梦　清乾隆五十六年（1791）程伟元萃文书屋活字本　一八二
群书拾补　清乾隆抱经堂刻本　一八三
仪礼注疏详校　清乾隆六十年（1795）卢文弨抱经堂刻本　一八四
中州金石考　清乾隆刻本　一八五
西亭诗抄　清乾隆刻本　一八六
五知斋琴谱　清乾隆刻本　一八七
乾坤两卦解　清乾隆刻本　一八八
南阳集　清乾隆武英殿聚珍活字本　一八九
东观汉记　清乾隆武英殿聚珍活字印本　一九〇
姑苏版画　花卉图　清乾隆套印本　一九一
姑苏版画　西湖图　清乾隆木刻水印本　一九二
避暑山庄版画（上色）　欧洲制铜版画　一九三
平定准噶尔回部得胜图　1765 年欧洲铜版画　一九四
金刚般若波罗蜜经　佛说四十二章经　清早期刻本　一九五
巾箱小品　清光绪木活字本　一九六
回文类聚　清中期刻本　一九七
周益公全集　邱氏三省斋抄本　一九八
孙吴司马法　清嘉庆五年（1800）兰陵孙星衍刻本　一九九
潜研堂文集　清嘉庆十一年（1806）刻本　二〇〇
仰山堂遗集　清嘉庆刻本　二〇一
唐才子传　清嘉庆三间草堂刻本　二〇二
历代名媛尺牍　清中期朱墨套印巾箱本　二〇三
六经全图　清道光辛卯年（1831）慕古堂刻本　二〇四
洗笔录　清道光十九年（1839）宝丰县余魁五砚北居稿本　二〇六

碑版文广例　清道光二十一年（1841）刻本　二〇八
昌黎先生诗增注证讹　清咸丰七年（1857）二客轩刻本　二一〇
国语　清咸丰九年（1859）朝鲜内府铜活字印本　二一二
呻吟语节录　清咸丰六年（1856）长沙刻本　二一三
西泠四家印谱　清光绪十一年（1885）丁氏百石斋绿印钤印本　二一四
唐尚颜诗集　清光绪二十一年（1895）元和江标灵鹣阁影宋刻本　二一五
黄书　清光绪戊戌（1898）湘潭周氏若厉轩木活字印本　二一六
中州金石目录　清光绪徐乃昌刻本　二一七
桐城先生点勘本史记　清宣统元年（1909）南宫邢之襄刻本　二一八
隋书经籍志　清刻本　二一九
历代画史汇传　清木活字刊本　二二〇
甜雪斋诗文集　清未刊稿本　二二一
清代归德府黄河防汛营档案　清写本　二二二
棠阴书屋诗集　清光绪誊清稿　二二三
黄河图　清手绘本　二二四
绘像往生法宝宝忏　清雕版　二二六
上海旧校场《西游记》　民国雕版套印　二二七
魁星点斗　独占鳌头　清代雕版套印加绘　二二八
三国演义　清代雕版套印加绘　二二九
书中自有颜如玉　清代雕版套印加绘　二三〇
伊阙石刻图表　民国24年（1935）河南博物馆印本　二三一
河南石志分类说略　民国25年（1936）河南通志馆纂修　二三二
影宋本百川学海　民国16年（1927）武进陶湘涉园刻本　二三三
益斋金石文存　民国29年（1940）马集文斋刻本　二三四
汴宋竹枝词　民国八年（1922）河南官书局刻本　二三五
河南通志·清代职官表稿本　民国写本　二三六
黄庭经　明拓本　二三八
琅华馆帖　清初拓本　二四〇
龙门八品　清乾隆中期拓本，陶北溟、王戟门旧藏　二四一
尹宙碑　清乾隆拓本　二四二
八关斋会报德记　清乾隆拓本　二四四

龙门五十品　清同治拓本，方其道旧藏　二四六
祀三公山碑　清乾隆拓本　二四八
嵩阳观记　唐天宝三载（744）二月刻，清拓本　二四九
龙门唐百品之五　清拓本　二五〇
龙门三十品　清拓本　二五二
唐少林寺戒坛铭　清拓本　二五三
李孟初碑　清拓本　二五四
嵩高灵庙碑　清拓本　二五五
汉安阳四残石碑　清拓本　二五六
元珍墓志　民国拓本　二五八
元次山碑　清拓本　二五九
颍上兰亭　清朱墨拓本　二六〇
袁安碑　朱拓本　二六一
元飏、元飏妻墓志　民国拓本　二六二
曹望憘造像　民国拓本，陈介其旧藏　二六四
熹平石经　民国拓本　二六六
赵宽碑　民国拓本　二六八
义州盟刀谱　民国文化传新社于民国18年（1929）拓本　二六九

收藏者简介　二七〇

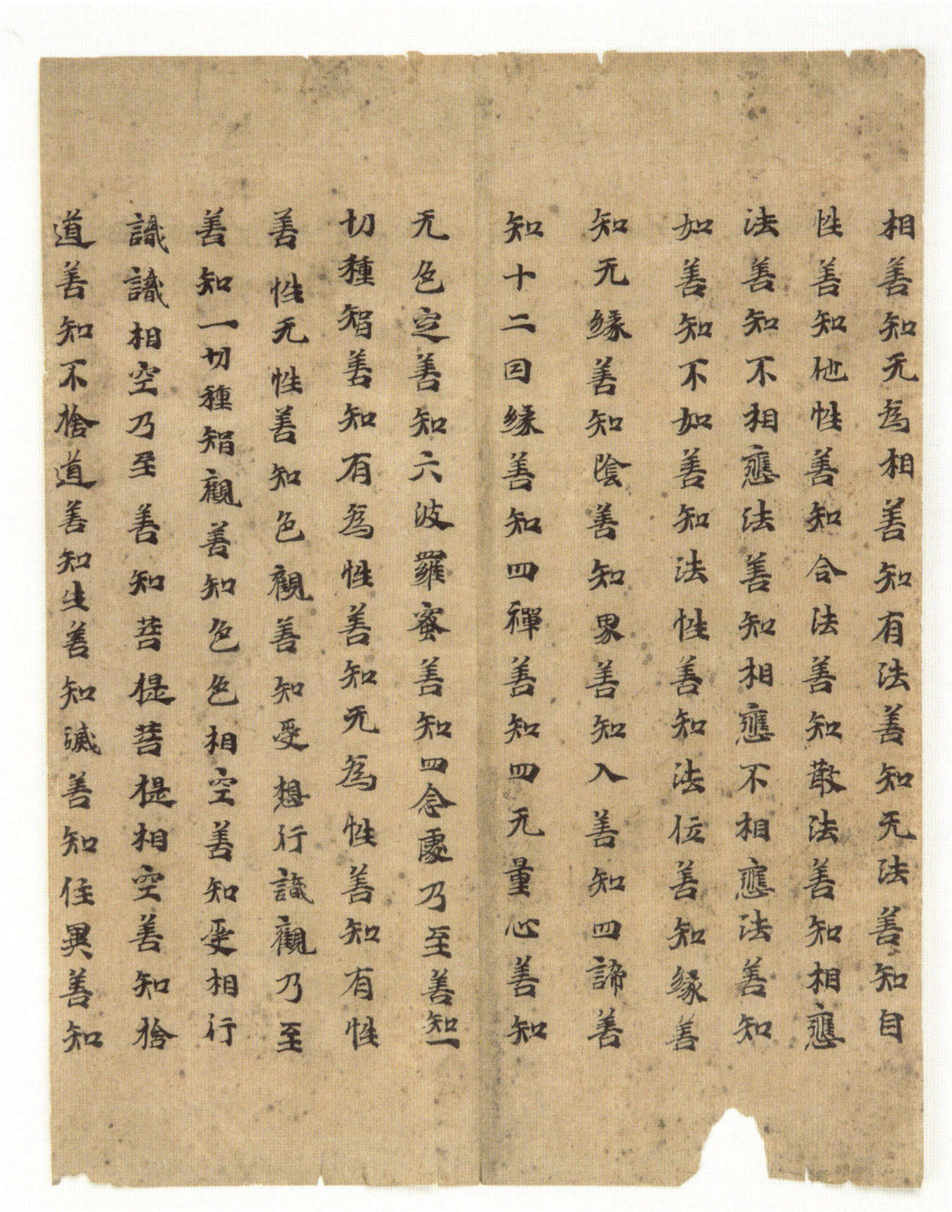
相善知无為相善知有法善知无法善知自
性善知他性善知合法善知散法善知相應
法善知不相應法善知相應不相應法善知
如善知不如善知法性善知法位善知緣善
知无緣善知陰善知界善知入善知四諦善
知十二因緣善知四禪善知四无量心善知
无色定善知六波羅蜜善知四念處乃至善知一
切種智善知有為性善知无為性善知有性
善性无性善知色觀善知受想行識觀乃至
善知一切種智觀善知色色相空善知受相行
識識相空乃至善知菩提菩提相空善知捨
道善知不捨道善知生善知滅善知住異善知

摩诃般若波罗蜜经

敦煌北魏写本

此经存一纸十二行。高 25.5 厘米，宽 20 厘米。

（沐唐斋　藏）

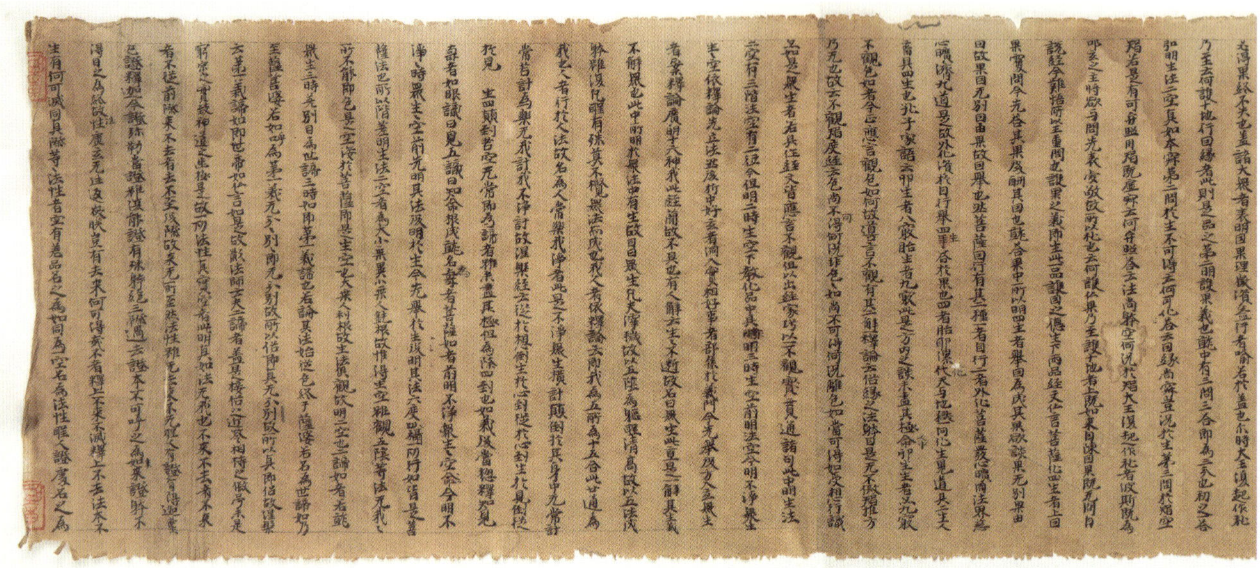

仁王般若经疏

敦煌南北朝写本

长 123.8 厘米，宽 27.3 厘米。

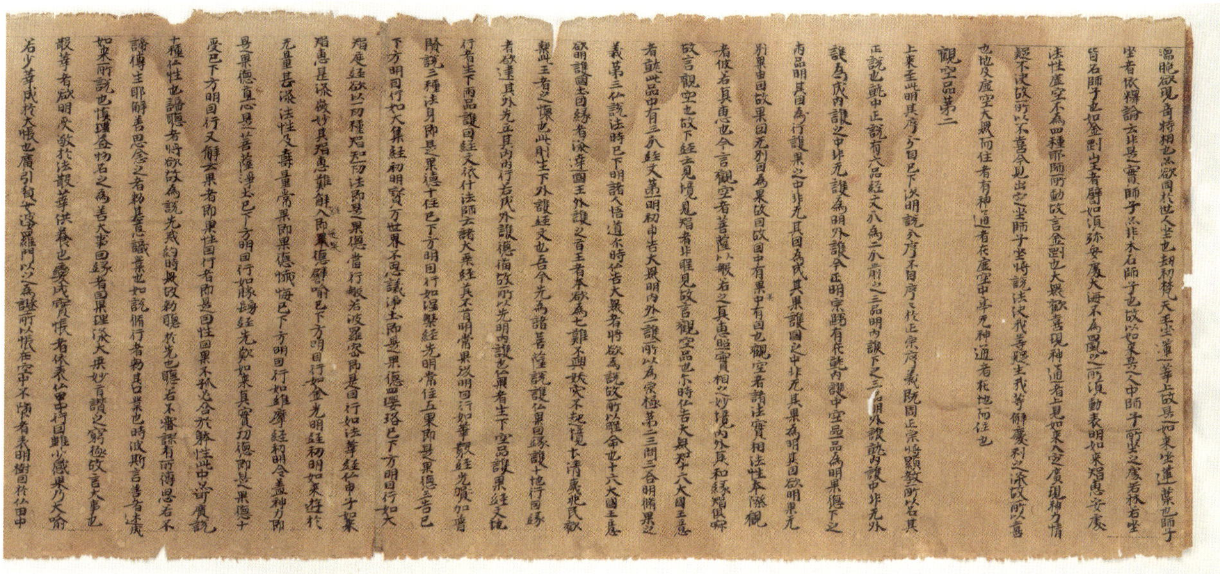

（三藏斋　藏）

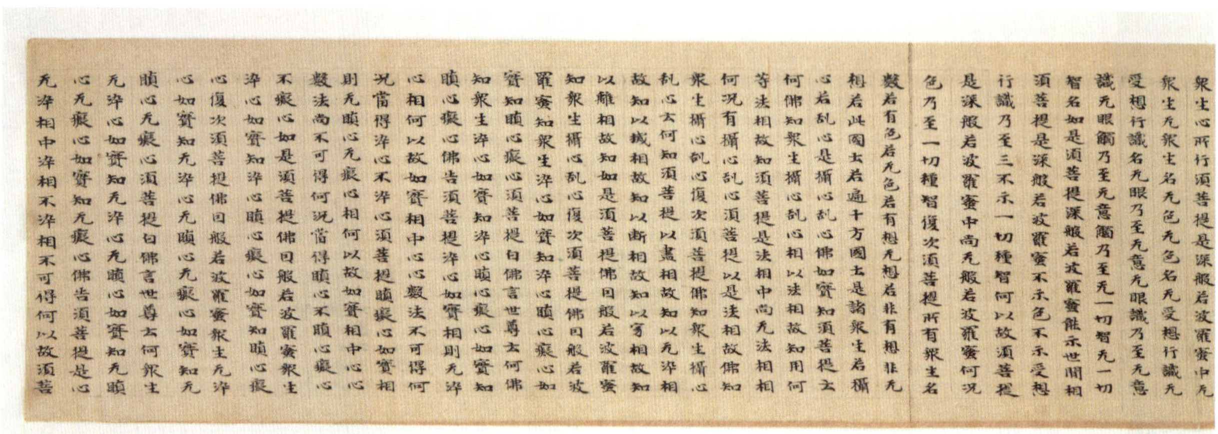

摩诃般若波罗蜜多经

敦煌南北朝写本

首断尾缺，背部托裱。长 142.6 厘米，宽 23.7 厘米。

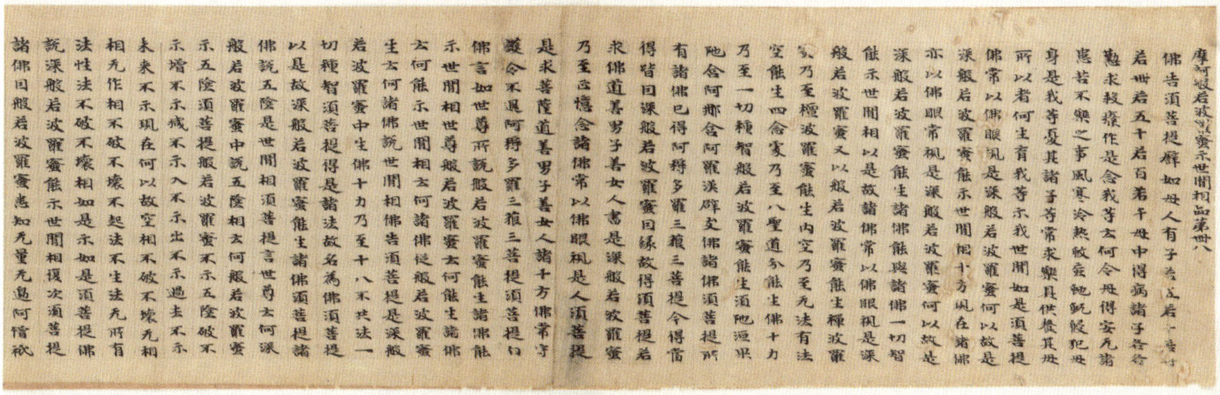
摩訶般若波羅蜜示世間相品第卌八
佛告須菩提辟如母人有子若五若十若廿若卅
若卌若五十若百若千母中得病諸子各各
懃求救療作是念我等云何令母得安无諸
患若不樂之事風寒冷熱蚊虻虵蚖犯母
身是我等憂其諸子等常求樂具供養其母
所以者何生育我等示我世間如是須菩提
佛常以佛眼視是深般若波羅蜜何以故是
深般若波羅蜜能示世間相十方現在諸佛
亦以佛眼常視是深般若波羅蜜何以故是
深般若波羅蜜能生諸佛能與諸佛一切智
能示世間相以是故諸佛常以佛眼視是深
般若波羅蜜又以般若波羅蜜能生禪波羅
蜜乃至檀波羅蜜能生內空乃至无法有法
空能生四念處乃至八聖道分能生佛十力
乃至一切種智般若波羅蜜能生須陁洹果
陁含阿那含阿羅漢辟支佛諸佛須菩提所
有諸佛已得阿耨多羅三藐三菩提今得當
得皆因深般若波羅蜜因緣故得須菩提若
求佛道善男子善女人書是深般若波羅蜜
乃至正憶念諸佛常以佛眼視是人須菩提
是求菩薩道善男子善女人諸十方佛常守
護令不退阿耨多羅三藐三菩提須菩提白
佛言如世尊所說般若波羅蜜能生諸佛能
示世間相世尊般若波羅蜜云何能生諸佛
云何能示世間相云何諸佛從般若波羅蜜
生云何諸佛說世間相佛告須菩提是深般
若波羅蜜中生佛十力乃至十八不共法一
切種智須菩提得是諸法故名為佛須菩提
以是故深般若波羅蜜能生諸佛須菩提諸
佛說五陰是世間相須菩提言世尊云何深
般若波羅蜜中說五陰相云何般若波羅蜜
示五陰須菩提般若波羅蜜不示五陰破不
示增不示減不示入不示出不示過去不示
未來不示現在何以故空相不破不壞无相
相无作相不破不壞不起法不生法无所有
法性法不破不壞相如是示如是須菩提佛
說深般若波羅蜜能示世間相復次須菩提
諸佛因般若波羅蜜悉知无量无邊阿僧祇

（沐云斋　藏）

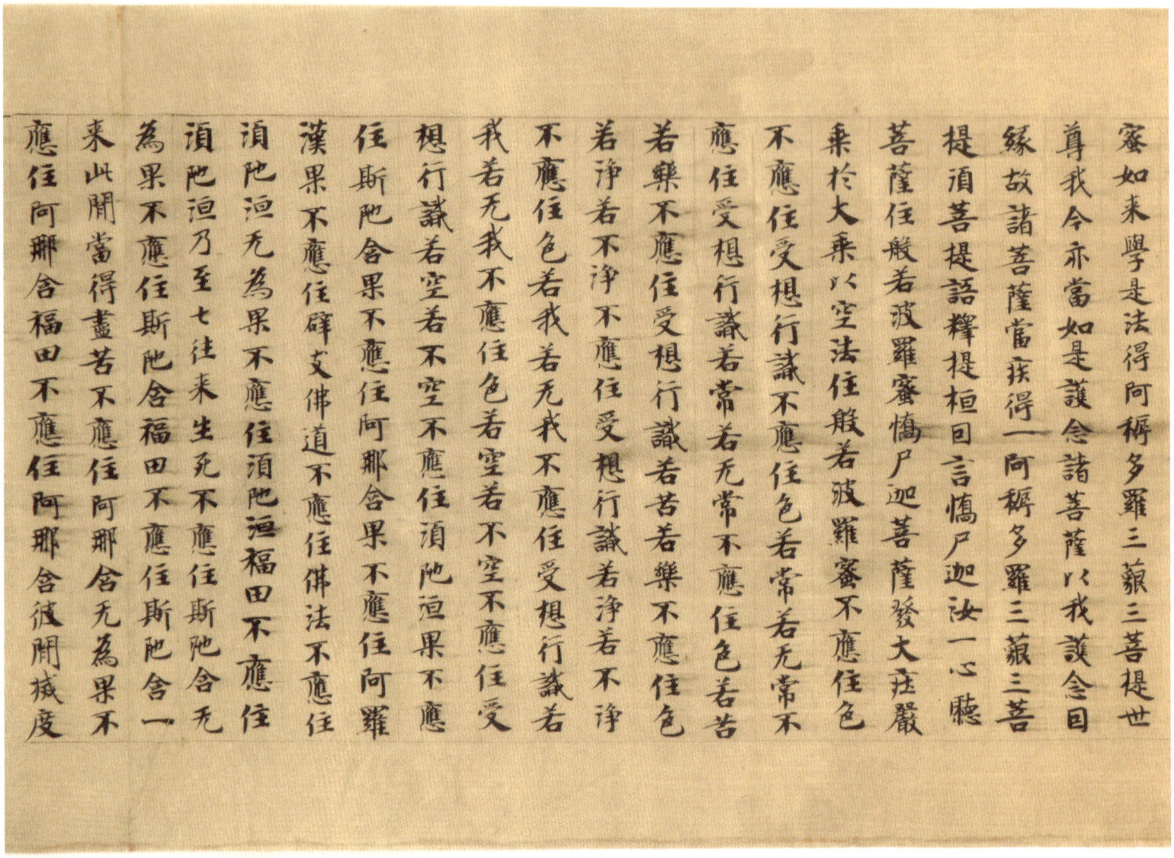

蜜如来學是法得阿耨多羅三藐三菩提世
尊我今亦當如是護念諸菩薩以我護念因
緣故諸菩薩當疾得阿耨多羅三藐三菩
提須菩提語釋提桓因言憍尸迦汝一心聽
菩薩住般若波羅蜜憍尸迦菩薩發大莊嚴
乘於大乘以空法住般若波羅蜜不應住色
不應住受想行識不應住色若常若无常不
應住受想行識若常若无常不應住色若苦
若樂不應住受想行識若苦若樂不應住色
若淨若不淨不應住受想行識若淨若不淨
不應住色若我若无我不應住受想行識若
我若无我不應住色若空若不空不應住受
想行識若空若不空不應住須陁洹果不應
住斯陁含果不應住阿那含果不應住阿羅
漢果不應住辟支佛道不應住佛法不應住
須陁洹无為果不應住須陁洹福田不應住
須陁洹乃至七往来生死不應住斯陁含无
為果不應住斯陁含福田不應住斯陁含一
来此間當得盡苦不應住阿那含无為果不
應住阿那含福田不應住阿那含彼間滅度

小品般若经

敦煌南北朝写本

首尾残，长 246 厘米，宽 26 厘米。

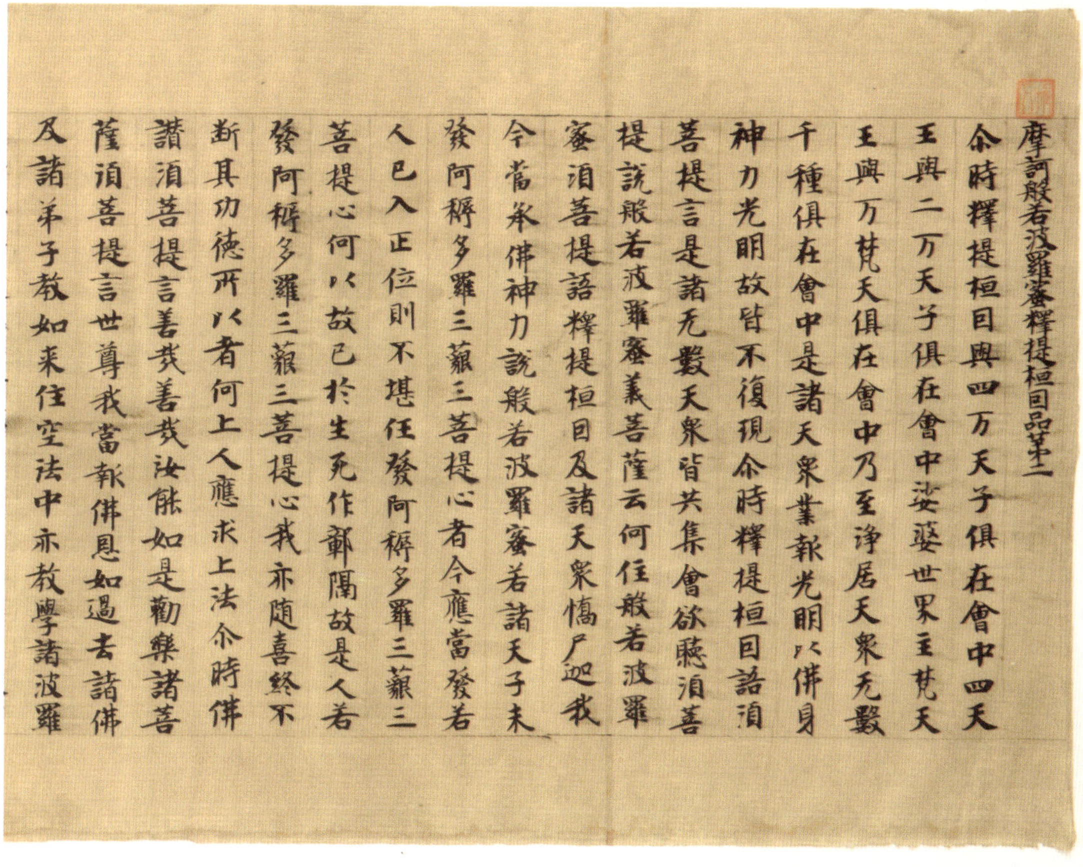
摩訶般若波羅蜜釋提桓囙品第二
尒時釋提桓囙與四万天子俱在會中四天
王與二万天子俱在會中娑婆世界主梵天
王與万梵天俱在會中乃至淨居天衆无數
千種俱在會中是諸天衆業報光明以佛身
神力光明故皆不復現尒時釋提桓囙語須
菩提言是諸无數天衆皆共集會欲聽須菩
提說般若波羅蜜義菩薩云何住般若波羅
蜜須菩提語釋提桓囙及諸天衆憍尸迦我
今當承佛神力說般若波羅蜜若諸天子未
發阿耨多羅三藐三菩提心者今應當發若
人已入正位則不堪任發阿耨多羅三藐三
菩提心何以故已於生死作鄣隔故是人若
發阿耨多羅三藐三菩提心我亦隨喜終不
斷其功德所以者何上人應求上法尒時佛
讚須菩提言善哉善哉汝能如是勸樂諸菩
薩須菩提言世尊我當報佛恩如過去諸佛
及諸弟子教如来住空法中亦教學諸波羅

（集文斋　藏）

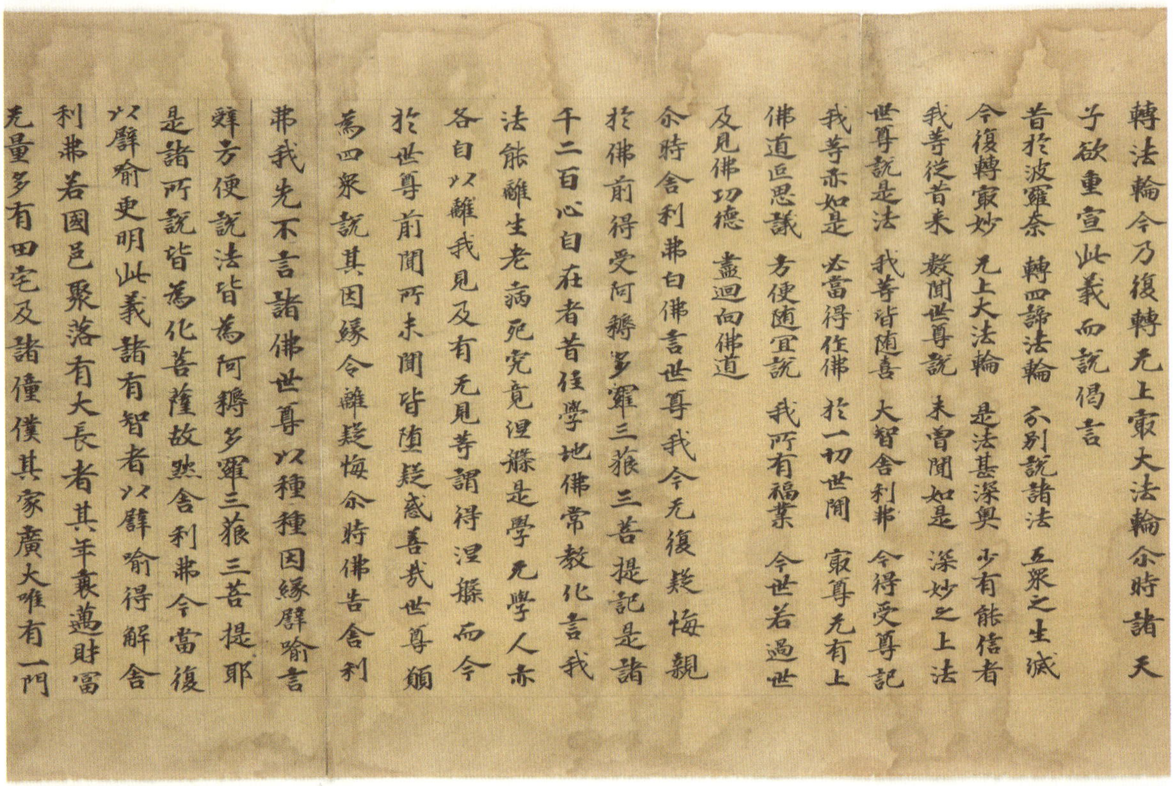

轉法輪今乃復轉无上最大法輪尒時諸天
子欲重宣此義而說偈言
昔於波羅柰　轉四諦法輪　分別說諸法　五衆之生滅
今復轉最妙　无上大法輪　是法甚深奧　少有能信者
我等從昔來　數聞世尊說　未曾聞如是　深妙之上法
世尊說是法　我等皆隨喜　大智舍利弗　今得受尊記
我等亦如是　必當得作佛　於一切世間　最尊无有上
佛道叵思議　方便隨宜說　我所有福業　今世若過世
及見佛功德　盡迴向佛道
尒時舍利弗白佛言世尊我今无復疑悔親
於佛前得受阿耨多羅三藐三菩提記是諸
千二百心自在者昔住學地佛常教化言我
法能離生老病死究竟涅槃是學无學人亦
各自以離我見及有无見等謂得涅槃而今
於世尊前聞所未聞皆墮疑惑善哉世尊願
為四衆說其因緣令離疑悔尒時佛告舍利
弗我先不言諸佛世尊以種種因緣譬喻言
辭方便說法皆為阿耨多羅三藐三菩提耶
是諸所說皆為化菩薩故然舍利弗今當復
以譬喻更明此義諸有智者以譬喻得解舍
利弗若國邑聚落有大長者其年衰邁財富
无量多有田宅及諸僮僕其家廣大唯有一門

法华经

敦煌盛唐写本

长 424.5 厘米，宽 26 厘米。

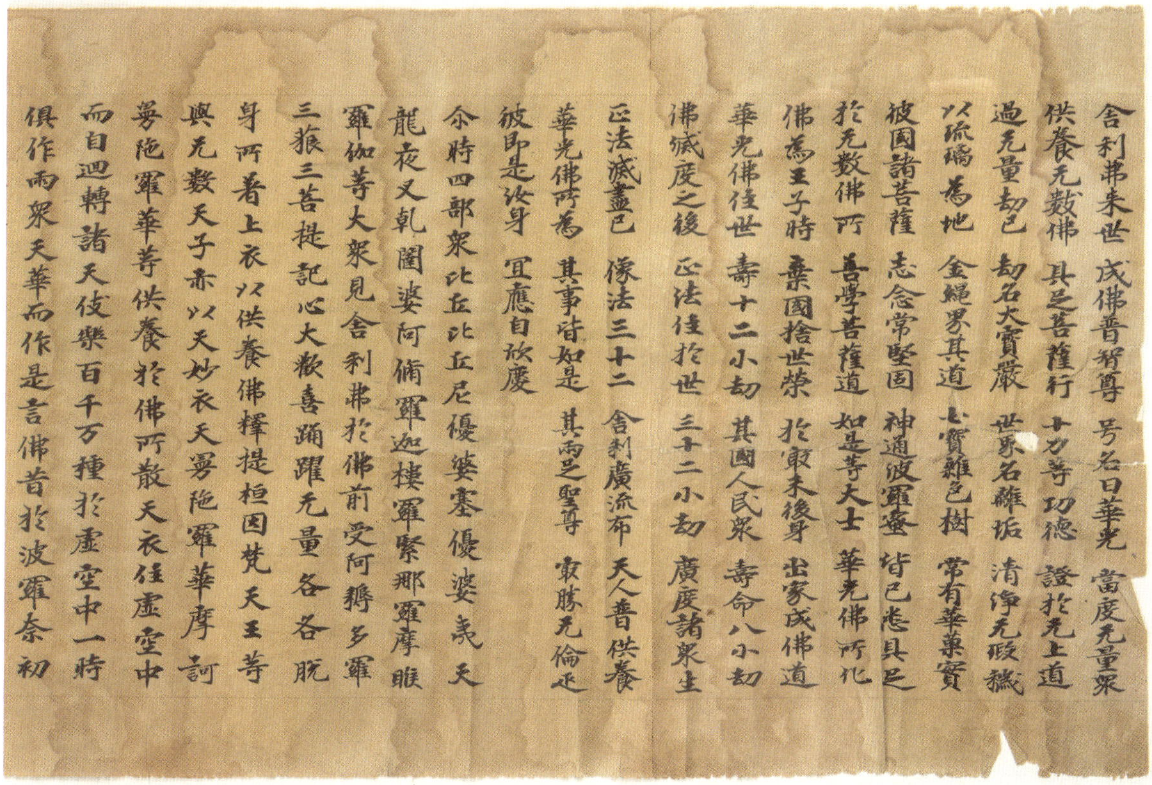

舍利弗来世 成佛普智尊 号名曰華光 當度无量眾
供養无數佛 具足菩薩行 十力等功德 證於无上道
過无量劫已 劫名大寶嚴 世界名離垢 清淨无瑕穢
以琉璃為地 金繩界其道 七寶雜色樹 常有華菓實
彼國諸菩薩 志念常堅固 神通波羅蜜 皆已悉具足
於无數佛所 善學菩薩道 如是等大士 華光佛所化
佛為王子時 棄國捨世榮 於最末後身 出家成佛道
華光佛住世 壽十二小劫 其國人民眾 壽命八小劫
佛滅度之後 正法住於世 三十二小劫 廣度諸眾生
正法滅盡已 像法三十二 舍利廣流布 天人普供養
華光佛所為 其事皆如是 其两足聖尊 最勝无倫匹
彼即是汝身 宜應自欣慶
尒時四部眾比丘比丘尼優婆塞優婆夷天
龍夜叉乾闥婆阿脩羅迦樓羅緊那羅摩睺
羅伽等大眾見舍利弗於佛前受阿耨多羅
三藐三菩提記心大歡喜踊躍无量各各脫
身所著上衣以供養佛釋提桓因梵天王等
與无數天子亦以天妙衣天曼陀羅華摩訶
曼陀羅華等供養於佛所散天衣住虛空中
而自迴轉諸天伎樂百千万種於虛空中一時
俱作雨眾天華而作是言佛昔於波羅奈初

（沐唐斋　藏）

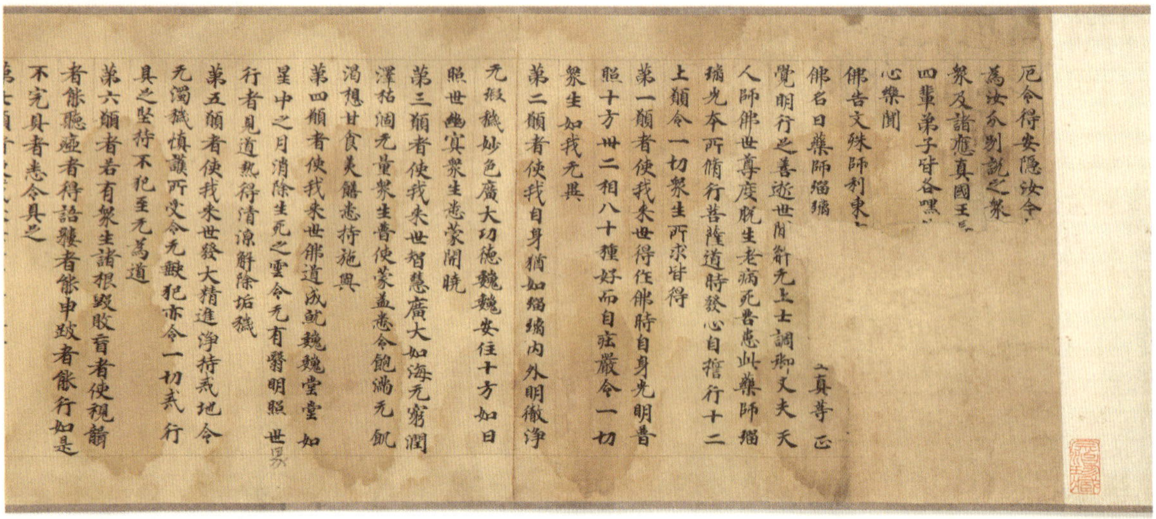

厄令得安隱汝今
為汝分別說之眾
眾及諸應真國王臣
四輩弟子皆各嘿然
心樂聞
佛告文殊師利東方
佛名曰藥師瑠璃　真等正
覺明行足善逝世間解无上士調御丈夫天
人師佛世尊度脫生老病死苦患此藥師瑠
璃光本所脩行菩薩道時發心自誓行十二
上願令一切眾生所求皆得
第一願者使我來世得作佛時自身光明普
照十方卅二相八十種好而自莊嚴令一切
眾生如我无異
第二願者使我自身猶如瑠璃內外明徹淨
无瑕穢妙色廣大功德巍巍安住十方如日
照世幽冥眾生悉蒙開曉
第三願者使我來世智慧廣大如海无窮潤
澤枯涸无量眾生普使蒙益悉令飽滿无飢
渴想甘食美饍悉持施與
第四願者使我來世佛道成就巍巍堂堂如
星中之月消除生死之雲令无有翳明照世界
行者見道熱得清涼解除垢穢
第五願者使我來世發大精進淨持戒地令
无濁穢慎護所受令无毀犯亦令一切戒行
具足堅持不犯至无為道
第六願者若有眾生諸根毀敗盲者使視聾
者能聽瘂者得語僂者能申跛者能行如是
不完具者悉令具足

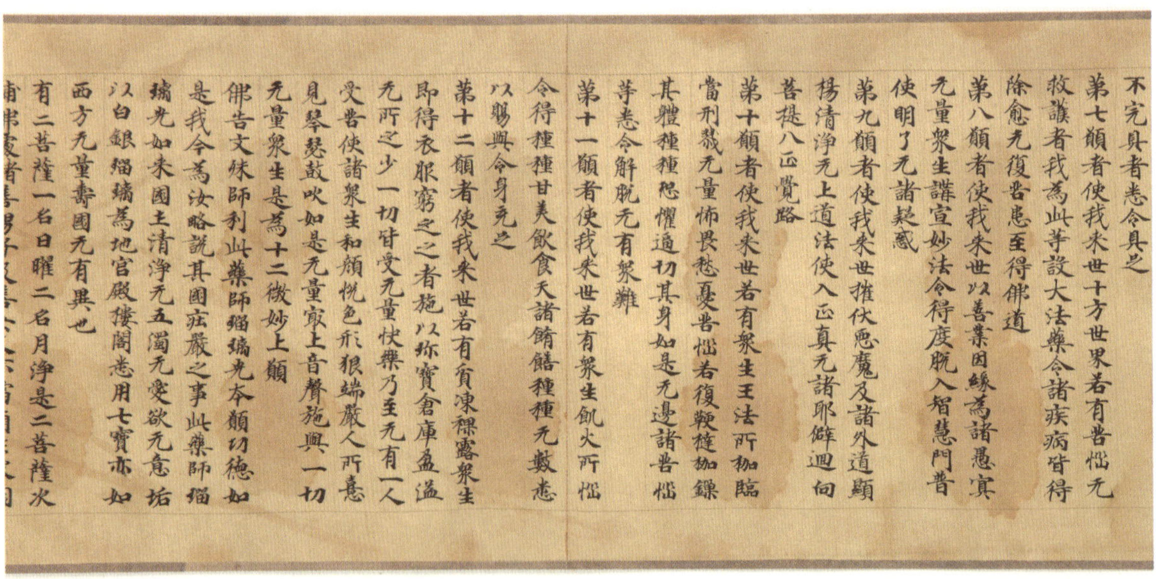

不完具者悉令具足
第七願者使我來世十方世界若有苦惱无
救護者我為此等設大法藥令諸疾病皆得
除愈无復苦患至得佛道
第八願者使我來世以善業因緣為諸愚冥
无量眾生講宣妙法令得度脫入智慧門普
使明了无諸疑惑
第九願者使我來世摧伏惡魔及諸外道顯
揚清淨无上道法使入正真无諸耶僻迴向
菩提八正覺路
第十願者使我來世若有眾生王法所加臨
當刑戮无量怖畏愁憂苦惱若復鞭撻枷鎖
其體種種恐懼逼切其身如是无邊諸苦惱
等悉令解脫无有眾難
第十一願者使我來世若有眾生飢火所惱
令得種種甘美飲食天諸餚饍種種无數悉
以賜與令身充足
第十二願者使我來世若有貧凍裸露眾生
即得衣服窮乏之者施以珍寶倉庫盈溢
无所乏少一切皆受无量快樂乃至无有一人
受苦使諸眾生和顏悅色形貌端嚴人所喜
見琴瑟鼓吹如是无量最上音聲施與一切
无量眾生是為十二微妙上願
佛告文殊師利此藥師瑠璃光本願功德如
是我今為汝略說其國莊嚴之事此藥師瑠
璃光如來國土清淨无五濁无愛欲无意垢
以白銀瑠璃為地宮殿樓閣悉用七寶亦如
西方无量壽國无有異也
有二菩薩一名日曜二名月淨是二菩薩次

佛说灌顶经

敦煌盛唐写本

本经卷首残，尾全，经潢打纸。长 570 厘米，宽 24 厘米。

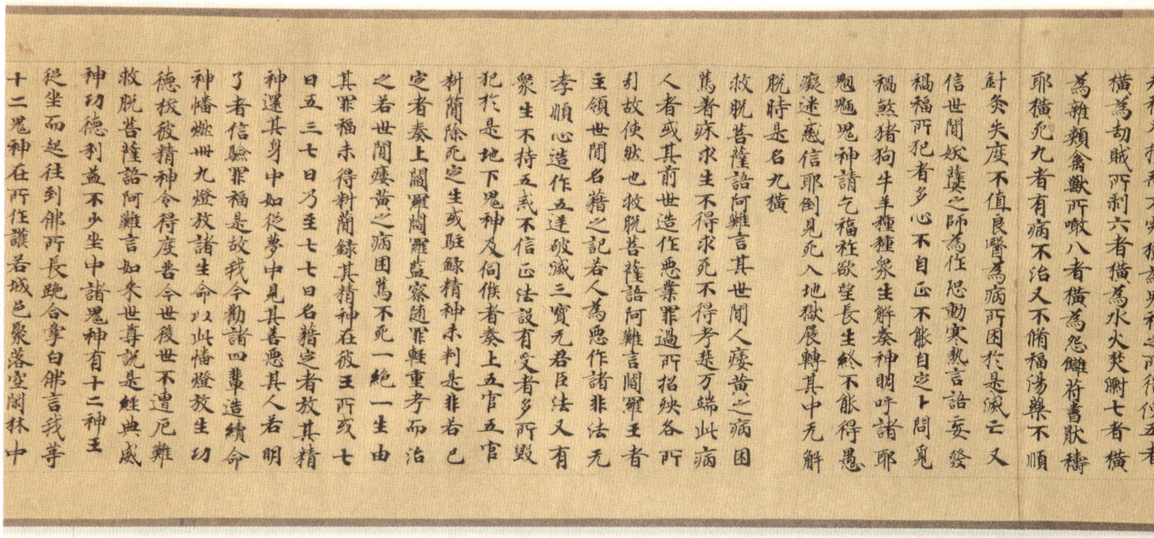
无福又持戒不完横為鬼神之所得便五者
横為劫賊所剥六者横為水火焚漂七者横
為雜類禽獸所噉八者横為怨讎符書厭禱
耶横死九者有病不治又不脩福湯藥不順
針灸失度不值良醫為病所困於是滅亡又
信世間妖孽之師為作恐動寒熱言語妄發
禍福所犯者多心不自正不能自定卜問覓
禍殺猪狗牛羊種種衆生解奏神明呼諸耶
魍魎鬼神請乞福祚欲望長生終不能得愚
癡迷惑信耶倒見死入地獄展轉其中无解
脱時是名九横
救脱菩薩語阿難言其世間人瘦黄之病困
篤者亦求生不得求死不得考楚万端此病
人者或其前世造作悪業罪過所招殃各所
引故使然也救脱菩薩語阿難言閻羅王者
主領世間名籍之記若人為悪作諸非法无
孝順心造作五逆破滅三寶无君臣法又有
衆生不持五戒不信正法設有受者多所毀
犯於是地下鬼神及伺候者奏上五官五官
料簡除死定生或注録精神未判是非若已
定者奏上閻羅閻羅監察隨罪輕重考而治
之若世間瘦黄之病困篤不死一絶一生由
其罪福未得料簡録其精神在彼王所或七
日五三七日乃至七七日名籍定者放其精
神還其身中如從夢中見其善悪其人若明
了者信驗罪福是故我今勸諸四輩造續命
神幡燃卅九燈放諸生命以此幡燈放生功
徳拔彼精神令得度苦今世後世不遭厄難
救脱菩薩語阿難言如來世尊説是經典威
神功徳利益不少坐中諸鬼神有十二神王
從坐而起往到佛所長跪合掌白佛言我等
十二鬼神在所作護若城邑聚落空閑林中

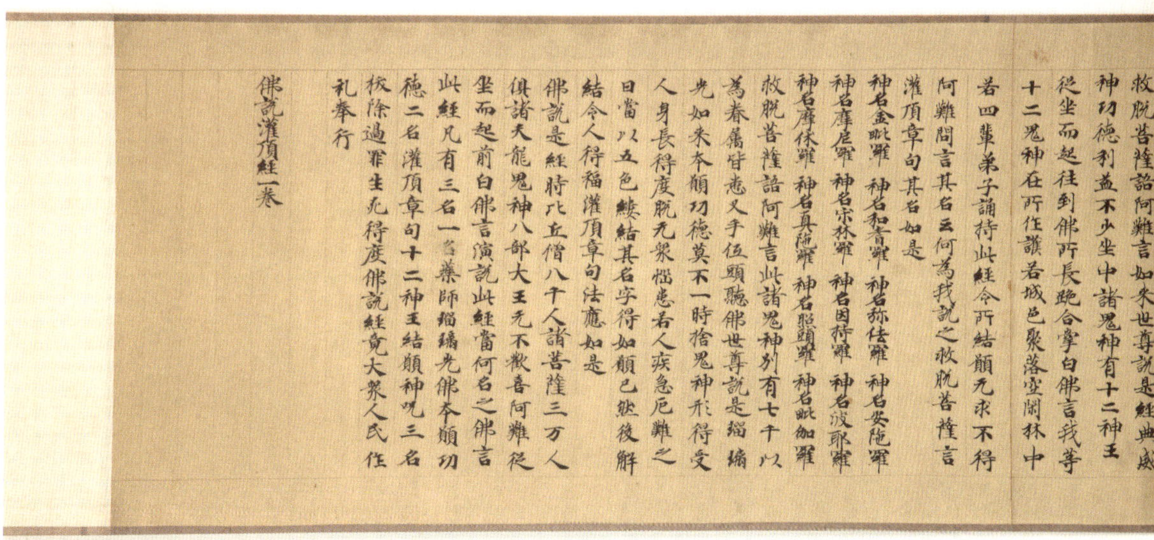
救脱菩薩語阿難言如來世尊説是經典威
神功徳利益不少坐中諸鬼神有十二神王
從坐而起往到佛所長跪合掌白佛言我等
十二鬼神在所作護若城邑聚落空閑林中
若四輩弟子誦持此經令所結願无求不得
阿難問言其名云何為我説之救脱菩薩言
灌頂章句其名如是
神名金毗羅　神名和耆羅　神名弥佉羅　神名安陀羅
神名摩尼羅　神名宋林羅　神名因持羅　神名波耶羅
神名摩休羅　神名真陀羅　神名照頭羅　神名毗伽羅
救脱菩薩語阿難言此諸鬼神別有七千以
為眷屬皆悉叉手低頭聽佛世尊説是瑠璃
光如來本願功徳莫不一時捨鬼神形得受
人身長得度脱无衆惱患若人疾急厄難之
日當以五色縷結其名字得如願已然後解
結令人得福灌頂章句法應如是
佛説是經時比丘僧八千人諸菩薩三万人
俱諸天龍鬼神八部大王无不歡喜阿難從
坐而起前白佛言演説此經當何名之佛言
此經凡有三名一名藥師瑠璃光佛本願功
徳二名灌頂章句十二神王結願神呪三名
拔除過罪生死得度佛説經竟大衆人民作
礼奉行

佛説灌頂經一卷

（集文斋　藏）

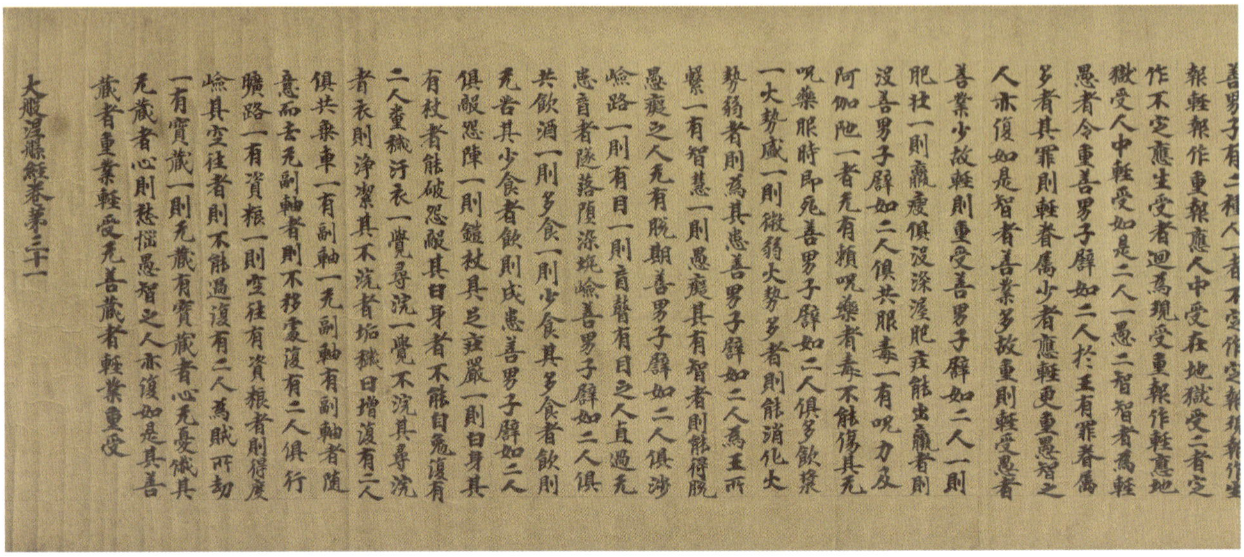
善男子有二種人一者不定作定報現報作生
報輕報作重報應人中受在地獄受二者定
作不定應生受者迴為現受重報作輕應地
獄受人中輕受如是二人一愚二智智者為輕
愚者令重善男子辟如二人於王有罪眷屬
多者其罪則輕眷屬少者應輕更重愚智之
人亦復如是智者善業多故重則輕受愚者
善業少故輕則重受善男子辟如二人一則
肥壯一則羸瘦俱沒深淤肥者能出羸者則
沒善男子辟如二人俱共服毒一有呪力及
阿伽陁一者无有賴呪藥者毒不能傷其无
呪藥服時即死善男子辟如二人俱多飲漿
一大勢盛一則微弱大勢多者則能消化大
勢弱者則為其患善男子辟如二人為王所
繫一有智慧一則愚癡其有智者則能得脫
愚癡之人无有脫期善男子辟如二人俱涉
嶮路一則有目一則盲瞽有目之人直過无
患盲者墜落墮深坑嶮善男子辟如二人俱
共飲酒一則多食一則少食其多食者飲則
无苦其少食者飲則成患善男子辟如二人
俱敵怨陣一則鎧杖具足莊嚴一則白身其
有杖者能破怨敵其白身者不能自免復有
二人重穢汙衣一覺尋浣一覺不浣其尋浣
者衣則淨潔其不浣者垢穢日增復有二人
俱共乘車一有副軸一无副軸有副軸者隨
意而去无副軸者則不移處復有二人俱行
曠路一有資粮一則空往有資粮者則得度
嶮其空往者則不能過復有二人為賊所劫
一有寶藏一則无藏有寶藏者心无憂惱其
无藏者心則愁惱愚智之人亦復如是其善
藏者重業輕受无善藏者輕業重受

大般涅槃經卷第三十一

大般涅槃经

敦煌唐写本

长 573 厘米，宽 26.2 厘米。

此卷为《大般涅槃经》卷三十一《师子吼菩萨品第十一之五》。首尾残。起“亦不能见。毗婆舍那亦复如是”，讫“无善藏者轻业重受”。存十二纸，每纸二十八行，每行十七字。有乌丝栏。卷面有刮改，说明曾经校勘过。

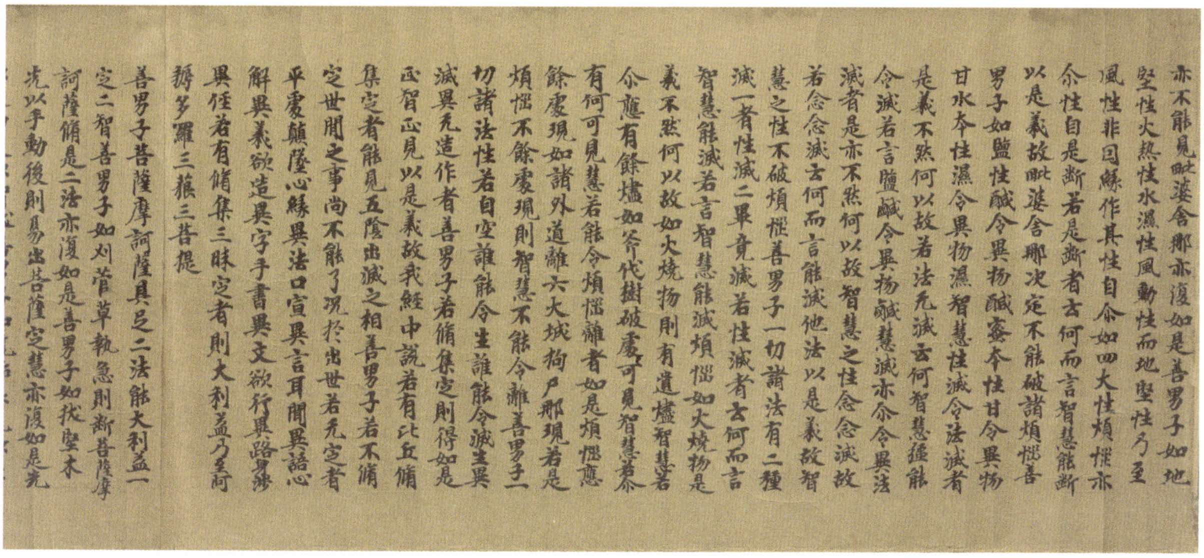

亦不能見毗婆舍那亦復如是善男子如地
堅性火熱性水濕性風動性而地堅性乃至
風性非因緣作其性自爾如四大性煩惱亦
爾性自是斷若是斷者云何而言智慧能斷
以是義故毗婆舍那決定不能破諸煩惱善
男子如鹽性鹹令異物鹹蜜本性甘令異物
甘水本性濕令異物濕智慧性滅令法滅者
是義不然何以故若法无滅云何智慧强能
令滅若言鹽鹹令異物鹹慧滅亦爾令異法
滅者是亦不然何以故智慧之性念念滅故
若念念滅云何而言能滅他法以是義故智
慧之性不破煩惱善男子一切諸法有二種
滅一者性滅二畢竟滅若性滅者云何而言
智慧能滅若言智慧能滅煩惱如火燒物是
義不然何以故如火燒物則有遺燼智慧若
爾應有餘燼如斧伐樹破處可見智慧若爾
有何可見慧若能令煩惱離者如是煩惱應
餘處現如諸外道離六大城拘尸那現若是
煩惱不餘處現則智慧不能令離善男子一
切諸法性若自空誰能令生誰能令滅生異
滅異无造作者善男子若脩集定則得如是
正智正見以是義故我經中說若有比丘脩
集定者能見五陰出滅之相善男子若不脩
定世間之事尚不能了況於出世若无定者
平處顛墜心緣異法口宣異言耳聞異語心
解異義欲造異字手書異文欲行異路身涉
異徑若有脩集三昧定者則大利益乃至阿
耨多羅三藐三菩提
善男子菩薩摩訶薩具足二法能大利益一
定二智善男子如刈菅草執急則斷菩薩摩
訶薩脩是二法亦復如是善男子如拔堅木
先以手動後則易出菩薩定慧亦復如是先

（攀古堂　藏）

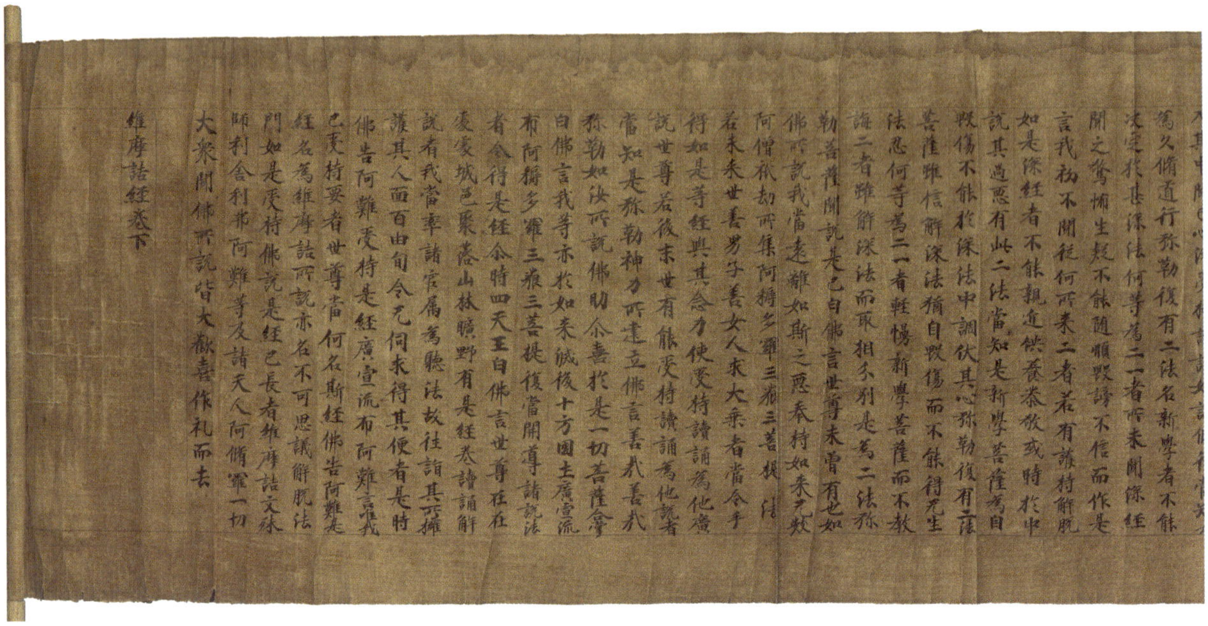

维摩诘经

敦煌唐写本

长474厘米，宽26厘米。

含《菩萨行品第十一》《见阿閦佛品第十二》《法供养品第十三》《嘱累品第十四》。首题“维摩诘菩萨行品第十一”，起“是时佛说法于庵罗树园”，尾题“维摩诘经卷下”。存七纸，每纸四十八行，每行十七字。有乌丝栏。有行间加字，说明经过校勘。

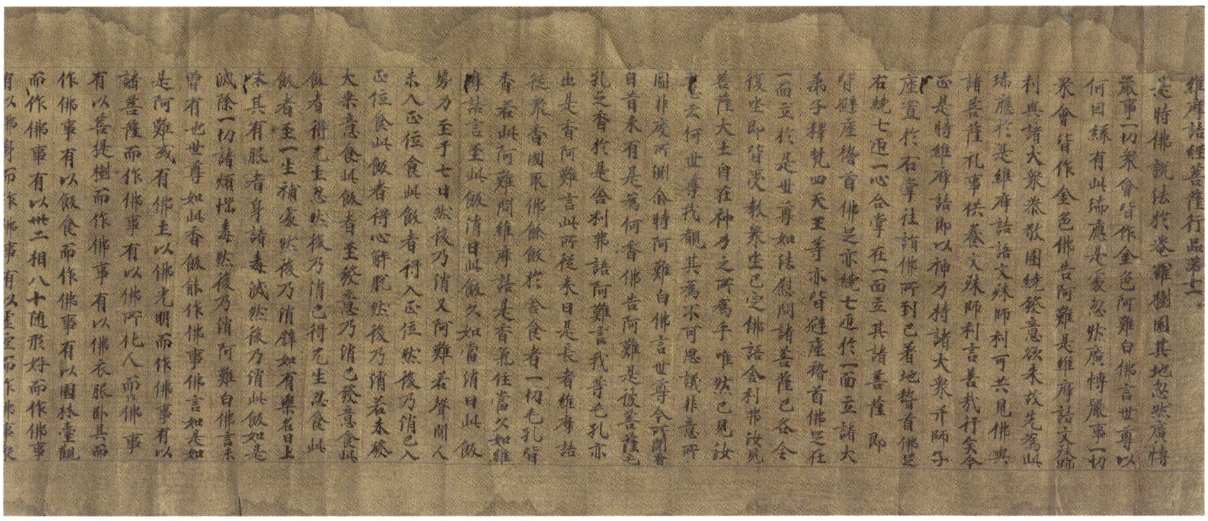

維摩詰經菩薩行品第十一
是時佛說法於菴羅樹園其地忽然廣博
嚴事一切衆會皆作金色阿難白佛言世尊以
何因緣有此瑞應是處忽然廣博嚴事一切
衆會皆作金色佛告阿難是維摩詰文殊
師利與諸大衆恭敬圍繞發意欲來故先爲此
瑞應於是維摩詰語文殊師利可共見佛與
諸菩薩礼事供養文殊師利言善哉行矣今
正是時維摩詰即以神力持諸大衆并師子
座置於右掌往詣佛所到已著地稽首佛足
右繞七匝一心合掌在一面立其諸菩薩即
皆避座稽首佛足亦繞七匝於一面立諸大
弟子釋梵四天王等亦皆避座稽首佛足在
一面立於是世尊如法慰問諸菩薩已各令
復坐即皆受教衆坐已定佛語舍利弗汝見
菩薩大士自在神力之所爲乎唯然已見汝
意云何世尊我覩其爲不可思議非意所
圖非度所測爾時阿難白佛言世尊今所聞香
自昔未有是爲何香佛告阿難是彼菩薩毛
孔之香於是舍利弗語阿難言我等毛孔亦
出是香阿難言此所從來曰是長者維摩詰
從衆香國取佛餘飯於舍食者一切毛孔皆
香若此阿難問維摩詰是香氣住當久如維
摩詰言至此飯消曰此飯久如當消曰此飯
勢力至于七日然後乃消又阿難若聲聞人
未入正位食此飯者得入正位然後乃消已入
正位食此飯者得心解脫然後乃消若未發
大乘意食此飯者至發意乃消已發意食此
飯者得無生忍然後乃消已得無生忍食此
飯者至一生補處然後乃消譬如有藥名曰上
味其有服者身諸毒滅然後乃消此飯如是
滅除一切諸煩惱毒然後乃消阿難白佛言未
曾有也世尊如此香飯能作佛事佛言如是如
是阿難或有佛土以佛光明而作佛事有以
諸菩薩而作佛事有以佛所化人而作佛事
有以菩提樹而作佛事有以佛衣服臥具而
作佛事有以飯食而作佛事有以園林臺觀
而作佛事有以卅二相八十隨形好而作佛事
有以佛身而作佛事有以虛空而作佛事衆

（攀古堂　藏）

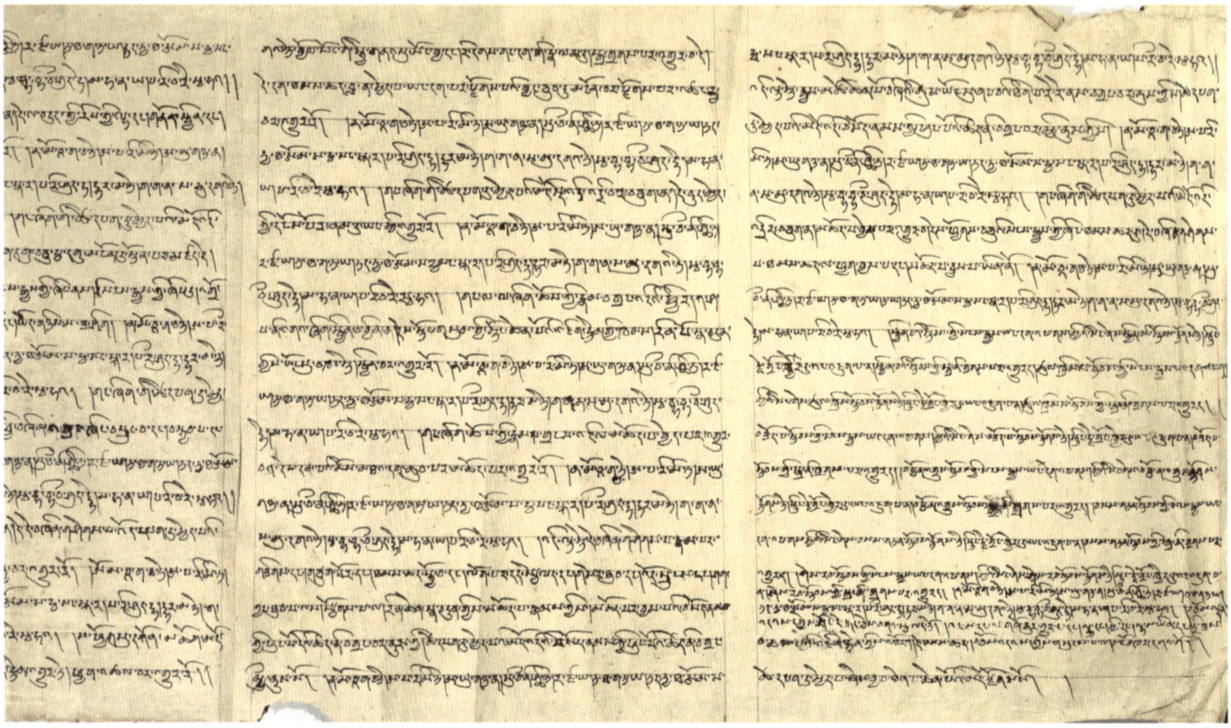

大乘无量寿宗要经

吐蕃统治敦煌时期吐蕃文写本

此卷《大乘无量寿宗要经》抄写三编，长 4 米余。

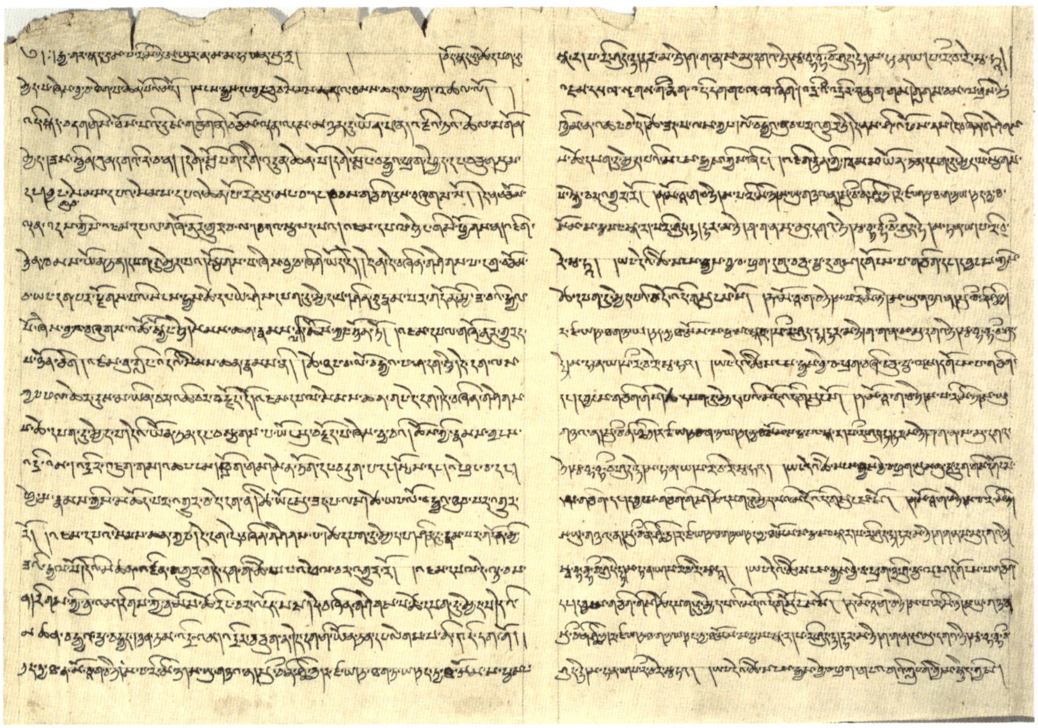

（攀古堂　藏）

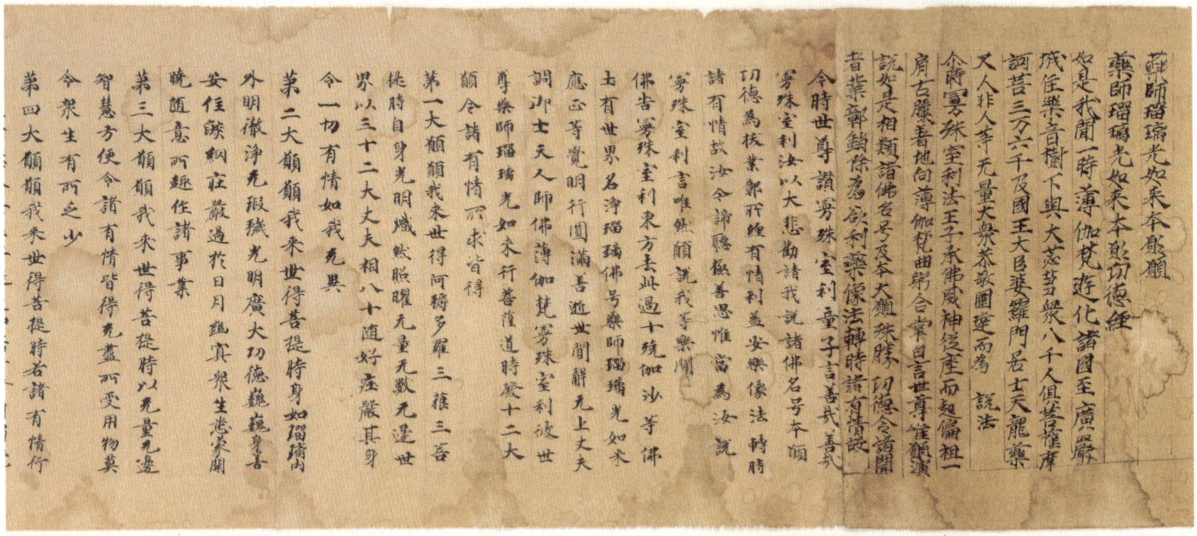
藥師瑠璃光如來本願經
藥師瑠璃光如來本願功德經
如是我聞一時薄伽梵遊化諸國至廣嚴
城住樂音樹下與大苾芻衆八千人俱菩薩摩
訶薩三万六千及國王大臣婆羅門居士天龍藥
叉人非人等无量大衆恭敬圍遶而為 說法
尒時曼殊室利法王子承佛威神從座而起偏袒一
肩右膝著地向薄伽梵曲躬合掌白言世尊惟願演
說如是相類諸佛名号及本大願殊勝 功德令諸聞
者業鄣銷除為欲利樂像法轉時諸有情故
尒時世尊讃曼殊室利童子言善哉善哉
曼殊室利汝以大悲勸請我說諸佛名号本願
功德為拔業鄣所纏有情利益安樂像法轉時
諸有情故汝今諦聽極善思惟當為汝說
曼殊室利言唯然願說我等樂聞
佛告曼殊室利東方去此過十殑伽沙等佛
土有世界名淨瑠璃佛号藥師瑠璃光如來
應正等覺明行圓滿善逝世間解无上丈夫
調御士天人師佛薄伽梵曼殊室利彼世
尊藥師瑠璃光如來行菩薩道時發十二大
願令諸有情所求皆得
第一大願願我來世得阿耨多羅三藐三菩
提時自身光明熾然照曜无量无數无邊世
界以三十二大丈夫相八十隨好莊嚴其身
令一切有情如我无異
第二大願願我來世得菩提時身如瑠璃內
外明徹淨无瑕穢光明廣大功德巍巍身善
安住焰網莊嚴過於日月幽冥衆生悉蒙開
曉隨意所趣作諸事業
第三大願願我來世得菩提時以无量无邊
智慧方便令諸有情皆得无盡所受用物莫
令衆生有所乏少
第四大願願我來世得菩提時若諸有情行

药师琉璃光如来本愿经

敦煌盛唐写本

长 590 厘米，宽 25 厘米。

（沐唐斋　藏）

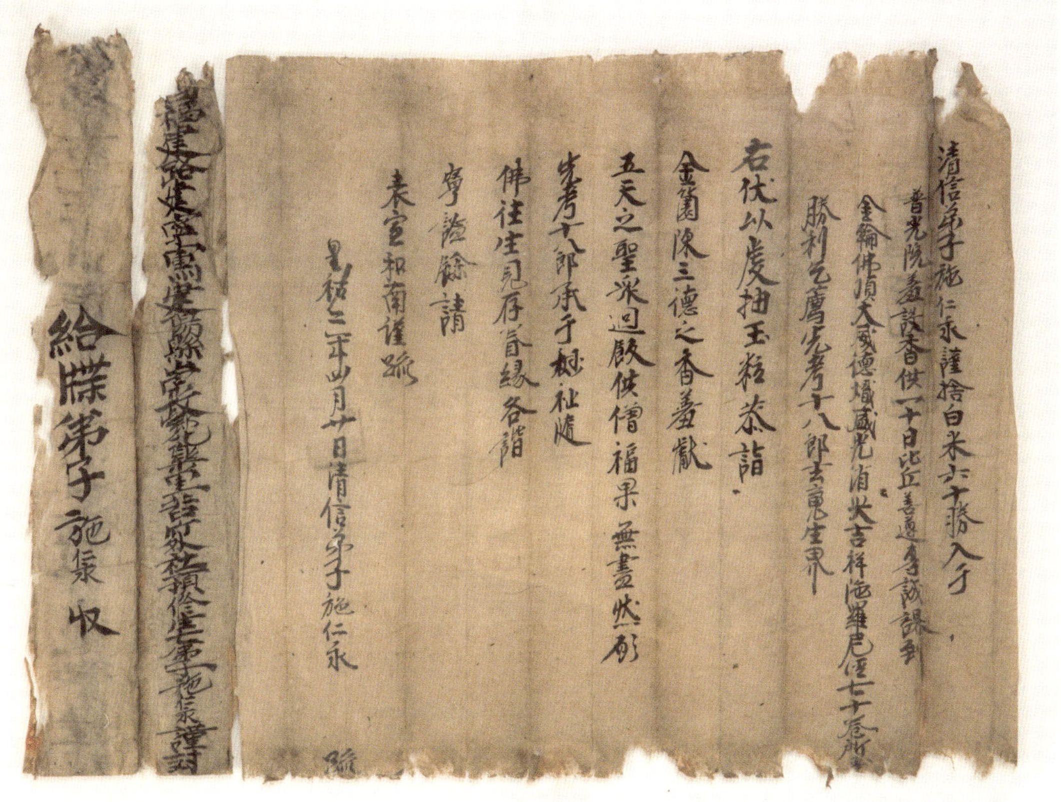

皇祐二年施仁永度牒

宋代写本

内文附封。北宋皇祐二年施永仁款。

（沐唐斋　藏）

格里高利圣咏

9 世纪羊皮卷写本

高 59 厘米，宽 43.5 厘米。

ps. Bñedicite. añ. In cõspectu ange lorũ psallã tibi de us me us. ps. Laudate dñm.
Capitulũ. Ecce ego. Hymnus.
Celitũ festũ merito co lendũ, Laudibꝰ celũ re pleat que terraz, Quos dei no stros pietas tuentes Mittit olympo. Angeli sc̃ti proceres superni Seduli & primi dñi ministri, Principes magni populi ducesque Valde potentes.

（书蠹舫　藏）

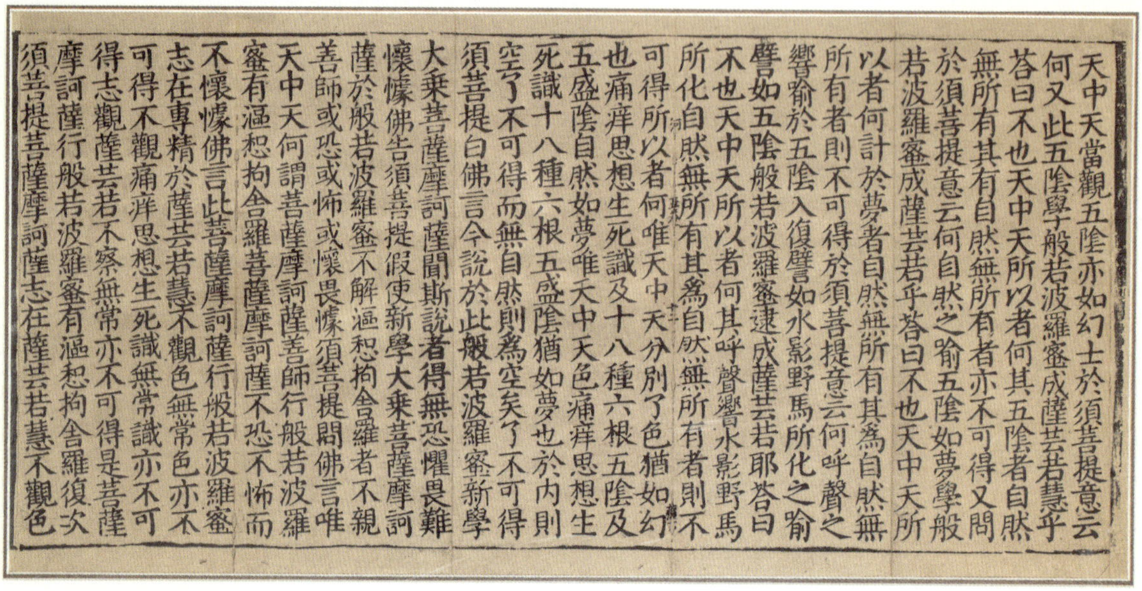

天中天當觀五陰亦如幻士於須菩提意云
何又此五陰學般若波羅蜜成薩芸若慧乎
荅曰不也天中天所以者何其五陰者自然
無所有其有自然無所有者亦不可得又問
於須菩提意云何自然之喻五陰如夢學般
若波羅蜜成薩芸若乎荅曰不也天中天所
以者何計於夢者自然無所有其為自然無
所有者則不可得於須菩提意云何呼聲之
響喻於五陰入復譬如水影野馬所化之喻
譬如五陰般若波羅蜜逮成薩芸若耶荅曰
不也天中天所以者何其呼聲響水影野馬
所化自然無所有其為自然無所有者則不
可得所以者何唯天中天分別了色猶如幻
也痛痒思想生死識及十八種六根五陰及
五盛陰自然如夢唯天中天色痛痒思想生
死識十八種六根五盛陰猶如夢也於內則
空了不可得而無自然則為空矣了不可得
須菩提白佛言今說於此般若波羅蜜新學
大乘菩薩摩訶薩聞斯說者得無恐懼畏難
懷懅佛告須菩提假使新學大乘菩薩摩訶
薩於般若波羅蜜不解漚惒拘舍羅者不親
善師或恐或怖或懷畏懅須菩提聞佛言唯
天中天何謂菩薩摩訶薩善師行般若波羅
蜜有漚惒拘舍羅菩薩摩訶薩不恐不怖而
不懷懅佛言此菩薩摩訶薩行般若波羅蜜
志在專精於薩芸若慧不觀色無常色亦不
可得不觀痛痒思想生死識無常識亦不可
得志觀薩芸若不察無常亦不可得是菩薩
摩訶薩行般若波羅蜜有漚惒拘舍羅復次
須菩提菩薩摩訶薩志在薩芸若慧不觀色

《崇宁藏》佛经一版

北宋崇宁三年（1104）刻本

福州东禅寺等觉禅院，一版六折，每折六行，每行十七字，千字文编号“河”。

（秋堂　藏）

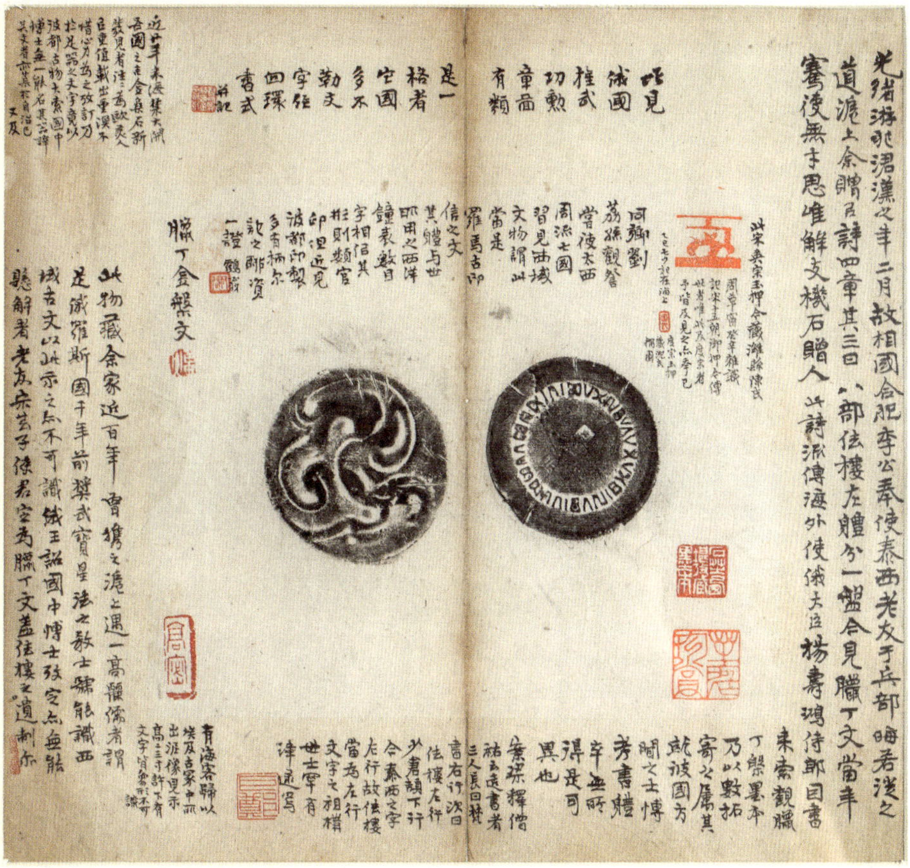

郑文焯题跋宋英宗玉押

宋拓本

高 30 厘米，宽 28 厘米。

此件内收两种器物拓本，一为腊丁（拉丁）金盘文拓本，一为宋英宗玉押。有郑文焯多次题跋考证。

鉴藏印：石芝西堪考藏墨本（白）、芝庭珍赏（朱）、巨郑（朱）、高密（朱）、眉寿堂（朱）、鹤记（朱）、叔问（朱）、郑文焯校藏金石刻记（白）。

（致道堂　藏）

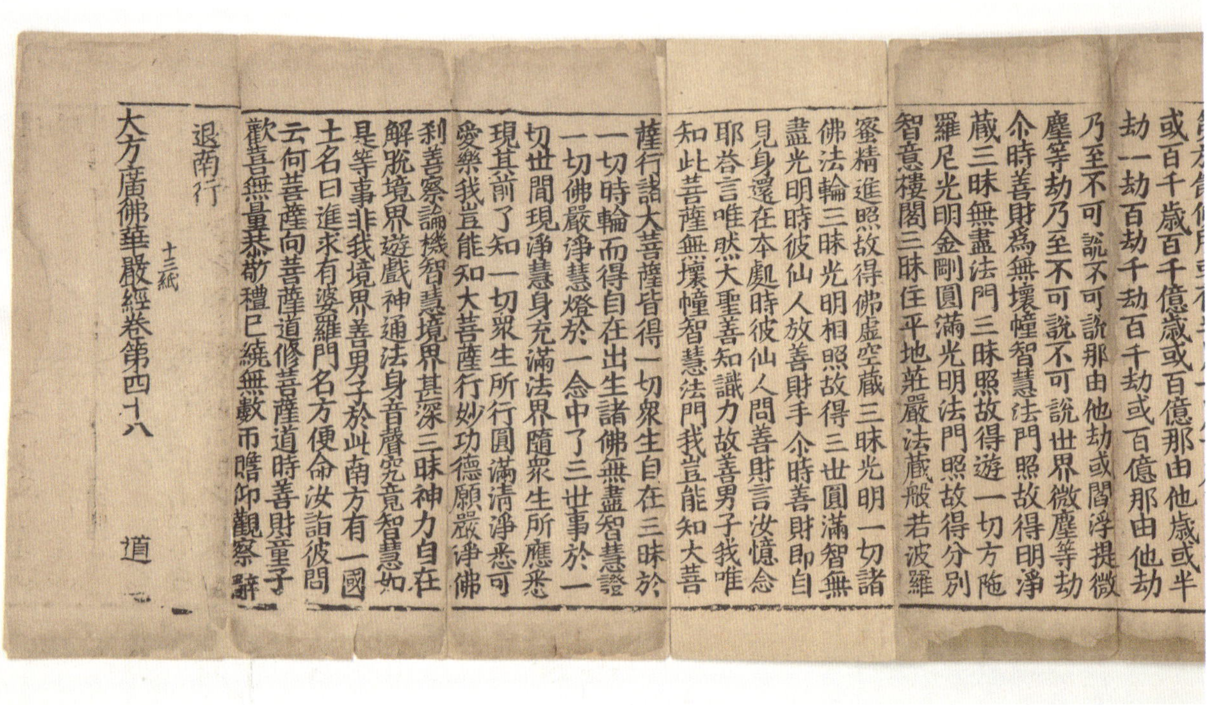

大方广佛华严经

宋刻本

北宋靖康元年（1126）至南宋高宗绍兴二年（1132）思溪圆觉禅院刻《大藏经》本。一纸五到六折，一折五行，行十七字。

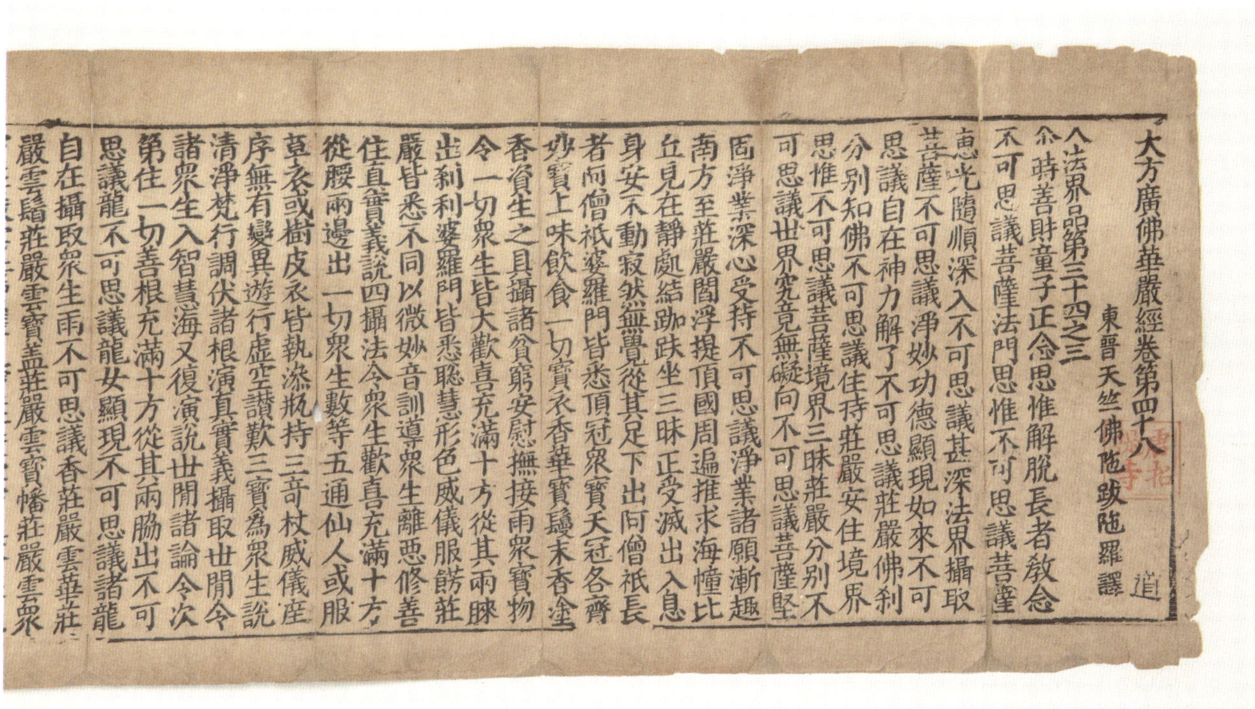

大方廣佛華嚴經卷第四十八 道
東晉天竺佛陁跋陁羅譯
入法界品第三十四之三
尒時善財童子正念思惟解脫長者敎念
不可思議菩薩法門思惟不可思議菩薩
惠光隨順深入不可思議甚深法界攝取
菩薩不可思議淨妙功德顯現如來不可
思議自在神力解了不可思議莊嚴佛刹
分別知佛不可思議住持莊嚴安住境界
思惟不可思議菩薩境界三昧莊嚴分別不
可思議世界究竟無礙向不可思議菩薩堅
固淨業深心受持不可思議淨業諸願漸趣
南方至莊嚴閻浮提頂國周遍推求海幢比
丘見在靜處結跏趺坐三昧正受滅出入息
身安不動寂然無覺從其足下出阿僧祇長
者阿僧祇婆羅門皆悉頂冠衆寶天冠各齊
妙寶上味飲食一切寶衣香華寶鬘末香塗
香資生之具攝諸貧窮安慰撫接雨衆寶物
令一切衆生皆大歡喜充滿十方從其兩膝
出刹利婆羅門皆悉聰慧形色威儀服飾莊
嚴皆悉不同以微妙音訓導衆生離惡修善
住真實義說四攝法令衆生歡喜充滿十方
從腰兩邊出一切衆生數等五通仙人或服
草衣或樹皮衣皆執澡瓶持三奇杖威儀庠
序無有變異遊行虛空讚歎三寶為衆生說
清淨梵行調伏諸根演真實義攝取世間令
諸衆生入智慧海又復演說世間諸論令次
第住一切善根充滿十方從其兩脇出不可
思議龍不可思議龍女顯現不可思議諸龍
自在攝取衆生雨不可思議香莊嚴雲華莊
嚴雲鬘莊嚴雲寶蓋莊嚴雲寶幡莊嚴雲衆

（李光昊 席 聪 藏）

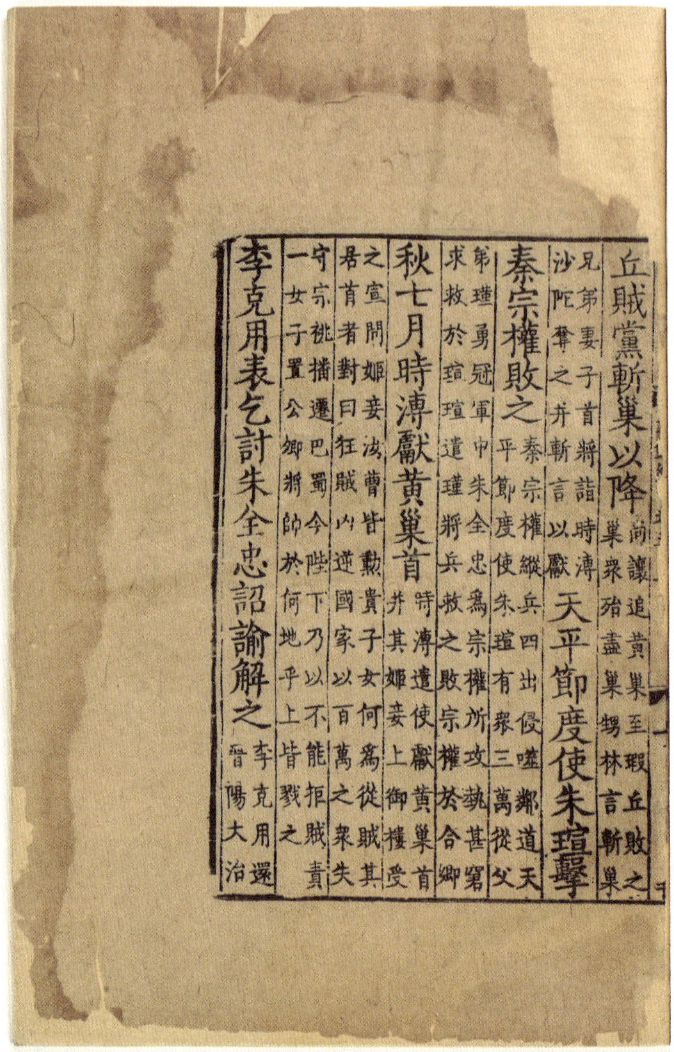

资治通鉴纲目

南宋乾道八年（1172）江西庐陵官刻本

框高 21.4 厘米，宽 15.9 厘米。半页八行，行十七字，小字双行同。白口，左右双栏，书口有刻工。蝴蝶装。黄麻纸。

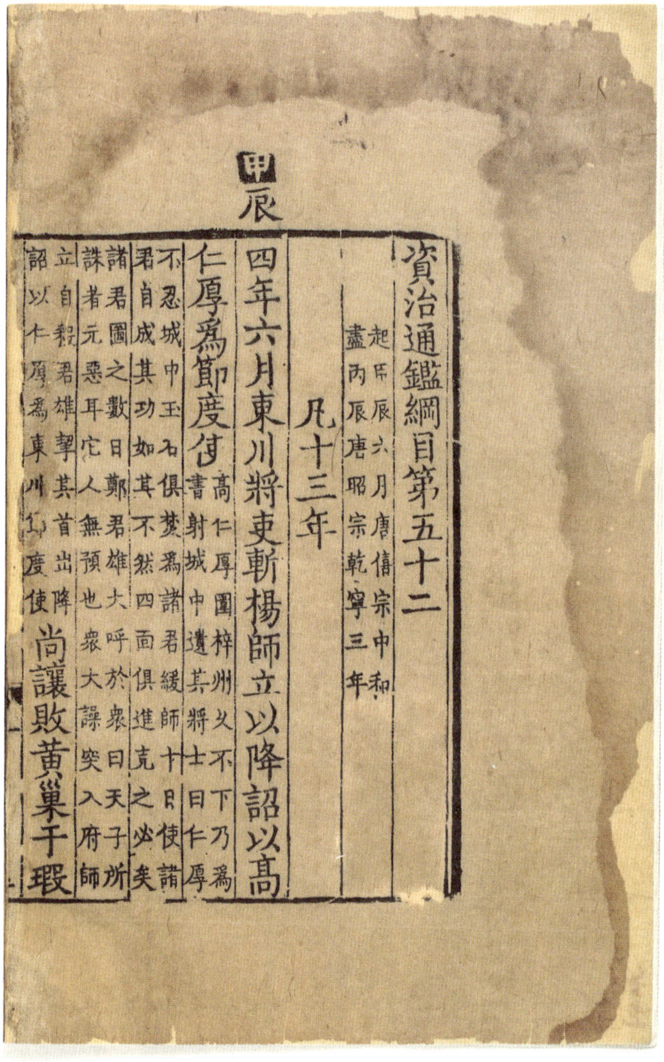

甲辰

資治通鑑綱目第五十二

起甲辰六月唐僖宗中和盡丙辰唐昭宗乾寧三年

凡十三年

四年六月東川將吏斬楊師立以降詔以高仁厚爲節度使

高仁厚圍梓州久不下乃爲書射城中遺其將士曰仁厚不忍城中玉石俱焚爲諸君緩師十日使諸君自成其功如其不然四面俱進克之必矣諸君圖之數日鄭君雄大呼於衆曰天子所誅者元惡耳它人無預也衆大譟突入府師立自殺君雄挈其首出降詔以仁厚爲東川節度使

尚讓敗黃巢于瑕

（海源续阁　藏）

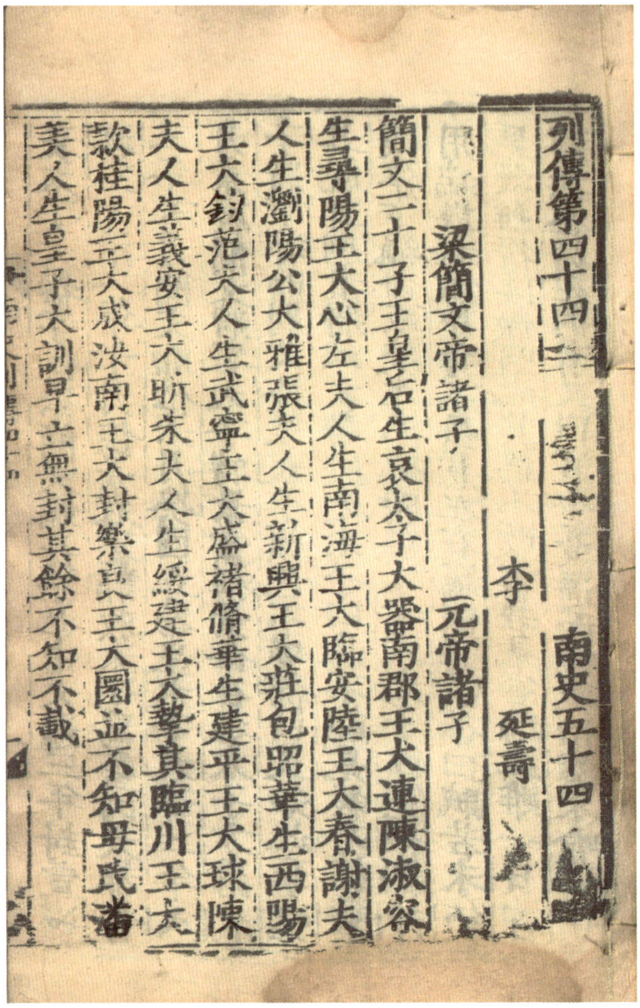
列傳第四十四　南史五十四
李　延壽
梁簡文帝諸子　元帝諸子
簡文二十子王皇后生哀太子大器南郡王大連陳淑容
生尋陽王大心左夫人生南海王大臨安陸王大春謝夫
人生瀏陽公大雅張夫人生新興王大莊包昭華生西陽
王大鈞范夫人生武寧王大威褚脩華生建平王大球陳
夫人生義安王大昕朱夫人生綏建王大摯其臨川王大
款桂陽王大成汝南王大封樂良王大圜並不知母氏番
美人生皇子大訓早亡無封其餘不知不載

南史

元大德十年（1306）刻本，明嘉靖递修本

半页十行，行二十二字。白口，四周双边。白绵纸。

（静观书屋　藏）

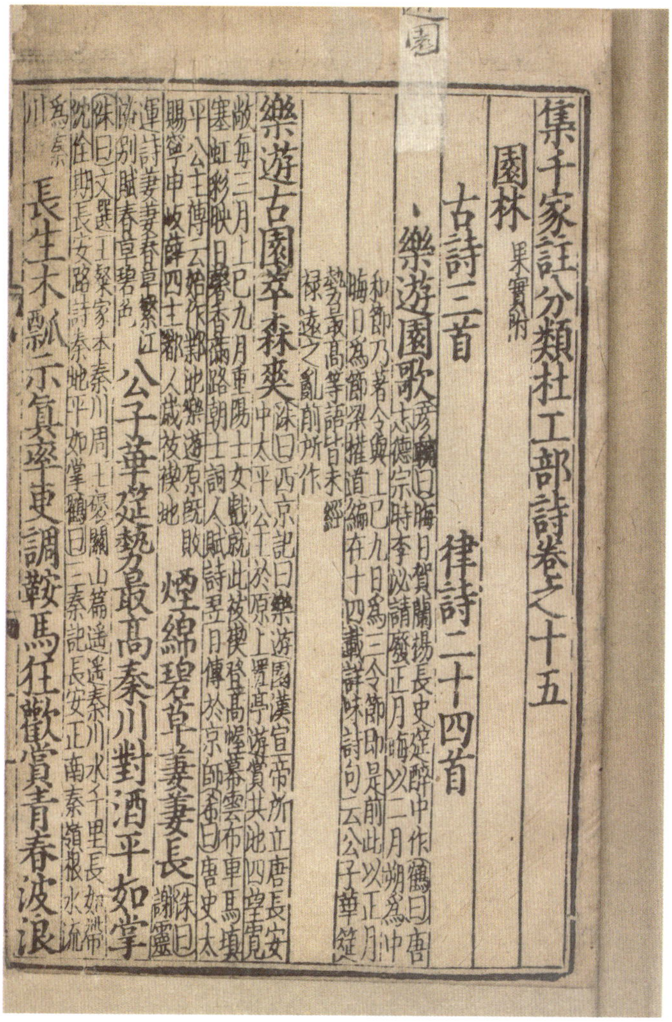

集千家注分类杜工部诗

元皇庆元年（1312）余氏勤有堂刻本

半页十二行，行二十字，小字双行二十六字。黑口，四周双边。黄麻纸初印本。

（私人收藏）

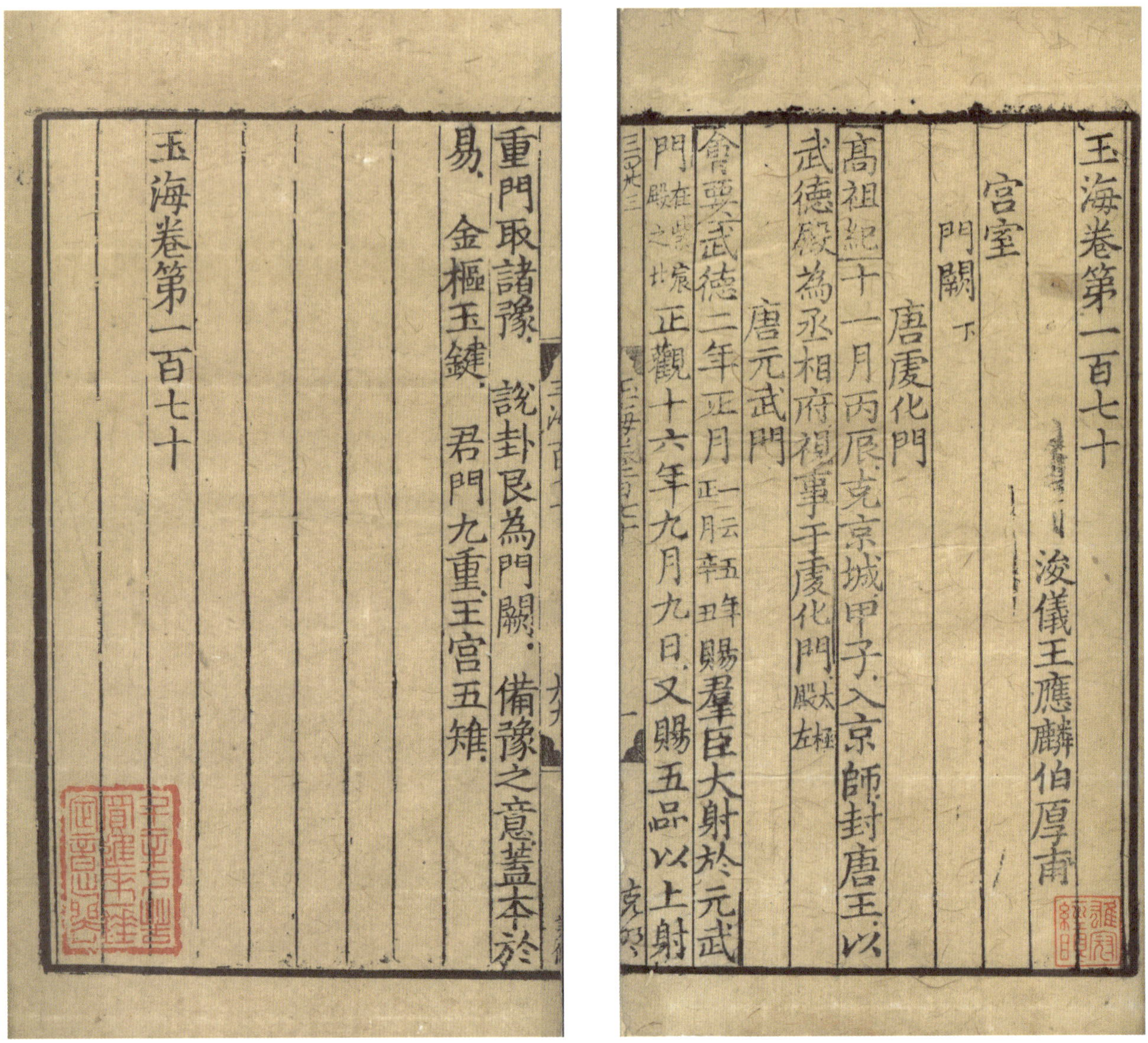
玉海卷第一百七十
浚儀王應麟伯厚甫
宮室
門闕下
唐虔化門
高祖紀十一月丙辰克京城甲子入京師封唐王以
武德殿為丞相府視事于虔化門(太極殿左)
唐元武門
會要武德二年正月(一云五年正月辛丑)賜羣臣大射於元武
門(殿在宮城之北)正觀十六年九月九日又賜五品以上射

重門取諸豫。說卦艮為門闕。備豫之意蓋本於
易。金樞玉鍵。君門九重。王宮五雉。
玉海卷第一百七十

玉海

元至元六年（1340）集庆路儒学刻本

半页十行，行二十字。白口，左右双边有耳，双鱼尾。上记字数，下记刻工。

（李辰　藏）

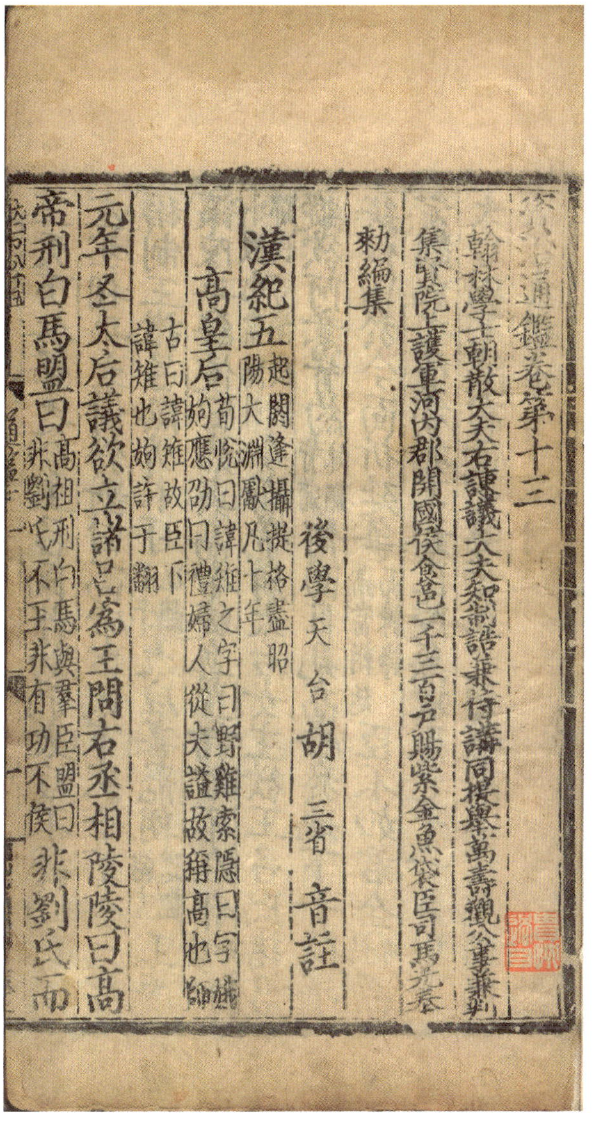
資治通鑑卷第十三
翰林學士朝散大夫右諫議大夫知制誥兼侍講同提舉萬壽觀公事兼判
集賢院上護軍河內郡開國侯食邑一千三百戶賜紫金魚袋臣司馬光奉
勑編集
後學天台胡三省音註
漢紀五 起閼逢攝提格盡昭陽大淵獻凡十年
高皇后 荀悅曰諱雉之字曰野雞索隱曰字娥姁應劭曰禮婦人從夫謚故稱高也師古曰諱雉故臣下諱雉也姁許于翻
元年冬太后議欲立諸呂爲王問右丞相陵陵曰高
帝刑白馬盟曰 高祖刑白馬與羣臣盟曰非劉氏不王非有功不侯 非劉氏而

《资治通鉴》音注

元前至元二十七年（1290）兴文署刻本

半页十行，行二十字，小字双行同。黑口，四周双边。书口有刻工及字数。有“贵忱过目”藏印，存第十三卷。

（静观书屋　藏）

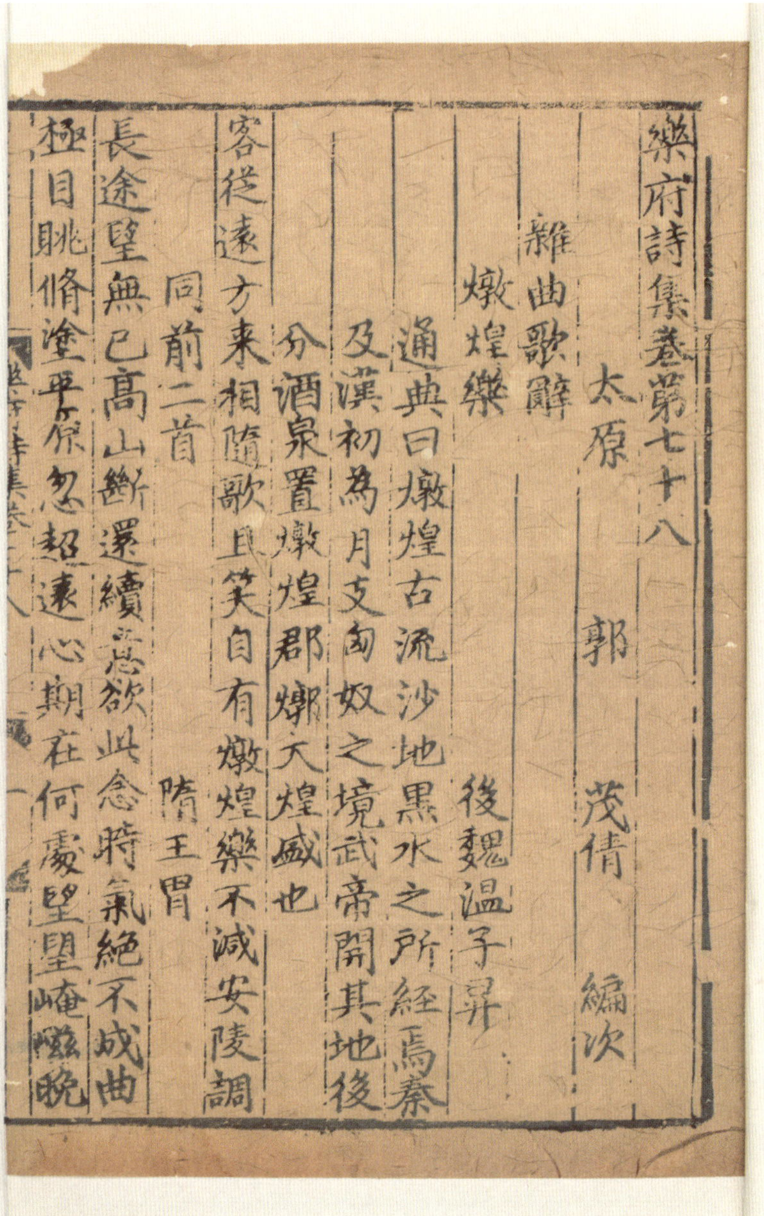
樂府詩集卷第七十八
太原 郭茂倩 編次
雜曲歌辭
燉煌樂 後魏温子昇
通典曰燉煌古流沙地黒水之所經焉秦及漢初為月支匈奴之境武帝開其地後分酒泉置燉煌郡燉大煌盛也
客從遠方來相隨歌且笑自有燉煌樂不減安陵調
同前二首 隋王胄
長途望無已高山斷還續意欲此念時氣絶不成曲
極目眺脩塗平原忽超遠心期在何處望望崦嵫晩

乐府诗集

元至正元年（1341）集庆路儒学刻本

半页十一行，行二十字。上下黑口，左右双边。

青溪道士人不識上天下天鶴一隻洞門深

寒滴露研珠寫周易

步虚引　　唐陳陶

小隱山人十洲客莓苔為衣雙耳白青編為我忽

書暮雨虹蜺一千尺赤城門閉六丁直曉日已焙

海色朝天半夜聞玉雞星斗離離礙龍翼

樂府詩集卷第七十八

（静观书屋　藏）

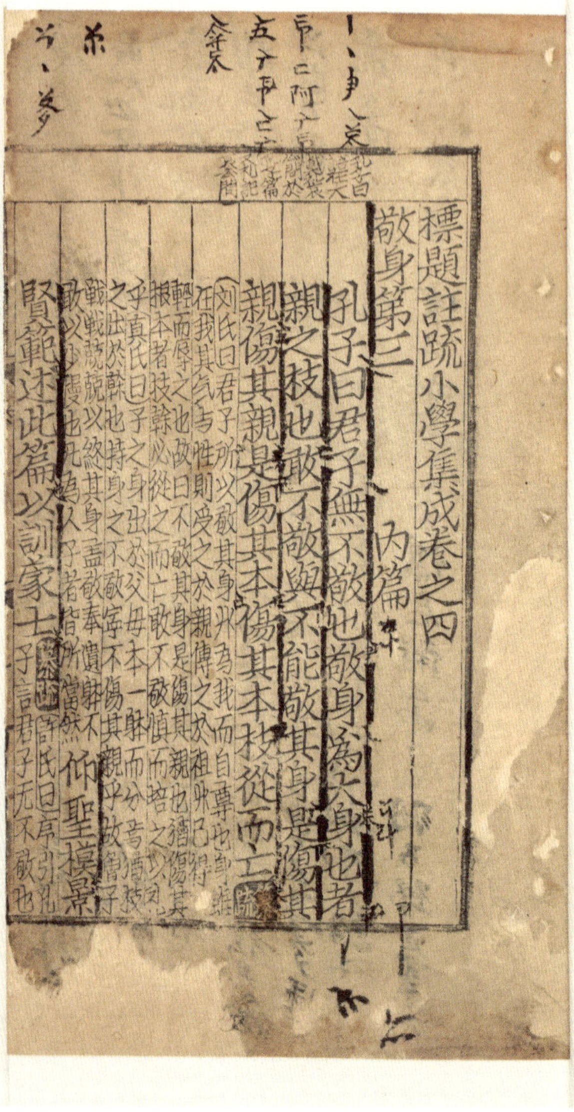

標題註疏小學集成卷之四

敬身第三 內篇

孔子曰君子無不敬也敬身爲大身也者親之枝也敢不敬與不能敬其身是傷其親傷其親是傷其本傷其本枝從而亡

仰聖模景賢範述此篇以訓蒙士

标题注疏小学集成

元刻本

半页十行，行十八字，小字双行二十二字，上下黑口，左右双边。

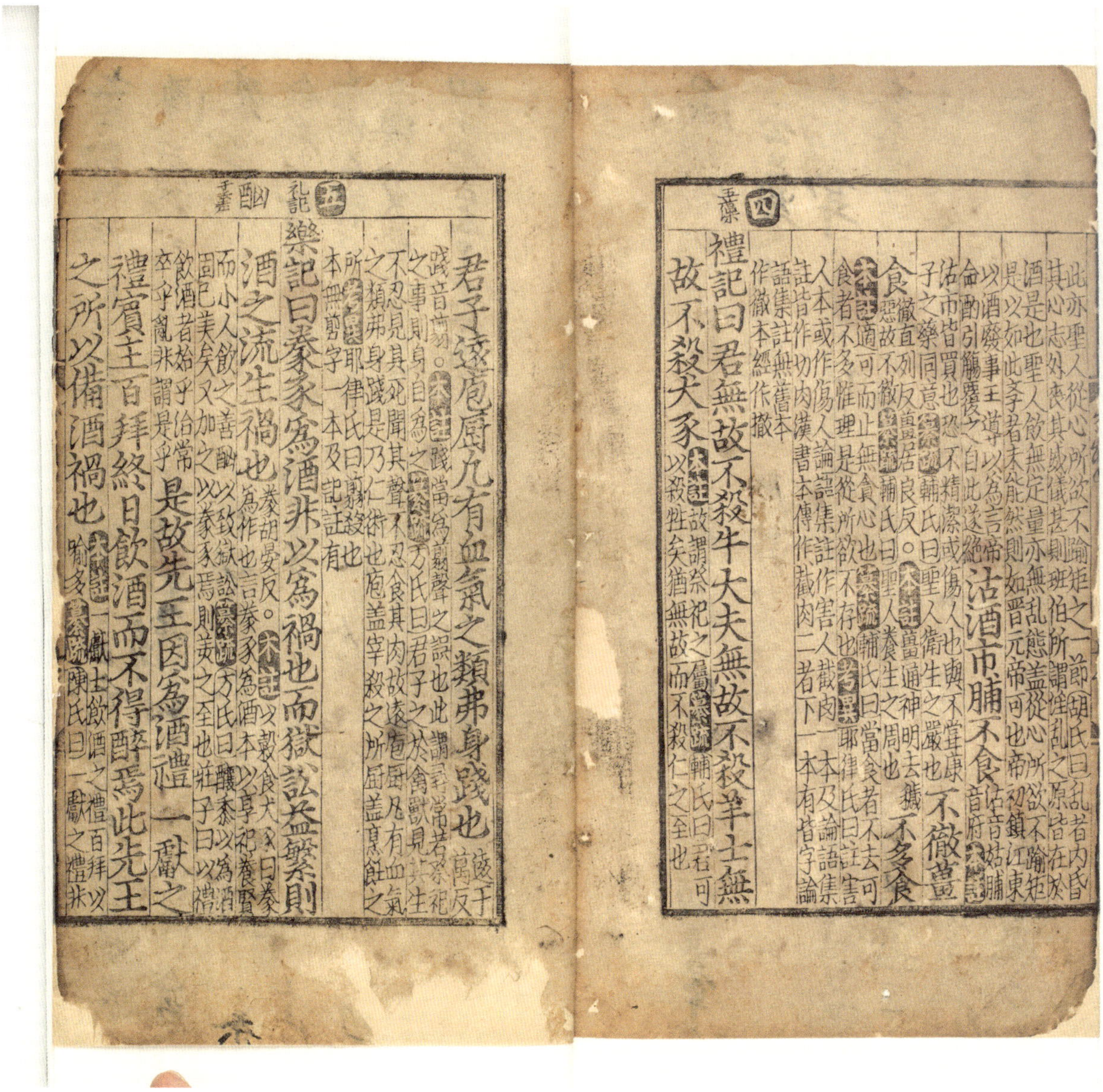

四 玉藻

此亦聖人從心所欲不踰矩之一節〔胡氏曰〕亂者內昏其心志外喪其威儀甚則班伯所謂淫亂之原皆在於酒是也聖人飲無定量亦無亂態蓋從心所欲不踰矩是以如此李者未能然則如晉元帝可也帝初鎮江東以酒廢事王導以爲言帝命酌引觴覆之自此遂絕

沽酒市脯不食 沽音姑 脯音府〔本註〕沽市皆買也恐不精潔或傷人也與不嘗康子之藥同意〔纂疏〕輔氏曰聖人衛生之嚴也

不撤薑食 撤直列反 薑居良反。〔本註〕薑通神明去穢惡故不撤〔纂疏〕輔氏曰聖人養生之周也

不多食 〔本註〕適可而止無貪心也〔纂疏〕輔氏曰當食者不去可食者不多惟理是從所欲不存也〔考異〕耶律氏曰註害人本或作傷人論語集註作害人截肉一本及論語集註皆作切肉漢書本傳作截肉二者下一本有皆字論語集註無舊本作徹本經作撤

禮記曰君無故不殺牛大夫無故不殺羊士無故不殺犬豕 〔本註〕故謂祭祀之屬〔纂疏〕輔氏曰君可以殺牲矣猶無故而不殺仁之至也

五 礼記 酗

君子遠庖廚凡有血氣之類弗身踐也 遠于萬反 踐音翦。〔本註〕踐當爲翦聲之誤也此謂宰當若祭祀之事則身自爲之〔纂疏〕方氏曰君子之於禽獸見其生不忍見其死聞其聲不忍食其肉故遠庖廚凡有血氣之類弗身踐是乃仁術也庖蓋宰殺之所廚蓋烹飪之所〔考異〕耶律氏曰翦殺也本無翦字一本及記註有

樂記曰豢豕爲酒非以爲禍也而獄訟益繁則酒之流生禍也 豢胡晏反。〔本註〕以穀食犬豕曰豢爲作也言豢豕爲酒本以享祀養賢而小人飲之善酗以致獄訟〔纂疏〕方氏曰釀黍以爲酒固已美矣又加之以豢豕焉則美之至也莊子曰以禮飲酒者始乎治常卒乎亂非謂是乎

是故先王因爲酒禮一獻之禮賓主百拜終日飲酒而不得醉焉此先王之所以備酒禍也 〔本註〕一獻士飲酒之禮百拜以喻多〔纂疏〕陳氏曰一獻之禮非

二五

（李辰　藏）

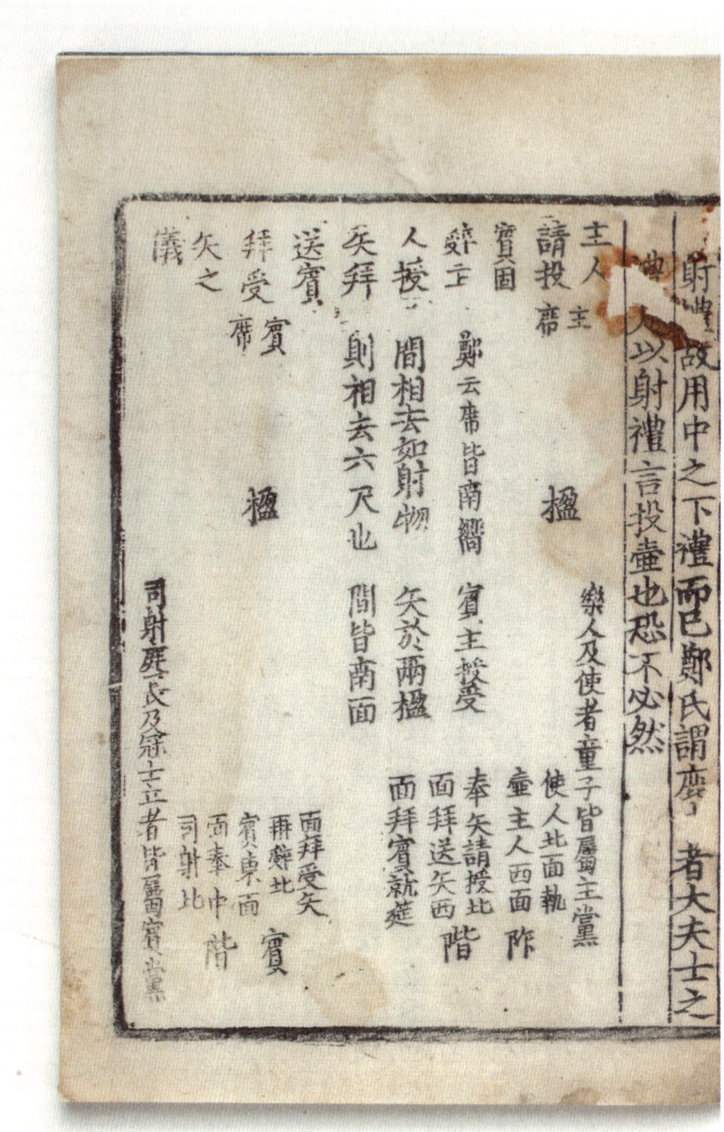

射禮故用中之下禮而已鄭氏謂𢌿者大夫士之
禮人以射禮言投壺也恐不必然
主人請投席 主 楹 樂人及使者童子皆屬𥈠主黨
賓固辭主 鄭云席皆南嚮 賓主拜受 使人北面執壺主人西面阼
人授一 間相去如射物 矢於兩楹 奉矢請授北面拜送矢西階
矢拜 則相去六尺也 間皆南面 面拜賓就筵
送賓 楹 面拜受矢 再辭北 賓
拜受席 賓 賓東面 西奉中 階
矢之 司射北
儀 司射庭長及冠士立者皆屬𥈠賓黨

礼书

元至正七年（1347）福州路刻本

框高 21.5 厘米，宽 16.3 厘米。半页十三行，行二十字。白口，左右双边。蝴蝶装。

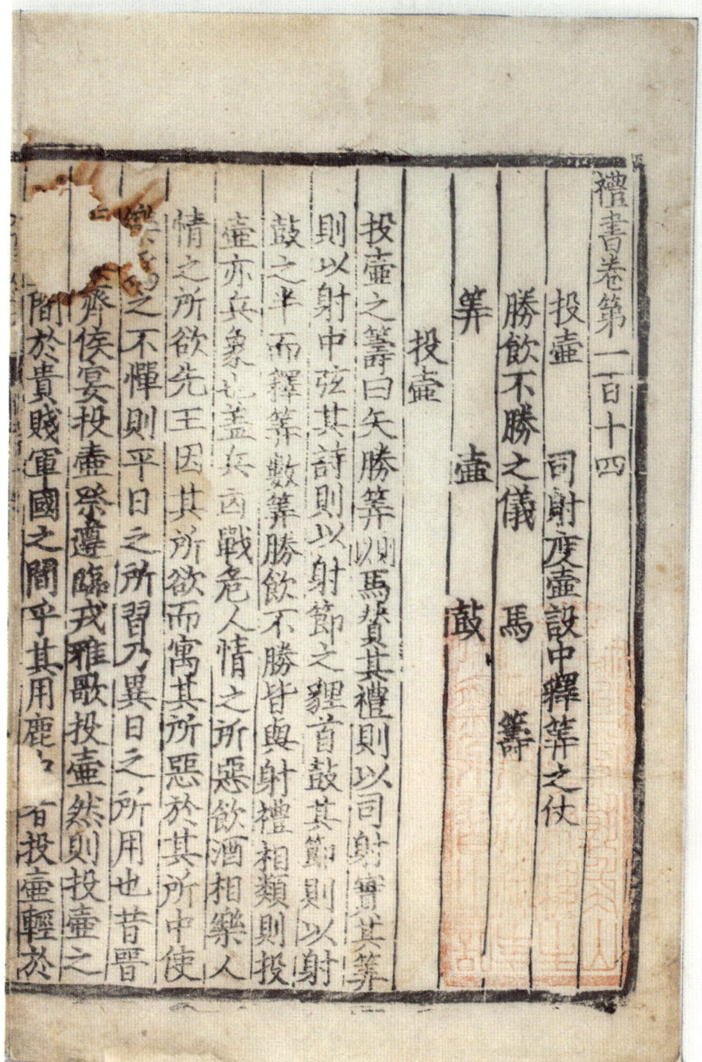
禮書卷第一百十四

投壺　司射度壺設中釋筭之仗

勝飲不勝之儀　馬　籌

筭　壺　鼓

投壺

投壺之籌曰矢勝筭則以馬貴其禮則以司射實其筭則以射中弦其詩則以射節之貍首鼓其節則以射鼓之半而釋筭數筭勝飲不勝皆與射禮相類則投壺亦兵象也蓋兵凶戰危人情之所惡飲酒相樂人情之所欲先王因其所欲而寓其所惡於其所中使[illegible]之不憚則平日之所習乃異日之所用也昔晉[illegible]齊侯宴投壺祭遵臨戎雅歌投壺然則投壺之間於貴賤軍國之間乎其用鹿[illegible]百投壺輕於

（静观书屋　藏）

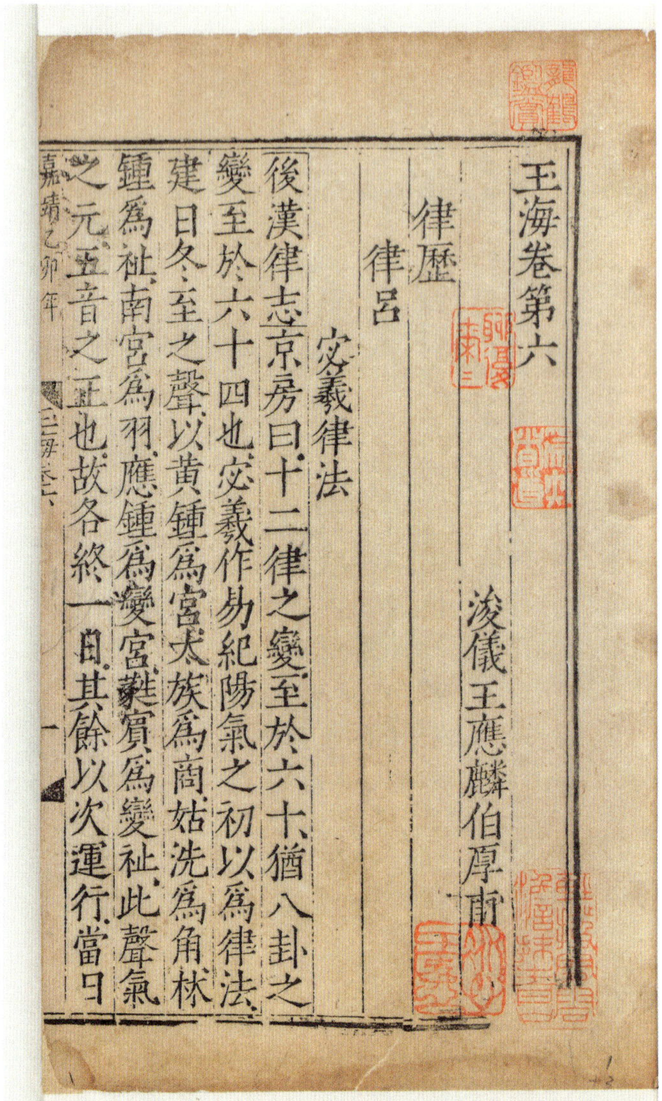

玉海卷第六

浚儀王應麟伯厚甫

律歷

律呂

宓羲律法

後漢律志京房曰十二律之變至於六十猶八卦之變至於六十四也宓羲作易紀陽氣之初以爲律法建日冬至之聲以黄鍾爲宮太族爲商姑洗爲角林鍾爲祉南宮爲羽應鍾爲變宮蕤賓爲變祉此聲氣之元五音之正也故各終一日其餘以次運行當日

嘉靖乙卯年　玉海卷六　一

玉海

元庆元路儒学刻本，明递修本

半页十行，行二十字。白口，左右双边，双鱼尾。

（静观书屋　藏）

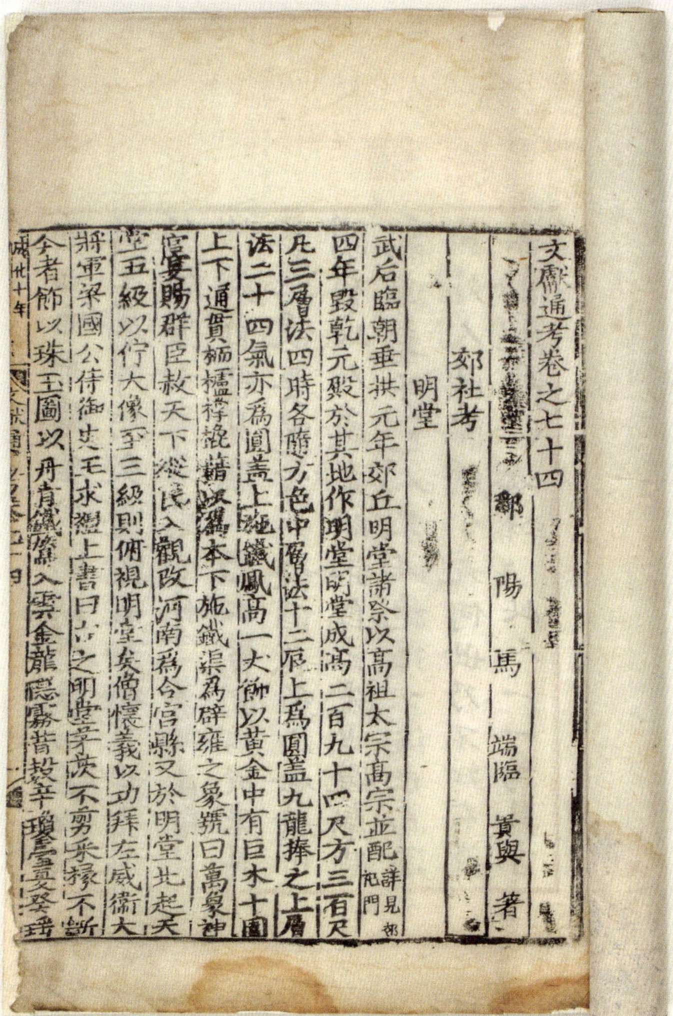

文献通考

元刻本，明递修本

半页十三行，行二十六字，白口，顺黑鱼尾。版心下方有刻工名，上方有“成化十年国子监重刊”“弘治十二年刊补”。

（临字学社　藏）

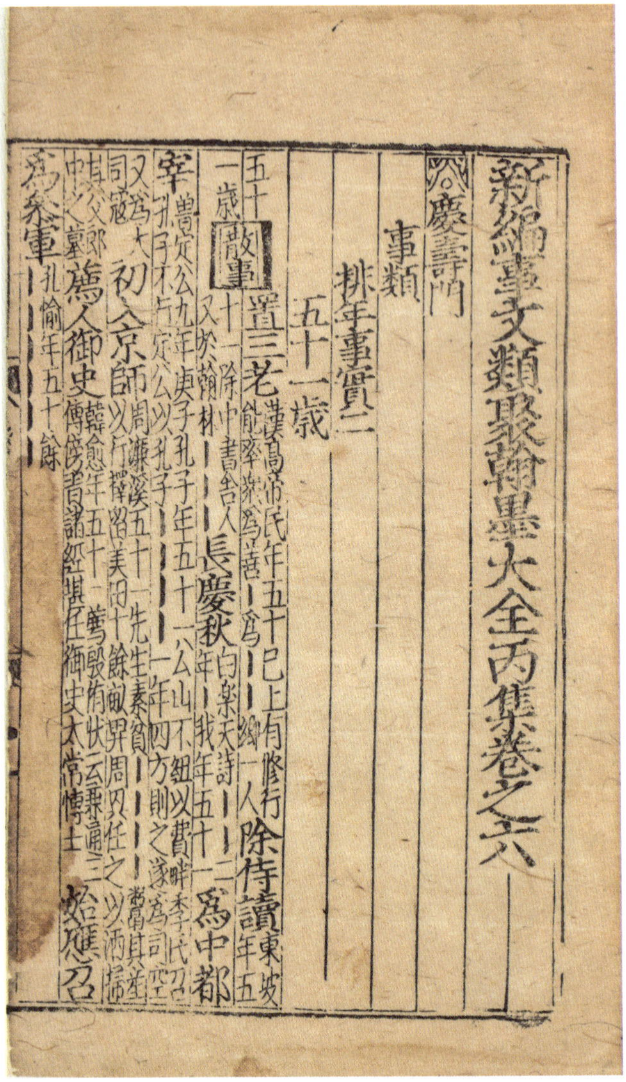

新编事文类聚翰墨大全

明初刻本

行格不一，板框不一，中字作十四行二十八字，大字作十二行二十六字，四周单边，双边不一。黄麻纸。

（静观书屋　藏）

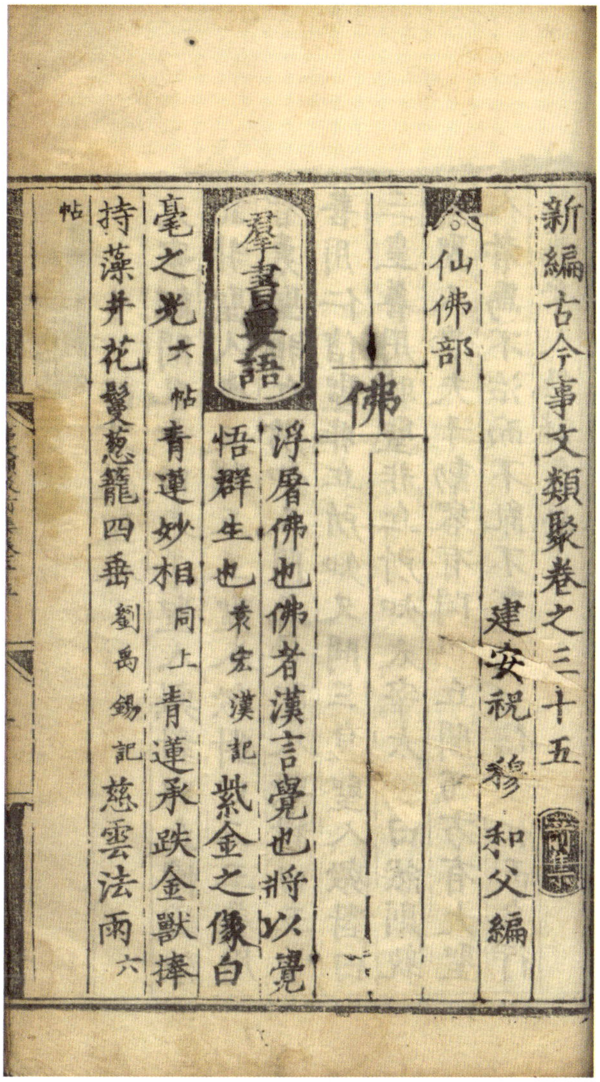
新編古今事文類聚卷之三十五　建安祝穆和父編
仙佛部
佛
群書要語
浮屠佛也佛者漢言覺也將以覺悟群生也袁宏漢記紫金之像白毫之光六帖青蓮妙相同上青蓮承趺金獸捧持藻井花鬘葱籠四垂劉禹錫記慈雲法雨六帖

新编古今事文类聚

明正统十二年（1447）内府刻本

半页十行，行十八字，大黑口，四周双边。

（静观书屋　藏）

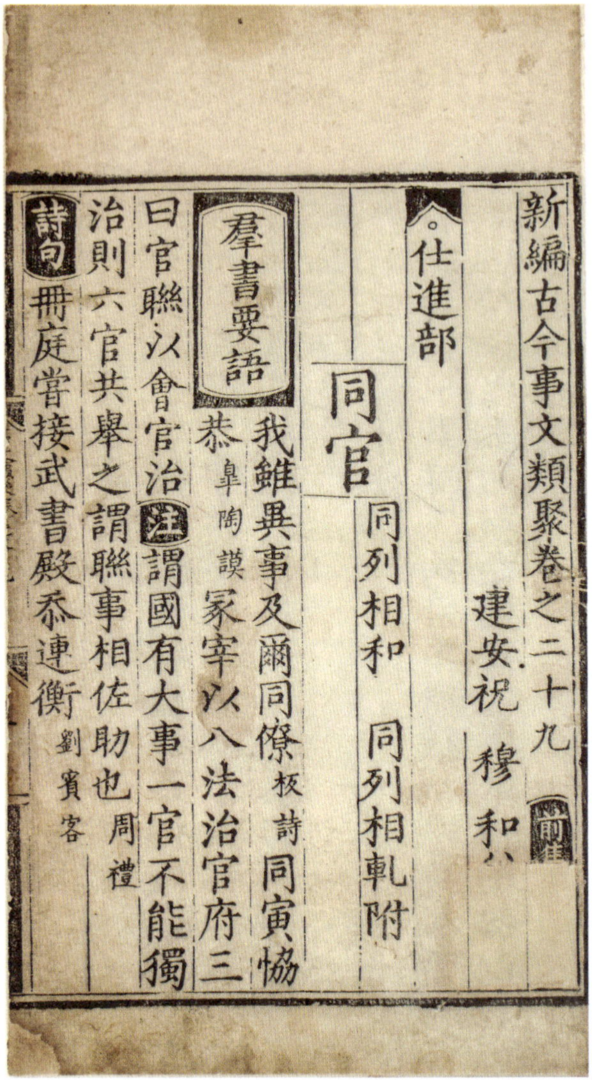
新編古今事文類聚卷之二十九 前集
建安祝穆和
仕進部
同官
同列相和　同列相軋附
我雖異事及爾同僚 板詩 同寅協恭 皋陶謨
羣書要語
冢宰以八法治官府三曰官聯以會官治 注 謂國有大事一官不能獨治則六官共舉之謂聯事相佐助也 周禮
詩句
冊庭嘗接武書殿忝連衡 劉賓客

新编古今事文类聚

明正统内府刻本

框高 25.1 厘米，宽 17.9 厘米。半页十行，行十八字，小字双行同，黑口，四周双边。

（临字学社　藏）

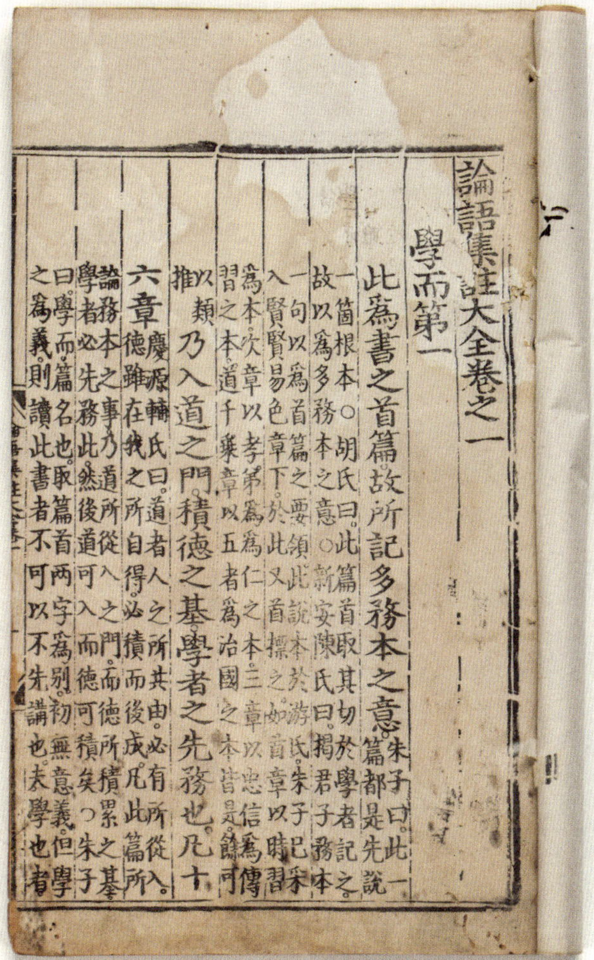

论语集注大全

明正统内府刻本

框高 27 厘米，宽 18 厘米。半页十行，行二十二字，注中字低一格二十一字，小字注双行同。黑口，双鱼尾，四周双边。白绵纸。

（豫雅书局　藏）

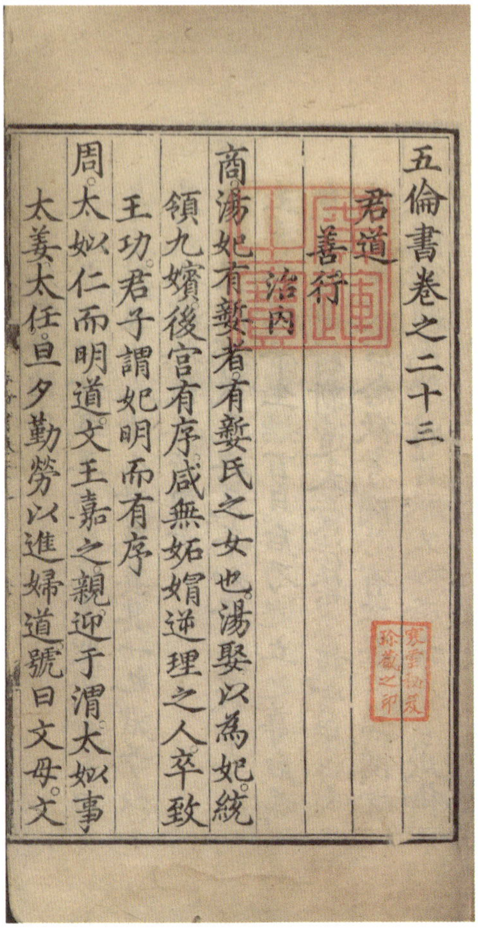

五伦书

明正统内府刻本

框高30厘米，宽20厘米。半页九行，行十八字。黑口，四周双边，双鱼尾。存卷之二十三，包背装。有“广运之宝”“寒云秘笈珍藏之印”。

（汉珍阁　藏）

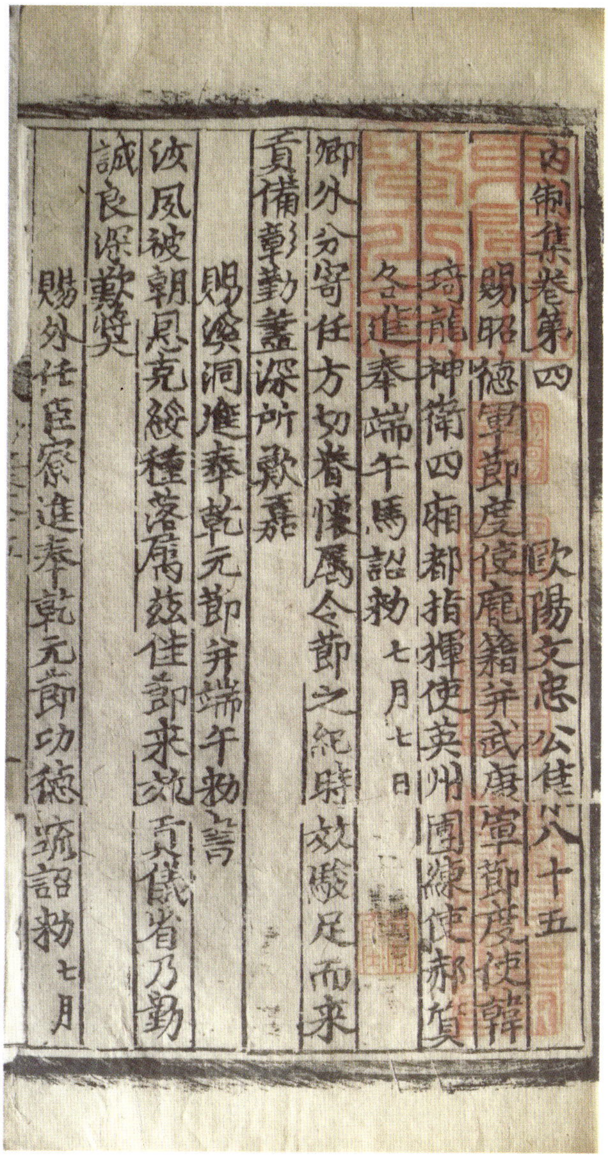

欧阳文忠公集

明天顺刻本

框高20.9厘米，宽13厘米。半页十行，行二十字。

黑口挖改白口，四周双边，双鱼尾。

（豫雅书局　藏）

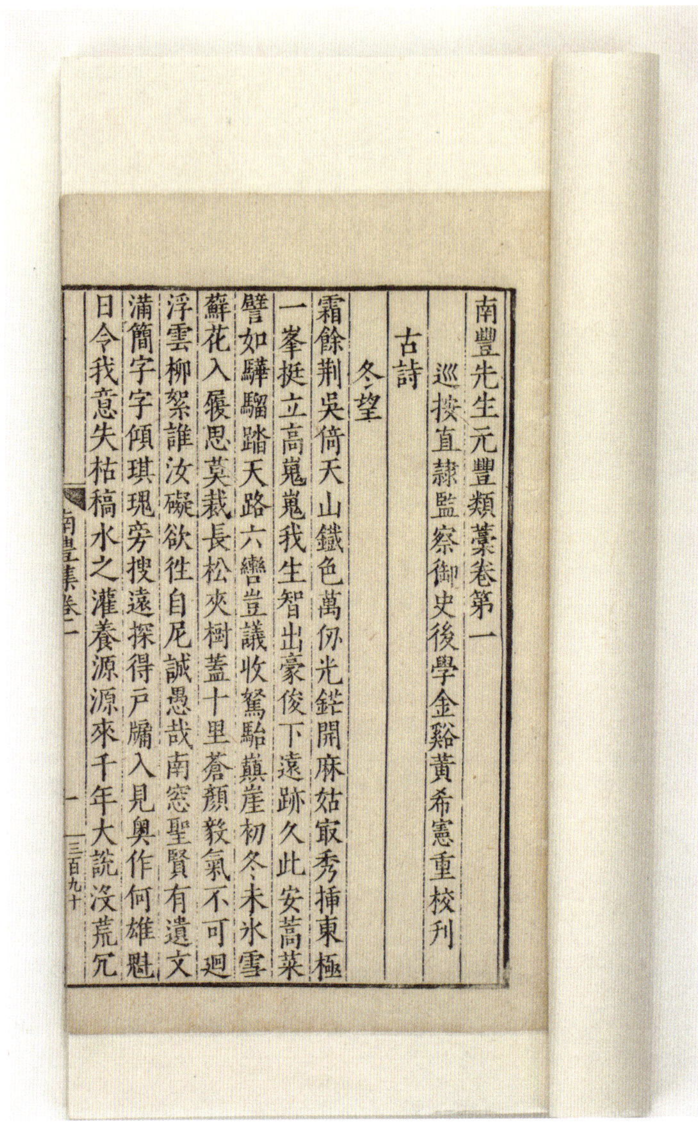

南丰先生元丰类稿

明成化八年（1472）南丰县学刻嘉靖补修本

半页十一行，行二十一字。细黑口，左右双边，版心记字数，间有刻工。白绵纸。

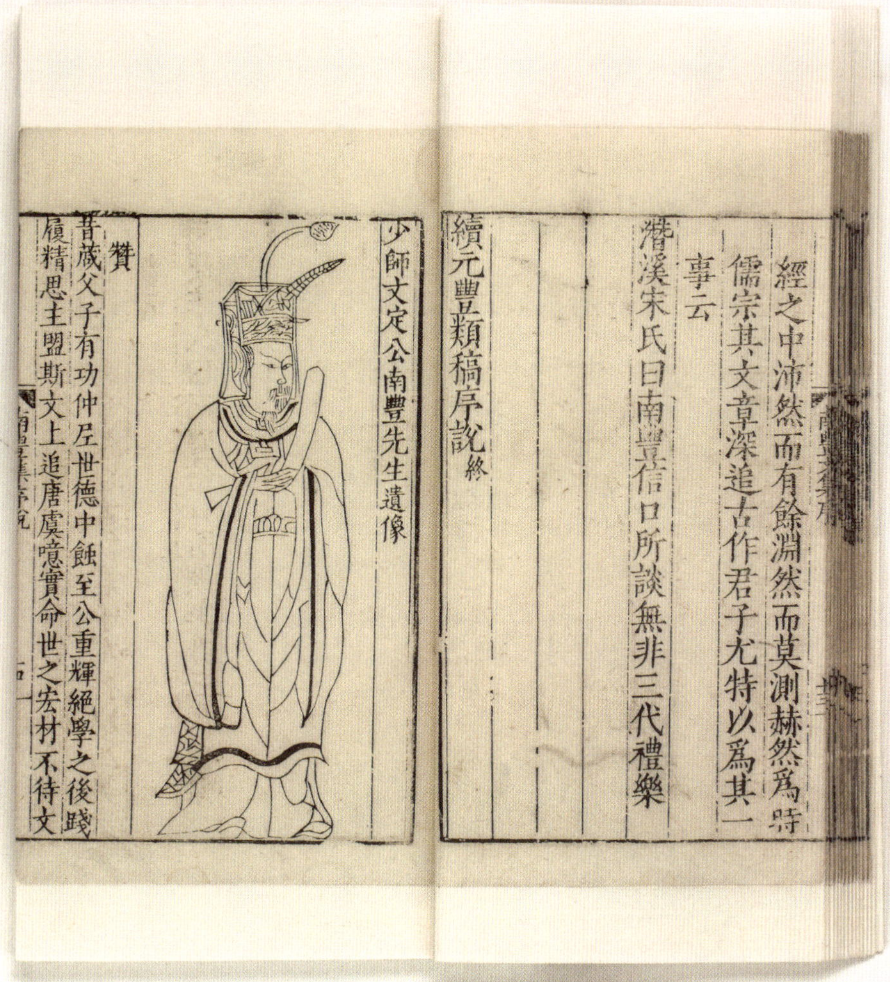

經之中沛然而有餘淵然而莫測赫然爲時
儒宗其文章深追古作君子尤特以爲其一
事云
潛溪宋氏曰南豐信口所談無非三代禮樂

續元豐類稿序說終

少師文定公南豐先生遺像

贊
晋蔵父子有功仲尼世德中餙至公重輝絕學之後踐
履精思主盟斯文上追唐虞噫實命世之宏材不待文

（夏寒江　藏）

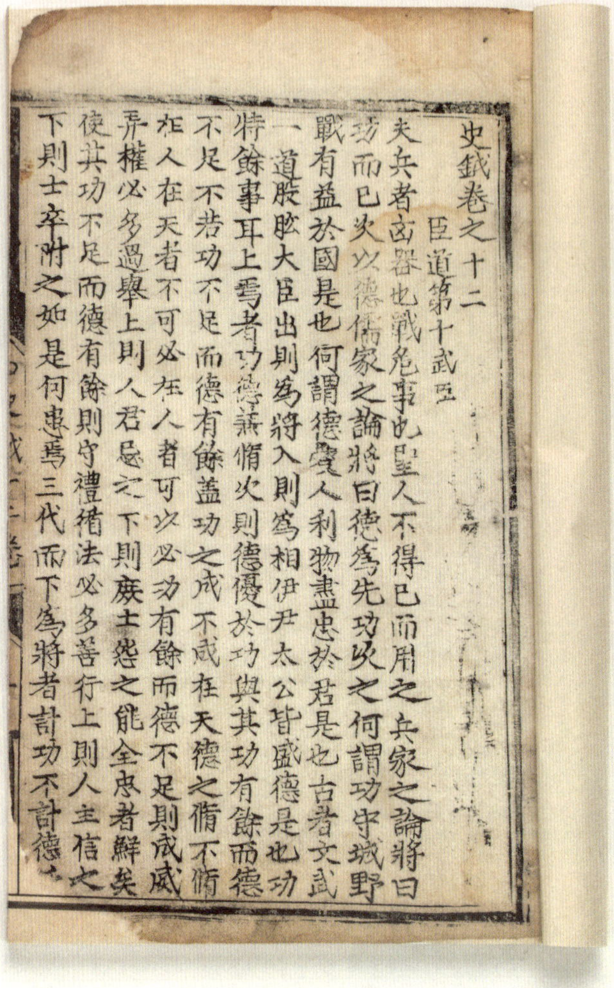

史鉞卷之十二
臣道第十　武臣
夫兵者凶器也戰危事也聖人不得已而用之兵家之論將曰
功而已矣以德儒家之論將曰德爲先功次之何謂功守城野
戰有益於國是也何謂德愛人利物盡忠於君是也古者文武
一道股肱大臣出則爲將入則爲相伊尹太公皆盛德是也功
特餘事耳上焉者功德兼脩次則德優於功與其功有餘而德
不足不若功不足而德有餘蓋功之成不成在天德之脩不脩
在人在天者不可必在人者可以必功有餘而德不足則成威
弄權必多過舉上則人君忌之下則庶士怨之能全忠者鮮矣
使其功不足而德有餘則守禮循法必多善行上則人主信之
下則士卒附之如是何患焉三代而下爲將者計功不計德之

史钺

明弘治十五年（1502）翠严精舍刘祥刻本

半页十二行，行二十四字。黑口，四周双边。白绵纸。

（静观书屋　藏）

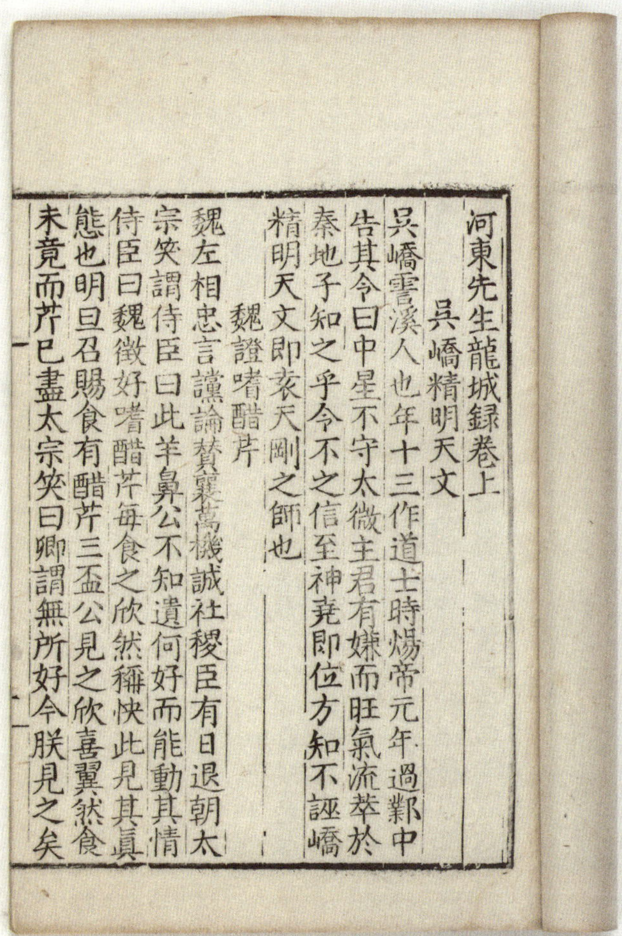
河東先生龍城録卷上
吴嶠精明天文
吴嶠雪溪人也年十三作道士時煬帝元年過鄴中告其令曰中星不守太微主君有嫌而旺氣流萃於秦地子知之乎令不之信至神堯即位方知不誣嶠精明天文即袁天剛之師也
魏證嗜醋芹
魏左相忠言讜論贊襄萬機誠社稷臣有日退朝太宗笑謂侍臣曰此羊鼻公不知遺何好而能動其情侍臣曰魏徵好嗜醋芹每食之欣然稱快此見其眞態也明旦召賜食有醋芹三盃公見之欣喜翼然食未竟而芹已盡太宗笑曰卿謂無所好今朕見之矣

河东先生龙城录

明弘治华理仿宋刻本

框高 19.5 厘米，宽 14.8厘米。半页十二行，行二十字。白口，左右双边。白绵纸印本。

（汲珍阁　藏）

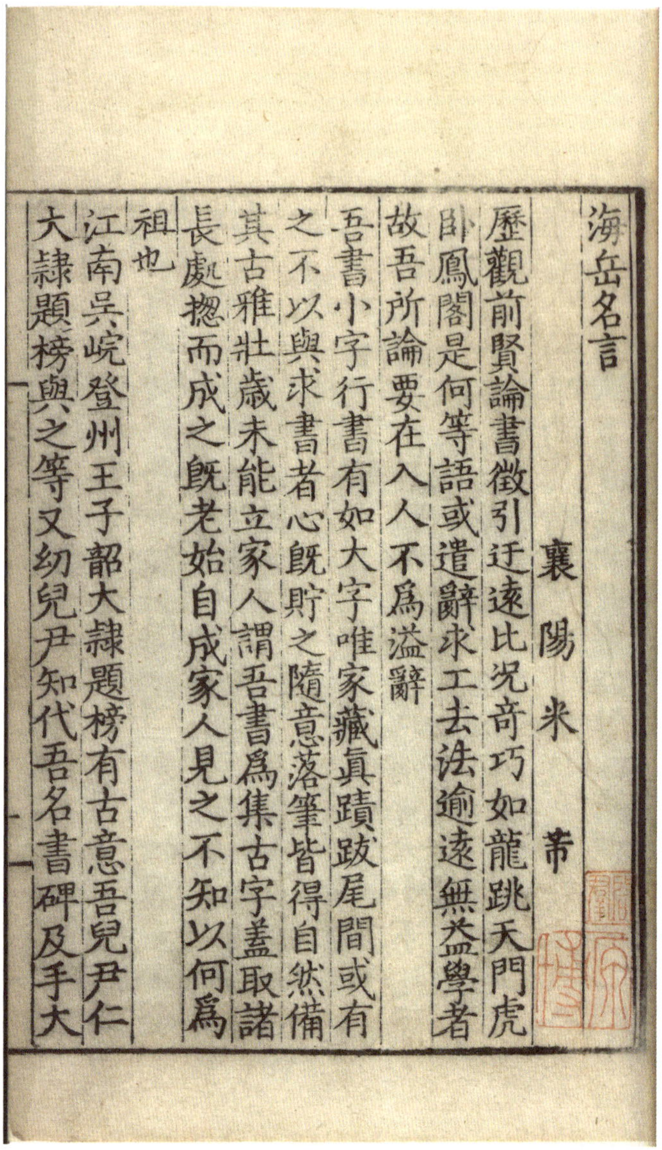
海岳名言
襄陽米芾
歷觀前賢論書徵引迂遠比况奇巧如龍跳天門虎
卧鳳闕是何等語或遣辭求工去法逾遠無益學者
故吾所論要在入人不爲溢辭
吾書小字行書有如大字唯家藏眞蹟跋尾間或有
之不以與求書者心既貯之隨意落筆皆得自然備
其古雅壯歲未能立家人謂吾書爲集古字蓋取諸
長處揔而成之既老始自成家人見之不知以何爲
祖也
江南吴皖登州王子韶大隸題榜有古意吾兒尹仁
大隸題榜與之等又幼兒尹知代吾名書碑及手大

海岳名言

［宋］米芾　撰

明弘治华珵仿宋刻本

框高 19.2 厘米，宽 14.8 厘米。半页十二行，行二十字。

白口，左右双边。有“原博”“启群”印。白绵纸印本。

（汲珍阁　藏）

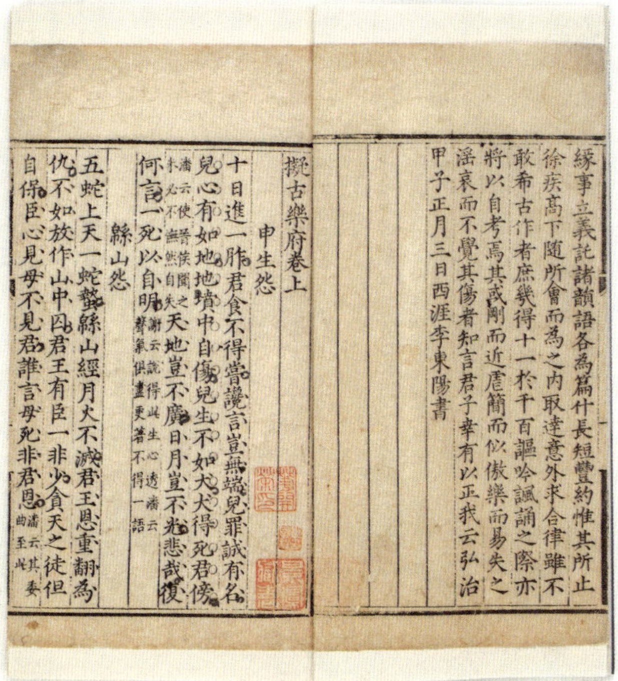
緣事立義託諸韻語各為篇什長短豐約惟其所止徐疾高下隨所會而為之內取達意外求合律雖不敢希古作者庶幾得十一於千百謳吟諷誦之際亦將以自考焉其或剛而近虐簡而似傲樂而易失之淫哀而不覺其傷者知言君子幸有以正我云弘治甲子正月三日西涯李東陽書

擬古樂府卷上

申生怨

十日進一胙君食不得嘗讒言豈無端兒罪誠有名兒心有如地地墳中自傷兒生不如犬犬得死君傍潘云使晉侯聞之未必不憮然自失天地豈不廣日月豈不光悲哉復何言一死以自明謝云說得此生心透 潘云聲氣俱盡更著不得一語

緜山怨

五蛇上天一蛇蟄緜山經月火不滅君王恩重翻為仇不如放作山中囚君王有臣一非少貪天之徒但自保臣心見母不見君誰言母死非君恩潘云其委曲至此

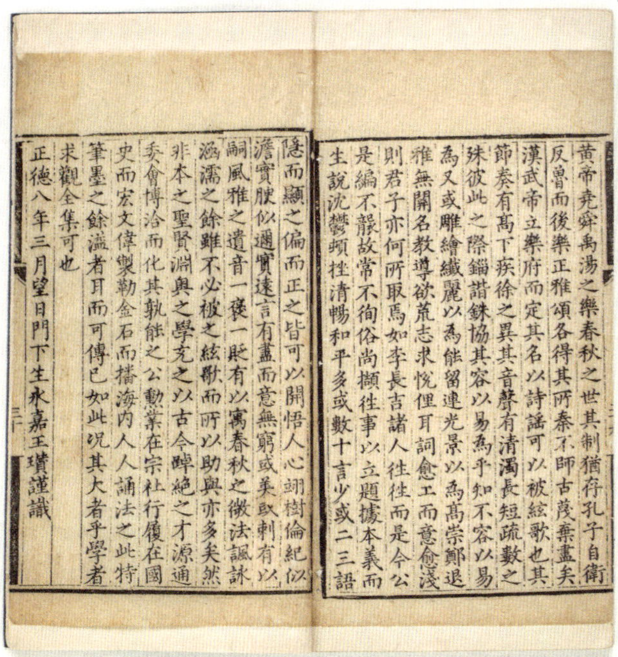
黃帝堯舜禹湯之樂春秋之世其制猶存孔子自衛反魯而後樂正雅頌各得其所秦不師古蔑棄盡矣漢武帝立樂府而定其名以詩謠可以被絃歌也其節奏有高下疾徐之異其音聲有清濁長短疏數之殊彼此之際錙銖協其容以易為乎知不容以易為又或雕繪纖麗以為能留連光景以為高崇鄭退雅無關名教導欲荒志求悅俚耳詞愈工而意愈淺則君子亦何所取焉如李長吉諸人往往而是今公是編不襲故常不徇俗尚擷往事以立題據本義而生說沈鬱頓挫清暢和平多或數十言少或二三語隱而顯之偏而正之皆可以開悟人心翊樹倫紀似澹實腴似邇實遠言有盡而意無窮或美或刺有以嗣風雅之遺音一褒一貶有以寓春秋之微法諷詠涵濡之餘雖不必被之絃歌而所以助與亦多矣然非本之聖賢淵奧之學充之以古今辟絕之才源通委會博洽而化其孰能之公勳業在宗社行履在國史而宏文偉製勒金石而播海內人人誦法之此特筆墨之餘溢者耳而可傳已如此況其大者乎學者求觀全集可也

正德八年三月望日門下生永嘉王瓚謹識

拟古乐府

［明］李东阳　撰

明正德八年（1513）毛黄门刻本

半页十行，行二十字。黑口，四周双边。孤本，黄绵纸。

（静观书屋　藏）

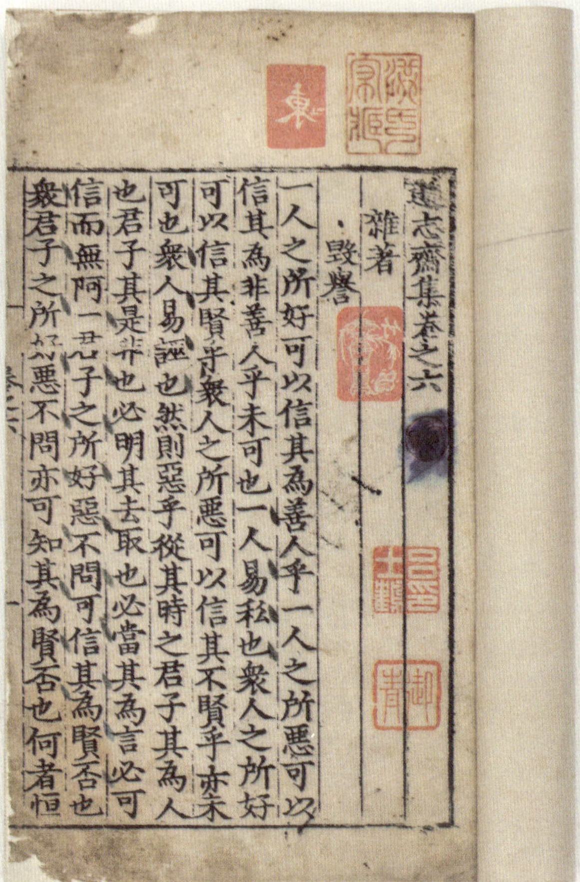
遜志齋集卷之六
雜著
·毀譽
一人之所好可以信其為善人乎一人之所惡可以
信其為非善人乎未可也一人易私也衆人之所好
可以信其賢乎衆人之所惡可以信其不賢乎亦未
可也衆人易誣也然則惡乎從其時之君子其為人
也君子其是非也必明其去取也必當其為言必可
信而無阿一君子之所好惡不問可信其為賢否也
衆君子之所好惡不問亦可知其為賢否也何者恒

逊志斋集

[明] 方孝孺　著

明正德十五年（1520）顾璘刻本

框高 18.9 厘米，宽 13.1 厘米。半页十行，行二十字。白口，四周单边。

（临字学社　藏）

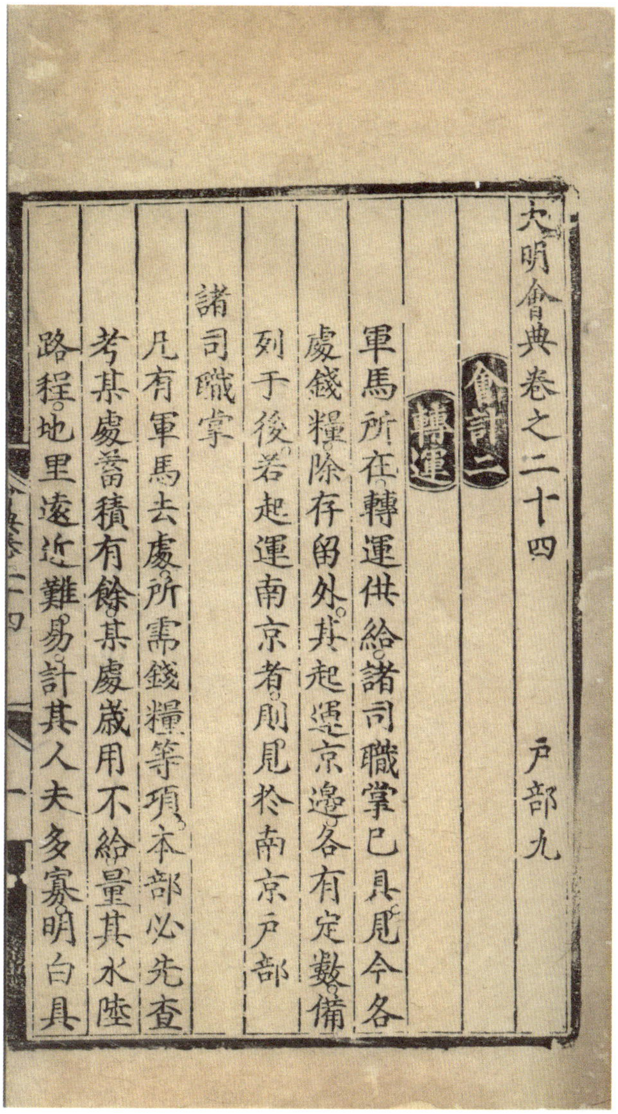
大明會典卷之二十四　　戶部九

會計二

轉運

軍馬所在轉運供給諸司職掌已具見今各處錢糧除存留外其起運京邊各有定數備列于後若起運南京者則見於南京戶部

諸司職掌

凡有軍馬去處所需錢糧等項本部必先查考其處倉積有餘其處歲用不給量其水陸路程地里遠近難易計其人夫多寡明白具

大明会典

［明］李东阳等　编

明正德内府刻本

框高22.2厘米，宽15.1厘米。半页十行，行二十字。

黑口，四周双边。

（书蠹舫　藏）

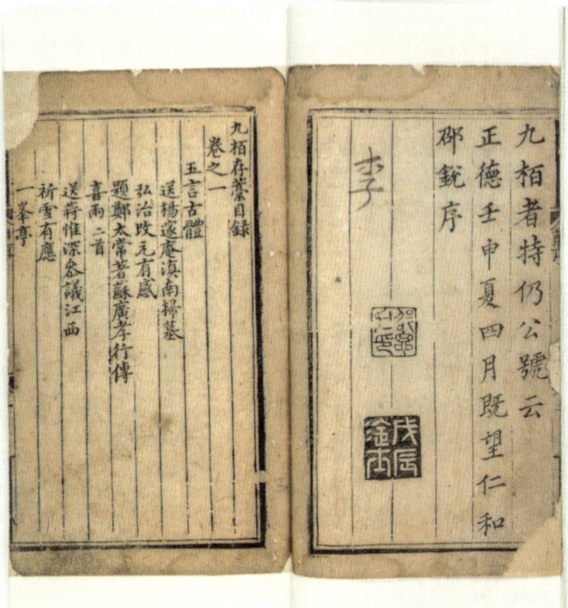

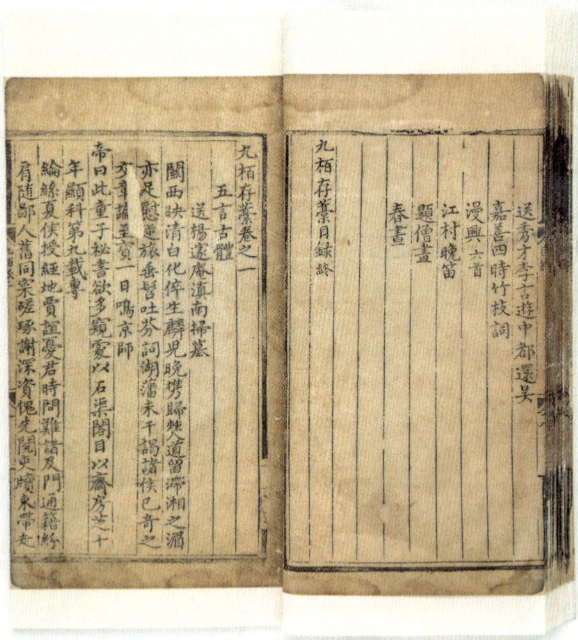

九栢存稿

[明] 吕㦂　撰

明正德精写刻本

半页十行，行二十一字。上下黑口，四周双边。孤本。

（致道堂　藏）

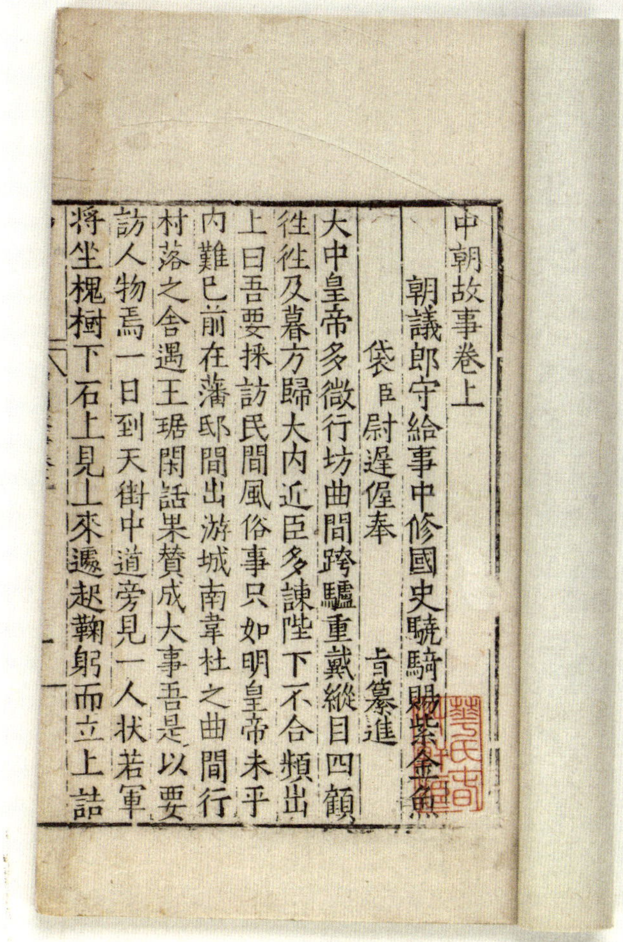
中朝故事卷上
朝議郎守給事中修國史驍騎賜紫金魚
袋臣尉遲偓奉　旨纂進
大中皇帝多微行坊曲間跨驢重戴縱目四顧
往往及暮方歸大内近臣多諫陛下不合頻出
上曰吾要採訪民間風俗事只如明皇帝未平
内難已前在藩邸間出游城南韋杜之曲間行
村落之舍遇王琚閑話果贊成大事吾是以要
訪人物焉一日到天街中道旁見一人状若軍
將坐槐樹下石上見上來遽起鞠躬而立上詰

中朝故事

［南唐］尉迟偓　撰

明正德刻本

半页十行，行十八字。白口，左右双边。

（静观书屋　藏）

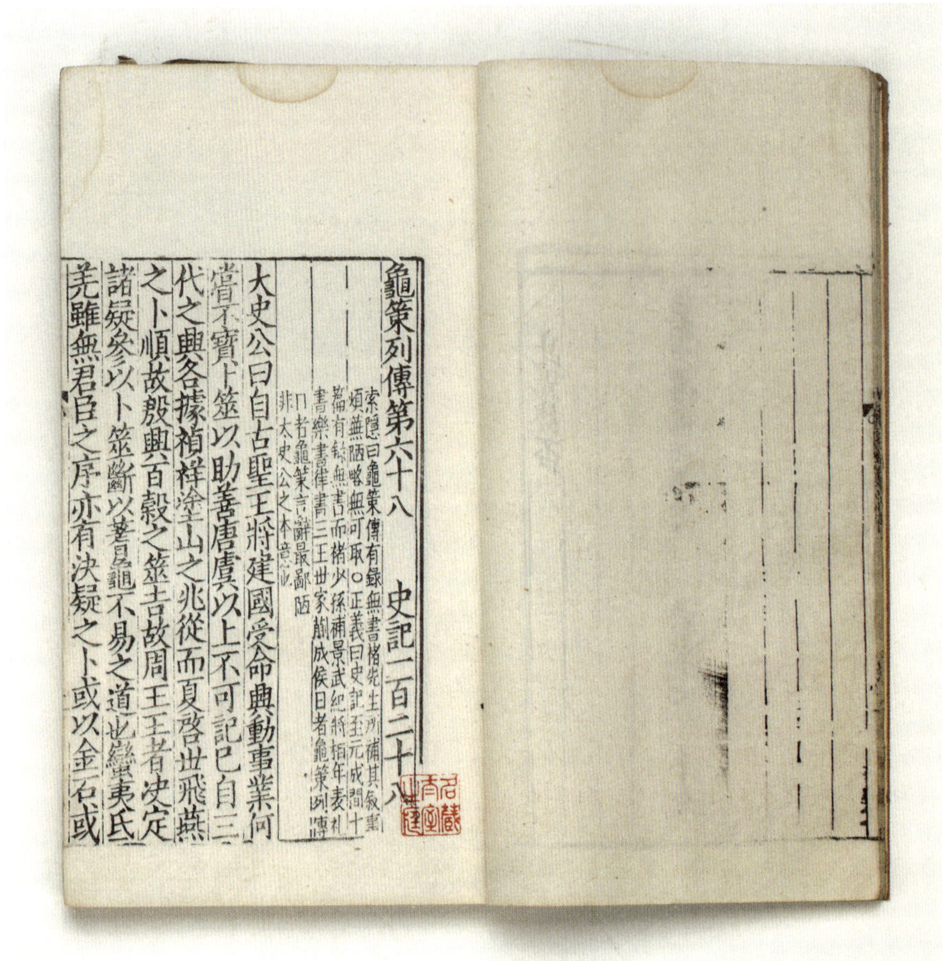

龜策列傳第六十八　史記一百二十八

索隱曰龜策傳有録無書褚先生所補其叙事煩蕪陋略無可取○正義曰史記至元成間十篇有録無書而褚少孫補景武紀將相年表禮書樂書律書三王世家蒯成侯日者龜策列傳日者龜策言辭最鄙陋非太史公之本意也

太史公曰自古聖王將建國受命興動事業何嘗不寶卜筮以助善唐虞以上不可記已自三代之興各據禎祥塗山之兆從而夏啓世飛燕之卜順故殷興百穀之筮吉故周王王者決定諸疑參以卜筮斷以蓍龜不易之道也蠻夷氐羌雖無君臣之序亦有決疑之卜或以金石或

史记

［汉］司马迁　撰

明嘉靖四年至六年（1525—1527）王延喆影宋黄善夫刻本

半页十行，行十八字，小字双行二十三字。白口，左右双边。白绵纸。

（静观书屋　藏）

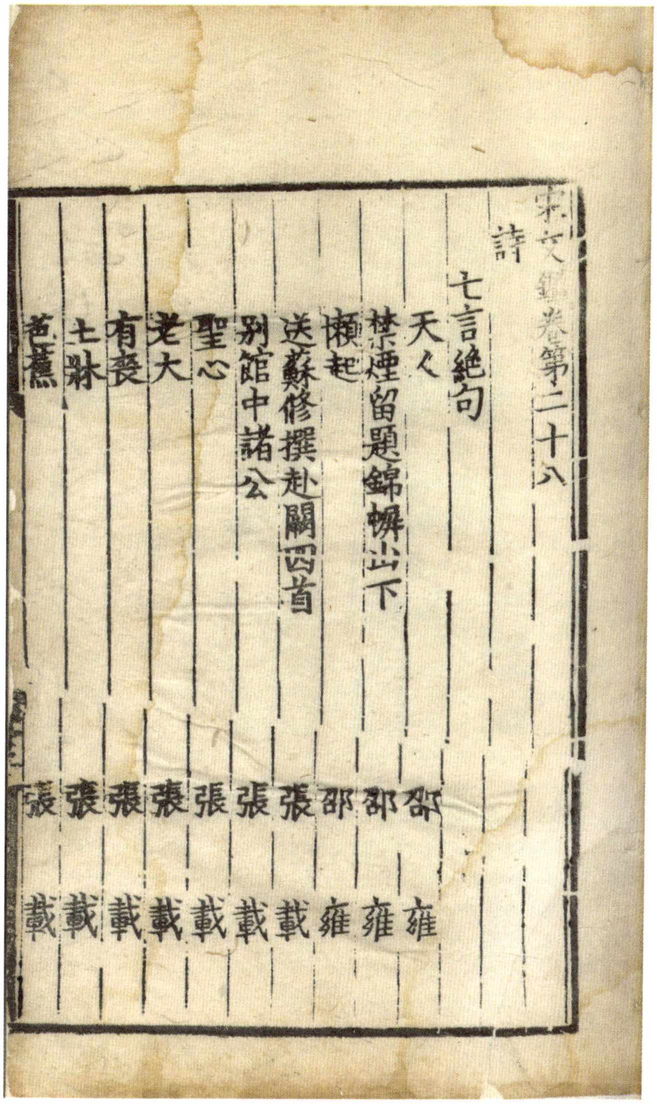
宋文鑑卷第二十八
詩
七言絶句
天〻　邵雍
禁烟留題錦屏山下　邵雍
懶起　邵雍
送蘇修撰赴闕四首　張載
別館中諸公　張載
聖心　張載
老大　張載
有喪　張載
土牀　張載
芭蕉　張載

宋文鉴

［宋］吕祖谦　辑

明嘉靖五年（1526）晋藩养德书院刻本

框高 20 厘米，宽 13 厘米。半页十三行，行二十一字。

黑口，左右双边。

（书蠹舫　藏）

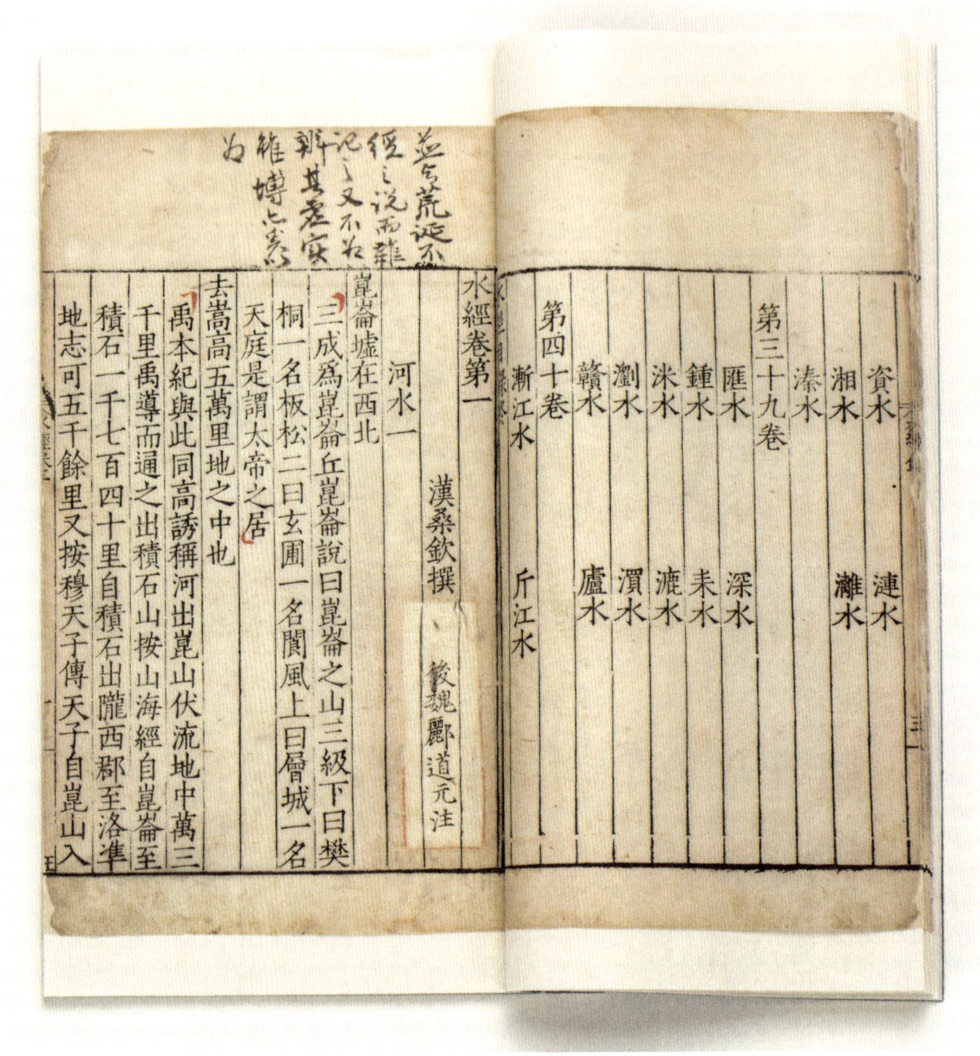

水经注

［汉］桑钦　撰　［北魏］郦道元　注

明嘉靖十三年（1534）黄省曾刻本

框高 19.7 厘米，宽 16 厘米。半页十二行，行二十字。白口，左右双边，白鱼尾。白绵纸印本。

（汲珍阁　藏）

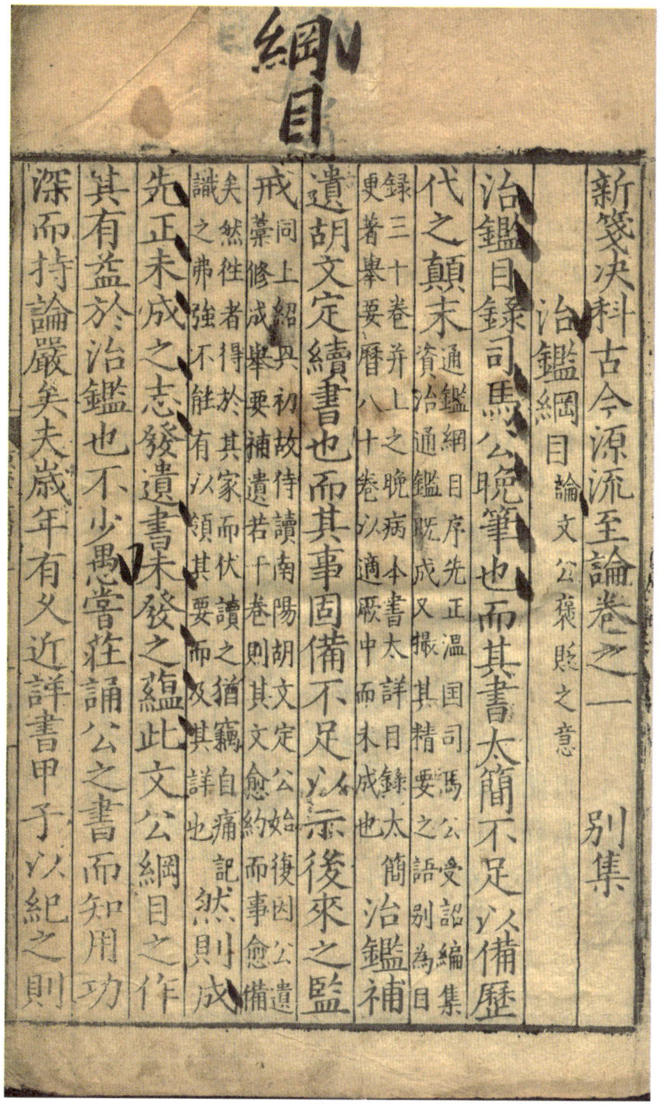
綱目

新箋决科古今源流至論卷之一　别集
治鑑綱目 論文公褒貶之意
治鑑目録司馬公晚筆也而其書太簡不足以備歴
代之顛末 通鑑綱目序先正温国司馬公受詔編集資治通鑑既成又撮其精要之語别為目
録三十巻并上之晚病本書太詳目録太簡更著舉要曆八十巻以適厥中而未成也 治鑑補
遺胡文定續書也而其事固備不足以示後來之監
戒 向上紹興初故侍讀南陽胡文定公始復因公遺藁修成舉要補遺若干巻則其文愈約而事愈備
矣然往者得於其家而伏讀之猶竊自痛記識之弗強不能有以領其要而及其詳也 然則成
先正未成之志發遺書未發之藴此文公綱目之作
其有益於治鑑也不少愚嘗茌誦公之書而知用功
深而持論嚴矣夫歲年有久近詳書甲子以紀之則

新笺决科古今源流至论

［宋］林骃、黄履翁　撰

明嘉靖十六年（1537）白坪刻本

框高 20 厘米，宽 14.8 厘米。半页十一行，行二十字，小字双行同。黑口，四周单边。

（书蠹舫　藏）

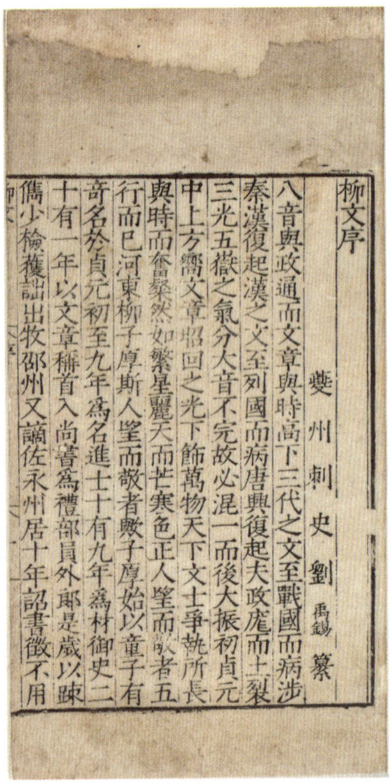

柳文序

夔州刺史劉禹錫纂

八音與政通而文章與時高下三代之文至戰國而病涉秦漢復起漢之文至列國而病唐興復起夫政庬而土裂三光五嶽之氣分大音不完故必混一而後大振初貞元中上方嚮文章昭回之光下飾萬物天下文士爭執所長與時而奮粲然如繁星麗天而芒寒色正人望而敬者五行而已河東柳子厚斯人望而敬者歟子厚始以童子有奇名於貞元初至九年爲名進士十有九年爲材御史二十有一年以文章稱首入尚書爲禮部員外郎是歲以疎儁少檢獲訕出牧邵州又謫佐永州居十年詔書徵不用

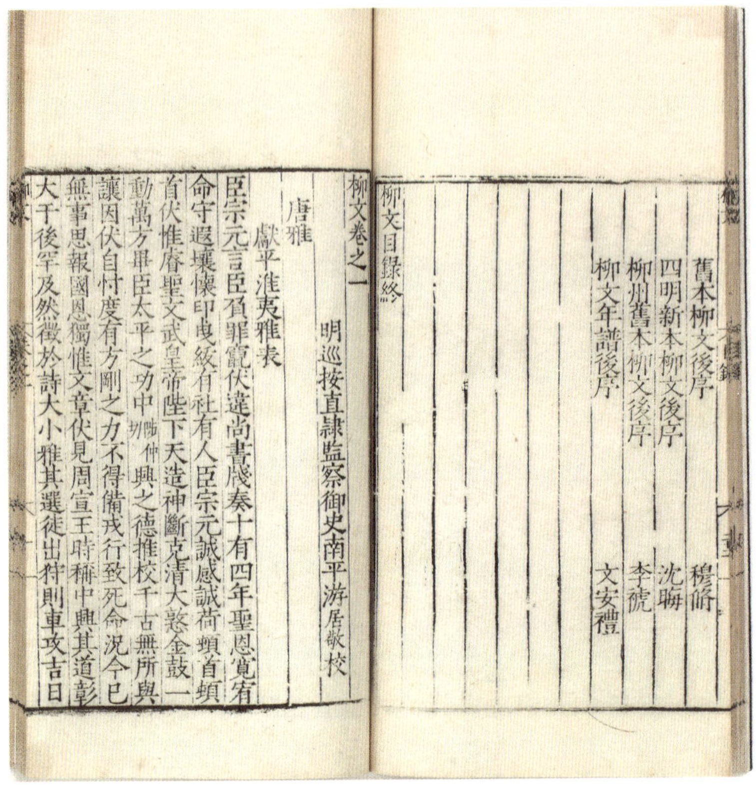

舊本柳文後序　穆脩

四明新本柳文後序　沈晦

柳州舊本柳文後序　李褫

柳文年譜後序　文安禮

柳文目錄終

柳文卷之一

明巡按直隸監察御史南平游居敬校

唐雅

獻平淮夷雅表

臣宗元言臣負罪竄伏違尚書牋奏十有四年聖恩寬宥命守遐壤懷印曳紱有社有人臣宗元誠感誠荷頓首頓首伏惟睿聖文武皇帝陛下天造神斷克清大憝金鼓一動萬方畢臣太平之功中陟仲切興之德推校千古無所與讓因伏自忖度有方剛之力不得備戎行致死命況今已無事思報國恩獨惟文章伏見周宣王時稱中興其道彰大于後罕及然徵於詩大小雅其選徒出狩則車攻吉日

柳文

［唐］柳宗元　撰　［唐］刘禹锡　编　［明］游居敬　校

明嘉靖十六年（1537）游居敬刻本

框高 19 厘米，宽 13.3 厘米。半页十一行，行二十二字，小字双行同。白口，左右双边。

（书蠹舫　藏）

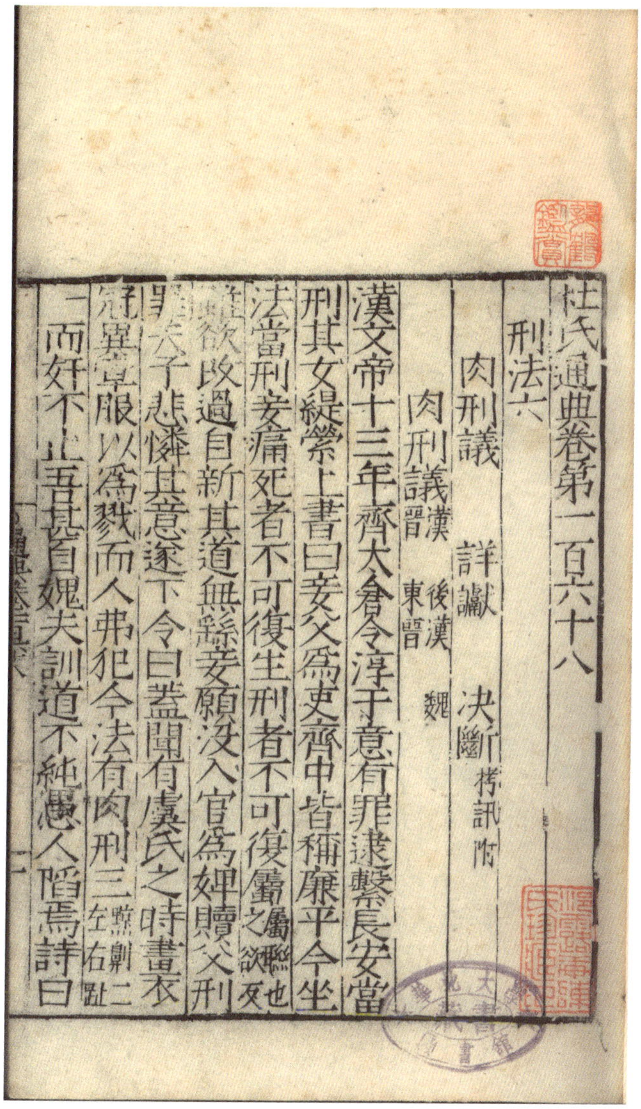
杜氏通典卷第一百六十八
刑法六
肉刑議　詳讞　決斷　拷訊附
肉刑議漢　後漢　魏　晉　東晉
漢文帝十三年齊太倉令淳于意有罪逮繫長安當刑其女緹縈上書曰妾父爲吏齊中皆稱廉平今坐法當刑妾痛死者不可復生刑者不可復屬屬聯也之欲反雖欲改過自新其道無繇妾願沒入官爲婢贖父刑罪使得自新書奏天子悲憐其意遂下令曰蓋聞有虞氏之時畫衣冠異章服以爲戮而人弗犯今法有肉刑三黥劓二左右趾一而姦不止吾甚自愧夫訓道不純愚人陷焉詩曰

杜氏通典

［唐］杜佑　撰　［明］王德溢、吴鹏　校

明嘉靖十八年（1539）王德溢刻本

框高 18.6 厘米，宽 15.3 厘米。半页十一行，行二十字，小字双行同。白口，四周单边。

（书蠹舫　藏）

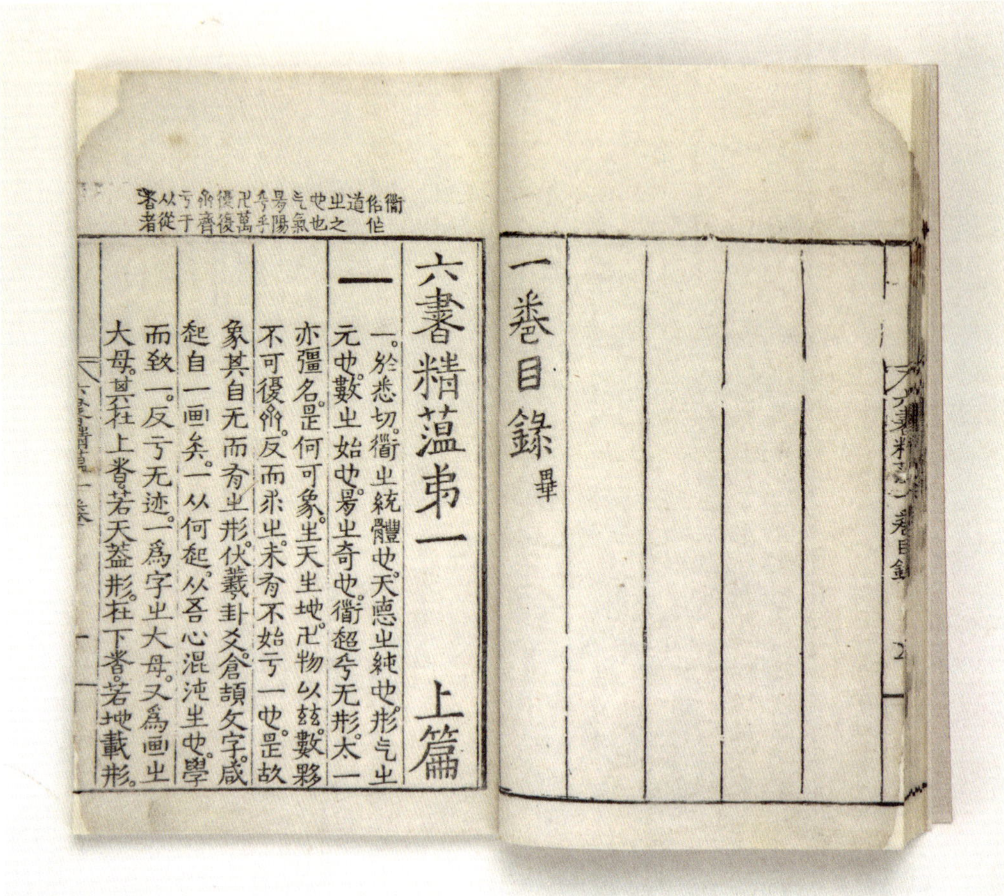

六书精蕴

［明］魏校　撰

明嘉靖十九年（1540）魏希明刻本

半页五行，行十字，小字不等。白绵纸。

（静观书屋　藏）

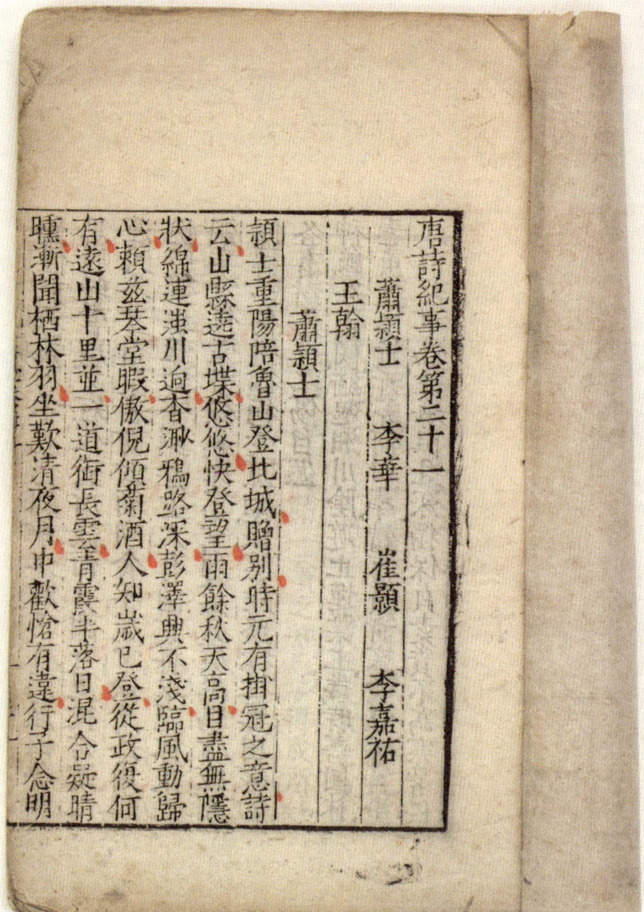

唐诗纪事

[南宋] 计有功　撰

明嘉靖二十四年（1545）张子立刻本

半页十行，行二十字。白口，四周单边。白绵纸。

（静观书屋　藏）

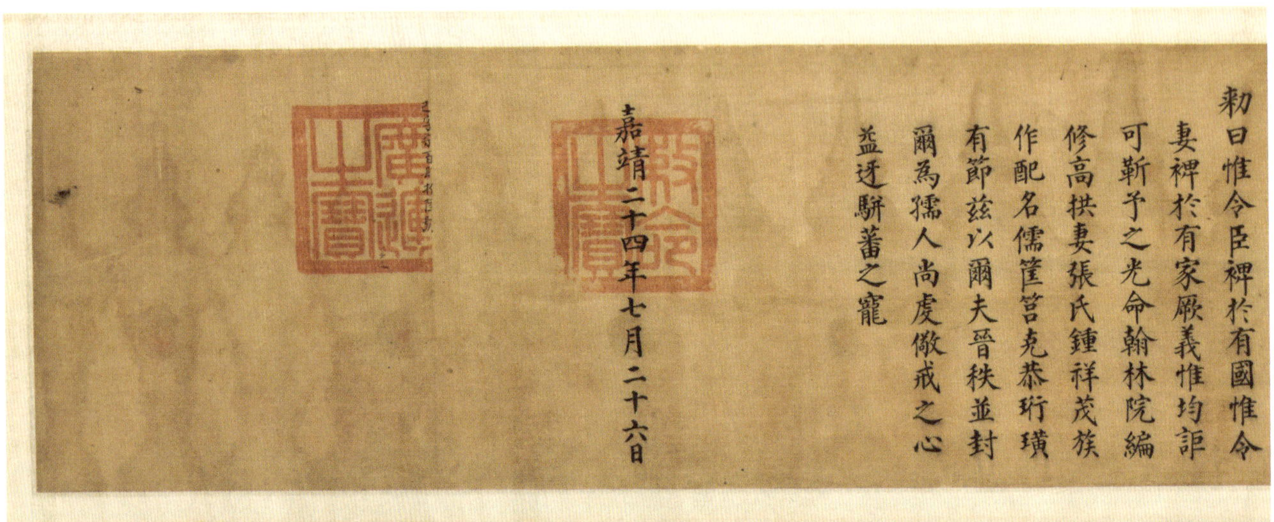

高拱圣旨

明嘉靖皇帝颁敕

明嘉靖二十四年（1545）宫廷写本原件

长 200 厘米，高 30 厘米。

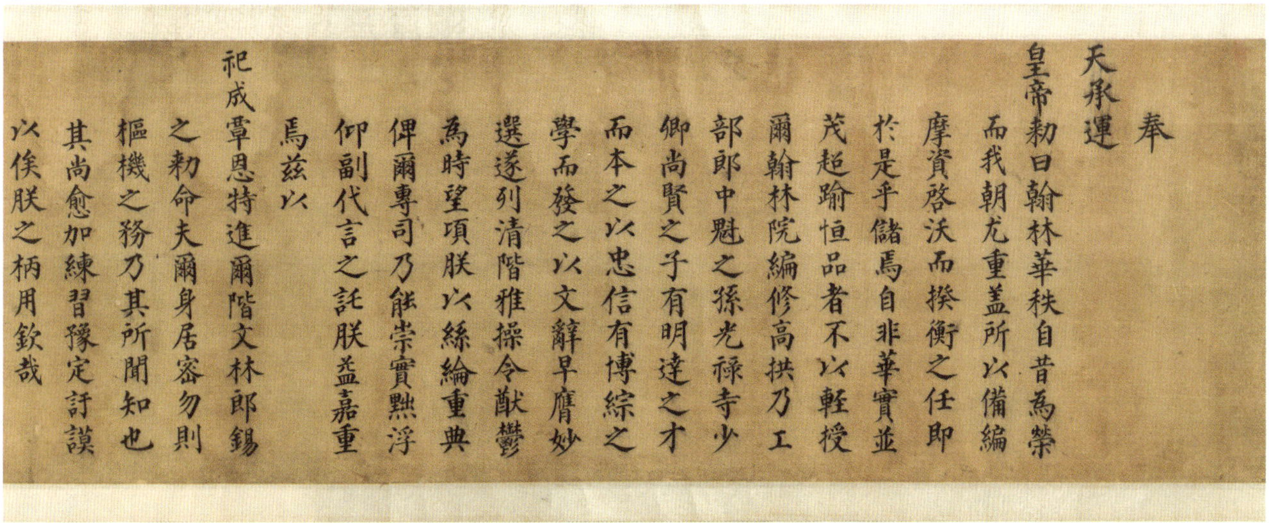

奉
天承運
皇帝勅曰翰林華秩自昔為榮
而我朝尤重蓋所以備編
摩資啓沃而摻衡之任即
於是乎儲焉自非華實並
茂超踰恒品者不以輕授
爾翰林院編修高拱乃工
部郎中魁之孫光祿寺少
卿尚賢之子有明達之才
而本之以忠信有博綜之
學而發之以文辭早膺妙
選遂列清階雅操令猷鬱
為時望頃朕以絲綸重典
俾爾專司乃能崇實黜浮
仰副代言之託朕益嘉重
焉茲以
祀成覃恩特進爾階文林郎錫
之勅命夫爾身居密勿則
樞機之務乃其所聞知也
其尚愈加練習豫定訏謨
以俟朕之柄用欽哉

（八本堂　藏）

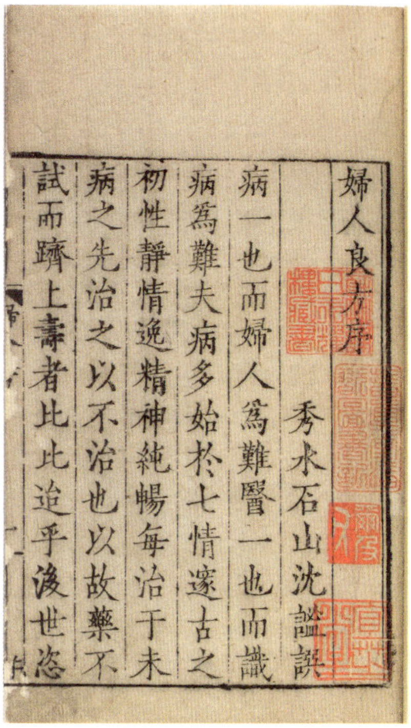

婦人良方序
秀水石山沈謐譔
病一也而婦人爲難醫一也而識
病爲難夫病多始於七情邃古之
初性靜情逸精神純暢每治于未
病之先治之以不治也以故藥不
試而躋上壽者比比迨乎後世恣

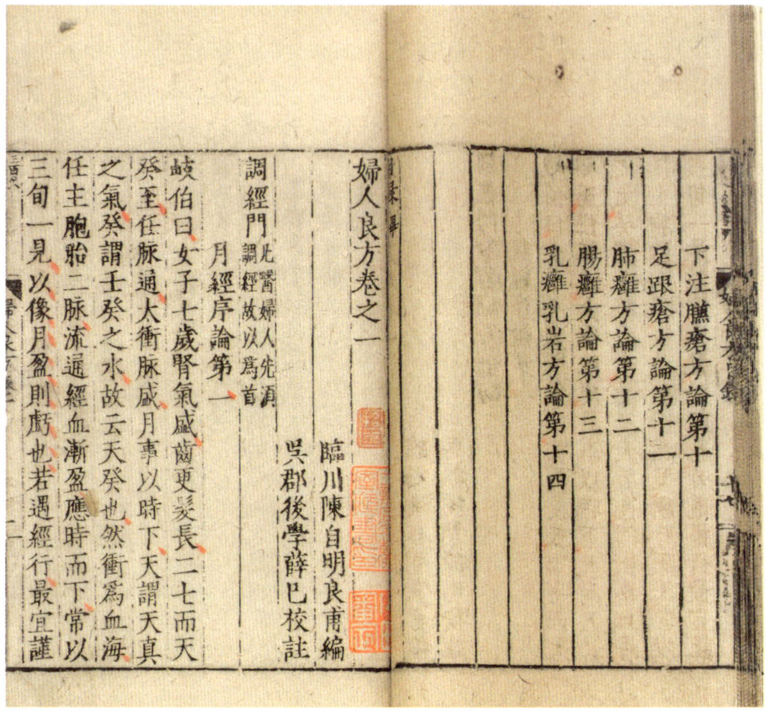

下注臁瘡方論第十
足跟瘡方論第十一
肺癰方論第十二
腸癰方論第十三
乳癰乳岩方論第十四

婦人良方卷之一
臨川陳自明良甫編
吳郡後學薛己校註
調經門凡醫婦人先須調經故以爲首
月經序論第一
岐伯曰女子七歲腎氣盛齒更髮長二七而天
癸至任脉通太衝脉盛月事以時下天謂天真
之氣癸謂壬癸之水故云天癸也然衝爲血海
任主胞胎二脉流通經血漸盈應時而下常以
三旬一見以像月盈則虧也若遇經行最宜謹

妇人良方

［宋］陈自明　著　［明］薛己　校注

明嘉靖二十七年（1548）沈鉴刻本

半页十行，行十八字，左右双边，书口有刻工。

（静观书屋　藏）

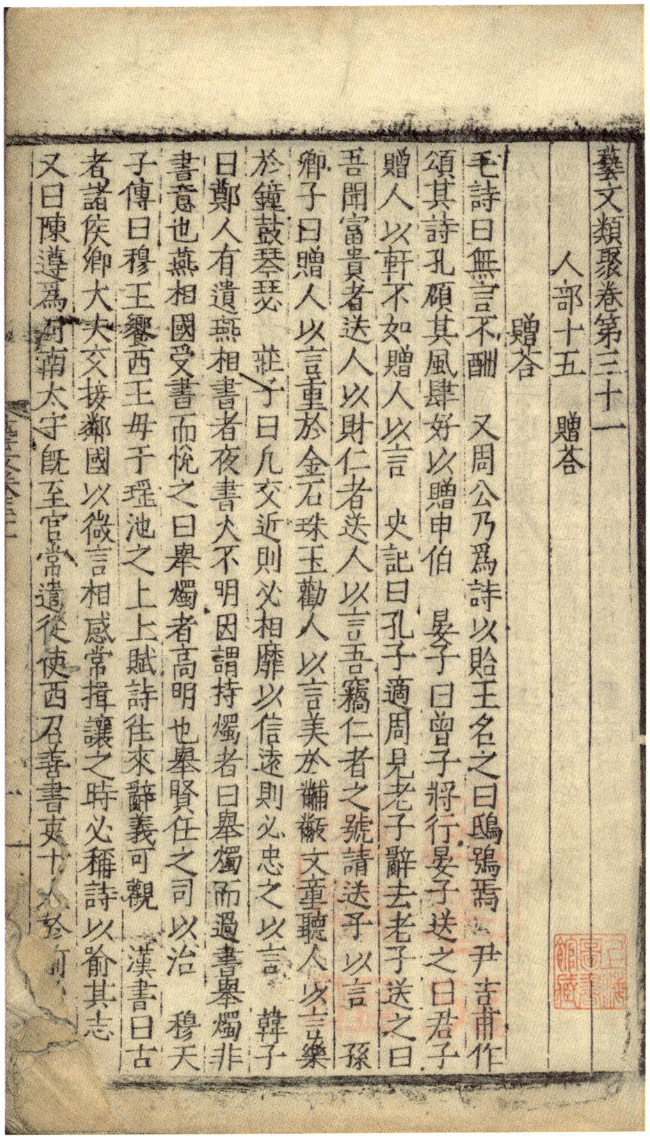
藝文類聚卷第三十一
人部十五　贈答
贈答
毛詩曰無言不讎　又周公乃爲詩以貽王名之曰鴟鴞焉　尹吉甫作
頌其詩孔碩其風肆好以贈申伯　晏子曰曾子將行晏子送之曰君子
贈人以軒不如贈人以言　史記曰孔子適周見老子辭去老子送之曰
吾聞富貴者送人以財仁者送人以言吾竊仁者之號請送子以言　孫
卿子曰贈人以言重於金石珠玉勸人以言美於黼黻文章聽人以言樂
於鐘鼓琴瑟　莊子曰凡交近則必相靡以信遠則必忠之以言　韓子
曰鄭人有遺燕相書者夜書火不明因謂持燭者曰舉燭而過書舉燭非
書意也燕相國受書而悅之曰舉燭者高明也舉賢任之司以治　穆天
子傳曰穆王饗西王母于瑶池之上上賦詩往來辭義可觀　漢書曰古
者諸侯卿大夫交接鄰國以微言相感當揖讓之時必稱詩以諭其志
又曰陳遵爲河南太守既至官當遣從使西召善書吏十人於前

艺文类聚

［唐］欧阳询　辑

明嘉靖二十八年（1549）平阳府刻本

框高 23.8 厘米，宽 16.2 厘米。半页十四行，行二十八字。白口，左右双边。

（书蠹舫　藏）

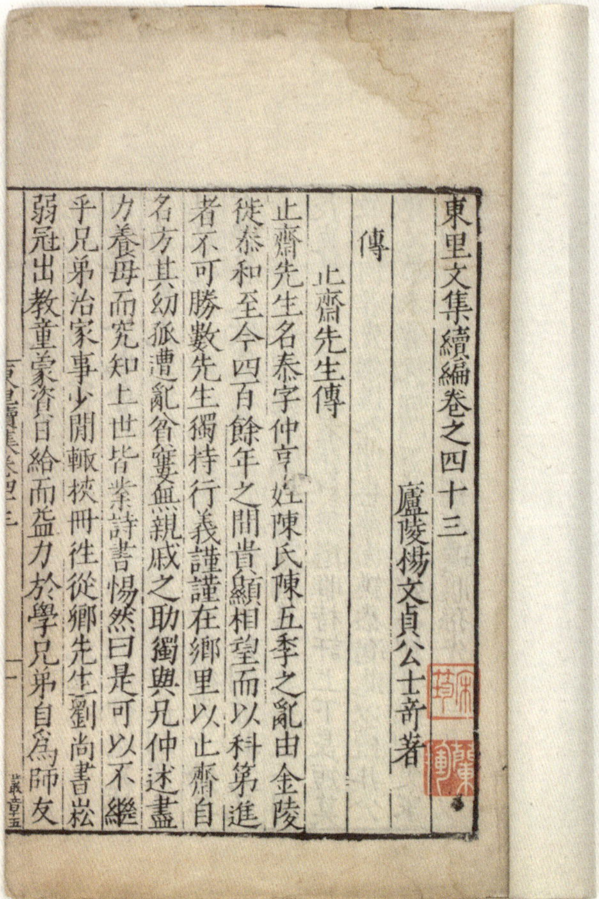
東里文集續編卷之四十三

廬陵楊文貞公士奇著

傳

止齋先生傳

止齋先生名泰字仲亨姓陳氏陳五季之亂由金陵徙泰和至今四百餘年之間貴顯相望而以科第進者不可勝數先生獨持行義謹謹在鄉里以止齋自名方其幼孤遭亂貧窶無親戚之助獨與兄仲述盡力養母而究知上世皆業詩書惕然曰是可以不繼乎兄弟治家事少閒輒挾冊往從鄉先生劉尚書崧弱冠出教童蒙資自給而益力於學兄弟自爲師友

东里文集续编

［明］杨士奇　著

明嘉靖二十八年（1549）黄如桂刻本

框高 20.1 厘米，宽 15.6 厘米。半页十一行，行二十字。白口，四周单边。钤印“宋筠”“东挥”。白绵纸。

（书蠹舫　藏）

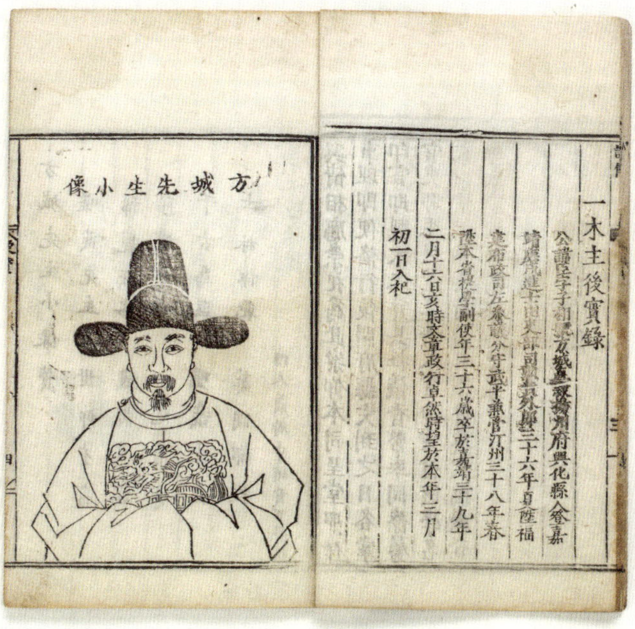

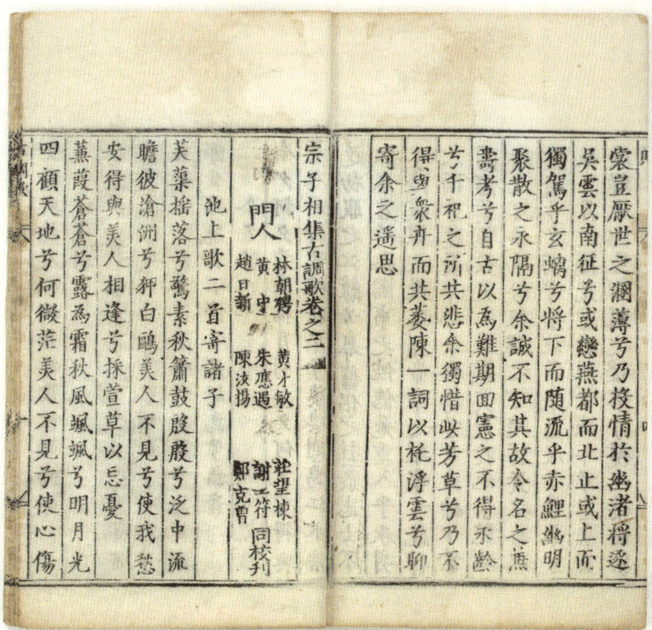

宗子相集

［明］宗臣　撰

明嘉靖三十九年（1560）

林朝聘、黄中等刻本

半页九行，行十六字。

白口，四周双边。

（静观书屋　藏）

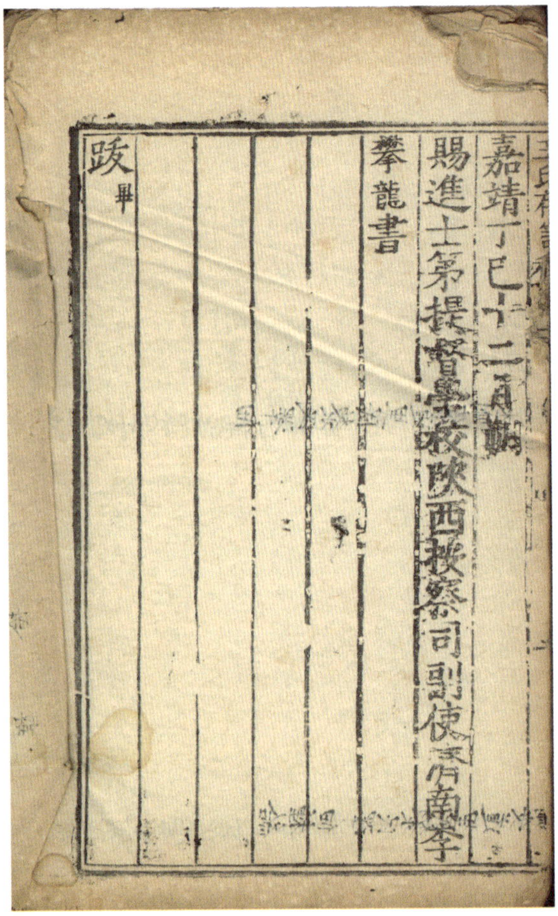

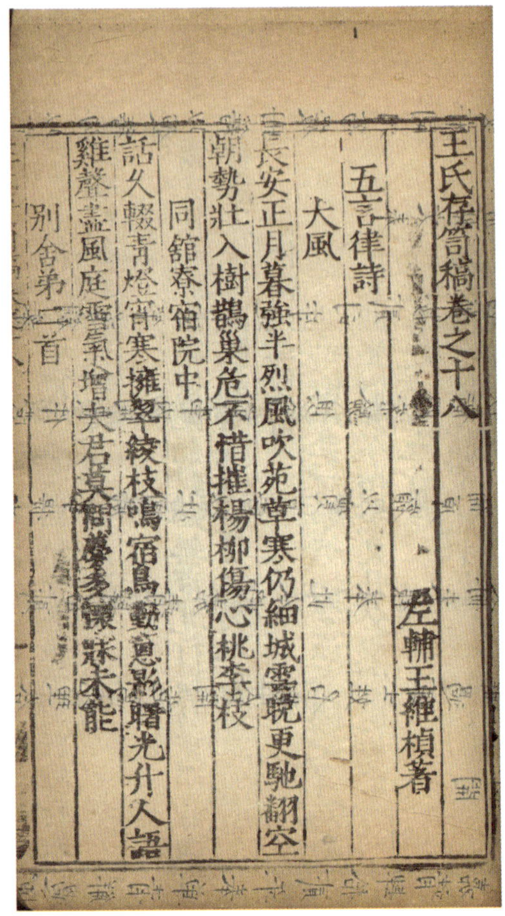

王氏存笥稿

［唐］王维桢　撰

明嘉靖三十六年（1557）郑本立关中刻本

框高 21.8 厘米，宽 14.1 厘米。半页十行，行二十二字。白口，四周双边。公文纸印本。

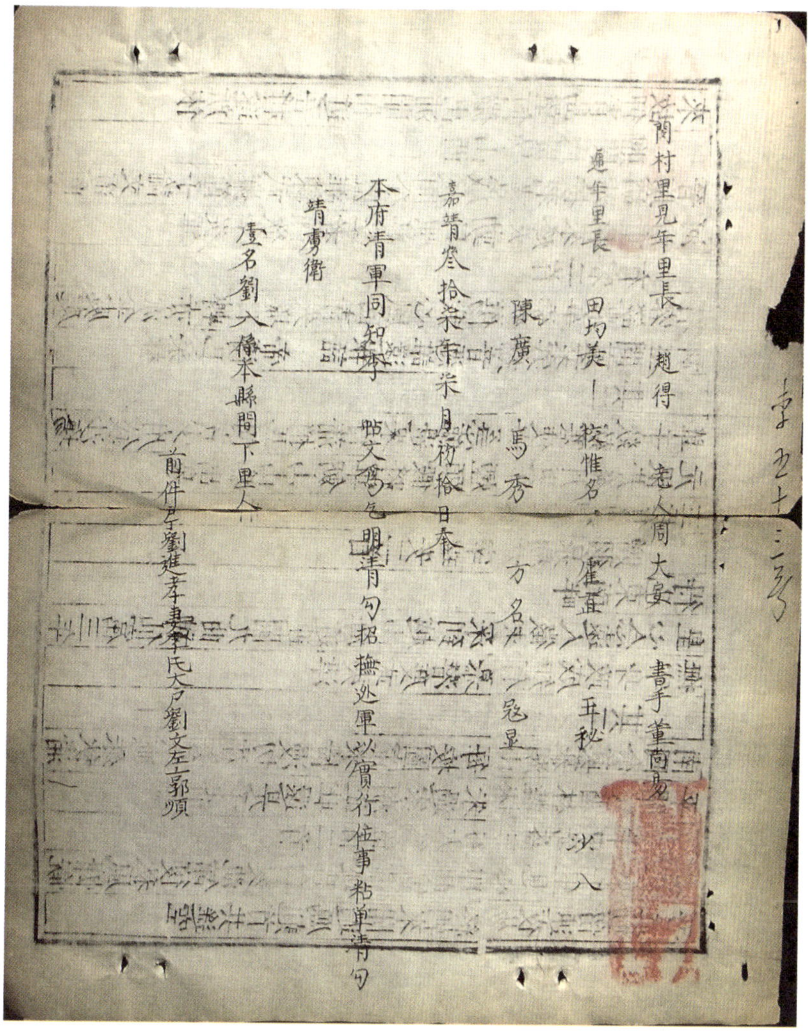

閬村里見年里長　趙得　十老人周大安　書手董尚易

遞年里長　田均美　一　校惟名　崔直　年秘　八

陳廣　馬秀　方名　冠显

嘉靖叁拾柒年柒月初拾日奉

本府清軍同知李　帖文爲乞明清勾招撫逃軍以實行伍事粘單清勾

靖虜衛

虜名劉八係本縣閬下里人

前件子劉進孝妻李氏大户劉文左郭順

字五十三号

（书蠹舫　藏）

广舆图

［明］罗洪先　撰

明嘉靖三十七年（1558）刻本

框高 34 厘米，宽 33.5 厘米。

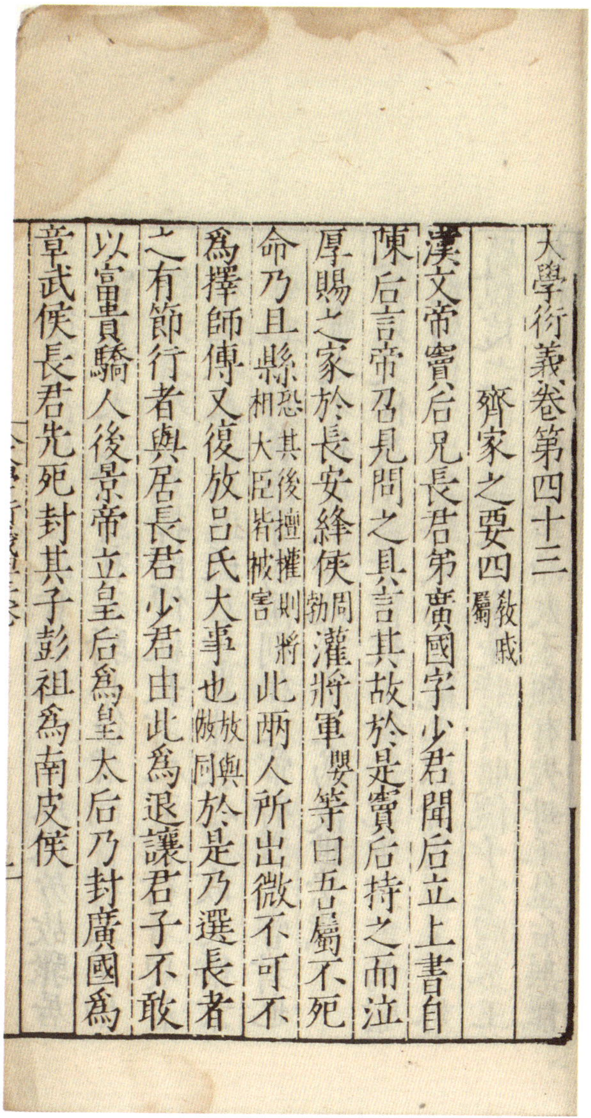
大學衍義卷第四十三
齊家之要四 敘戚屬
漢文帝竇后兄長君弟廣國字少君聞后立上書自
陳后言帝召見問之具言其故於是竇后持之而泣
厚賜之家於長安絳侯周勃灌將軍嬰等曰吾屬不死
命乃且縣恐其後擅權則將相大臣皆被害此兩人所出微不可不
爲擇師傅又復放呂氏大事也放與倣同於是乃選長者
之有節行者與居長君少君由此爲退讓君子不敢
以富貴驕人後景帝立皇后爲皇太后乃封廣國爲
章武侯長君先死封其子彭祖爲南皮侯

大学衍义

［宋］真德秀　撰

明嘉靖吉澄刻本

半页十行，行二十字。白口，四周单边。白绵纸。

（静观书屋　藏）

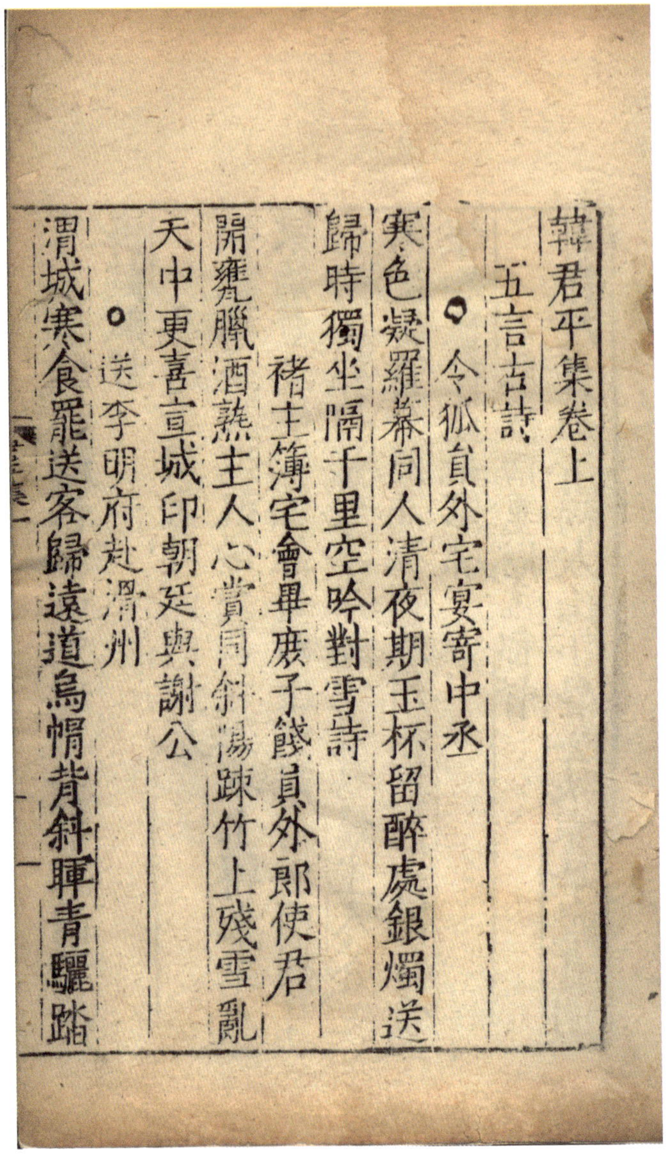
韓君平集卷上
五言古詩
○令狐員外宅宴寄中丞
寒色凝羅幕同人清夜期玉杯留醉處銀燭送
歸時獨坐隔千里空吟對雪詩
褚主簿宅會畢庚子餞員外郎使君
開甕臘酒熟主人心賞同斜陽疎竹上殘雪亂
天中更喜宣城印朝廷與謝公
○送李明府赴滑州
渭城寒食罷送客歸遠道烏帽背斜暉青驪踏

韩君平集

［唐］韩翊　撰

明嘉靖刻本

框高 17.7 厘米，宽 12.5 厘米。半页十行，行十八字，小字双行同。白口，四周单边，黑鱼尾。白绵纸印本。

（汲珍阁　藏）

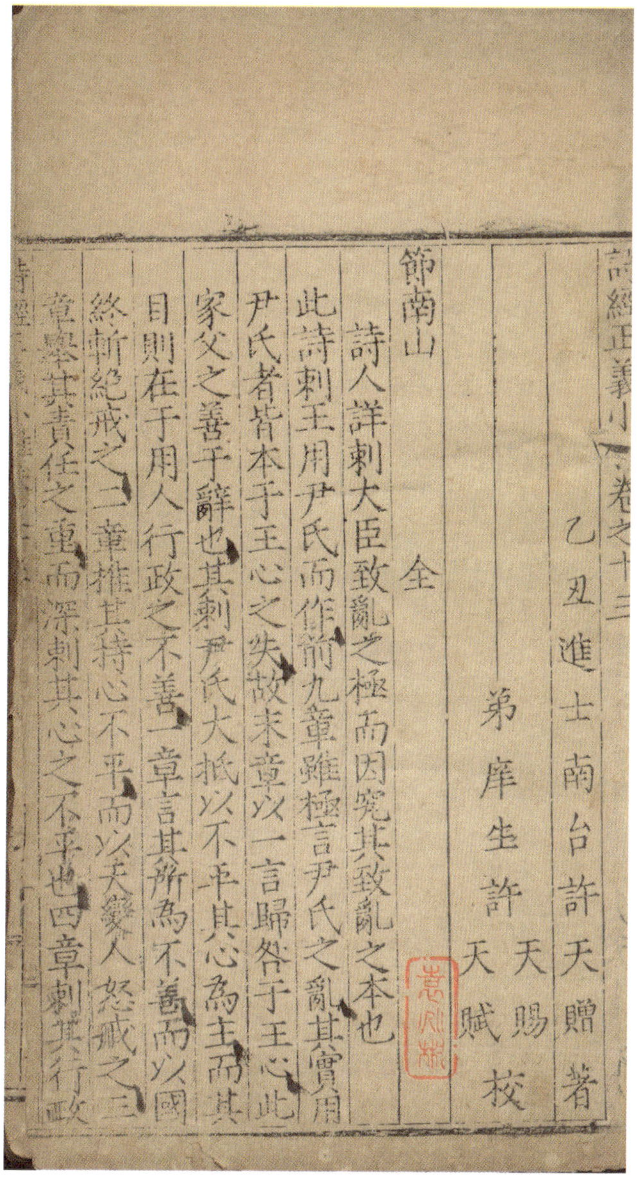

诗经正义

［明］许天赠　撰

明嘉靖刻本

框高 19.5 厘米，宽 14.2 厘米。半页十二行，行二十三字。白口，四周双边。包背装。

（汲珍阁　藏）

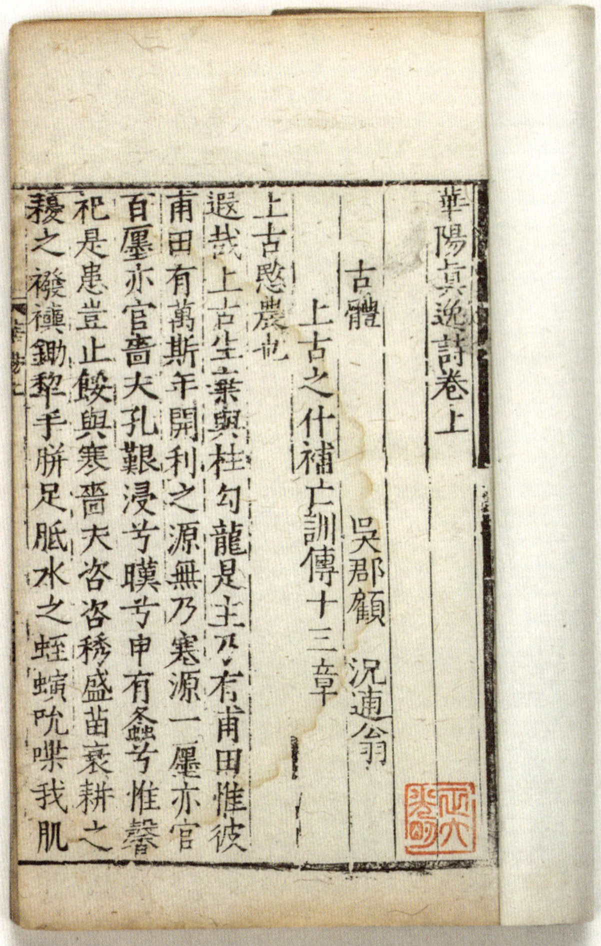

华阳真逸诗

[唐] 顾况　撰

明嘉靖刻本

框高 17.7 厘米，宽 12.6 厘米。半页十行，行十八字。白口，四周双边。白绵纸。

（豫雅书局　藏）

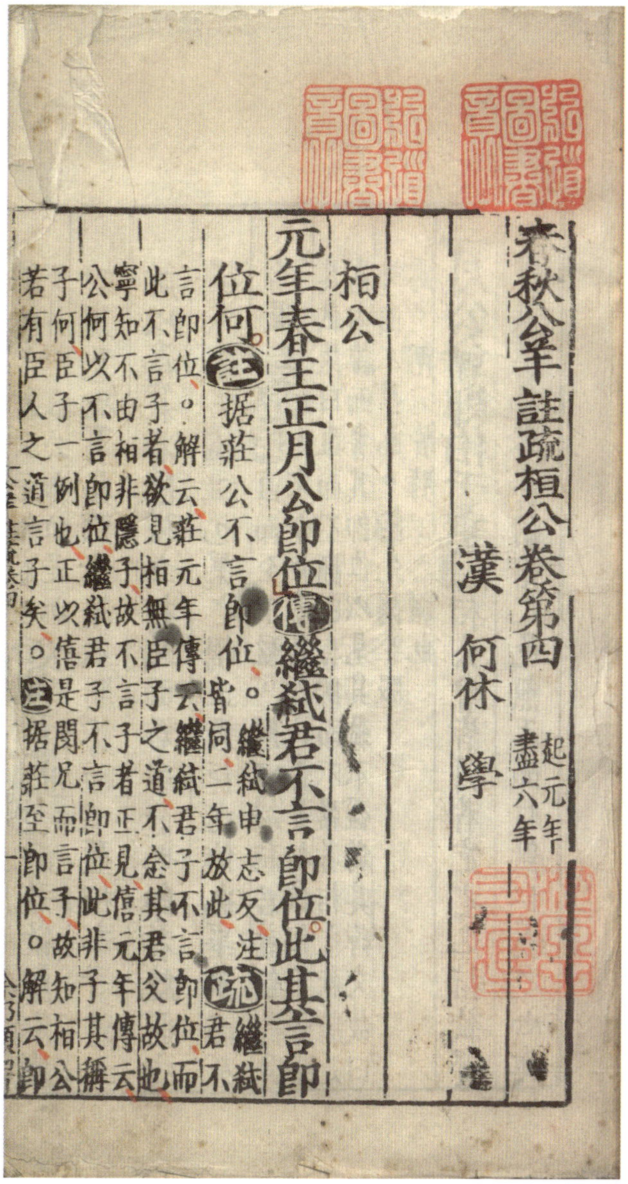
春秋公羊註疏桓公卷第四 起元年盡六年
漢 何休 學

桓公

元年春王正月公卽位。傳 繼弑君不言卽位，此其言卽位何。注 據莊公不言卽位。當同二年，放此。繼弑申志反，注同。疏 繼弑君不言卽位。解云莊元年傳云繼弑君子不言卽位，而此不言子者，欲見桓無臣子之道，不忿其君父故也。寧知不由桓非隱子故不言子者，正見僖元年傳云公何以不言卽位，繼弑君子不言卽位，此非子，其稱子何，臣子一例也，正以僖是閔兄而言子，故知桓公若有臣人之道，言子矣。注 據莊至卽位。解云卽

春秋公羊注疏

［汉］何休　注　［唐］徐彦　疏

明嘉靖李元阳福建刻本

框高 20.3 厘米，宽 13.3 厘米。半页九行，行二十一字，小字双行同。白口，四周单边。

（书蠹舫　藏）

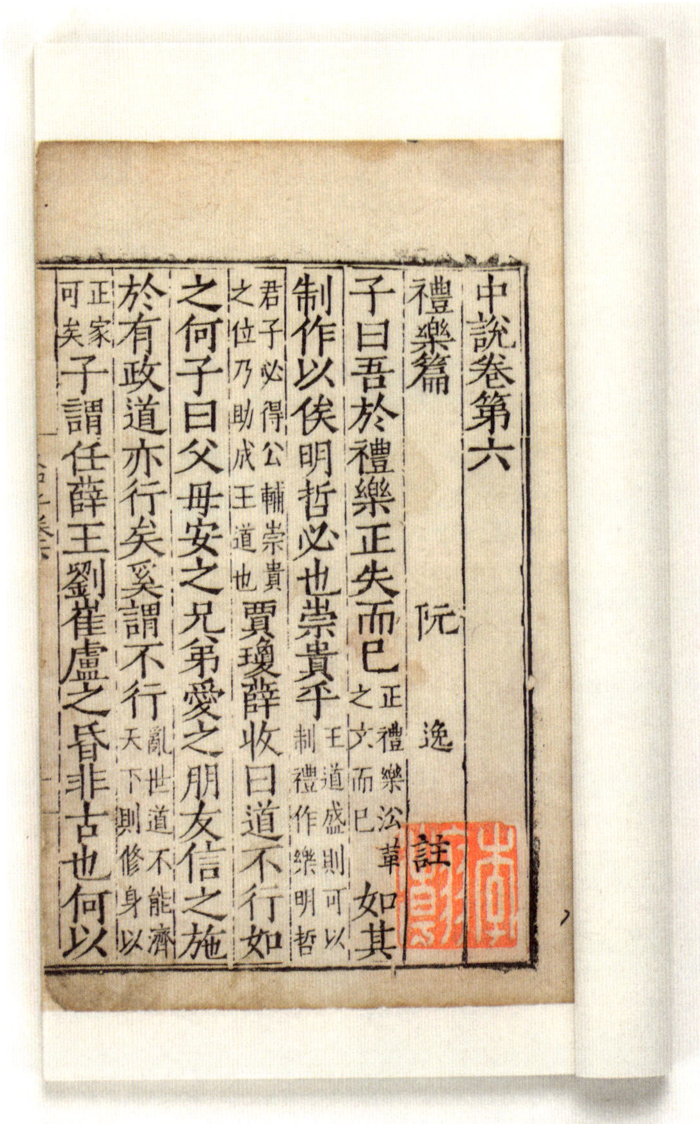
中說卷第六
禮樂篇　阮逸　註
子曰吾於禮樂正失而已正禮樂沿革之文而已如其
制作以俟明哲必也崇貴乎王道盛則可以制禮作樂明哲
君子必得公輔崇貴之位乃助成王道也賈瓊薛收曰道不行如
之何子曰父母安之兄弟愛之朋友信之施
於有政道亦行矣奚謂不行亂世道不能濟天下則修身以
正家可矣子謂任薛王劉崔盧之昏非古也何以

中说

［隋］王通　撰　［宋］阮逸　注

明嘉靖敬忍居刻本

框高 19.8 厘米，宽 14.3 厘米。半页八行，行十七字，小字双行同。白口，四周双边。

（书蠹舫　藏）

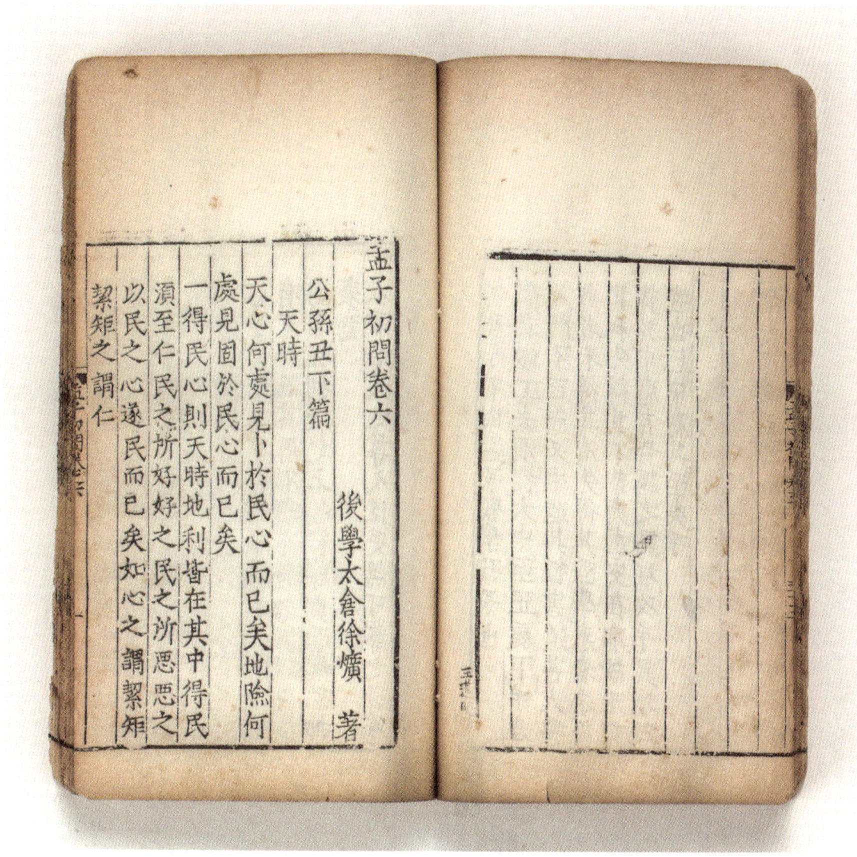

四书初问

［明］徐爌　撰

明嘉靖刻本

框高 19.8 厘米，宽 12.9 厘米。半页十行，行十六字。白口，四周单边。

（书蠹舫　藏）

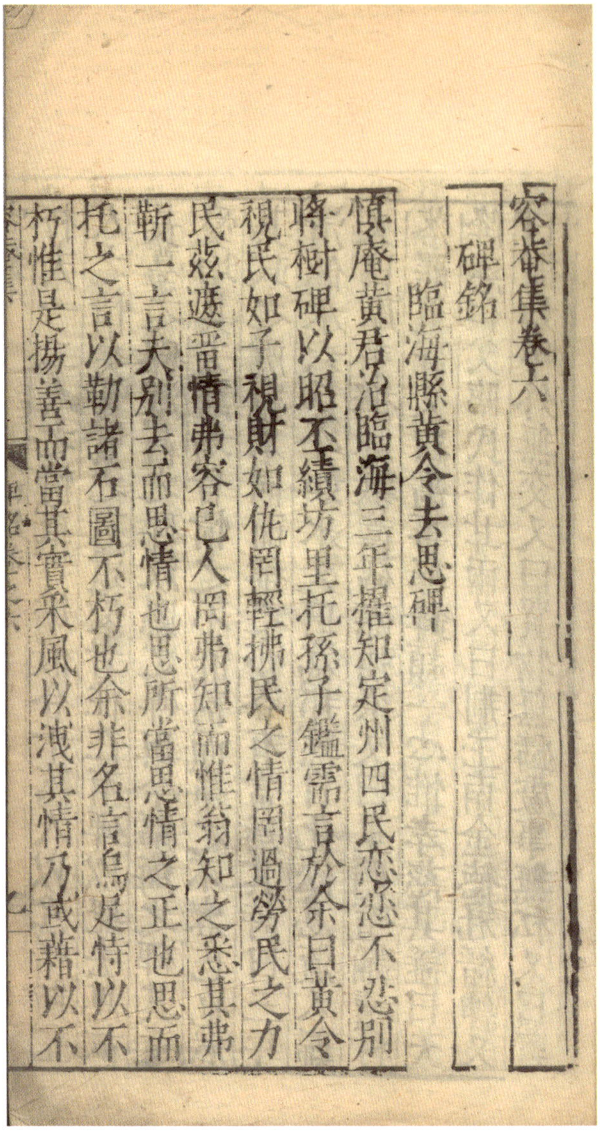

容菴集卷之六

碑銘

臨海縣黃令去思碑

慎庵黃君治臨海三年擢知定州四民恋恋不忍別將樹碑以昭不續坊里托孫子鑑需言於余曰黃令視民如子視財如傷罔輕拂民之情罔過勞民之力民兹遽晋情弗容已人罔弗知而惟翁知之悉其弗靳一言夫別去而思情也思所當思情之正也思而托之言以勸諸石圖不朽也余非名言烏足恃以不朽惟是揚善而當其實乘風以洩其情乃或藉以不

容庵集

[明] 应大猷　撰

明嘉靖刻本

框高 20.3 厘米，宽 13.4 厘米。半页十行，行二十字。白口，左右双边。

(书蠹舫　藏)

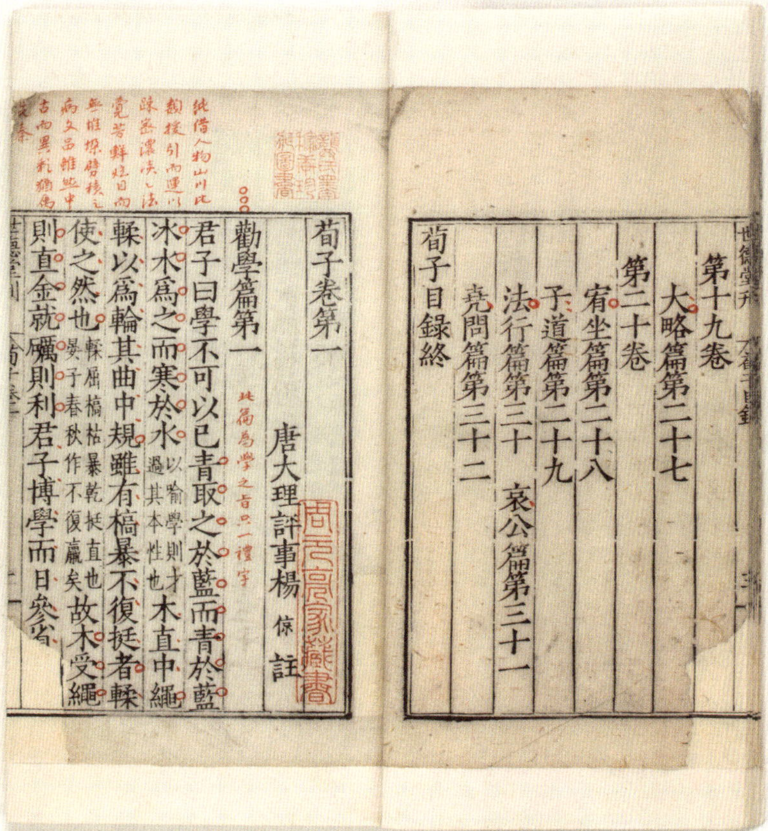
第十九卷
大略篇第二十七
宥坐篇第二十八
子道篇第二十九
法行篇第三十　哀公篇第三十一
第二十卷
堯問篇第三十二
荀子目錄終

荀子卷第一
唐大理評事楊倞註
勸學篇第一
君子曰學不可以已青取之於藍而青於藍
冰水爲之而寒於水以喻學則才過其本性也木直中繩
輮以爲輪其曲中規雖有槁暴不復挺者輮
使之然也輮屈槁枯暴乾挺直也晏子春秋作不復贏矣故木受繩
則直金就礪則利君子博學而日參省

荀子

[战国] 荀况　撰　[唐] 杨倞　注

明嘉靖十二年（1533）顾春世德堂刻本

半页八行，行十七字，白口，四周双边，书口刊“世德堂刊”，下有刻工姓名。

（夏寒江　藏）

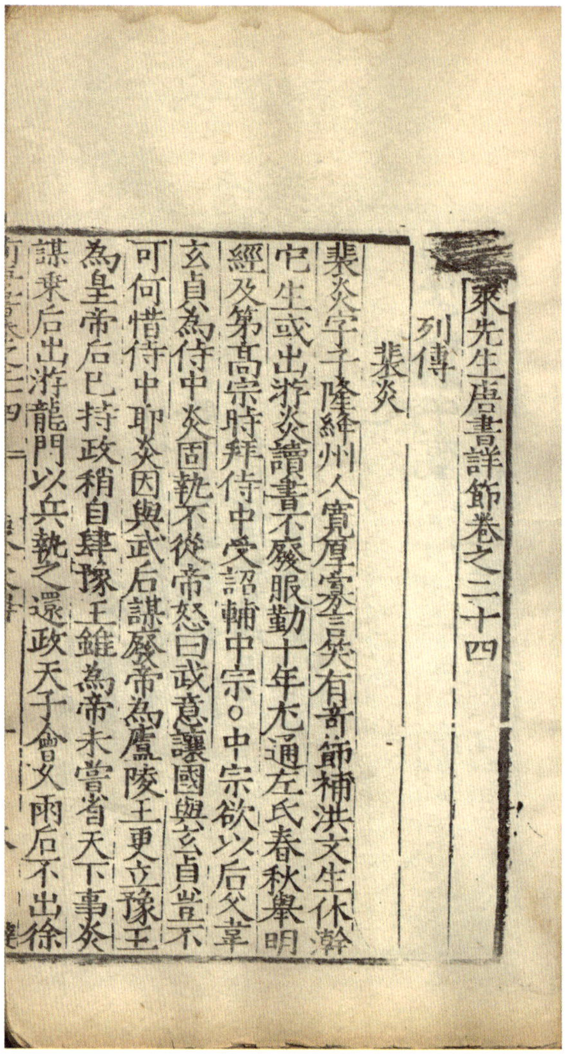
萊先生唐書詳節卷之二十四
列傳
裴炎
裴炎字子隆絳州人寬厚寡言笑有奇節補洪文生休澣
它生或出游炎讀書不廢服勤十年尤通左氏春秋舉明
經及第高宗時拜侍中受詔輔中宗。中宗欲以后父韋
玄貞為侍中炎固執不從帝怒曰我意讓國與玄貞豈不
可何惜侍中耶炎因與武后謀廢帝為廬陵王更立豫王
為皇帝后已持政稍自肆豫王雖為帝未嘗省天下事炎
謀乘后出游龍門以兵執之還政天子會久雨后不出徐

东莱先生唐书详节

［宋］吕祖谦　撰

明嘉靖影宋刻本

框高 19.3 厘米，宽 13.8 厘米。半页十行，行二十二字，小字双行同。白口，四周单边。

（书蠹舫　藏）

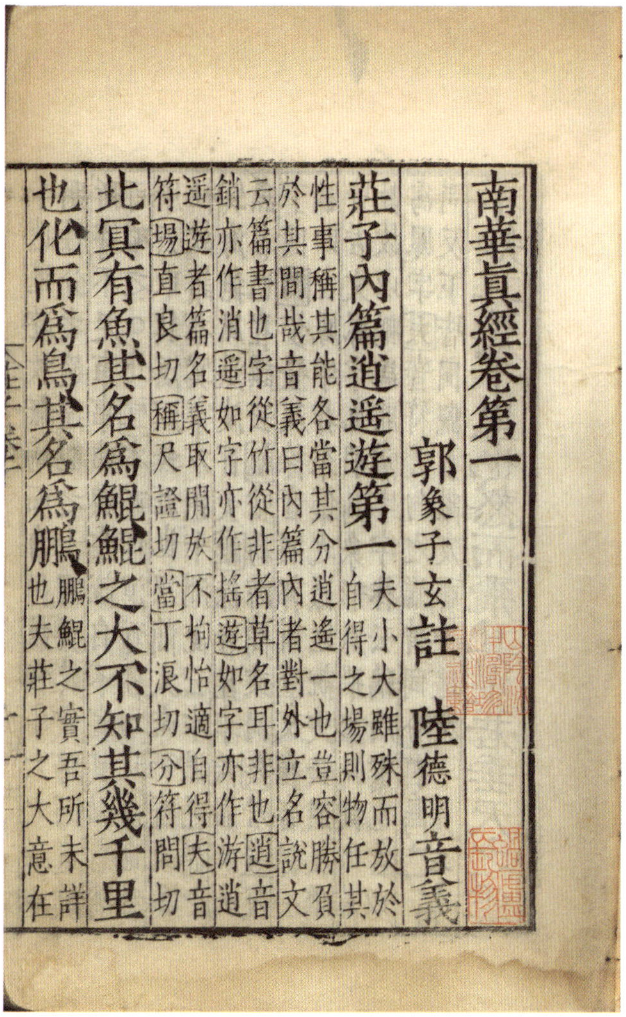

南华真经

［战国］庄周　撰　［西晋］郭象　注

［唐］陆德明　音义

明嘉靖影宋刻本

半页八行，行十七字，白口，左右双边。有“山阴沈仲涛珍藏秘籍”“蜗庐长物”“蜗庐主人五十岁以后所得”等藏书印。

（静观书　藏）

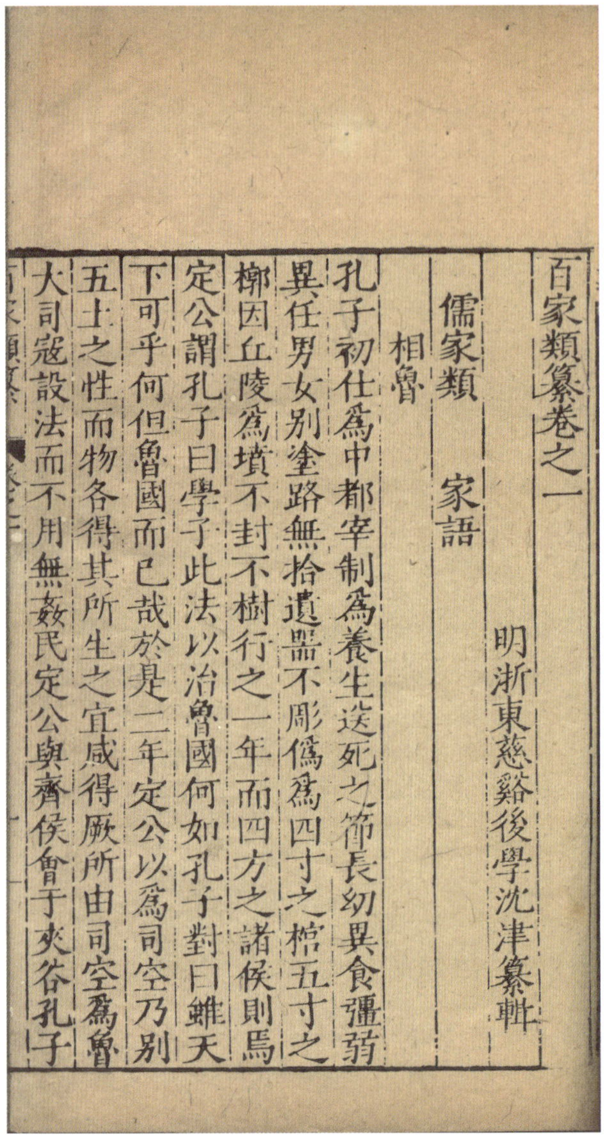
百家類纂卷之一

明浙東慈谿後學沈津纂輯

儒家類　家語

相魯

孔子初仕爲中都宰制爲養生送死之節長幼異食彊弱異任男女別塗路無拾遺器不彫僞爲四寸之棺五寸之槨因丘陵爲墳不封不樹行之一年而四方之諸侯則焉定公謂孔子曰學子此法以治魯國何如孔子對曰雖天下可乎何但魯國而已哉於是二年定公以爲司空乃別五土之性而物各得其所生之宜咸得厥所由司空爲魯大司寇設法而不用無姦民定公與齊侯會于夾谷孔子

百家类纂

［明］沈津　纂辑

明隆庆元年（1567）含山县儒学刻本

框高 18.6 厘米，宽 13.7 厘米。半页十一行，行二十二字。白口，四周双边。

（书蠹舫　藏）

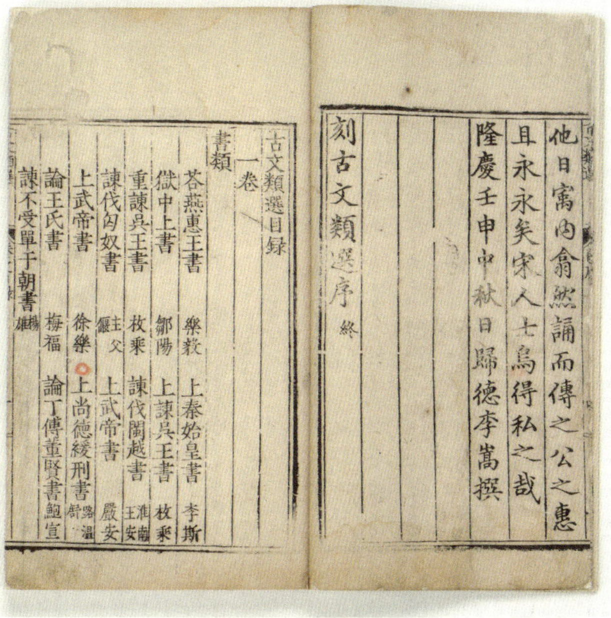

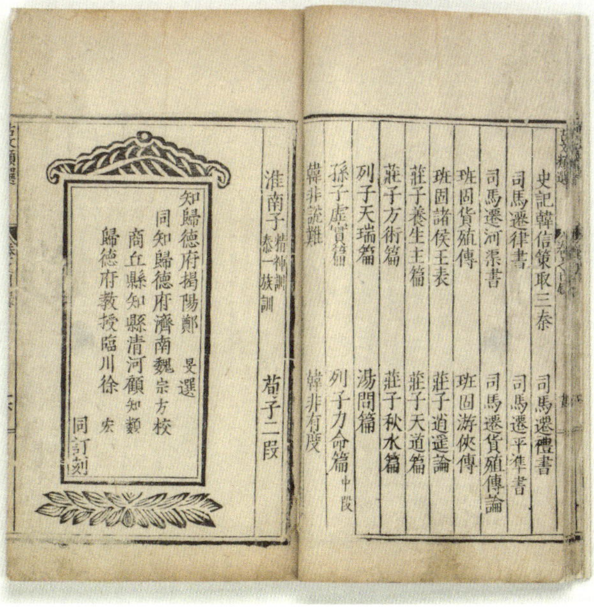

古文类选

［明］郑旻　選　［明］魏宗方　校

明隆庆六年（1572）顾知类、徐宏刻本

半页十行，行二十字，小字双行二十字，白口，四周双边。

（夏寒江　藏）

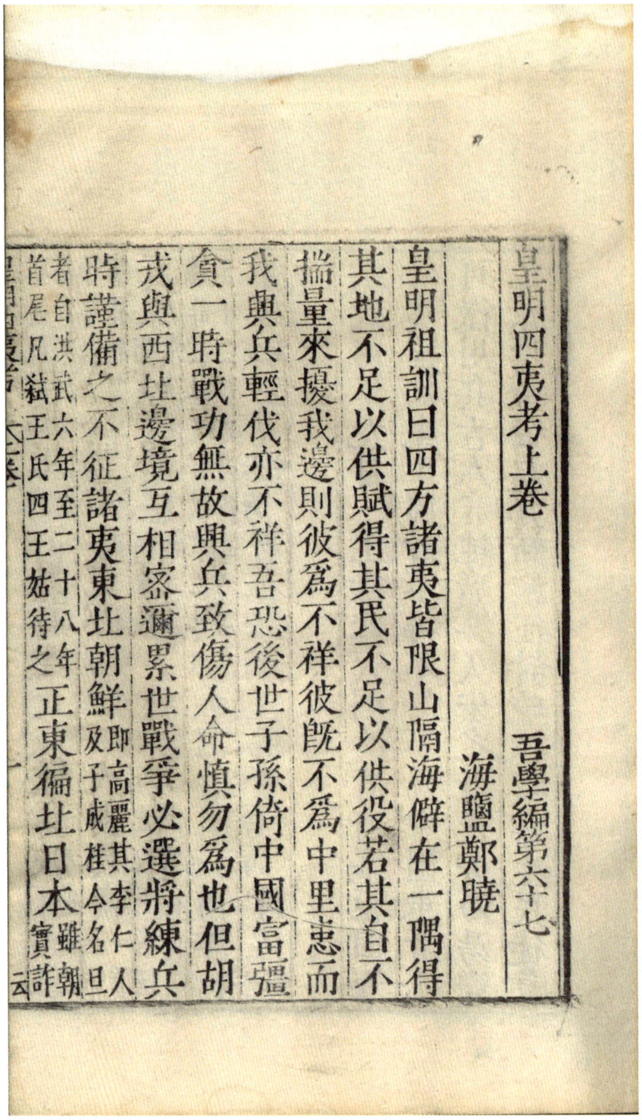
皇明四夷考上卷　吾學編第六十七
海鹽鄭曉
皇明祖訓曰四方諸夷皆限山隔海僻在一隅得其地不足以供賦得其民不足以供役若其自不揣量來擾我邊則彼爲不祥彼既不爲中國患而我興兵輕伐亦不祥吾恐後世子孫倚中國富彊貪一時戰功無故興兵致傷人命慎勿爲也但胡戎與西北邊境互相密邇累世戰爭必選將練兵時謹備之不征諸夷東北朝鮮即高麗其李仁人及子成桂今名旦者自洪武六年至二十八年首尾凡弑王氏四王姑待之正東偏北日本雖朝實詐

吾学编

［明］郑晓　撰

明隆庆归德府刻本

半页十行，行十九字，白口，左右双边，有刻工。

（静观书屋　藏）

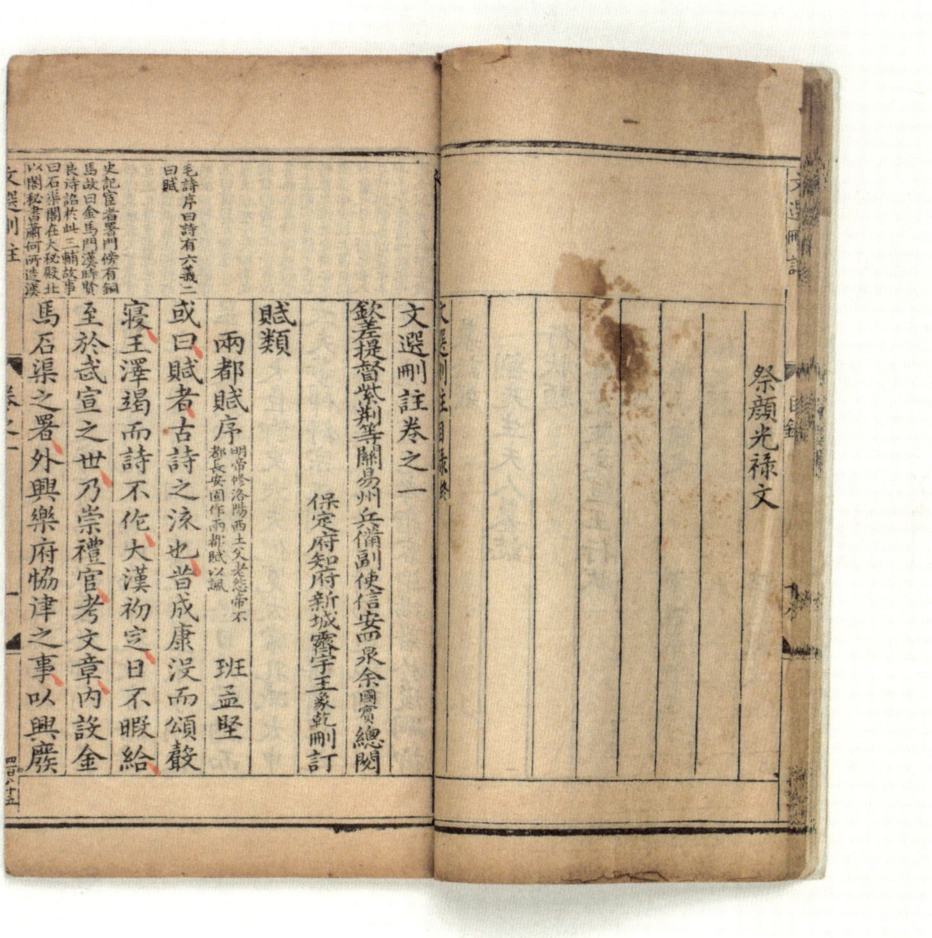

文选删注

［明］王象乾　删订

明万历初保定府刻本

框高 24.2 厘米，宽 16.2 厘米。半页九行，行十六字，小字双行不等。白口，四周双边。眉栏镌评，下栏镌音释。卷首有萧统《文选序》、次唐开元六年吕延祚《进五臣集注文选表》、次显庆三年《李善上文选注表》、次《文选姓氏》、次《文选删注目录》。

（书蠹舫　藏）

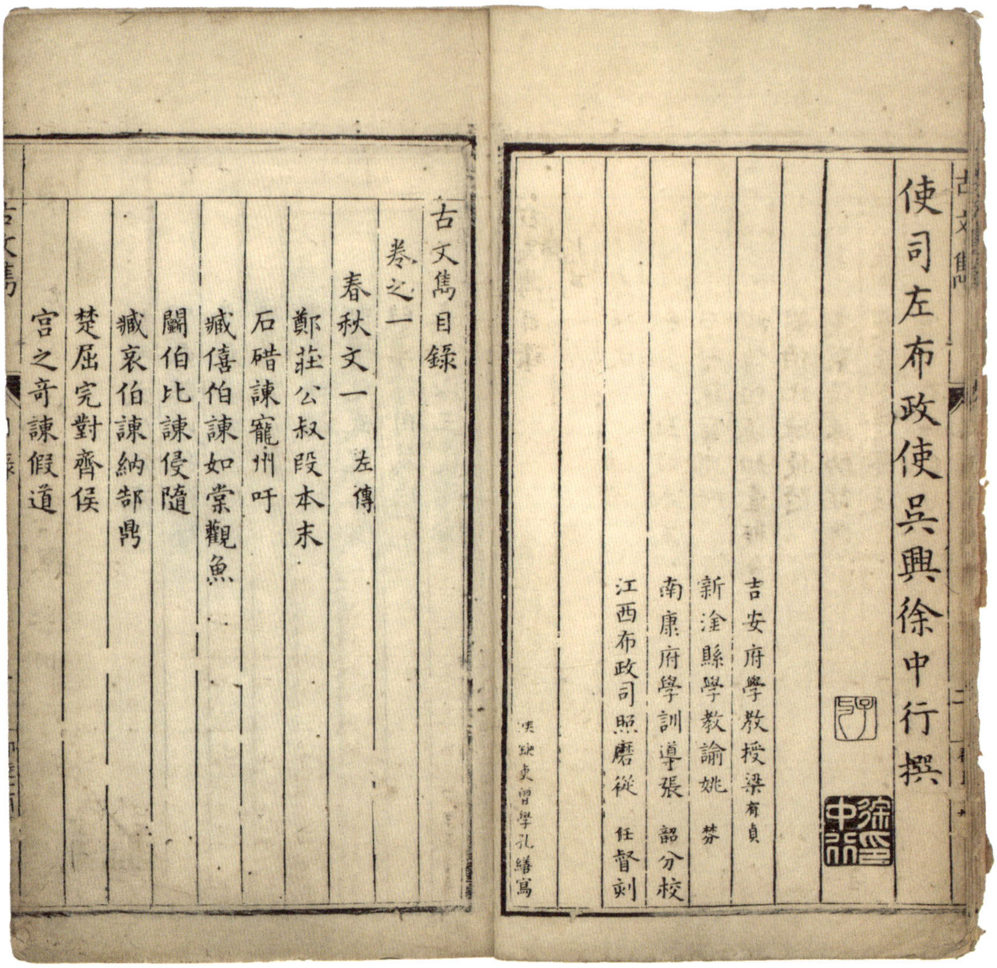
使司左布政使吳興徐中行撰
吉安府學教授梁有貞
新淦縣學教諭姚棼
南康府學訓導張詔分校
江西布政司照磨從任督刻
古文雋目錄
卷之一
春秋文一 左傳
鄭莊公叔段本末
石碏諫寵州吁
臧僖伯諫如棠觀魚
鬬伯比諫侵隨
臧哀伯諫納郜鼎
楚屈完對齊侯
宮之奇諫假道

古文隽

[明] 燿文明　选　[明] 徐中行　校

明万历六年（1578）徐中行刻本

框高 22.9 厘米，宽 14.5 厘米。半页下栏正文十行二十字，小字双行同，上栏小字刻校记。白口，四周双边。

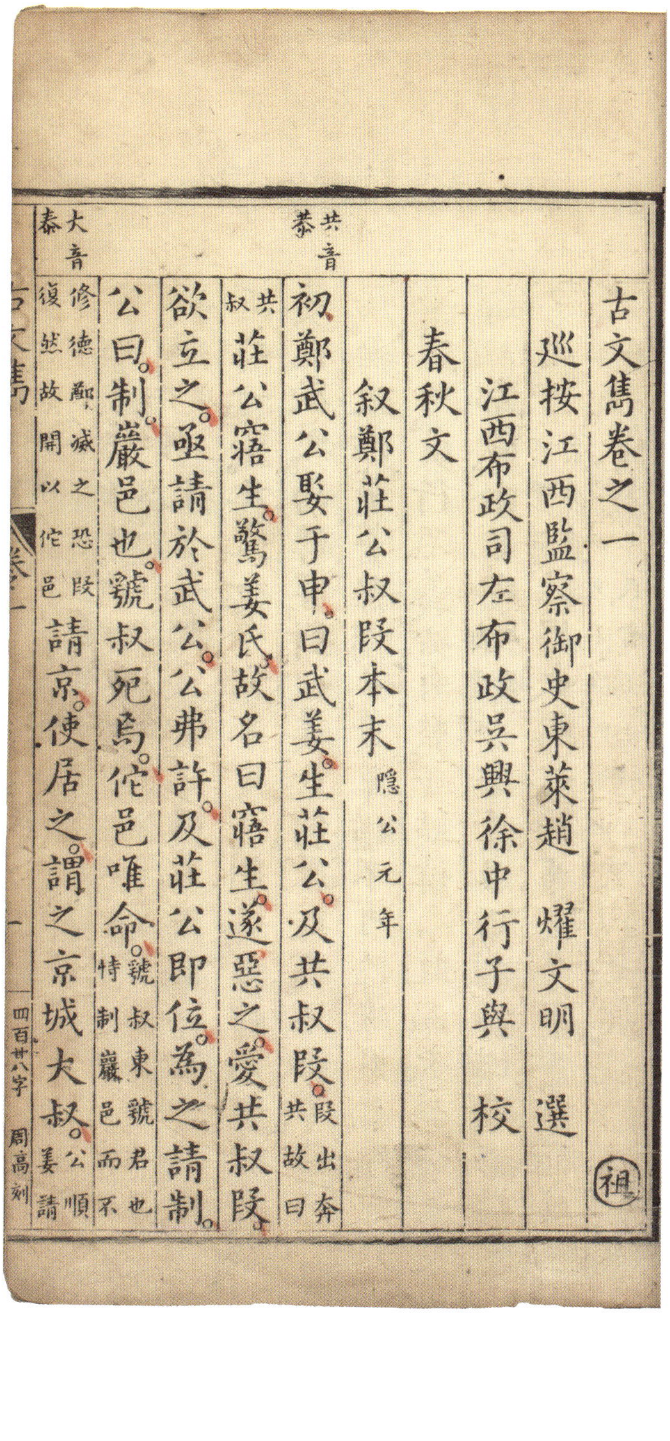

古文雋卷之一

巡按江西監察御史東萊趙　燿文明　選

江西布政司左布政吳興徐中行子與　校

春秋文

叙鄭莊公叔段本末　隱公元年

初鄭武公娶于申。曰武姜。生莊公。及共叔段。段出奔共故曰共叔莊公寤生。驚姜氏。故名曰寤生。遂惡之。愛共叔段。欲立之。亟請於武公。公弗許。及莊公即位。為之請制。公曰。制。巖邑也。虢叔死焉。佗邑唯命。虢叔東虢君也恃制巖邑而不修德鄭滅之恐段復然故開以佗邑請京。使居之。謂之京城大叔。公順姜請

共音恭　大音泰

古文雋　卷一　一　四百卅八字　周高刻

（书蠹舫　藏）

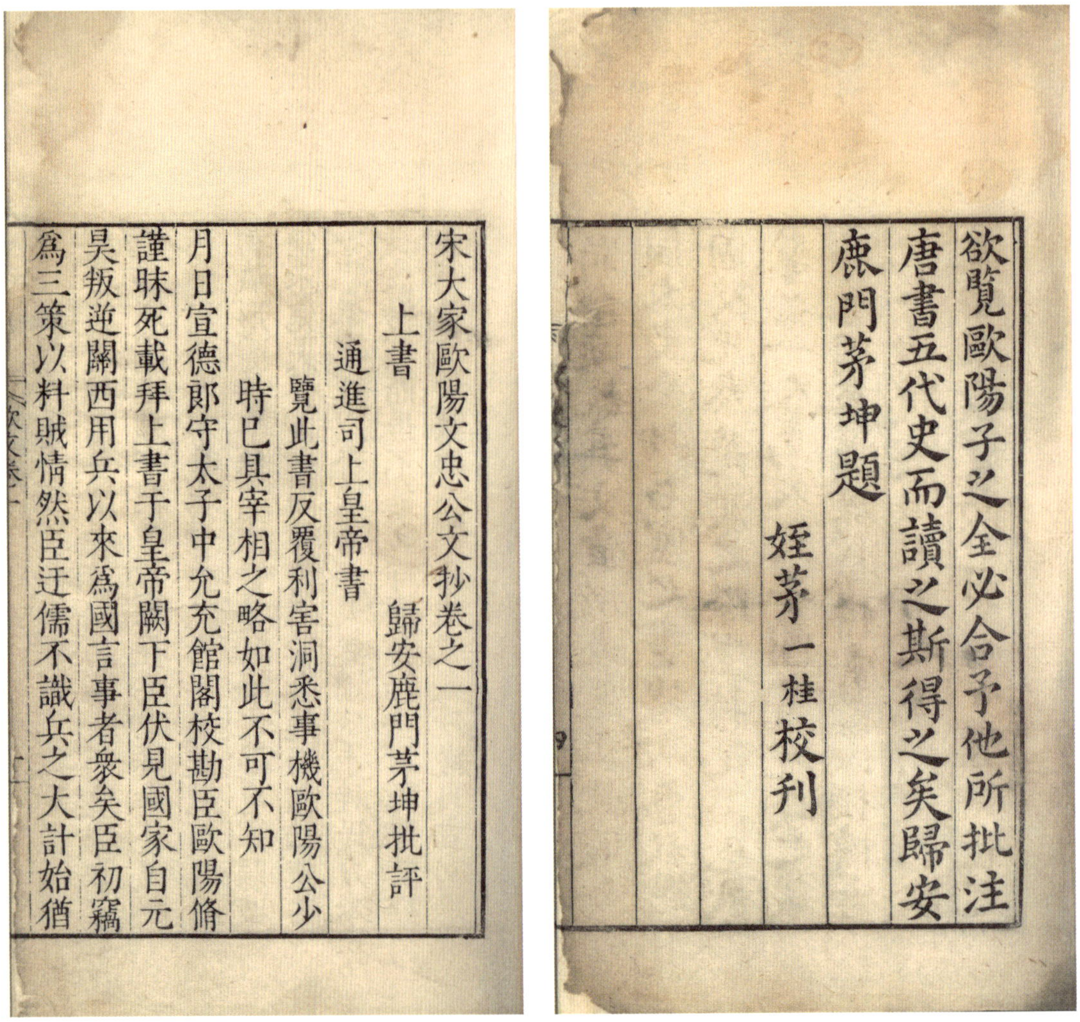
欲覽歐陽子之全必合予他所批注
唐書五代史而讀之斯得之矣歸安
鹿門茅坤題
姪茅一桂校刊

宋大家歐陽文忠公文抄卷之一　歸安鹿門茅坤批評
上書
通進司上皇帝書
覽此書反覆利害洞悉事機歐陽公少
時已具宰相之略如此不可不知
月日宣德郎守太子中允充館閣校勘臣歐陽脩
謹昧死載拜上書于皇帝闕下臣伏見國家自元
昊叛逆關西用兵以來爲國言事者衆矣臣初竊
爲三策以料賊情然臣迂儒不識兵之大計始猶

宋大家欧阳文忠公文抄

［宋］欧阳修　撰　［明］茅坤批　评

明万历七年（1579）影宋刻本

框高 20.6 厘米，宽 14.1 厘米。半页九行，行十九字，小字不等。

白口，左右双边。

（书蠹舫　藏）

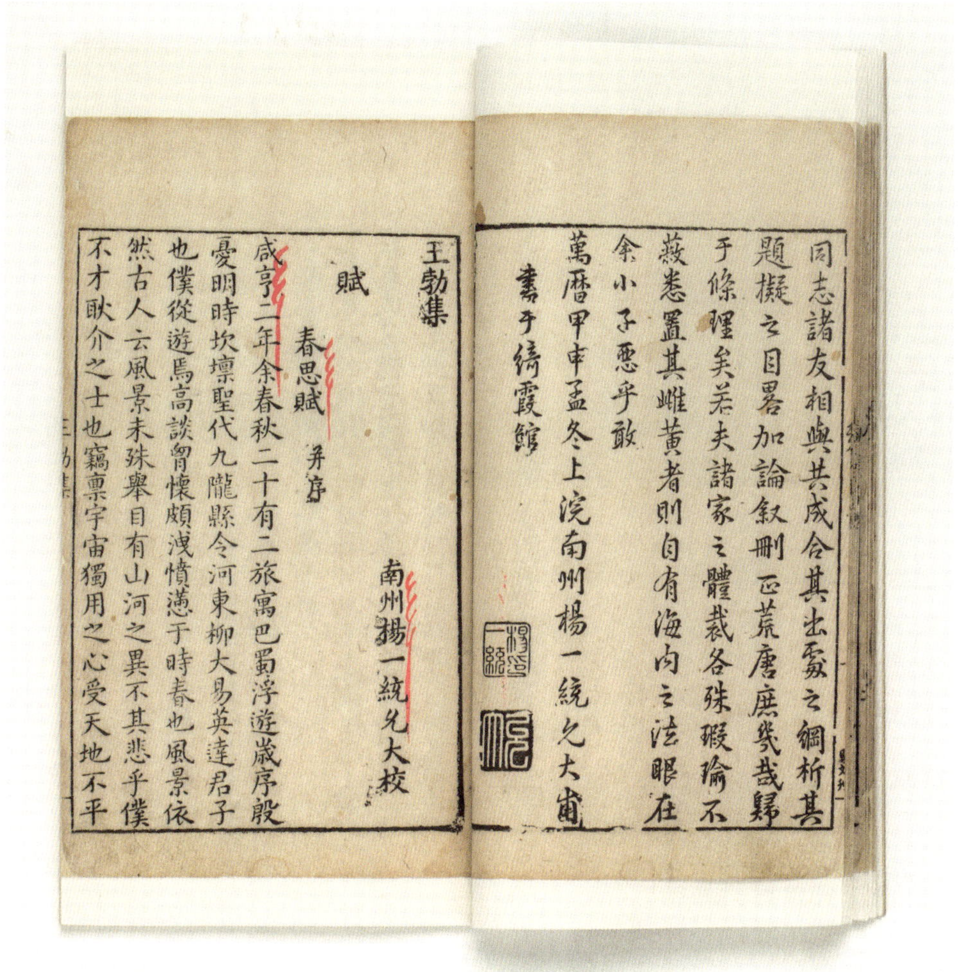

唐十二家诗集

［明］张逊业　编

明万历十二年（1584）杨一统刻本

半页十行，行二十字，白口，四周单边。

（静观书屋　藏）

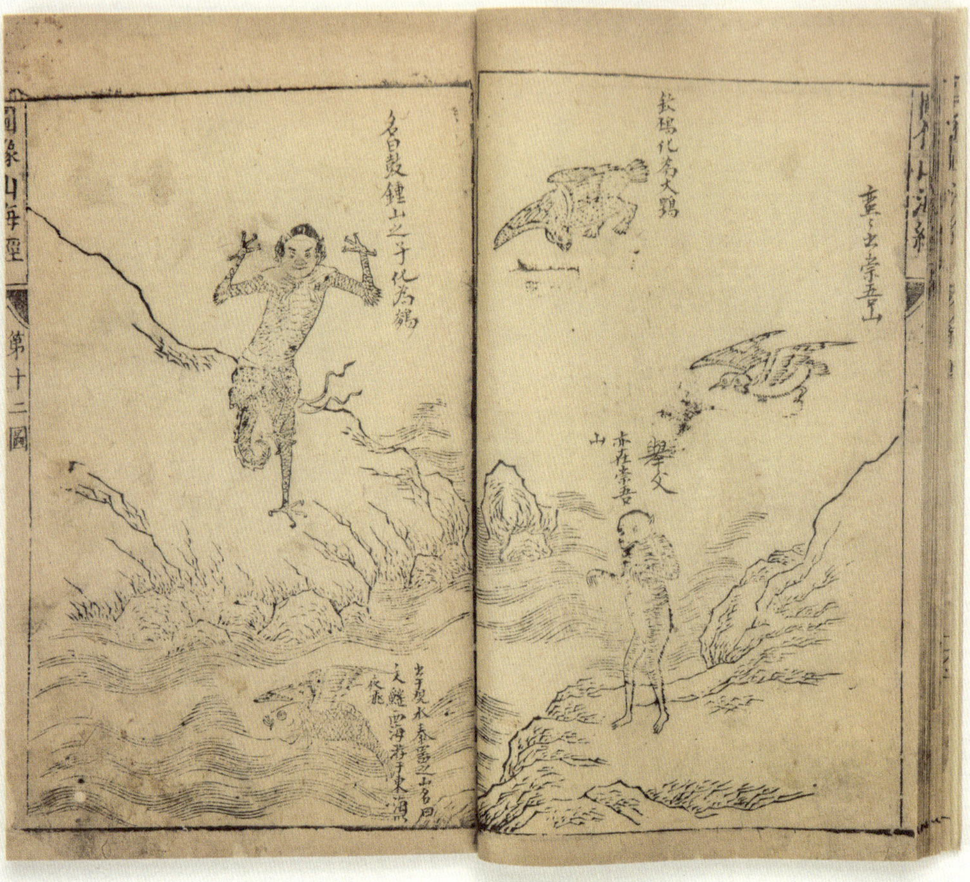

山海经释义

［晋］郭璞　著　［明］王崇庆　释义

明万历十三年（1585）金陵周希旦大业堂刻本

框高 22.1 厘米，宽 14.5 厘米。半页九行，行十九字，小字双行同。

白口，四周单边。

（汲珍阁　藏）

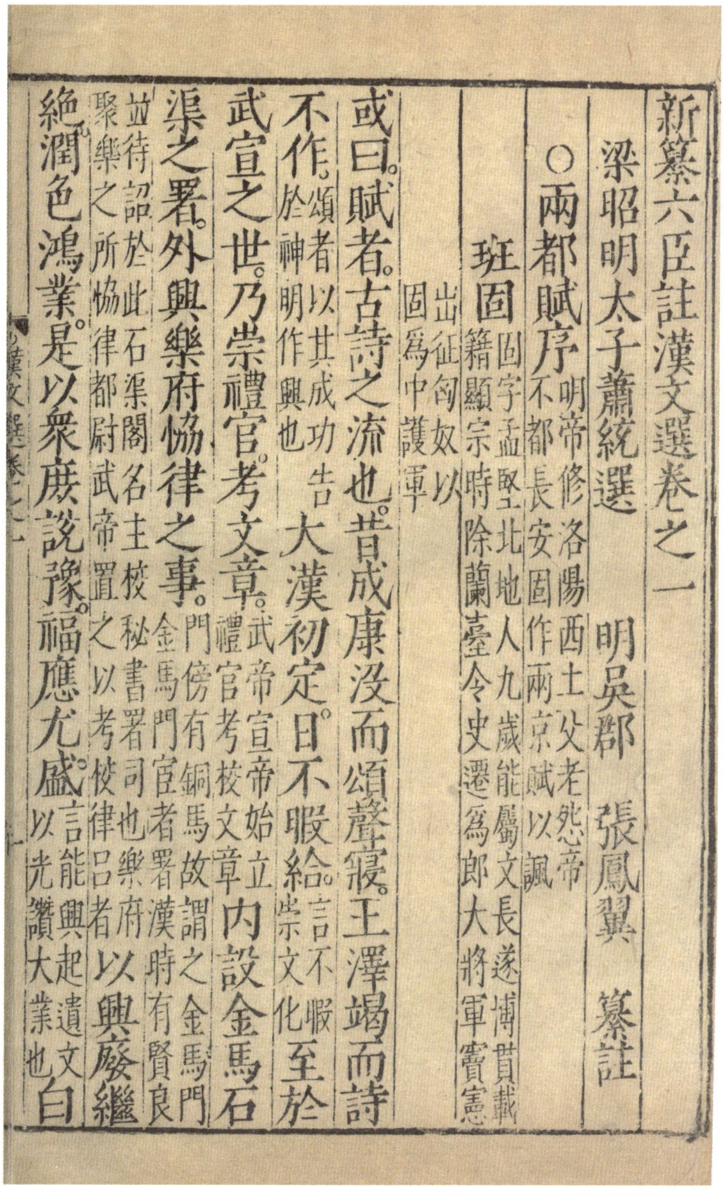
新纂六臣註漢文選卷之一
梁昭明太子蕭統選　明吳郡　張鳳翼　纂註
○兩都賦序明帝修洛陽西土父老怨帝不都長安固作兩京賦以諷
班固固字孟堅北地人九歲能屬文長遂博貫載籍顯宗時除蘭臺令史遷爲郎大將軍竇憲出征匈奴以固爲中護軍
或曰。賦者。古詩之流也。昔成康沒而頌聲寢。王澤竭而詩不作。頌者以其成功告於神明作興也大漢初定。日不暇給。言不暇崇文化至於武宣之世。乃崇禮官。考文章。武帝宣帝始立禮官考校文章內設金馬石渠之署。外興樂府協律之事。門傍有銅馬故謂之金馬門金馬門宦者署漢時有賢良竝待詔於此石渠閣名主校秘書署司也樂府聚樂之所協律都尉武帝置之以考校律呂者以興廢繼絕。潤色鴻業。是以衆庶說豫。福應尤盛。言能興起遺文以光讚大業也白
漢文選卷之一

文选

［南朝梁］萧统选　［明］张凤翼　纂注

明万历十四年（1586）张凤翼刻本

框高 22.7 厘米，宽 15.4 厘米。半页十一行，行二十二字，小字双行同。白口，左右双边。

（书蠹舫　藏）

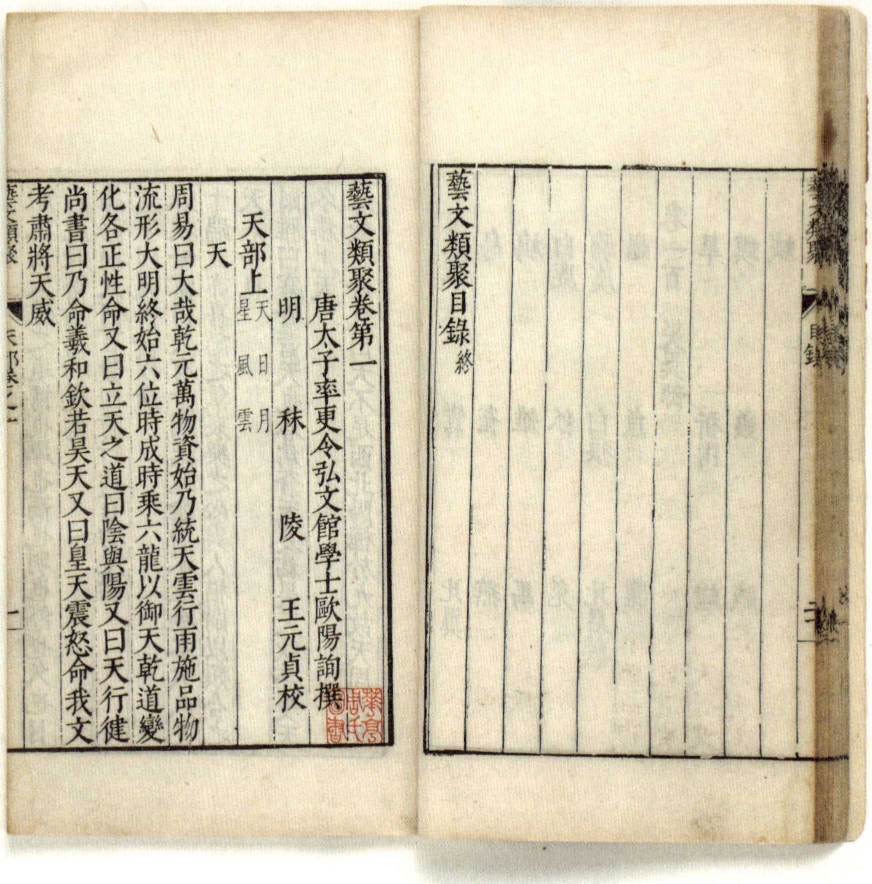

艺文类聚

［唐］欧阳询等　编

明万历十五年（1587）王元贞刻本

半页十行，行二十字，白口，四周单边。

（静观书屋　藏）

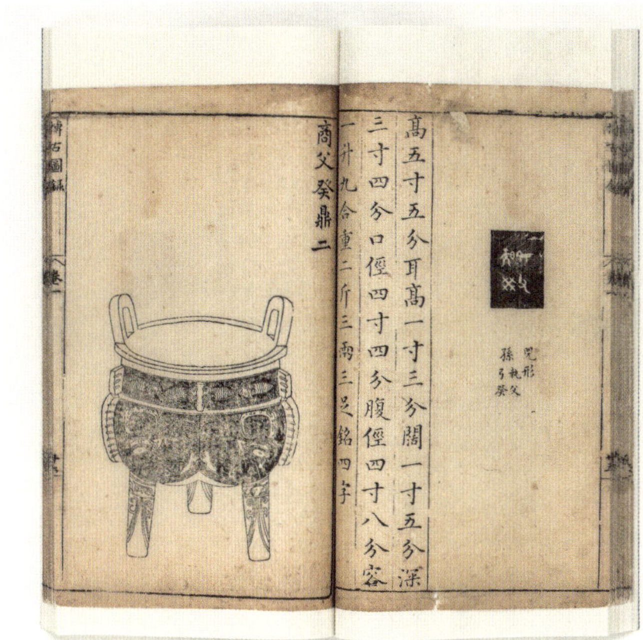

泊如斋重修宣和博古图

［宋］王黼　撰［明］程士庄　辑

明万历十六年（1588）泊如斋刻本

框高 24.9 厘米，宽 115 厘米。半页八行，行十七字。白口，四周单边。

（书蠹舫　藏）

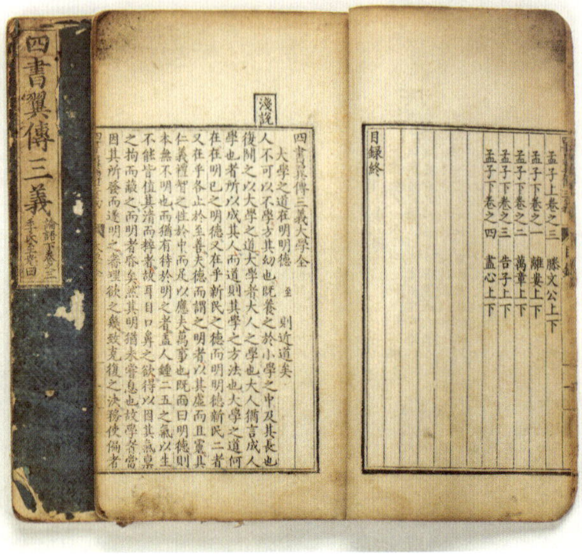

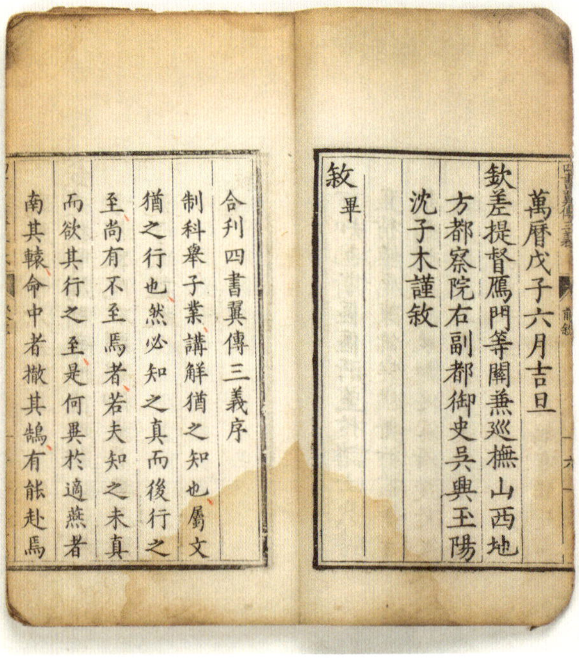

四书翼传三义

[明] 刘思诚、王守诚　撰

明万历十六年（1588）太原官刻本

半页十二行，行二十二字。白口，四周双边。白绵纸。

（滌心堂　藏）

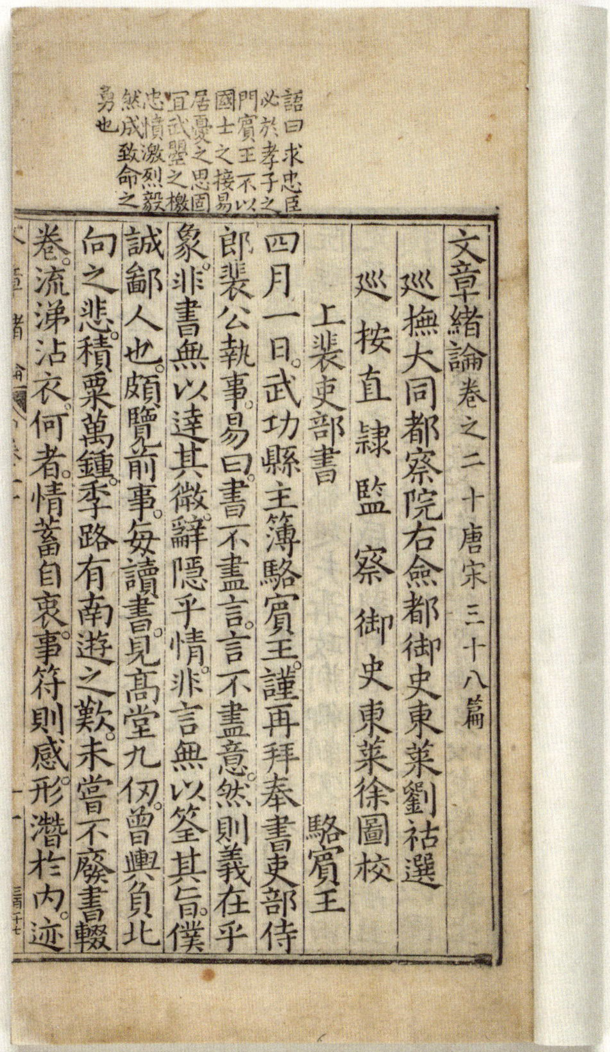

語曰求忠臣必於孝子之門賓王不以國士之接易居憂之思固宜武曌之檄忠憤激烈毅然成致命之勇也

文章緒論卷之二十唐宋三十八篇

巡撫大同都察院右僉都御史東萊劉祜選

巡按直隸監察御史東萊徐圖校

上裴吏部書　駱賓王

四月一日。武功縣主簿駱賓王。謹再拜奉書吏部侍郎裴公執事。易曰。書不盡言。言不盡意。然則義在乎象。非書無以達其微。辭隱乎情。非言無以筌其旨。僕誠鄙人也。頗覽前事。每讀書見高堂九仞。曾輿負北向之悲。積粟萬鍾。季路有南遊之歎。未嘗不廢書輟卷。流涕沾衣。何者。情蓄自衷。事符則感。形潛於內。迹

文章正论、文章绪论

［明］刘祜　选　［明］徐图　校

明万历十九年（1591）徐图刻本

框高 21.7 厘米，宽 14.3 厘米。半页正文十行，行二十字，小字双行同，上有小字眉评。白口，四周双边。

（书蠹舫　藏）

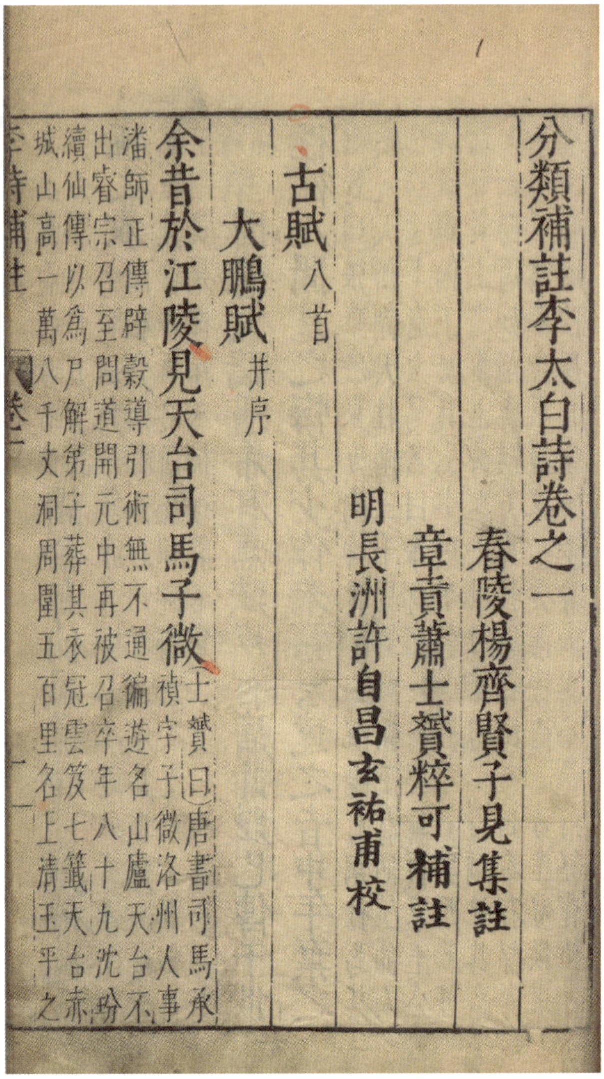
分類補註李太白詩卷之一
春陵楊齊賢子見集註
章貢蕭士贇粹可補註
明長洲許自昌玄祐甫校
古賦八首
大鵬賦 并序
余昔於江陵見天台司馬子微士贇曰唐書司馬承禎字子微洛州人事潘師正傳辟穀導引術無不通徧遊名山廬天台不出睿宗召至問道開元中再被召卒年八十九沈玢續仙傳以爲尸解弟子葬其衣冠雲笈七籤天台赤城山高一萬八千丈洞周圍五百里名上清玉平之
李詩補註 卷一 一

分类补注李太白诗

［唐］李白　撰　［明］许自昌　校

明万历三十年（1602）许自昌刻本

框高 21.6 厘米，宽 15 厘米。半页九行，行二十字，小字双行同。白口，左右双边。

（书蠹舫　藏）

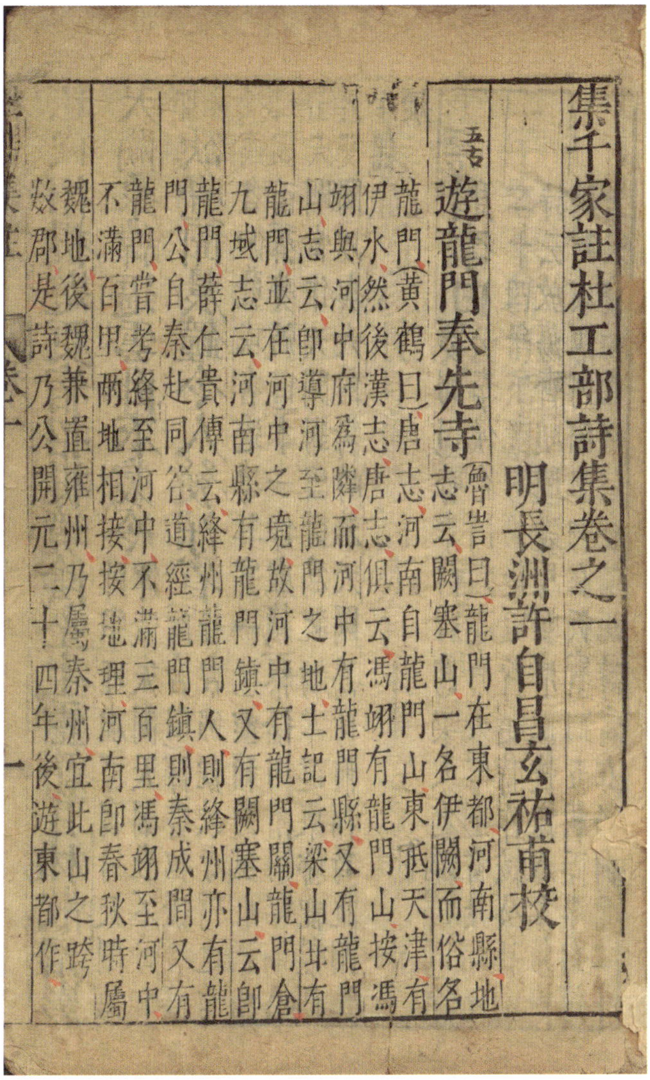
集千家註杜工部詩集卷之一
明長洲許自昌玄祐甫校
五古 遊龍門奉先寺（魯訔曰龍門在東都河南縣地志云闕塞山一名伊闕而俗名
龍門。黃鶴曰唐志河南自龍門山東抵天津有
伊水然後漢志唐志俱云馮翊有龍門山按馮
翊與河中府爲鄰而河中有龍門縣又有龍門
山志云即導河至龍門之地土記云梁山北有
龍門並在河中之境故河中有龍門關龍門倉
九域志云河南縣有龍門鎮又有闕塞山云即
龍門薛仁貴傳云絳州龍門人則絳州亦有龍
門公自秦赴同谷道經龍門鎮則秦成間又有
龍門嘗考絳至河中不滿三百里馮翊至河中
不滿百里兩地相接按地理河南即春秋時屬
魏地後魏兼置雍州乃屬秦州宜此山之跨
數郡是詩乃公開元二十四年後遊東都作

集千家注杜工部诗集

［唐］杜甫　撰　［明］许自昌　校

明万历三十年（1602）许自昌刻本

框高 20.8 厘米，宽 15.5 厘米。半页九行，行二十字，小字双行同。白口，四周单边。

（书蠹舫　藏）

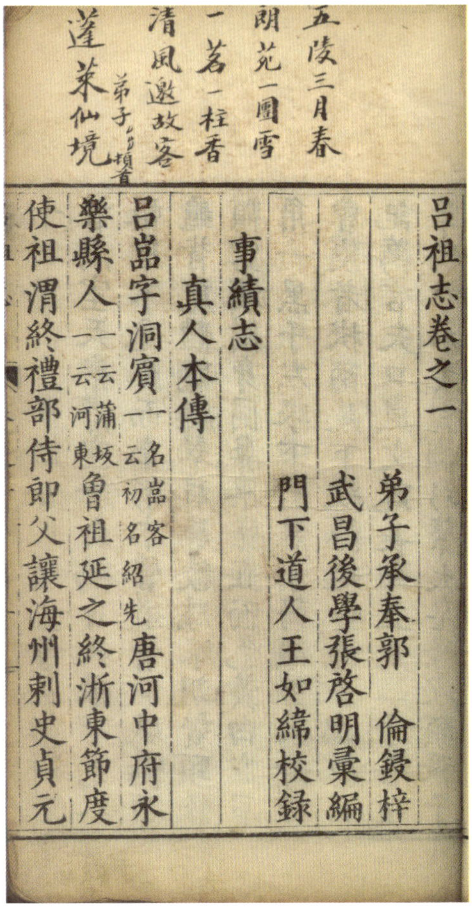

五陵三月春
朗苑一園雪
一茗一柱香
清風邀故客
蓬莱仙境

呂祖志卷之一
弟子承奉郭　倫鋟梓
武昌後學張啓明彙編
門下道人王如綿校録
事績志
真人本傳
呂嵒字洞賓（一名嵒客 一云初名紹先）唐河中府永
樂縣人（一云蒲坂 一云河東）曾祖延之終浙東節度
使祖渭終禮部侍郎父讓海州刺史貞元

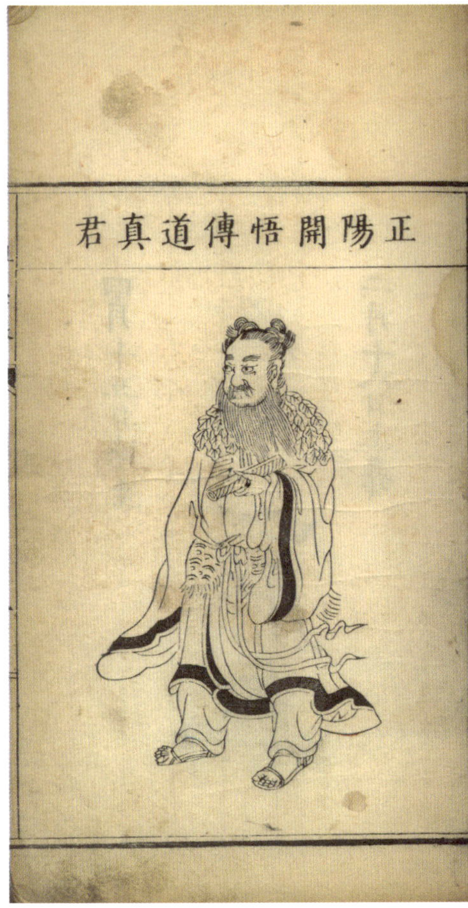

吕祖志

［明］张启明　汇编

明万历三十年（1602）内府刻本

框高 21.8 厘米，宽 16.4 厘米，半页九行，行十六字。白口，四周双边。

（秋堂　藏）

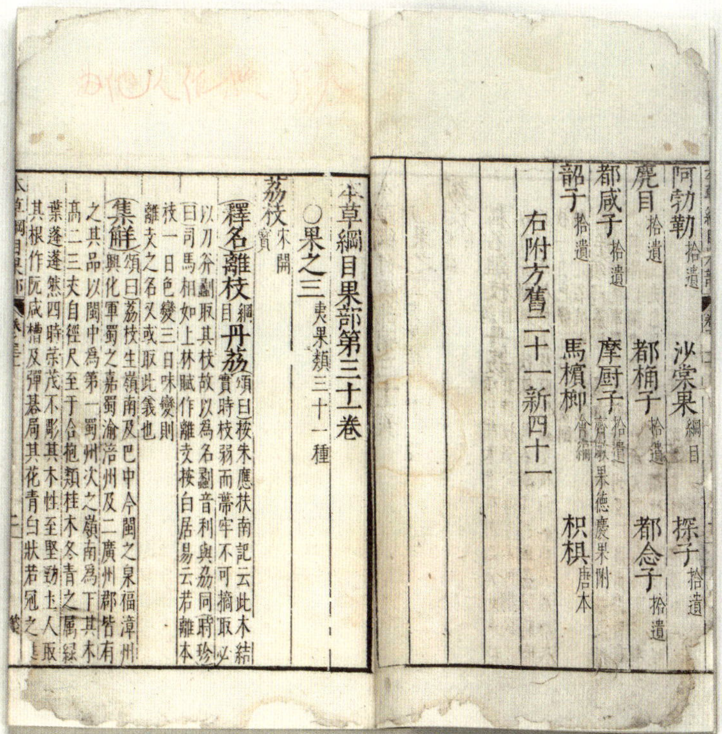
阿勃勒拾遺 沙棠果綱目 探子拾遺
麂目拾遺 都桷子拾遺 都念子拾遺
都咸子拾遺 摩厨子拾遺 齊墩果德慶果附
韶子拾遺 馬檳榔會編 枳椇唐本
右附方舊二十一新四十一

本草綱目果部第三十一卷
○果之三 夷果類三十一種
荔枝宋開寶
（釋名）離枝綱目 丹荔（頌曰）按朱應扶南記云此木結實時枝弱而蔕牢不可摘取必以刀斧劙取其枝故以爲名劙音利與荔同（時珍曰司馬相如上林賦作離支按白居易云若離本枝一日色變三日味變則離支之名又或取此義也
（集解）（頌曰）荔枝生嶺南及巴中今閩之泉福漳州興化軍蜀之嘉蜀渝涪州及二廣州郡皆有之其品以閩中爲第一蜀州次之嶺南爲下其木高二三丈自徑尺至于合抱類桂木冬青之屬綠葉蓬蓬然四時榮茂不彫其木性至堅勁土人取其根作阮咸槽及彈棊局其花青白狀若冠之

本草纲目

［明］李时珍　撰

明万历三十一年（1603）张鼎思刻本

半页九行，行二十字。白口，四周单边，书口有刻工及字数。

（静观书屋　藏）

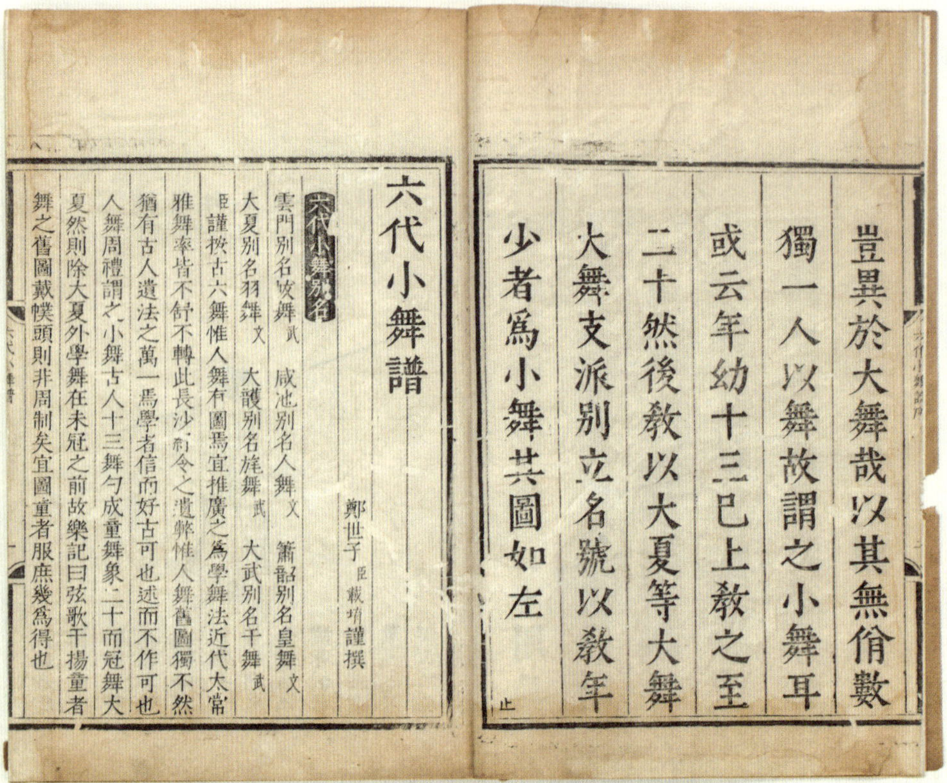
豈異於大舞哉以其無佾數
獨一人以舞故謂之小舞耳
或云年幼十三已上教之至
二十然後教以大夏等大舞
大舞支派別立名號以教年
少者爲小舞其圖如左
止

六代小舞譜
鄭世子臣載堉謹撰
六代小舞別名
雲門別名帗舞武　咸池別名人舞文　簫韶別名皇舞文
大夏別名羽舞文　大頀別名旄舞武　大武別名干舞武
臣謹按古六舞惟人舞有圖焉宜推廣之爲學舞法近代太常
雅舞率皆不舒不轉此長沙韵令之遺弊惟人舞舊圖獨不然
猶有古人遺法之萬一焉學者信而好古可也述而不作可也
人舞周禮謂之小舞古人十三舞勺成童舞象二十而冠舞大
夏然則除大夏外學舞在未冠之前故樂記曰弦歌干揚童者
舞之舊圖戴幞頭則非周制矣宜圖童者服庶幾爲得也

乐律全书

[明] 朱载堉　编撰

明万历三十四年（1606）郑藩王府刻本

框高 24.9 厘米，宽 20 厘米，半页十二行，行二十四字。上下黑口，四周双边。

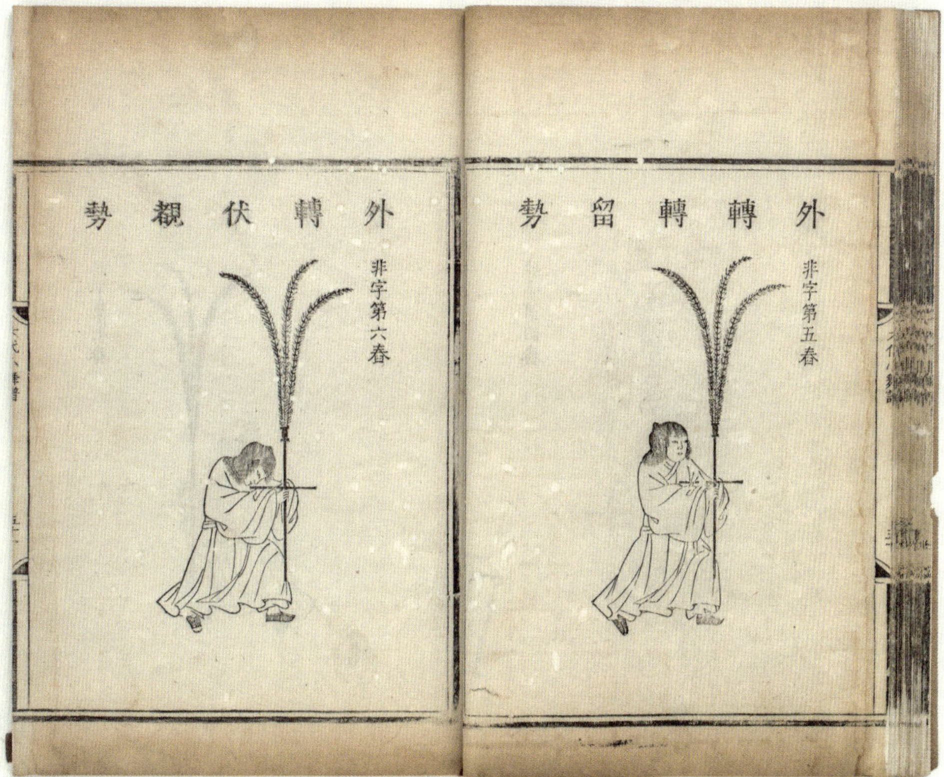

（修竹轩　藏）

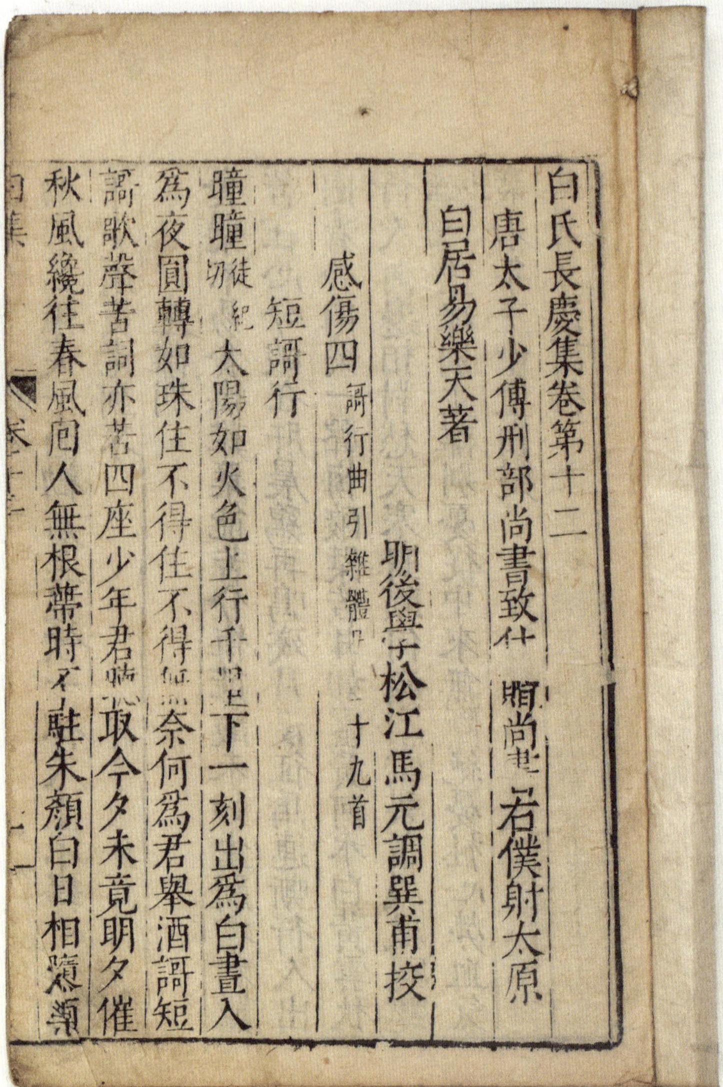

白氏长庆集

［明］白居易　著

明万历三十四年（1606）马元调刻本

框高 20.9 厘米，宽 14.5 厘米。半页十行，行二十一字，小字，双行同。白口，左右双边。

（书囊舫　藏）

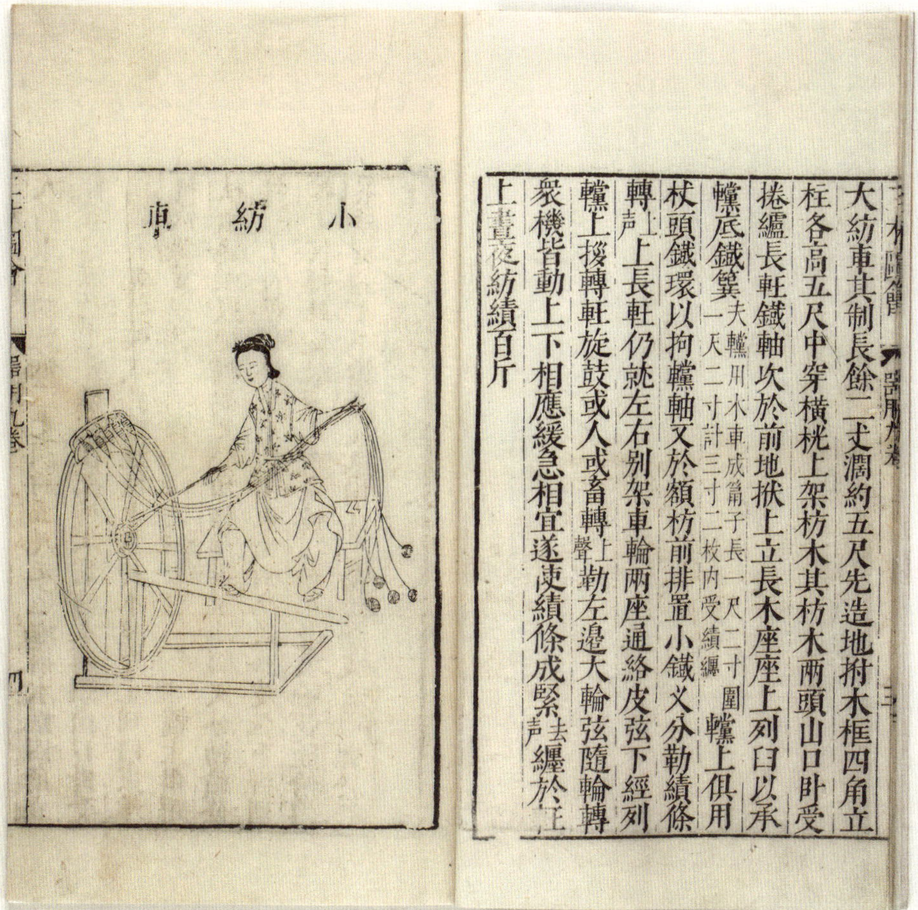

三才图会

［明］王圻　撰

明万历三十七年（1609）刻本

半页九行，行二十二字，小字双行同。白口，四周单边。

（访书坊　藏）

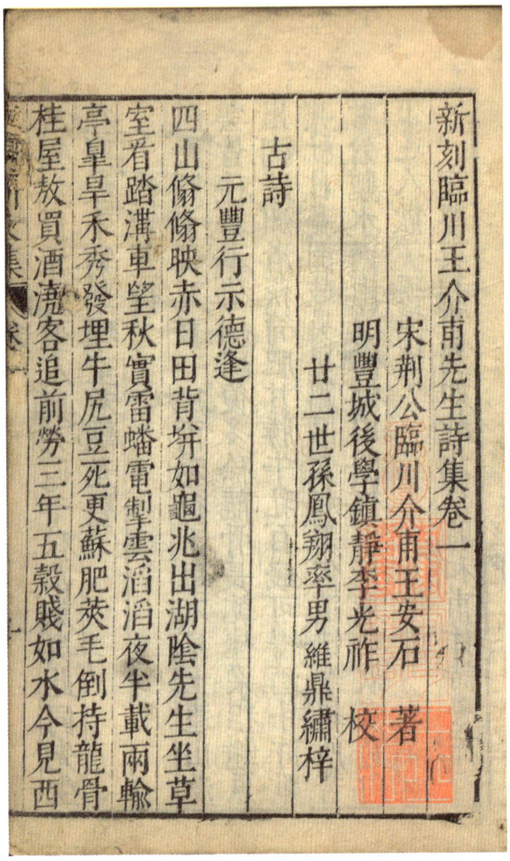

新刻臨川王介甫先生詩集卷一
宋荆公臨川介甫王安石　著
明豐城後學鎮靜李光祚　校
廿二世孫鳳翔率男維鼎繡梓
古詩
元豐行示德逢
四山翛翛映赤日田背坼如龜兆出湖陰先生坐草
室看踏溝車望秋實雷蟠電掣雲滔滔夜半載雨輸
亭臯臯禾秀發埋牛尻豆死更蘇肥莢毛倒持龍骨
桂屋放買酒澆客追前勞三年五穀賤如水今見西

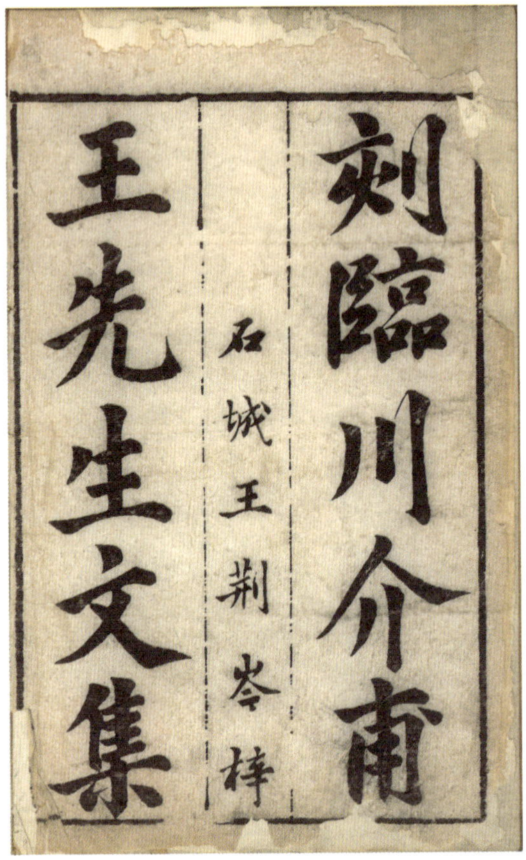

刻臨川介甫
石城王荆岑梓
王先生文集

新刻临川王介甫先生诗集

［宋］王安石　撰　［明］李光祚　校

明万历四十年（1612）王凤翔光启堂刻本

框高 21.7 厘米，宽 14.6 厘米。半页十行，行二十字。白口，四周单边。

（书蠹舫　藏）

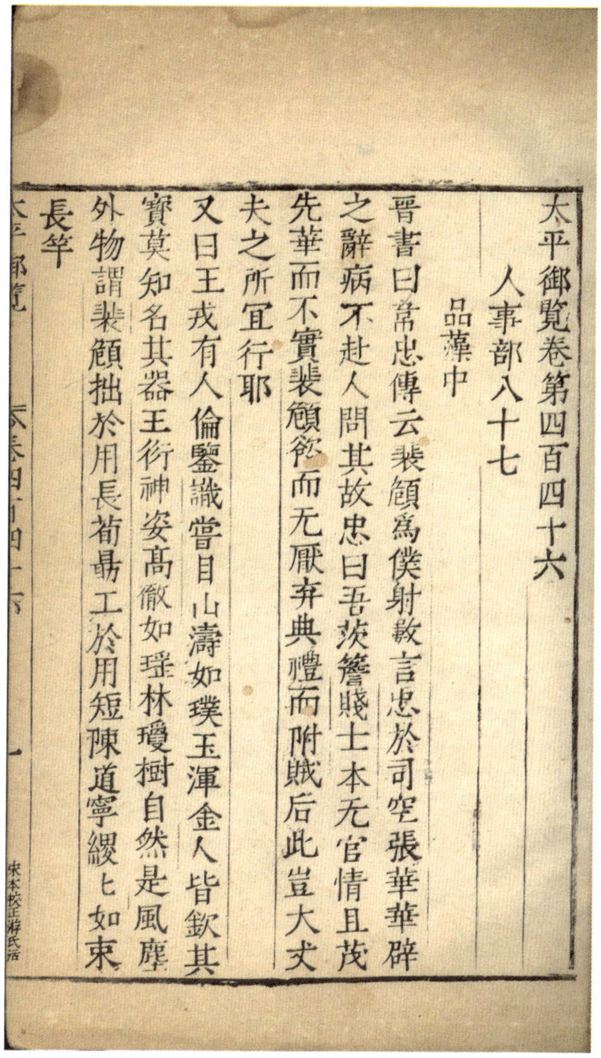

太平御覽卷第四百四十六

人事部八十七

品藻中

晉書曰常忠傳云裴頠爲僕射數言忠於司空張華華辟之辭病不赴人問其故忠曰吾茨簷賤士本无官情且茂先華而不實裴頠欲而无厭弃典禮而附賊后此豈大丈夫之所宜行耶

又曰王戎有人倫鑒識嘗目山濤如璞玉渾金人皆欽其寶莫知名其器王衍神姿高徹如瑶林瓊樹自然是風塵外物謂裴頠拙於用長荀勗工於用短陳道寧纚纚如束長竿

宋本校正游氏活

太平御览

［宋］李昉等　辑

明万历二年（1574）游氏铜活字本

框高 20.6 厘米，宽 14.6 厘米。半页十一行，行二十二字。白口，四周双边。卷首书口有“宋本校正游氏活字印行一百余部”字样。

（汲珍阁　藏）

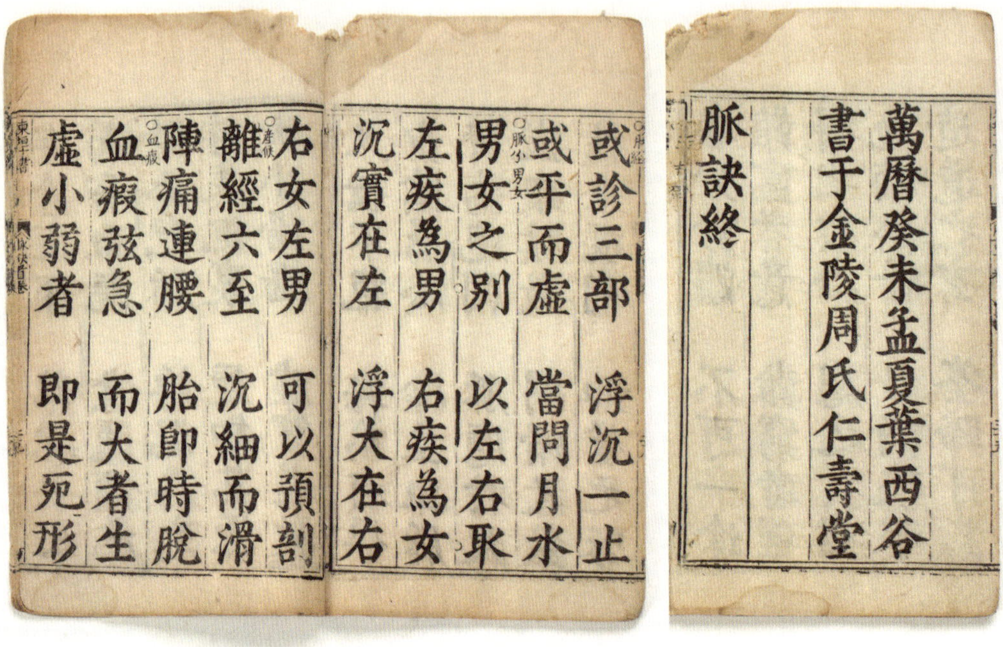
萬曆癸未孟夏葉西谷
書于金陵周氏仁壽堂
脈訣終

或診三部　浮沉一止
或平而虛　當問月水
○脈分男女
男女之別　以左右取
左疾為男　右疾為女
沉實在左　浮大在右
右女左男　可以預剖
○產候
離經六至　沉細而滑
陣痛連腰　胎即時脫
○血瘕
血瘕弦急　而大者生
虛小弱者　即是死形

脉诀

［宋］崔嘉彦　撰

明万历十一年（1583）金陵仁寿堂刻本

框高 20.5 厘米，宽 14.5 厘米。半页五行，行九字。白口，四周双边。

（豫雅书局　藏）

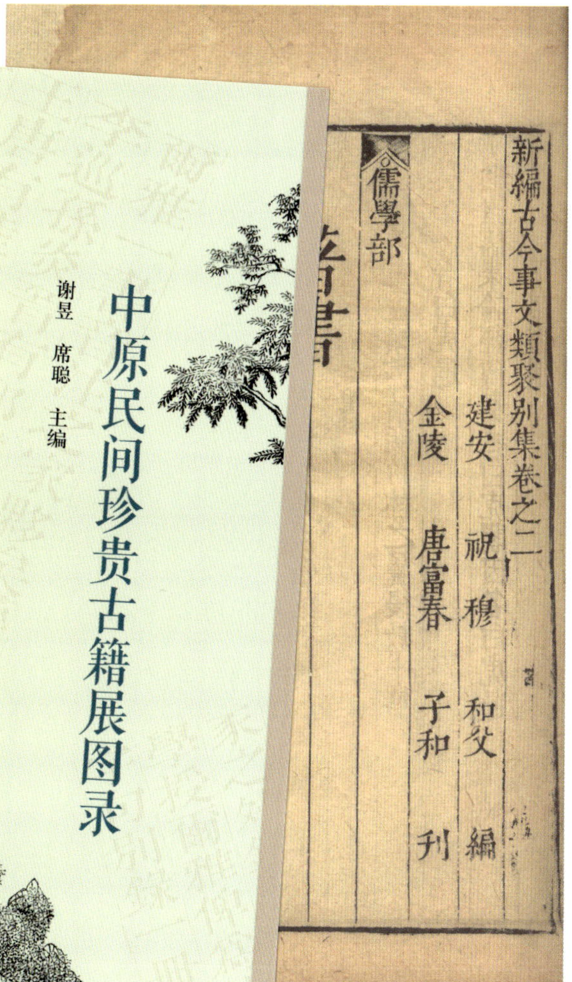

聚别集

厘米。半页十一行，行

同。白口，四周单边。

（汲珍阁　藏）

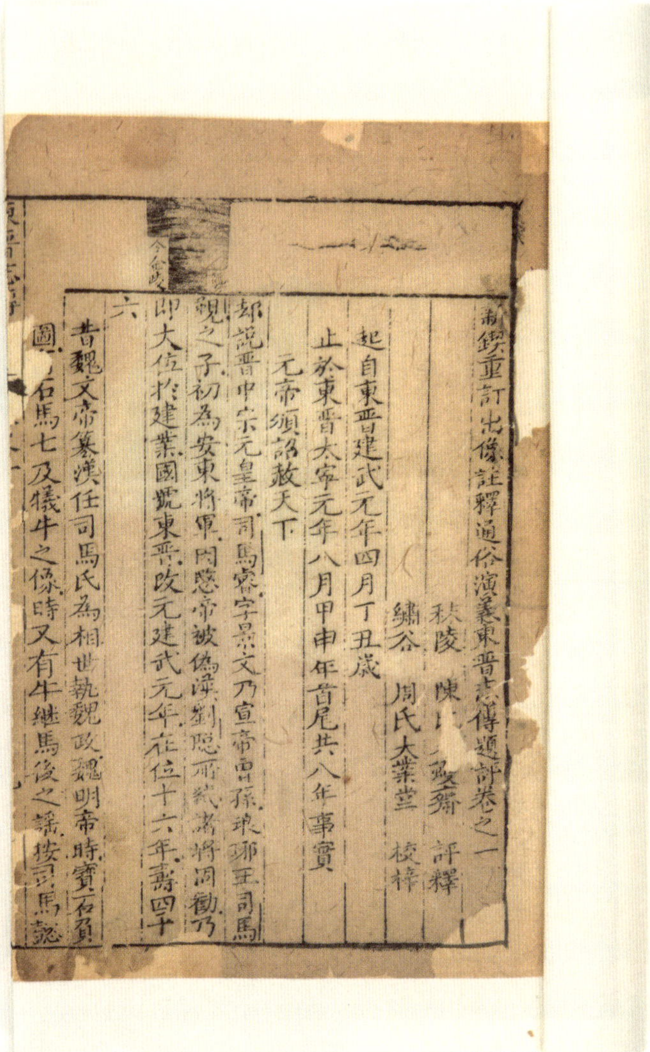
新鍥重訂出像註釋通俗演義東晉志傳題評卷之一
秣陵 陳氏尺蠖齋 評釋
繡谷 周氏大業堂 校梓
起自東晉建武元年四月丁丑歲
止於東晉太寧元年八月甲申年首尾共八年事實
元帝頒詔赦天下
郡說晉中宗元皇帝司馬睿字景文乃宣帝曾孫琅琊王司馬
覲之子初為安東將軍因愍帝被偽漢劉聰所弑諸將固勸乃
即大位於建業國號東晉改元建武元年在位十六年壽四十
六
昔魏文帝篡漢任司馬氏為相世執魏政魏明帝時寶石負
圖□石馬七及犧牛之像時又有牛繼馬後之謠按司馬懿

两晋志传通俗演义

[明] 陈氏尺蠖斋　评释　[明] 周氏大业堂　校梓

明万历金陵周氏大业堂刻本

半页十二行，行二十四字。白口，四周单边。

（私人收藏）

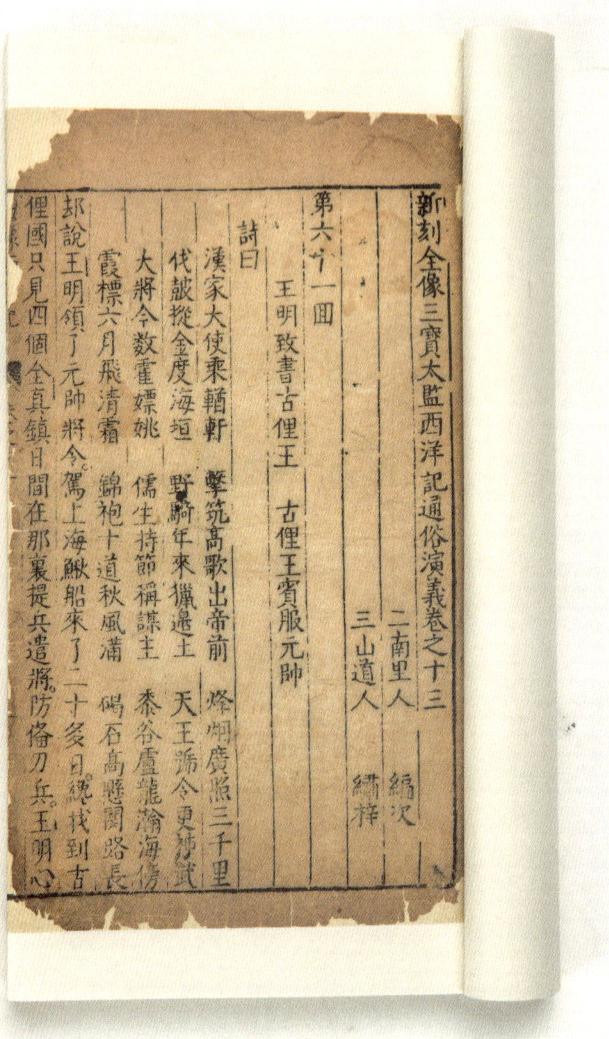

新刻全像三宝太监西洋记通俗演义

［明］二南里人（罗懋登） 编次 ［明］三山道人 绣梓

明万历刻本

半页十二行，行二十五字。白口，四周单边。

（私人收藏）

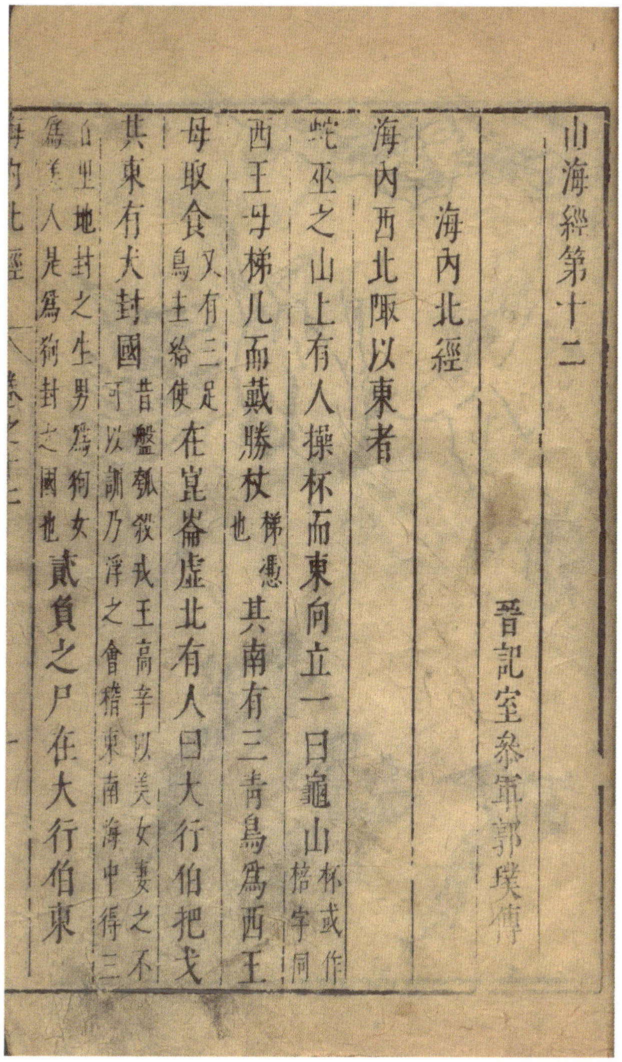
山海經第十二

晉記室參軍郭璞傳

海內北經

海內西北陬以東者

蛇巫之山上有人操杯而東向立一曰龜山杯或作棓字同

西王母梯几而戴勝杖梯謂憑也其南有三青鳥爲西王母取食又有三足烏主給使在崑崙虛北有人曰大行伯把戈

其東有犬封國昔盤瓠殺戎王高辛以美女妻之不可以訓乃浮之會稽東南海中得三百里地封之生男爲狗女爲美人是爲狗封之國也貳負之尸在大行伯東

海內北經　卷之十二

山海经

[晋] 郭璞　传　[明] 蒋应镐　绘图

明万历刻本

框高 20.8 厘米，宽 14.2 厘米。半页九行，行二十字。

白口，四周单边，白鱼尾。

（书蠹舫　藏）

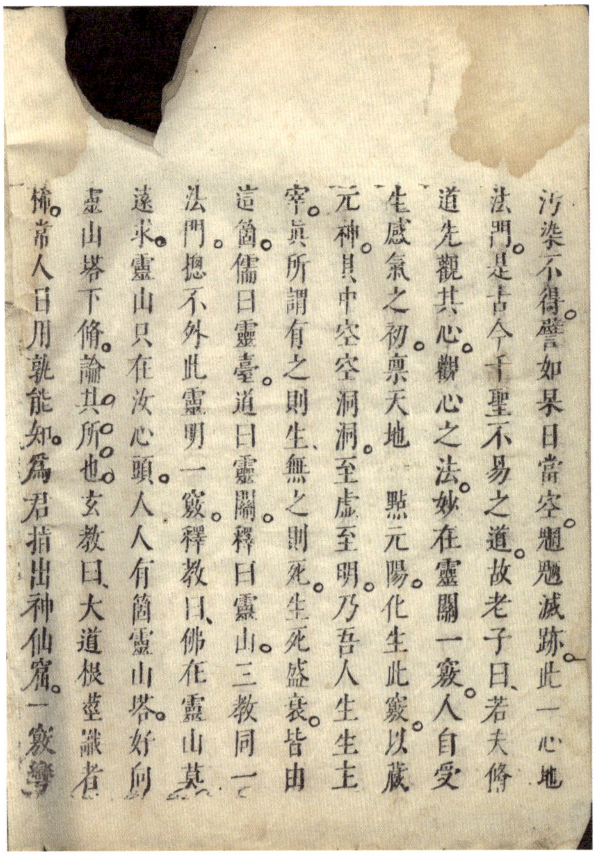

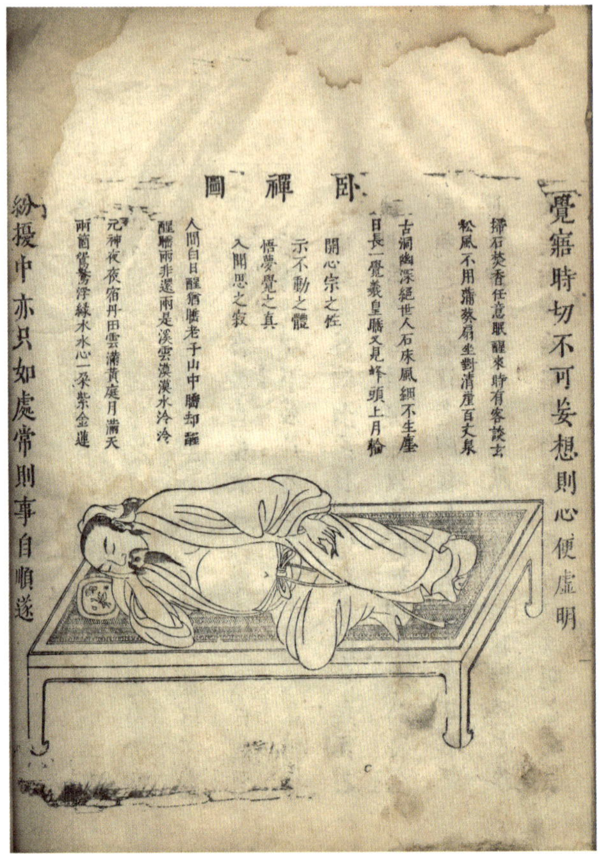

性命双修万神圭旨

［明］尹高第　撰

明万历黄伯符刻本

无边框。半页十一行，行十八字。间有版画。

（汲珍阁　藏）

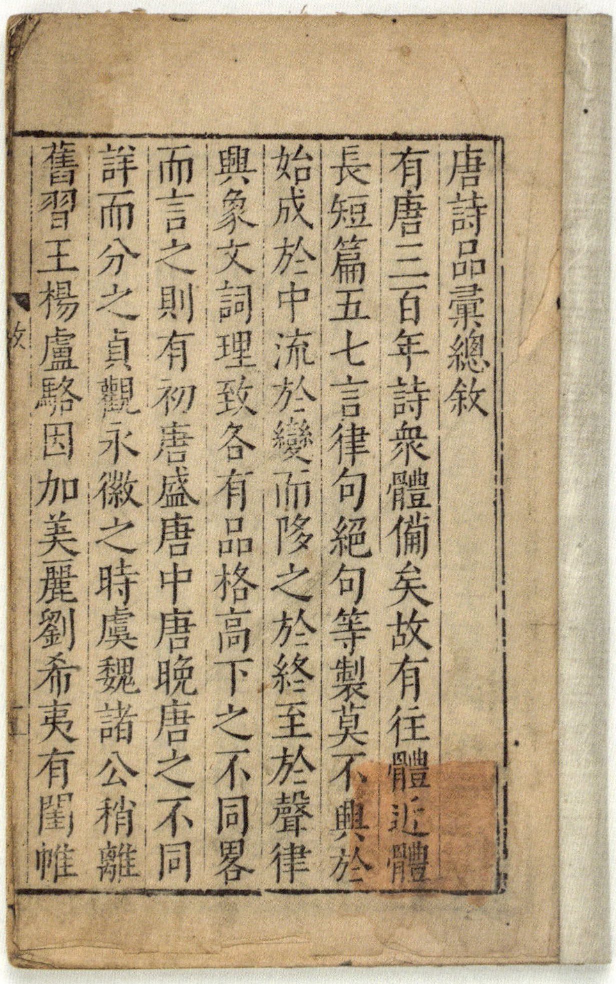

唐诗品汇

［明］高棅　编

明万历刻本

框高 20.2 厘米，宽 13.8 厘米。半页十行，行二十字，小字双行同。白口，左右双边。

（书蠹舫　藏）

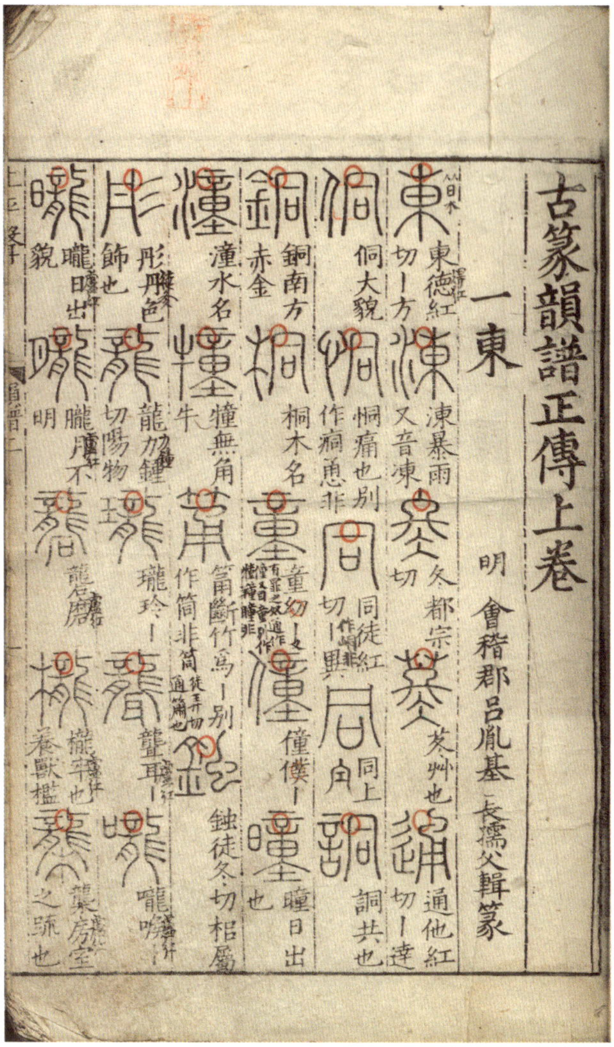
古篆韻譜正傳上卷

一東

明 會稽郡呂胤基長孺父輯篆

古篆韵谱正传

［明］吕胤基　撰

明万历十六年（1588）江篱馆刻本

半页八行，行字不一。白口，单鱼尾，左右双边。

（静观书屋　藏）

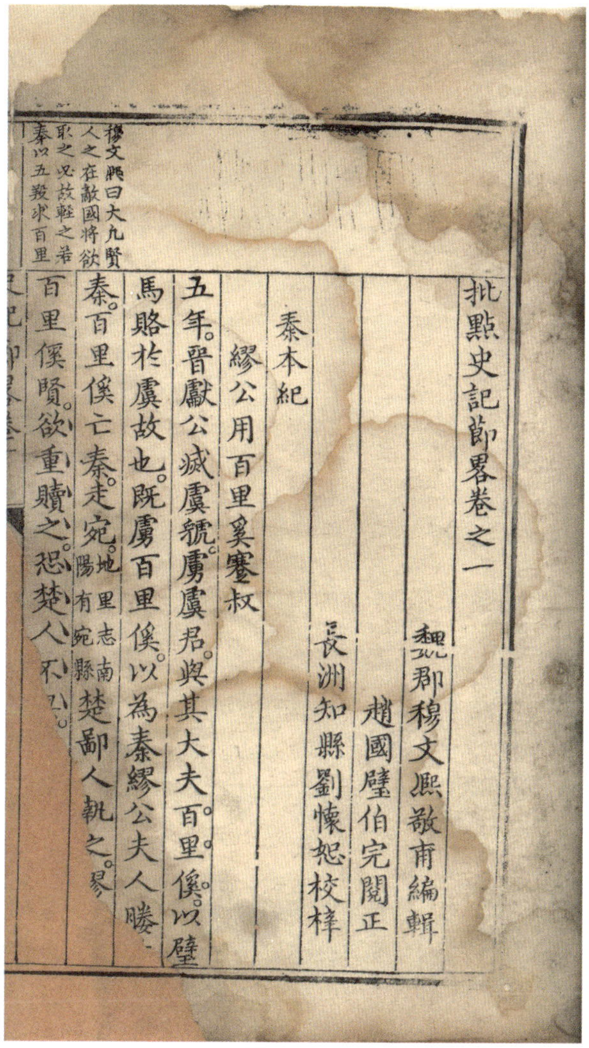

穆文熙曰大凡賢人之在敵國將欲取之必故輕之若秦以五羖求百里

批點史記節畧卷之一

魏郡穆文熙敬甫編輯

趙國璧伯完閱正

長洲知縣劉懷恕校梓

秦本紀

繆公用百里奚蹇叔

五年。晉獻公滅虞虢。虜虞君。與其大夫百里傒。以璧馬賂於虞故也。既虜百里傒。以為秦繆公夫人媵秦。百里傒亡秦。走宛。地里志南陽有宛縣楚鄙人執之。百里傒賢。欲重贖之。恐楚人不

批点史记节略

［明］穆文熙　编

明万历刘怀恕刻本

框高 24.2 厘米，宽 14.5 厘米。半页十行，行二十字，小字双行同。白口，四周双边。眉栏镌评。

（书蠹舫　藏）

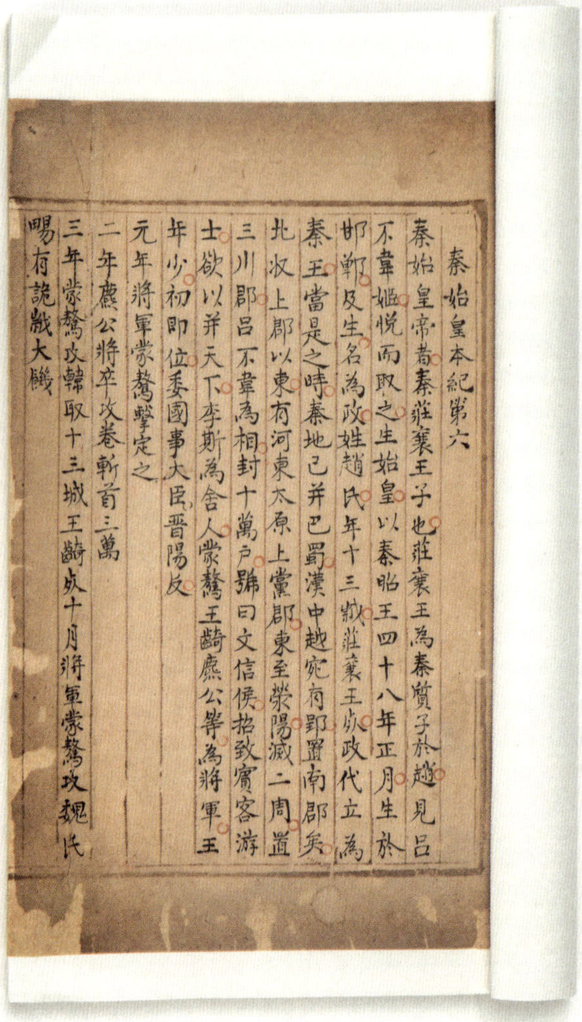
秦始皇本紀第六
秦始皇帝者秦莊襄王子也莊襄王為秦質子於趙見呂
不韋姬悅而取之生始皇以秦昭王四十八年正月生於
邯鄲及生名為政姓趙氏年十三歲莊襄王死政代立為
秦王當是之時秦地已并巴蜀漢中越宛有郢置南郡矣
北收上郡以東有河東太原上黨郡東至滎陽滅二周置
三川郡呂不韋為相封十萬戶號曰文信侯招致賓客游
士欲以并天下李斯為舍人蒙驁王齮麃公等為將軍王
年少初即位委國事大臣晉陽反
元年將軍蒙驁擊定之
二年麃公將卒攻卷斬首三萬
三年蒙驁攻韓取十三城王齮死十月將軍蒙驁攻魏氏
暘有詭歲大饑

史记

［汉］司马迁　撰

明万历抄本

框高 20.7 厘米，宽 15 厘米。半页十三行，行二十二字。

白口，四周双边。

（书蠹舫　藏）

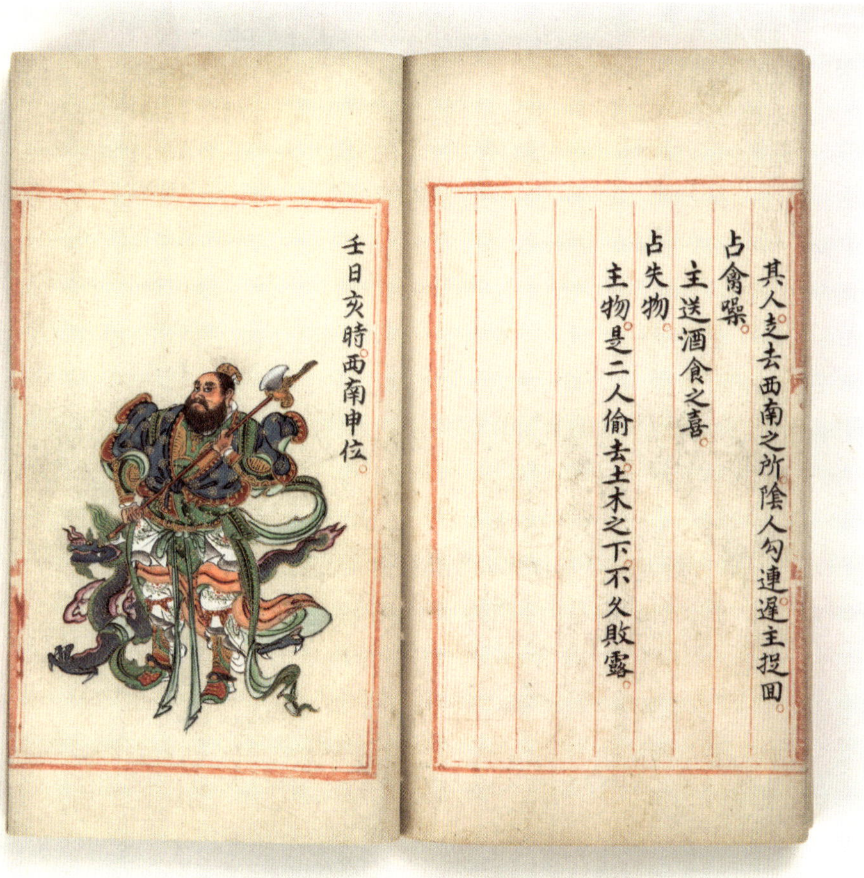

六壬秘书

［宋］杨惟德　撰

明万历内府彩绘写本

框高 20 厘米，宽 13.5 厘米。半页九行，行十六字。黑口，四周双边。

（书蠹舫　藏）

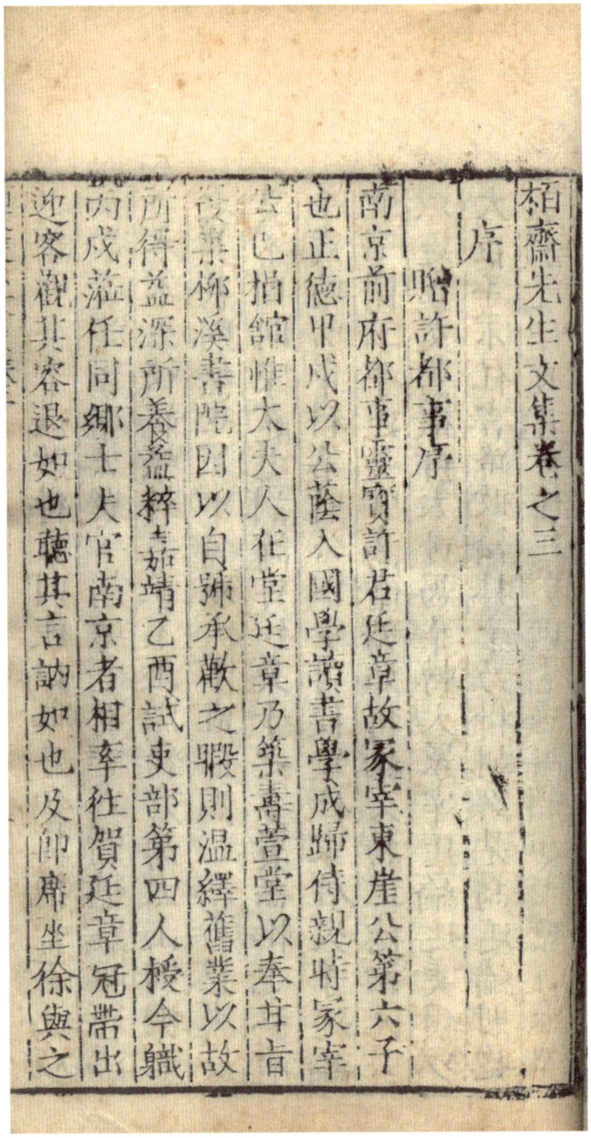
栢齋先生文集卷之三

序

贈許都事序

南京前府都事靈寶許君廷章故冢宰東崖公第六子

也正德甲戌以公蔭入國學讀書學成歸侍親將冢宰

公已捐館惟太夫人在堂廷章乃築壽萱堂以奉甘旨

設業栁溪書院因以自娛承歡之暇則温繹舊業以故

所得益深所養益粹嘉靖乙酉試吏部第四人授今職

丙戌蒞任同鄉士大夫官南京者相率往賀廷章冠帶出

迎客觀其容退如也聽其言訥如也及即席坐徐與之

柏斋先生文集

[明] 何瑭　撰

明万历贾待问刻本

框高 19.7 厘米，宽 12.5 厘米。半页十行，行二十一字。白口，左右双边。

（书蠹舫　藏）

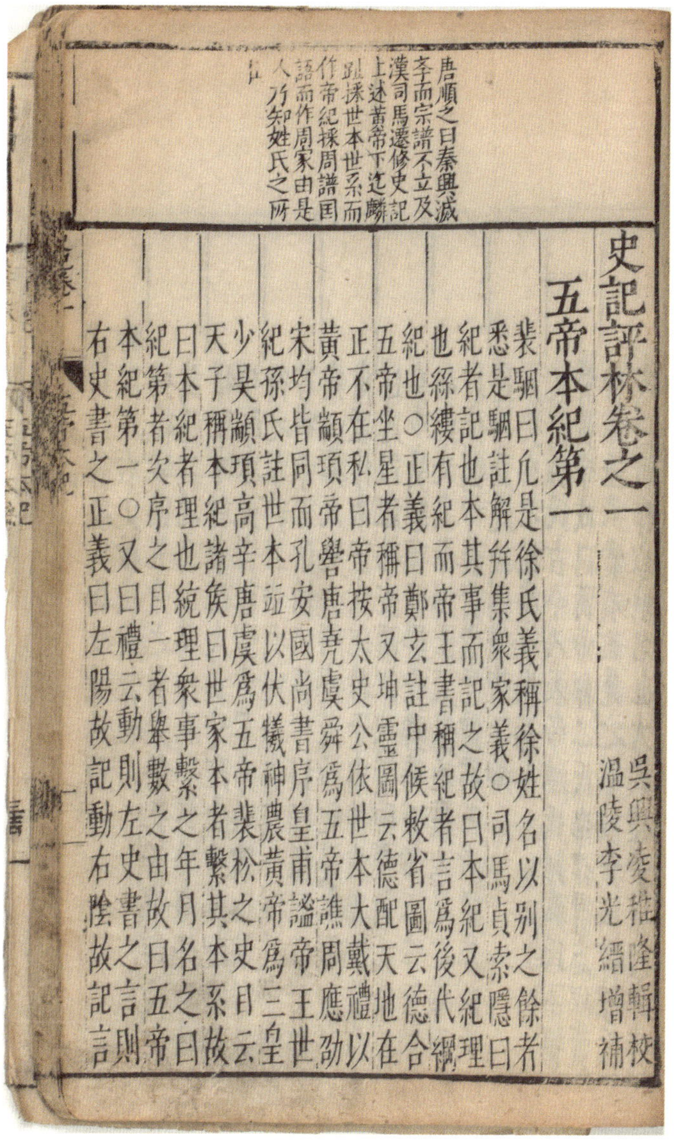

史记评林

[汉] 司马迁　撰　[明] 凌稚隆　辑校

明万历凌稚隆刻本

框高 23.7 厘米，宽 14.5 厘米。下栏正文十行，行十九字，小字双行同，上栏小字刻校注。白口，左右双边。

（书蠹舫　藏）

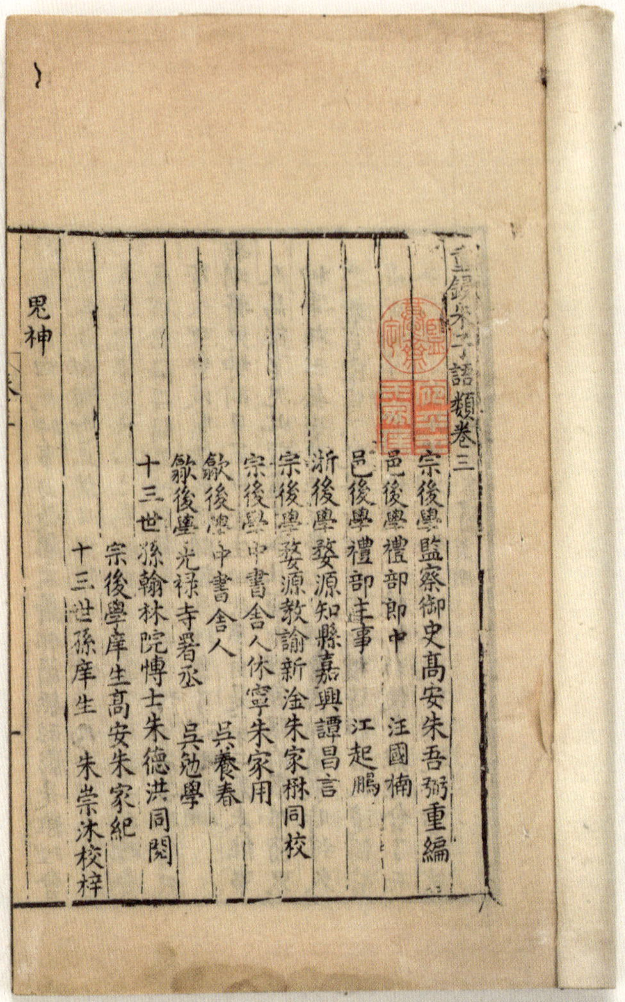

朱子语类

[宋]朱熹　撰　[明]朱吾弼　编

明万历朱崇沐刻本

框高 19.5 厘米，宽 14.2 厘米。半页十一行，行二十二字，小字双行同。白口，四周单边。

（书蠹舫　藏）

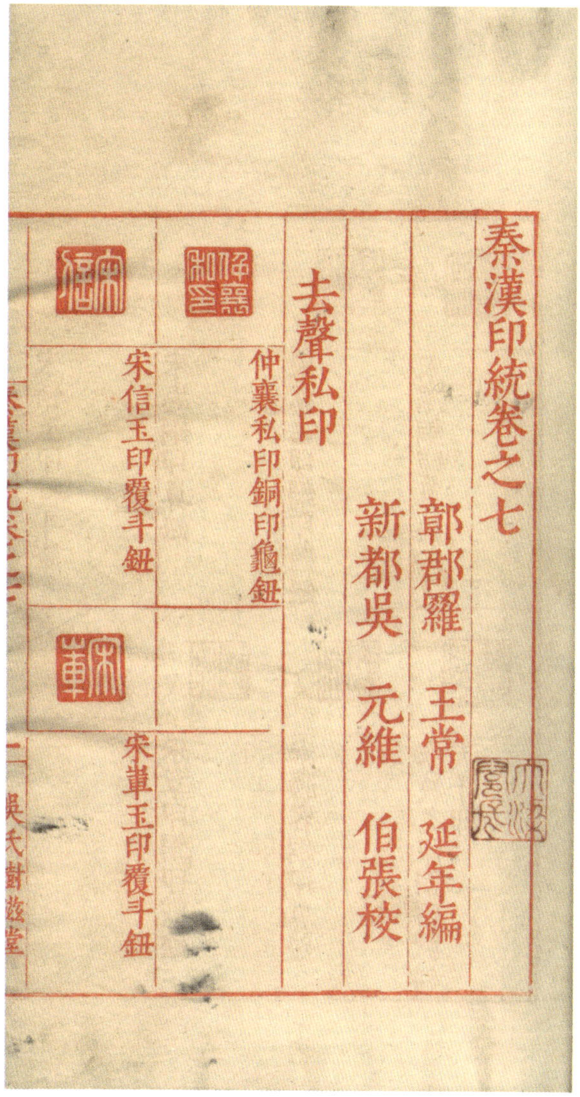

秦漢印統卷之七
鄣郡羅　王常　延年編
新都吳　元維　伯張校
去聲私印
仲襄私印銅印龜鈕
宋信玉印覆斗鈕
宋韋玉印覆斗鈕
秦漢印統卷之七
吳氏樹滋堂

秦汉印统

［明］罗王常　编

明吴氏树滋堂刻本，红印本

半页八行，行十七字，间有印章图。白口，四周单边。

（杨翔飞　藏）

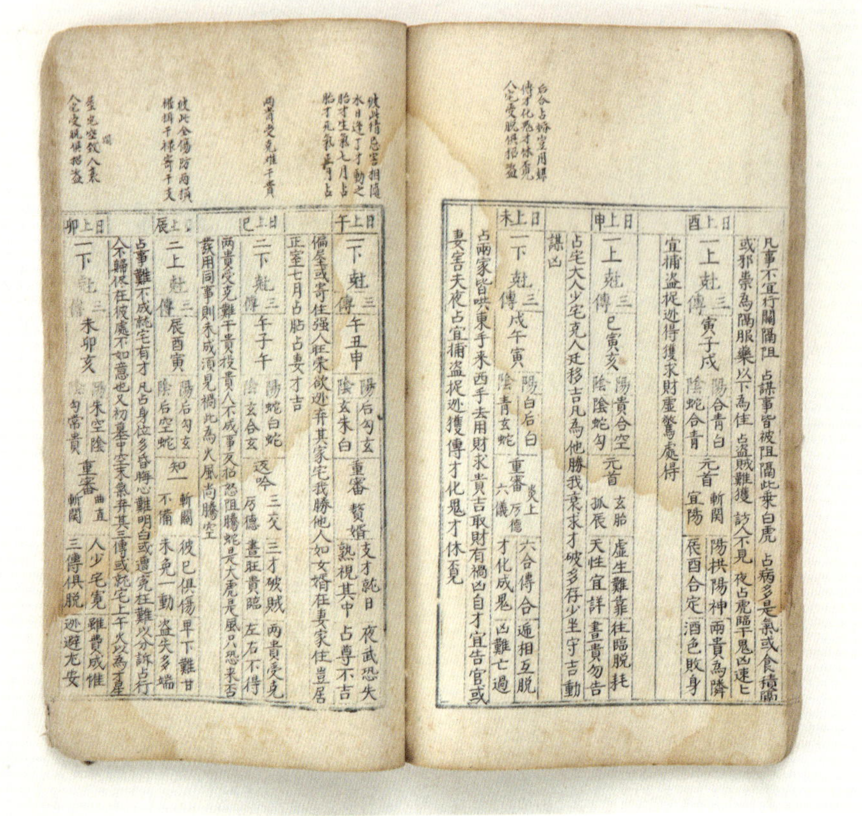

上官拜命玉历大全

[宋] 陈元靓　撰

明中期刻写本

半页十四行不等。白口，四周双边。

（京古斋　藏）

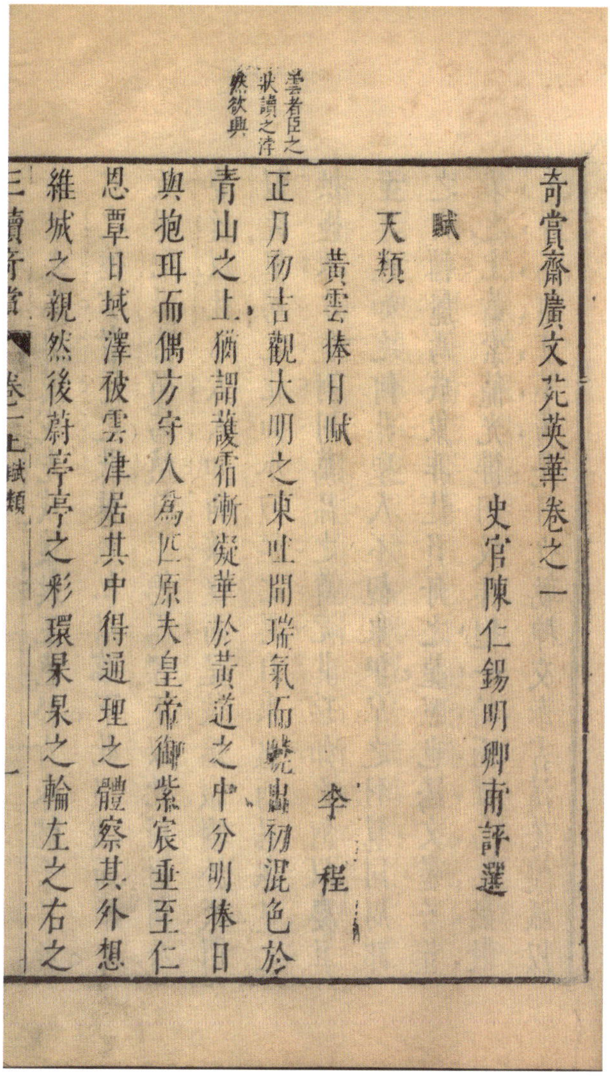

奇赏斋广文苑英华

［明］陈仁锡　评选

明天启四年（1624）陈氏刻本

框高20.5厘米，宽14.7厘米。半页十行，行二十字。

白口，四周单边。上眉有评语。

（书蠹舫　藏）

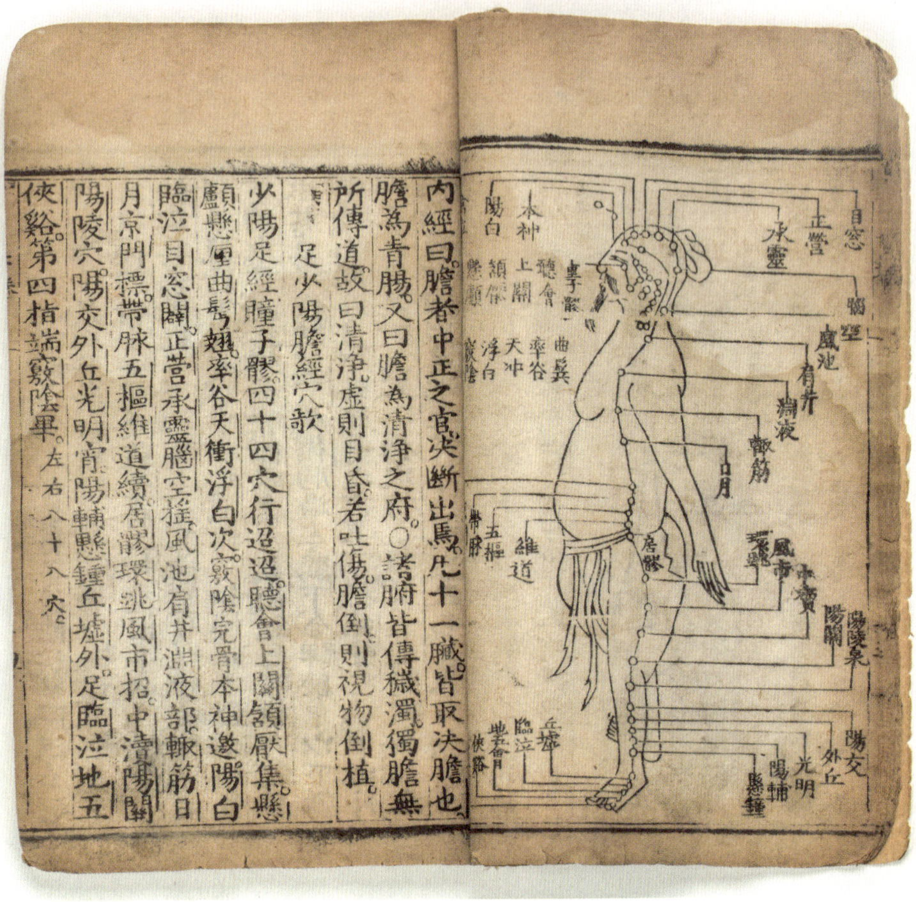

神农本草经疏

［明］缪希雍　撰

明天启五年（1625）绿君亭刻本

框高 20.4 厘米，宽 13 厘米。半页十行，行二十二字，小字双行同。白口，四周单边。

（豫雅书局　藏）

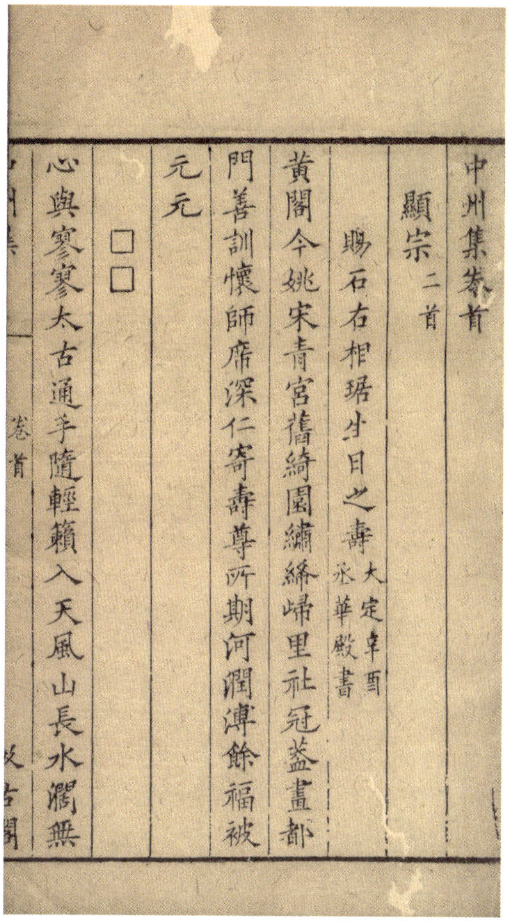

中州集卷首

顯宗　二首

賜石右相琚生日之壽　大定辛酉承華殿書

黃閣今姚宋青宮舊綺園繡絲歸里社冠蓋盡都門善訓懷師席深仁寄壽尊所期河潤溥餘福被元元

□□

心與寥寥太古通手隨輕籟入天風山長水濶無

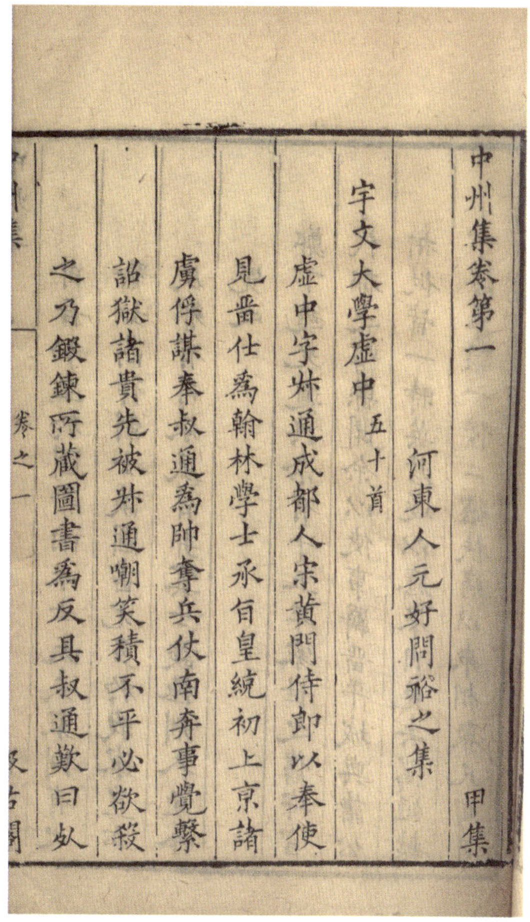

中州集卷第一　　甲集

河東人元好問裕之集

宇文大學虛中　五十首

虛中字叔通成都人宋黃門侍郎以奉使見留仕爲翰林學士承旨皇統初上京諸虜俘謀奉叔通爲帥奪兵仗南奔事覺繫詔獄諸貴先被叔通嘲笑積不平必欲殺之乃鍛鍊所藏圖書爲反具叔通歎曰死

中州集

明天启汲古阁刻本

半页八行，行十九字。白口，左右双边。

（楚国俊　藏）

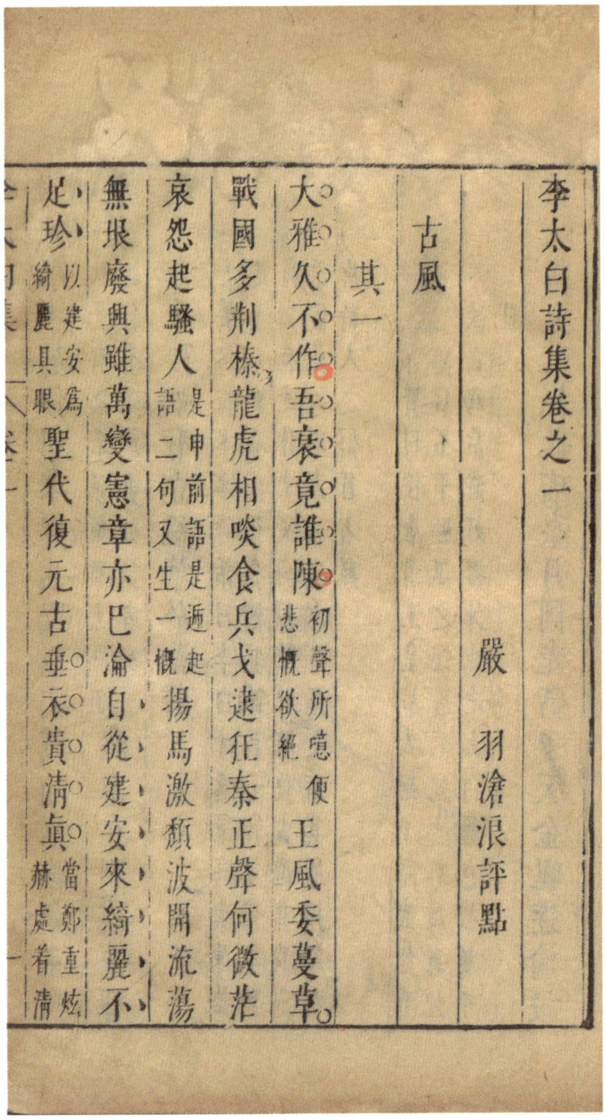

李太白詩集卷之一

嚴　羽滄浪評點

古風

其一

大雅久不作吾衰竟誰陳初聲所憶便悲慨欲絕王風委蔓草戰國多荊榛龍虎相啖食兵戈逮狂秦正聲何微茫哀怨起騷人是申前語是逝起語二句又生一慨揚馬激頹波開流蕩無垠廢興雖萬變憲章亦已淪自從建安來綺麗不足珍以建安為綺麗具眼聖代復元古垂衣貴清真當鄭重炫赫處着清

李太白诗集

［唐］李白　著　［宋］严羽　评点

明崇祯二年（1629）闻启祥刻本

框高20厘米，宽14.3厘米。半页九行，行二十字，小字双行同。白口，四周单边。

（书蠹舫　藏）

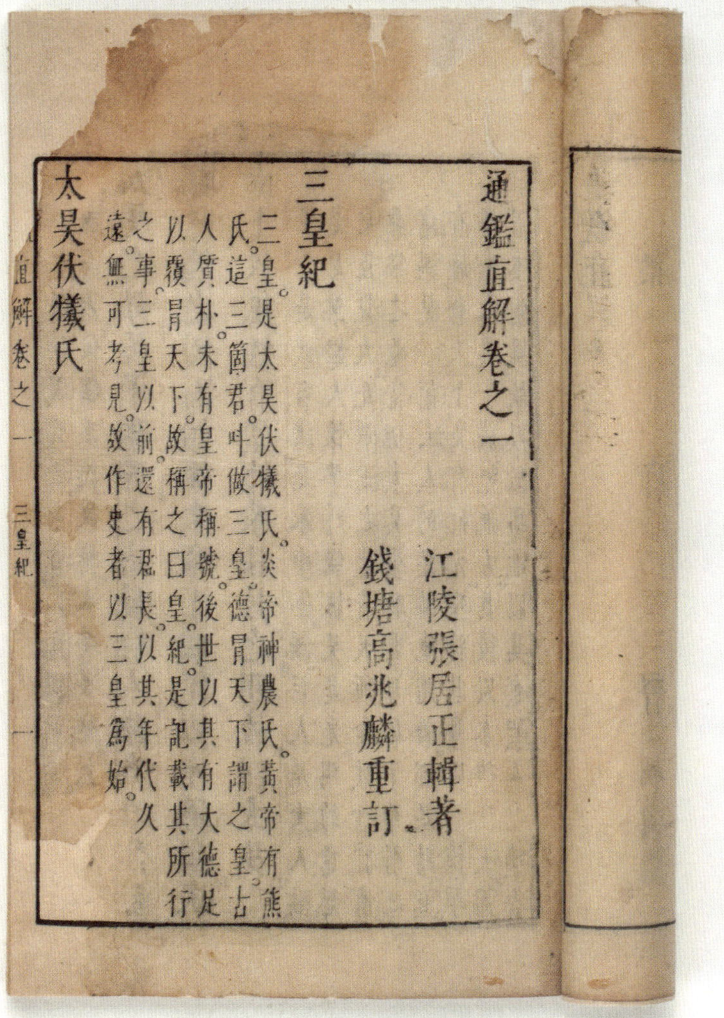
通鑑直解卷之一

江陵張居正輯著

錢塘高兆麟重訂

三皇紀

三皇是太昊伏羲氏炎帝神農氏黄帝有熊氏這三箇君叫做三皇德冒天下謂之皇古人質朴未有皇帝稱號後世以其有大德足以覆冒天下故稱之曰皇紀是記載其所行之事三皇以前還有君長以其年代久遠無可考見故作史者以三皇爲始

太昊伏羲氏

直解卷之一　三皇紀　一

通鉴直解

［明］张居正　辑著　［明］高兆麟　重订

明崇祯四年（1631）高兆麟刻本

框高 21 厘米，宽 14.5 厘米。无行格，半页八行，行十八字，小字双行同，上镌眉评。白口，四周单边。

（书蠹舫　藏）

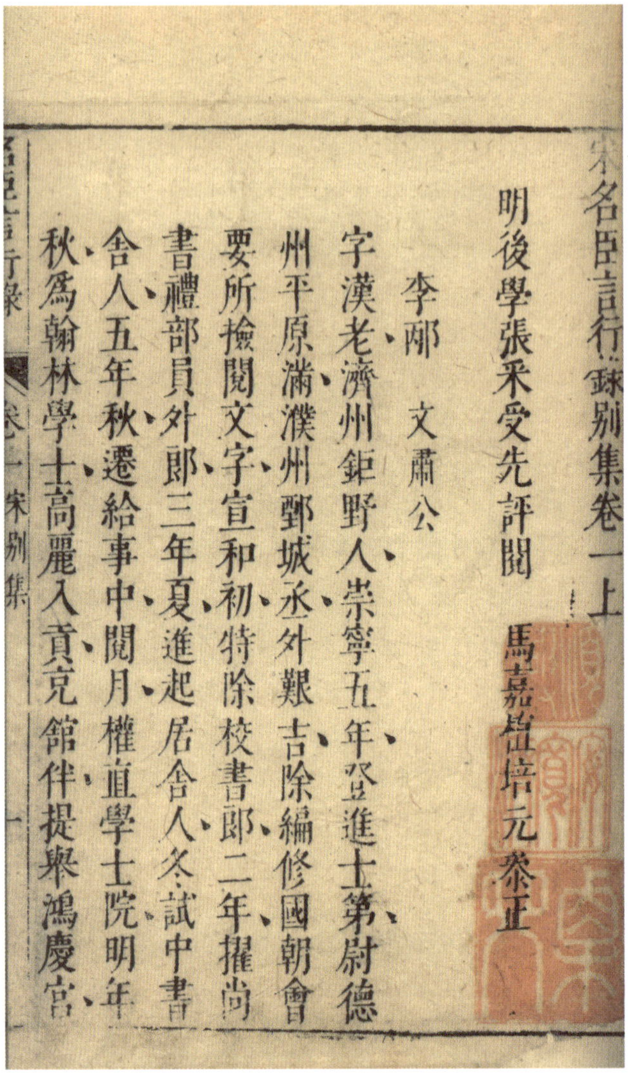
宋名臣言行錄別集卷一上
明後學張采受先評閱　馬嘉植培元參正
李邴　文肅公
字漢老濟州鉅野人崇寧五年登進士第尉德
州平原滿濮州鄄城丞外艱吉除編修國朝會
要所撿閱文字宣和初特除校書郎二年擢尚
書禮部員外郎三年夏進起居舍人冬試中書
舍人五年秋遷給事中閏月權直學士院明年
秋爲翰林學士高麗入貢充館伴提舉鴻慶宮
名臣言行錄　卷一　宋別集　一

宋名臣言行录别集

［宋］朱熹、李幼武　撰　［明］张采评　阅

明崇祯十一年（1638）张采刻本

框高 20.6 厘米，宽 14.7 厘米。半页九行，行二十字。

白口，四周单边。

（书蠹舫　藏）

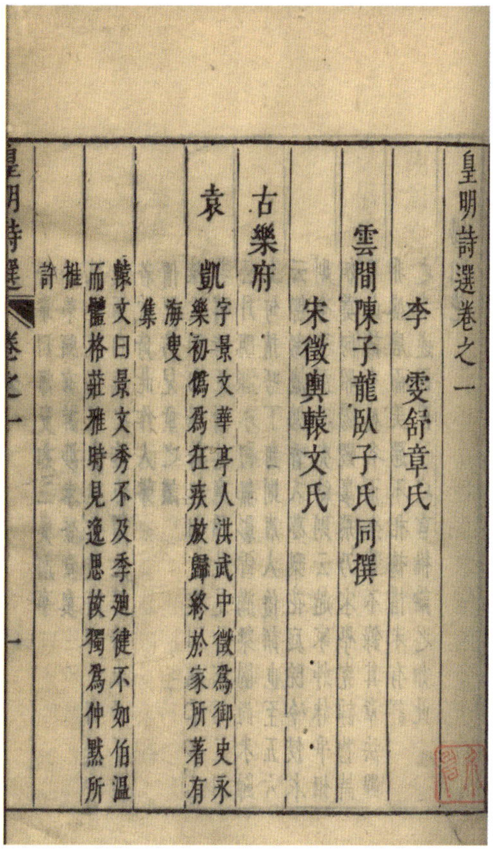

皇明詩選卷之一

李　雯舒章氏

雲間陳子龍臥子氏同撰

宋徵輿轅文氏

古樂府

袁　凱字景文華亭人洪武中徵爲御史永樂初僞爲狂疾放歸終於家所著有海叟集

轅文曰景文秀不及季廸健不如伯溫而體格莊雅時見遠思故獨爲仲默所推許

皇明詩選　卷之一　一

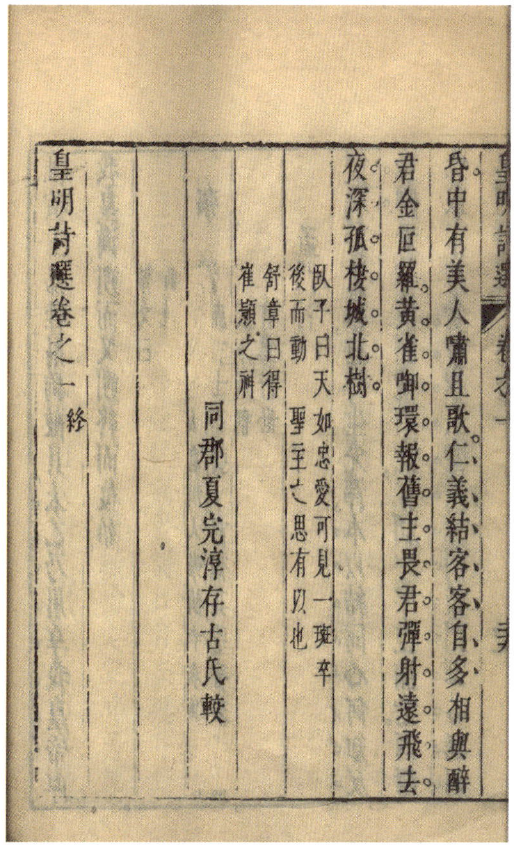

昏中有美人嘯且歌仁義結客客自多相與醉君金叵羅黃雀啣環報舊主畏君彈射遠飛去夜深孤棲城北樹

臥子曰天如忠愛可見一斑卒後而動聖主之思有以也

舒章曰得雀巢之神

同郡夏完淳存古氏較

皇明詩選卷之一　終

皇明诗选

[明] 陈子龙等　辑

明崇祯十五年（1642）云间三子刻本

框高 19 厘米，宽 14.5 厘米。半页九行，行十八字，小字双行同。白口，四周单边。

（书蠹舫　藏）

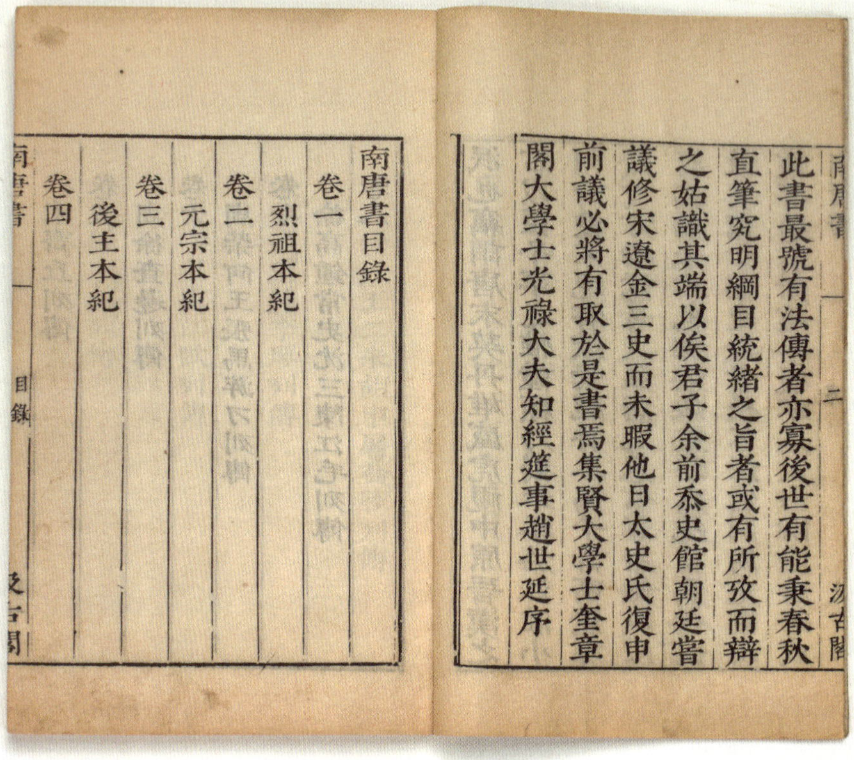
南唐書二
此書最號有法傳者亦寡後世有能秉春秋直筆究明綱目統緒之旨者或有所攷而辯之姑識其端以俟君子余前忝史館朝廷嘗議修宋遼金三史而未暇他日太史氏復申前議必將有取於是書焉集賢大學士奎章閣大學士光祿大夫知經筵事趙世延序
汲古閣

南唐書目錄
卷一
烈祖本紀
卷二
元宗本紀
卷三
後主本紀
卷四
南唐書 目錄 汲古閣

南唐书

［宋］陆游　撰

明崇祯汲古阁刻本

框高 18.6 厘米，宽 14.3 厘米。半页八行，行十八字。白口，左右双边。

（书蠹舫　藏）

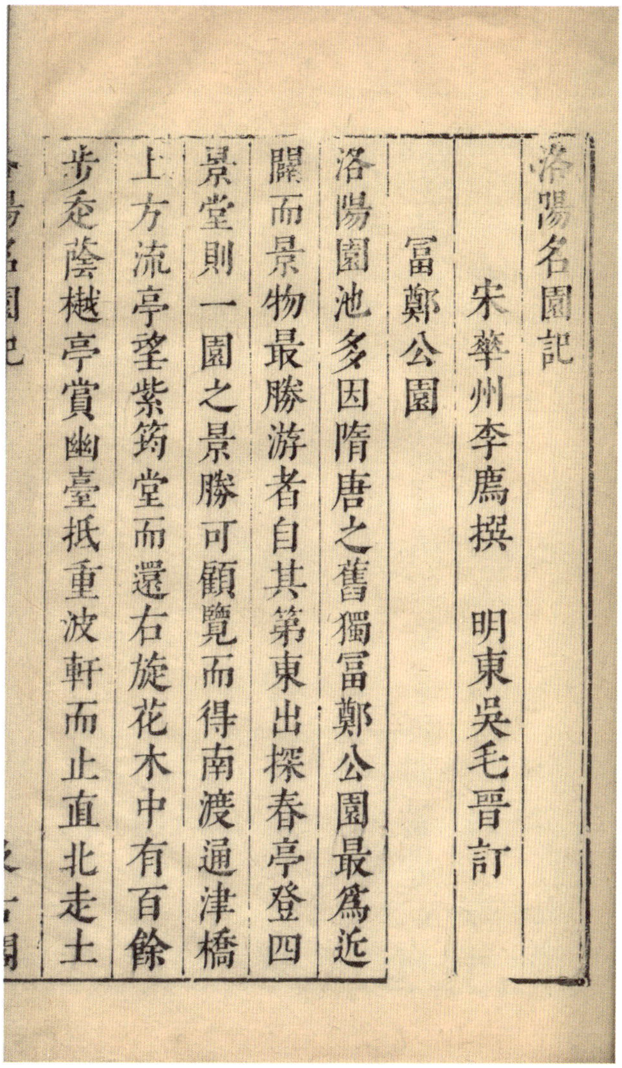
洛陽名園記

宋華州李廌撰　明東吳毛晉訂

富鄭公園

洛陽園池多因隋唐之舊獨富鄭公園最爲近闢而景物最勝游者自其第東出探春亭登四景堂則一園之景勝可顧覽而得南渡通津橋上方流亭望紫筠堂而還右旋花木中有百餘步走蔭樾亭賞幽臺抵重波軒而止直北走土

洛阳名园记

［宋］李廌　撰　［明］毛晋　订

明末汲古阁刻本

框高20.1厘米，宽14.2厘米。半页八行，行十八字。

白口，左右双边。

（汲珍阁　藏）

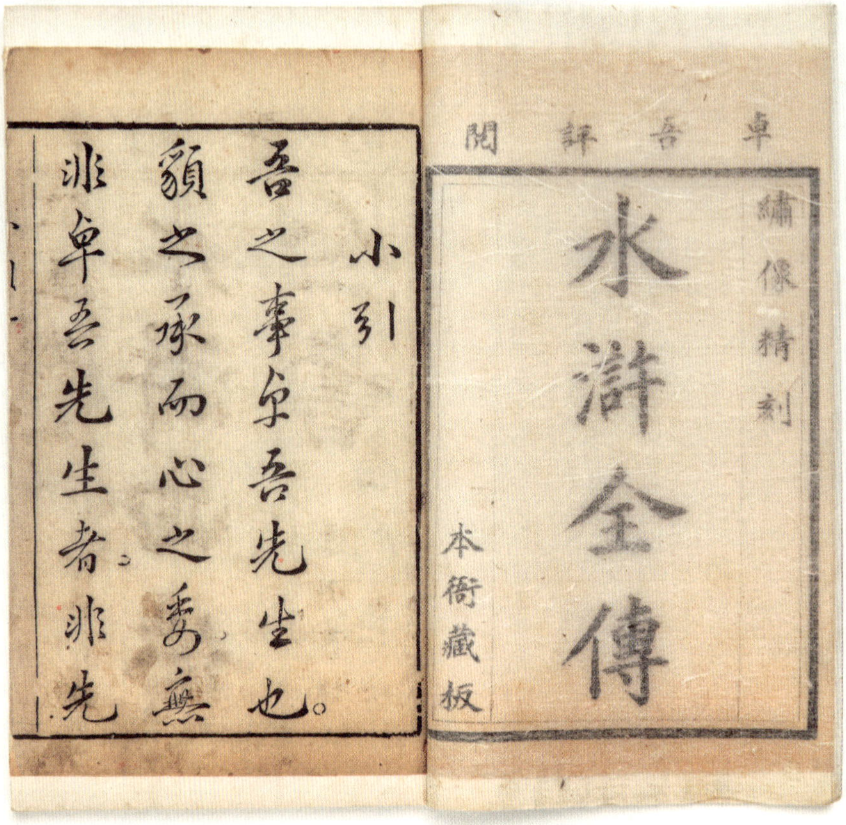

水浒全传

［明］施耐庵　撰　［明］罗贯中　撰　［明］李贽　评

明崇祯郁郁堂刻本

半页十行，行二十二字。白口，四周单边。

（私人收藏）

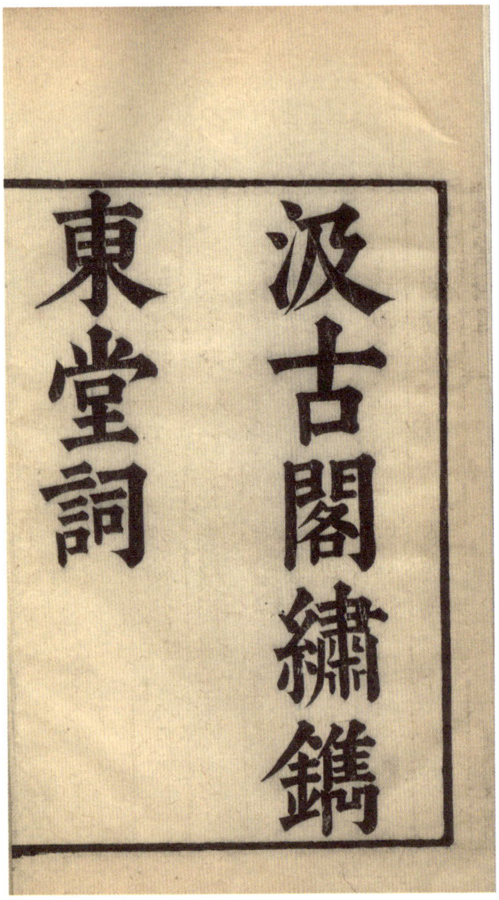

汲古閣繡鐫

東堂詞

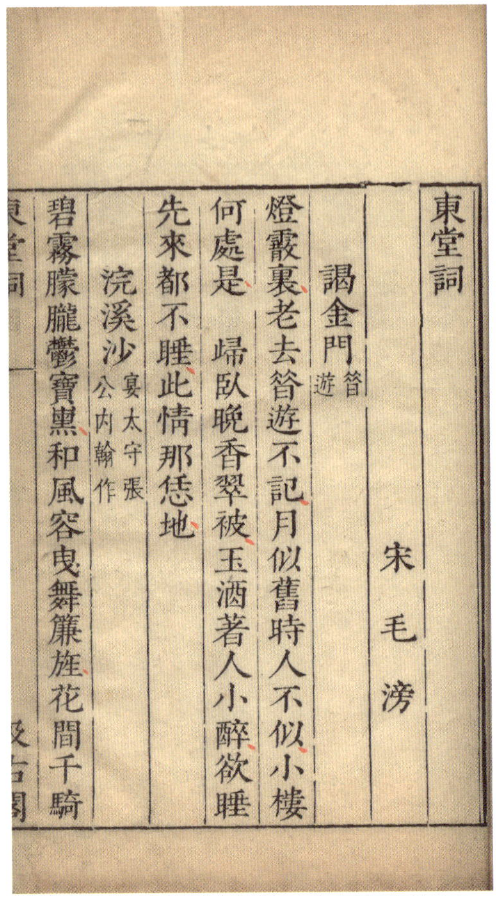

東堂詞

宋 毛滂

謁金門 呇遊

燈霰裏老去呇遊不記月似舊時人不似小樓何處是　歸臥晚香翠被玉酒著人小醉欲睡先來都不睡此情那恁地

浣溪沙 宴太守張公內翰作

碧霧朦朧虁寶熏和風容曳舞簾旌花間千騎

东堂词

［宋］毛滂　撰

明末汲古阁刻本

框高 18.7 厘米，宽 14.3 厘米。半页八行，行十八字。白口，左右双边。首有牌记。

（汲珍阁　藏）

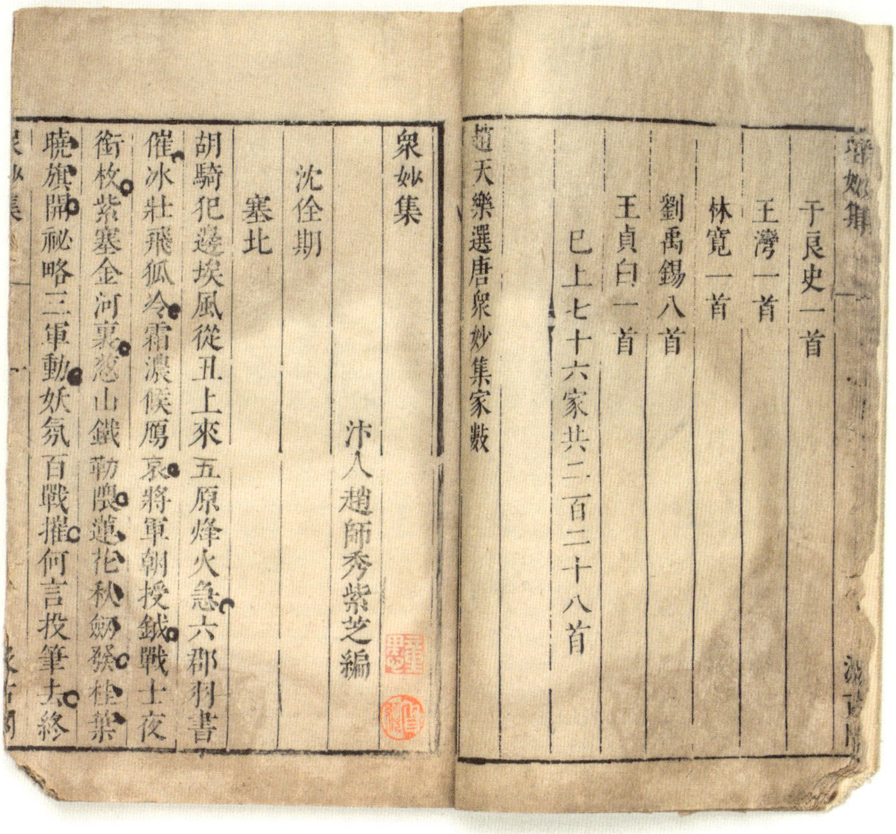

众妙集

[宋]赵师秀　编

明末汲古阁刻本

半页八行，行十九字，小字双行同。白口，左右双边。

（豫雅书局　藏）

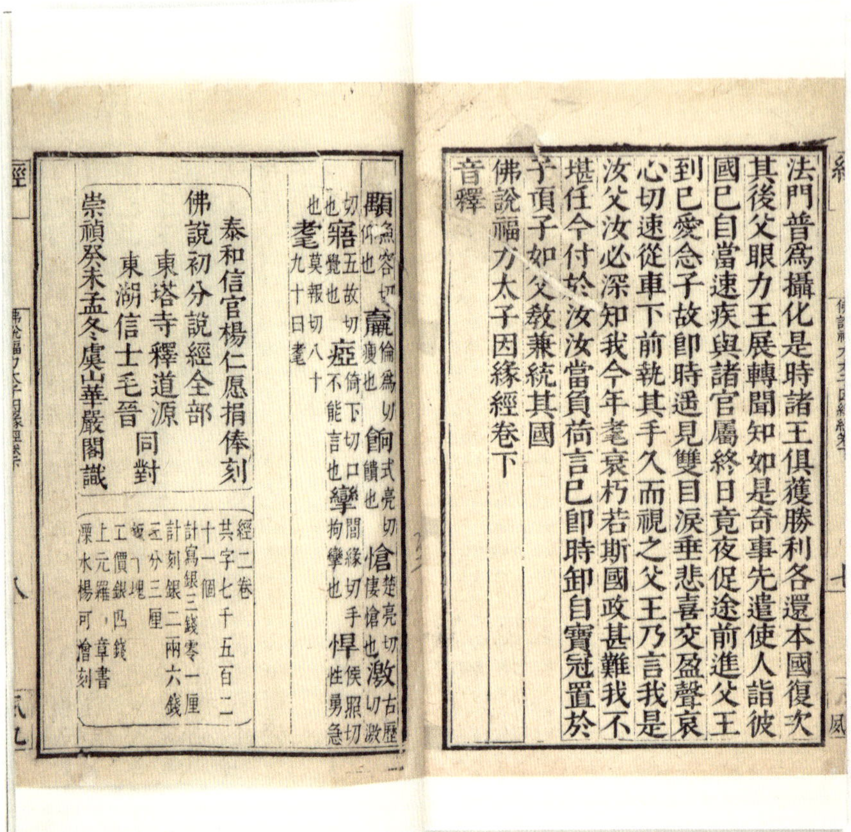

佛说福力太子因缘经

［宋］释施护　译

明末毛晋刻本

半页十行，行二十字，小字双行同。白口，四周单边。

（致道堂　藏）

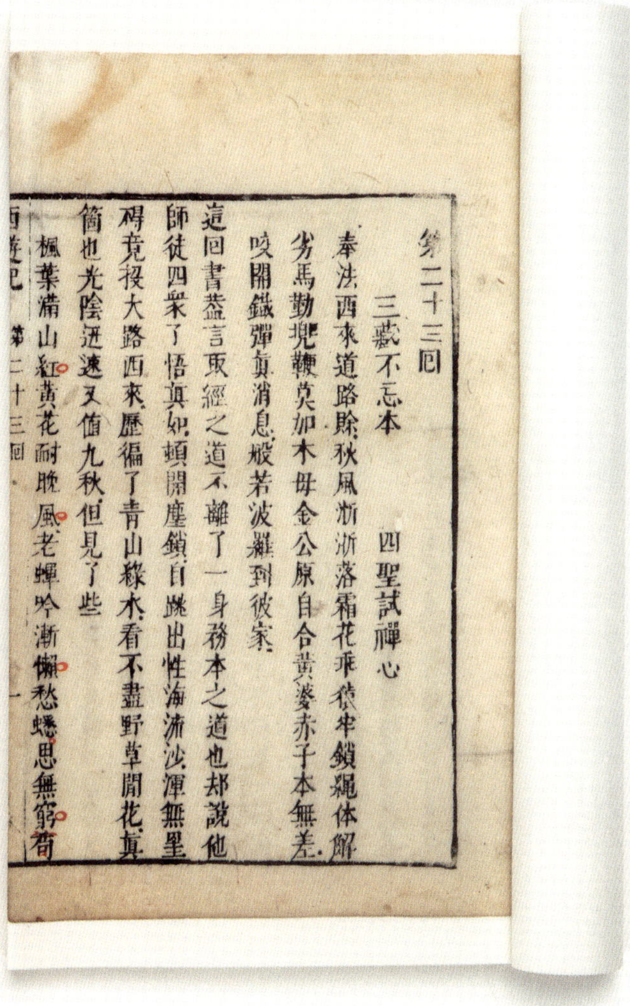
第二十三回
三藏不忘本　四聖試禪心
奉法西來道路賒秋風淅淅落霜花乖猿牢鎖繩休解
劣馬勤兜鞭莫加木母金公原自合黄婆赤子本無差
咬開鐵彈真消息般若波羅到彼家
這回書蓋言取經之道不離了一身務本之道也却說他
師徒四衆了悟真如頓開塵鎖自跳出性海流沙渾無罣
礙竟投大路西來歷徧了青山綠水看不盡野草閒花真
箇也光陰迅速又值九秋但見了些
楓葉滿山紅黄花耐晚風老蟬吟漸懶愁蟋思無窮荷
西遊記　第二十三回　一

李卓吾先生批评《西游记》

［明］吴承恩　著　［明］李贽　批评

明末刊本

半页十行，行二十二字。白口，四周单边。

（访书坊　藏）

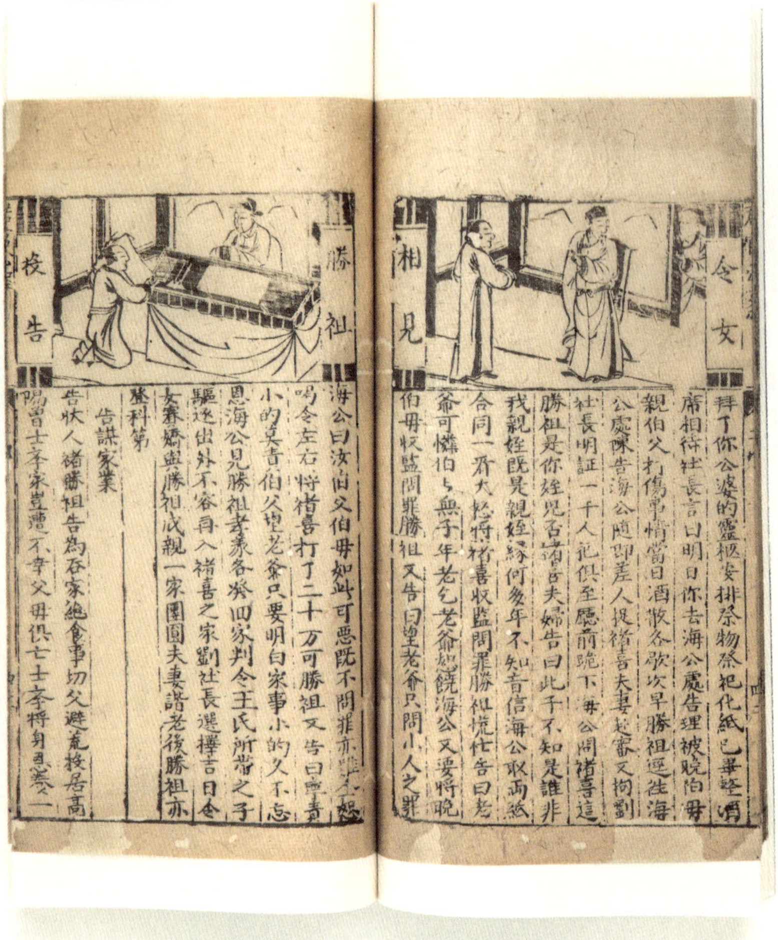

海刚峰居官公案

［明］海刚峰（海瑞） 撰

明末刻本

半页十行，行二十字。白口，四周单边，上图下文。

（私人收藏）

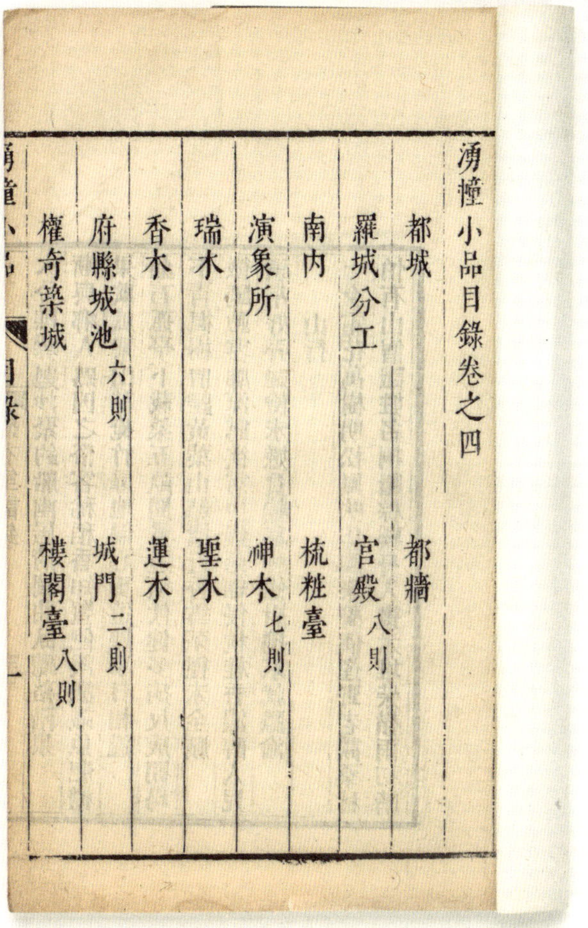
湧幢小品目錄卷之四

都城　都牆

羅城分工　宮殿八則

南内　梳粧臺

演象所　神木七則

瑞木　聖木

香木　運木

府縣城池六則　城門二則

權奇築城　樓閣臺八則

湧幢小品

［明］朱国祯　撰

明天启二年（1622）刻本

框高 21.3 厘米，宽 15.1 厘米。半页九行，行二十字。

白口，左右双边。

（汲珍阁　藏）

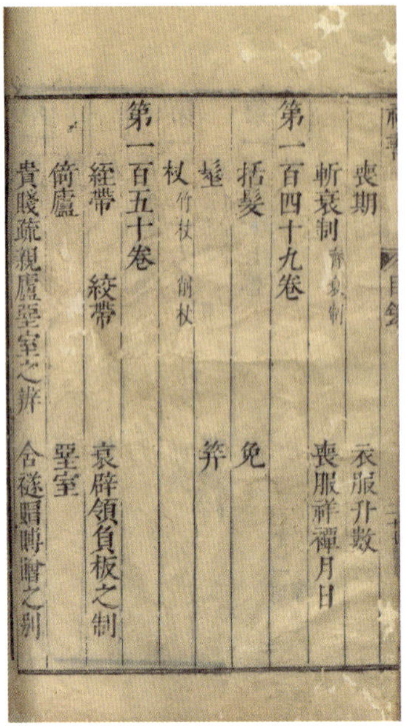
禮書 目録
喪期　衣服升數
斬衰制 齊衰制　喪服祥禫月日
第一百四十九卷
括髮　免
髽　笄
杖 竹杖 削杖
第一百五十卷
絰帶　絞帶　衰辟領負板之制
倚廬　堊室
貴賤疏親廬堊室之辨　含襚賵賻賻之別

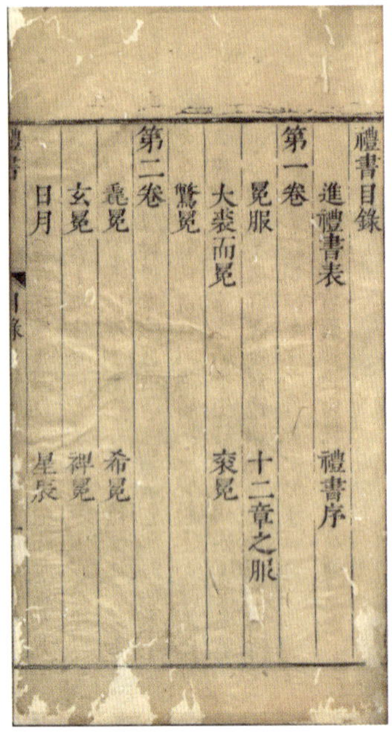
禮書目録
進禮書表　禮書序
第一卷
冕服　十二章之服
大裘而冕　袞冕
鷩冕
第二卷
毳冕　希冕
玄冕　祎冕
日月　星辰

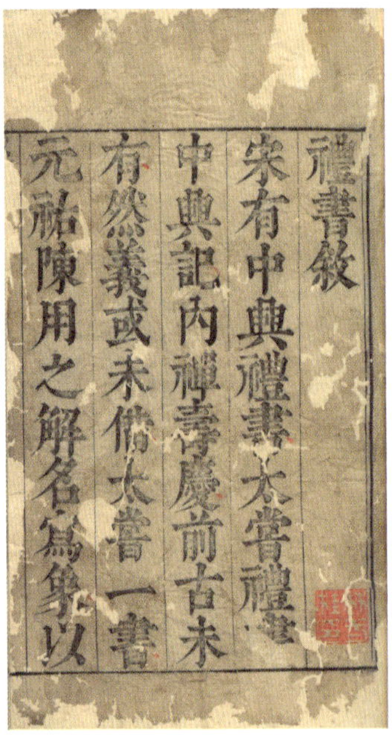
禮書敘
宋有中興禮書太常禮書
中興記內禪壽慶前古未
有然義或未備太常一書
元祐陳用之解名爲象以

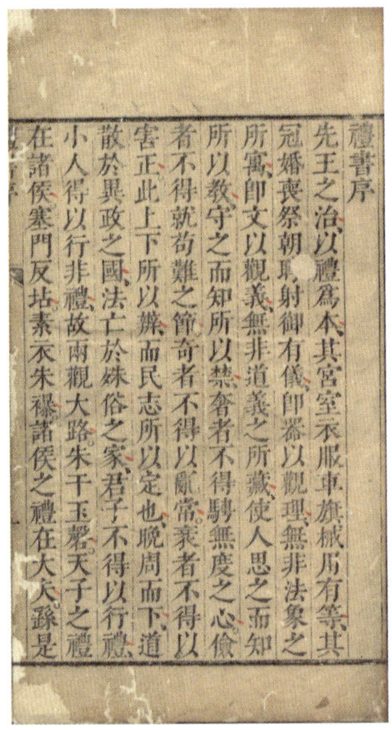
禮書序
先王之治以禮爲本其宮室衣服車旗械用有等其
冠婚喪祭朝聘射御有儀節器以觀理無非法象之
所寓即文以觀義無非道義之所藏使人思之而知
所以教守之而知所以禁奢者不得驕無度之心儉
者不得就苟難之節奇者不得以亂常衰者不得以
害正此上下所以辨而民志所以定也晚周而下道
散於異政之國法亡於殊俗之家君子不得以行禮
小人得以行非禮故兩觀大路朱干玉戚天子之禮
在諸侯塞門反坫素衣朱襮諸侯之禮在大夫孫是

礼书、礼书图

［宋］陈祥道　编　［明］张溥　阅

明末刻本

框高 19.7 厘米，宽 14.2 厘米。半页十行，行二十字，小字双行同。白口，左右双边。

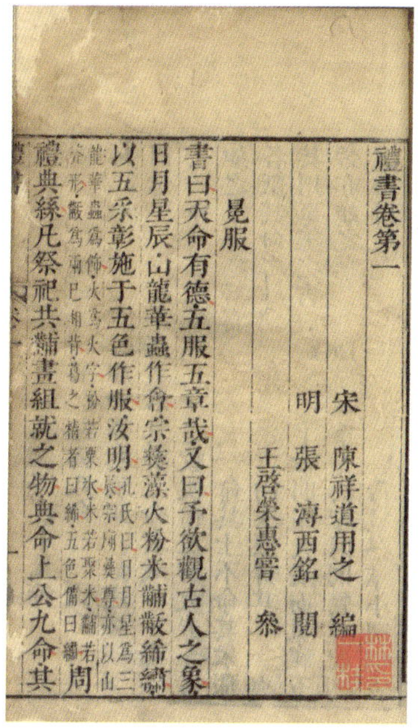

禮書卷第一

宋　陳祥道用之　編
明　張　溥西銘　閱
王啓榮惠管　叅

冕服

書曰天命有德五服五章哉又曰予欲觀古人之象日月星辰山龍華蟲作會宗彝藻火粉米黼黻絺繡以五采彰施于五色作服汝明孔氏曰日月星爲三辰宗廟彝尊亦以山龍華蟲爲飾火爲火字粉若粟冰米若聚米黼若斧形黻爲兩巳相背葛之精者曰絺五色備曰繡周禮典絲凡祭祀共黼畫組就之物典命上公九命其

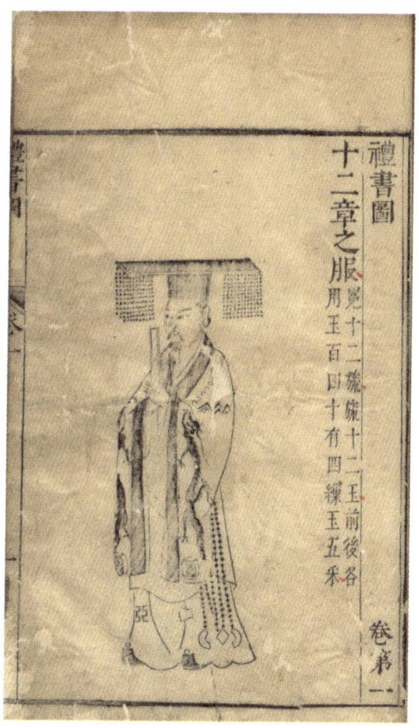

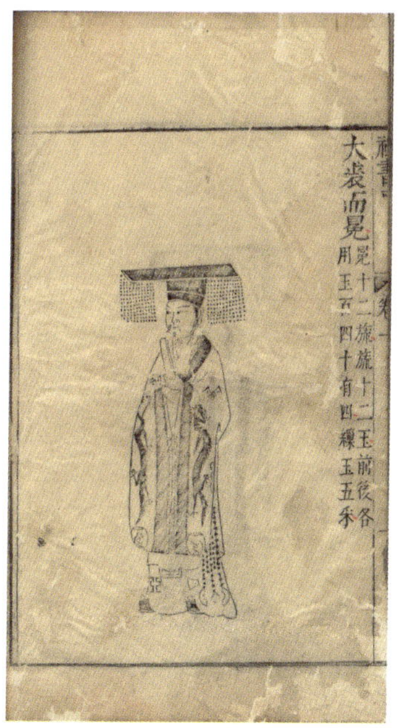

（书蠹舫　藏）

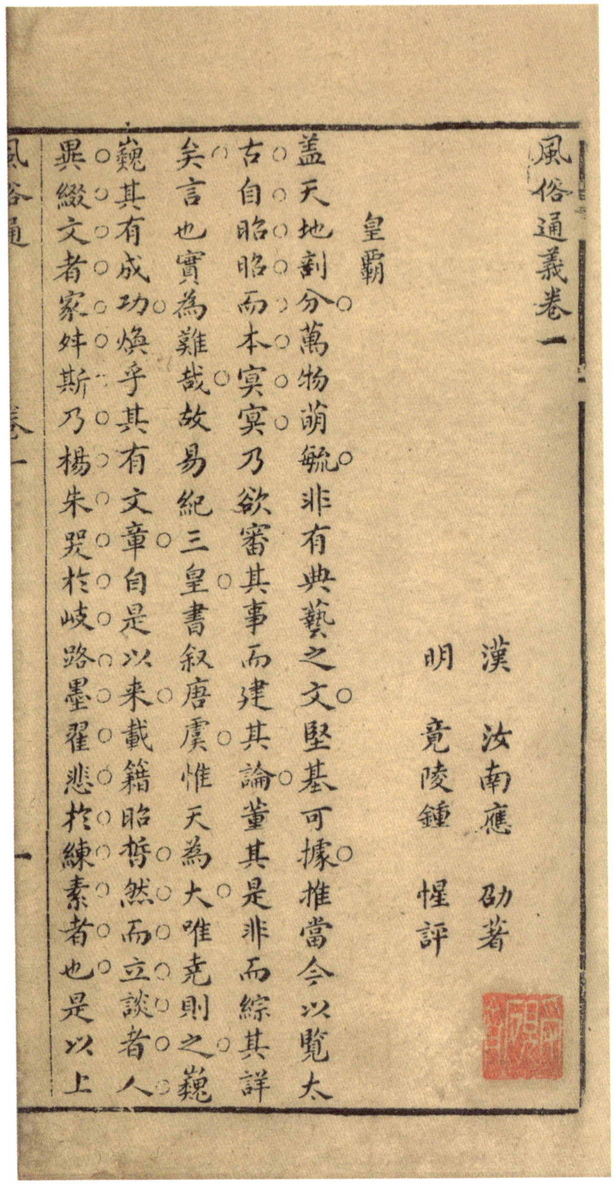
風俗通義卷一

漢　汝南應　劭著
明　竟陵鍾　惺評

皇霸

蓋天地剖分萬物萌毓非有典藝之文堅基可據推當今以覽太古自昭昭而本冥冥乃欲審其事而建其論董其是非而綜其詳矣言也實為難哉故易紀三皇書叙唐虞惟天為大唯堯則之巍巍其有成功煥乎其有文章自是以来載籍昭晳然而立談者人異綴文者家舛斯乃楊朱哭於岐路墨翟悲於練素者也是以上

風俗通　卷一

风俗通义

[汉] 应劭　著　[明] 钟惺　评

明刻本

框高 20.4 厘米，宽 12 厘米。半页九行，行二十五字。白口，四周单边。

（书蠹舫　藏）

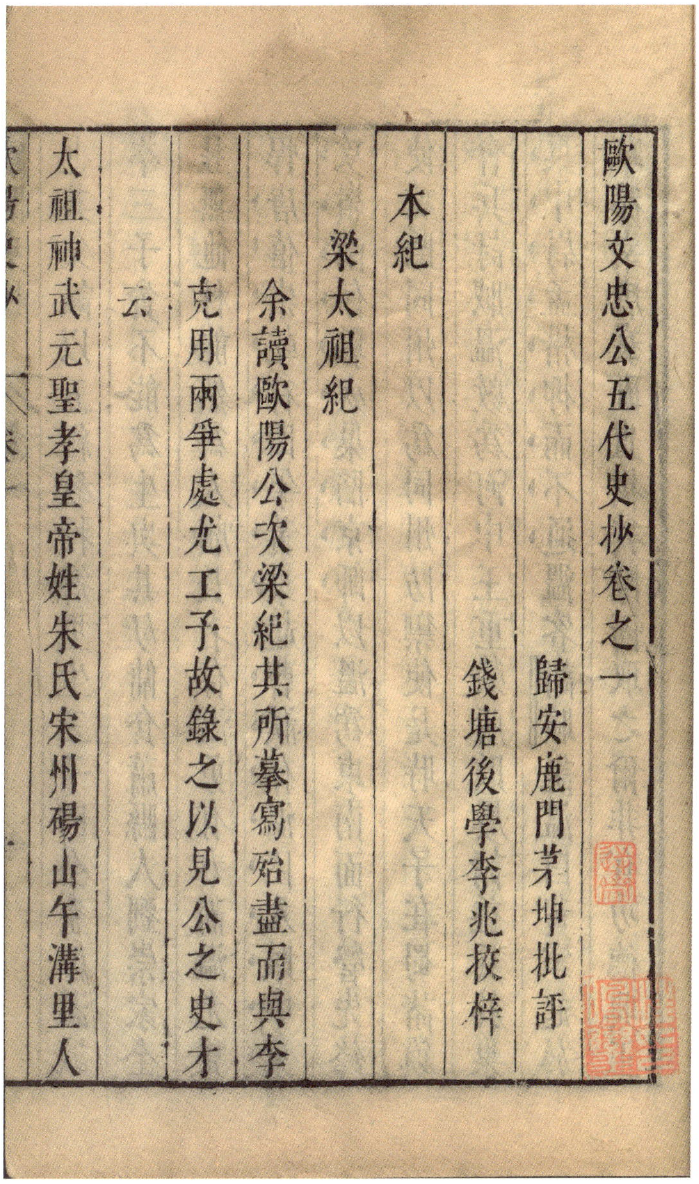

歐陽文忠公五代史抄卷之一

歸安鹿門茅坤批評

錢塘後學李兆校梓

本紀

梁太祖紀

余讀歐陽公次梁紀其所摹寫殆盡而與李克用兩爭處尤工予故錄之以見公之史才云

太祖神武元聖孝皇帝姓朱氏宋州碭山午溝里人

欧阳文忠公五代史抄

［宋］欧阳修　撰

明刻本

框高 20 厘米，宽 13.4 厘米。半页九行，行二十字。白口，四周单边。

（书蠹舫　藏）

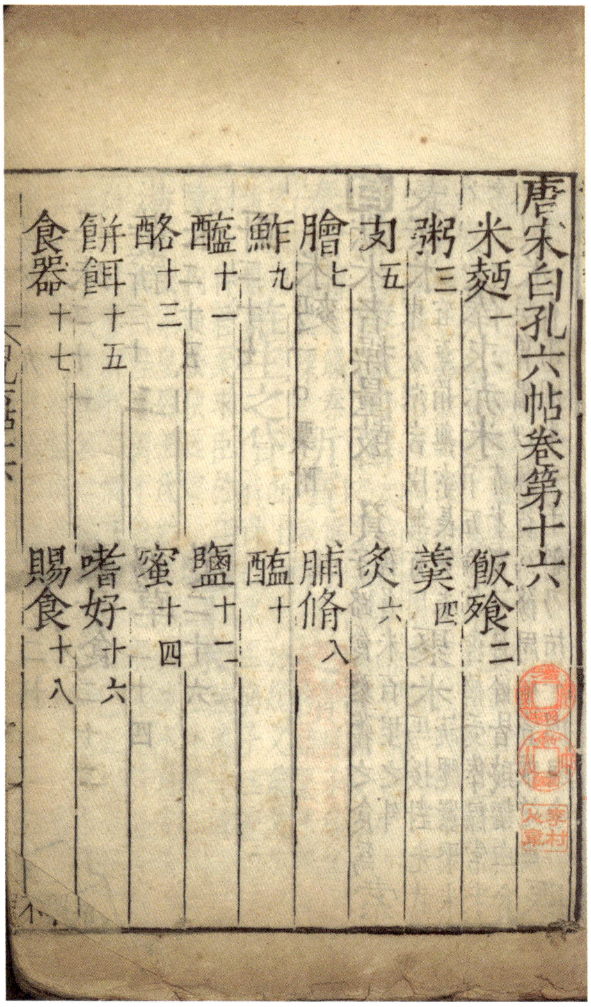

唐宋白孔六帖

［唐］白居易 ［宋］孔传 撰

明刻本

框高 19.2 厘米，宽 15.2 厘米。半页十行，行十八字，小字双行同。白口，左右双边。

（书蠹舫 藏）

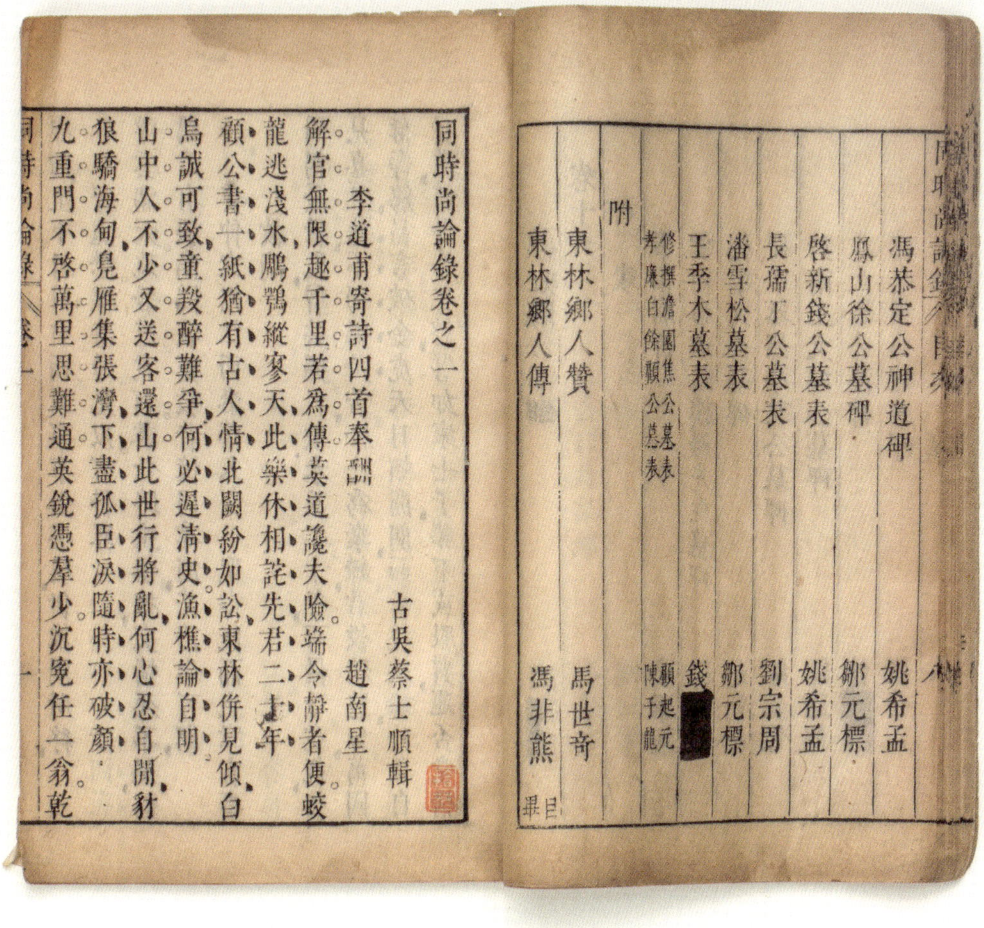

同时尚论录

[明] 蔡士顺　辑

南明弘光刊本

框高 21.7 厘米，宽 14 厘米。半页十行，行二十一字。白口，四周单边。此书为明末东林党人诗文集，清代禁毁。

（书蠹舫　藏）

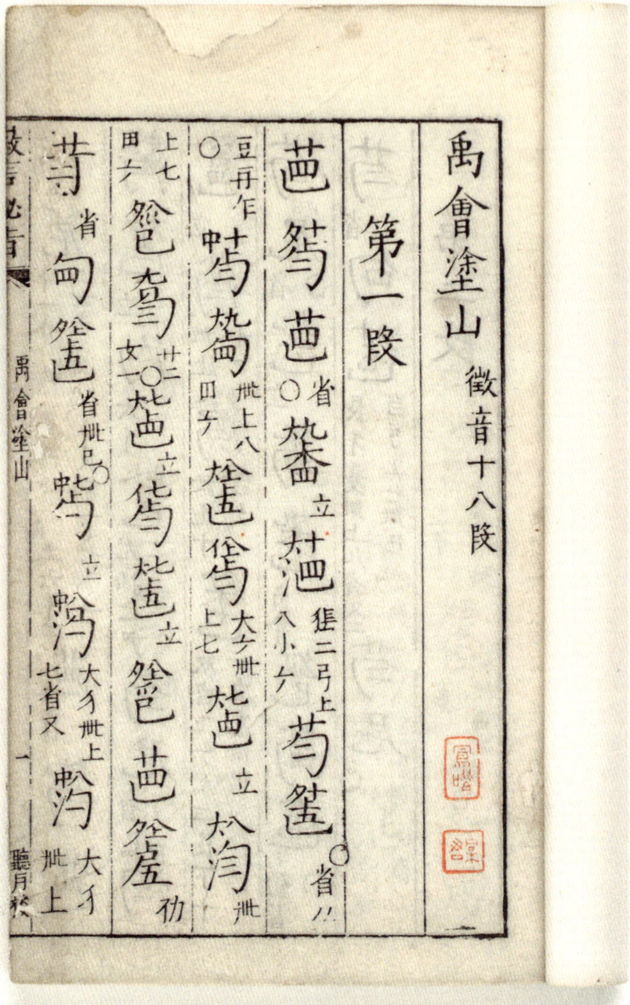

徽言秘旨

[明] 尹尔韬　编撰

清顺治听月楼刊本

半页六行，行字不等。白口，四周单边。

（静观书屋　藏）

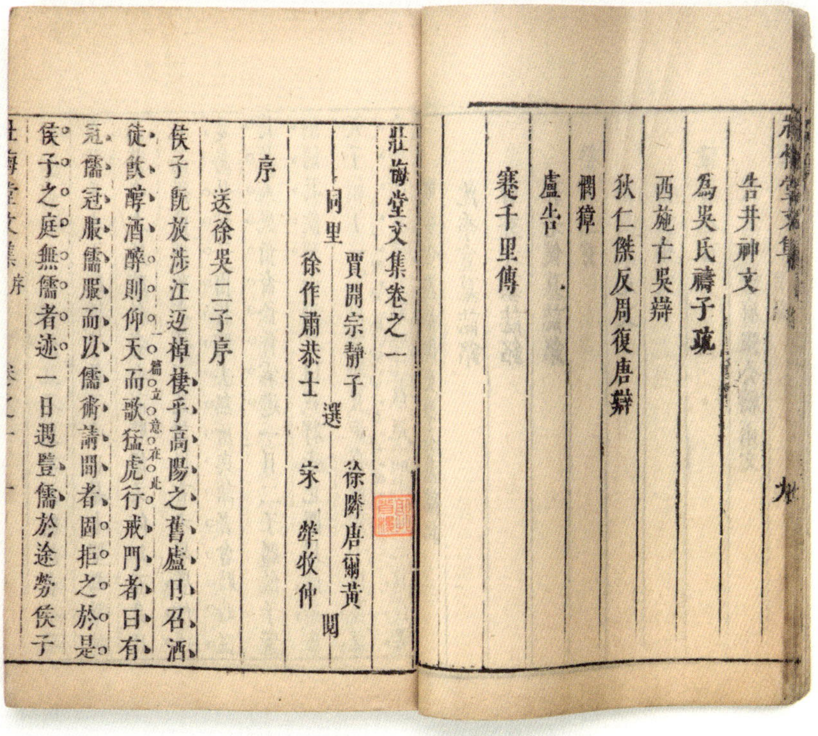

壮悔堂文集

［明］侯方域　著

清顺治刻本

半页九行，行十八字。白口，四周单边。

（有书馆　藏）

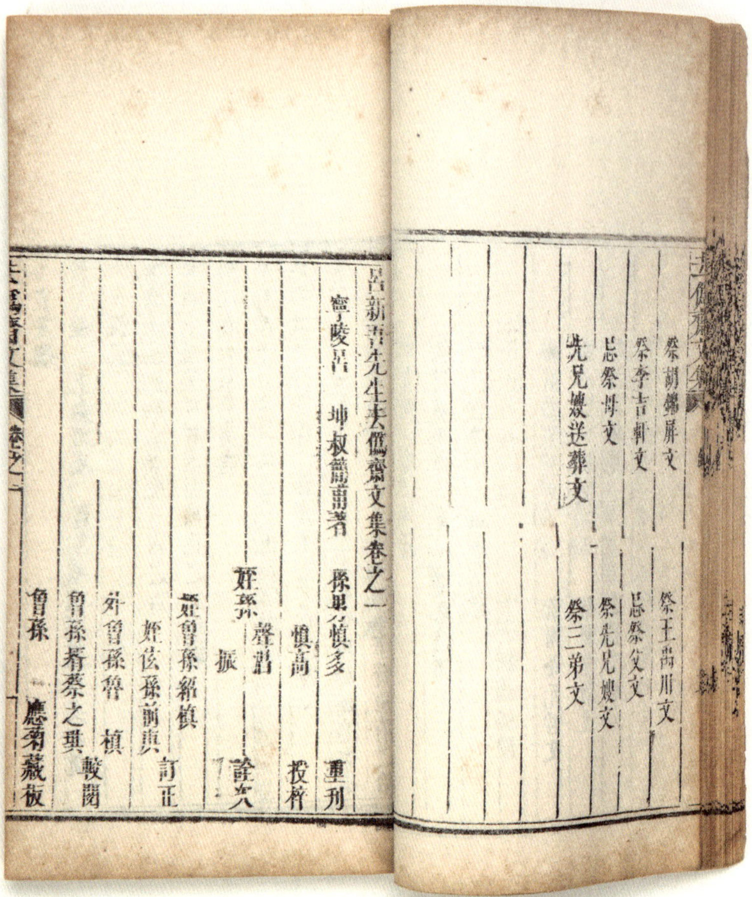

去伪斋文集

［明］吕坤　著

清康熙十三年（1674）吕慎多刻本

半页十行，行二十字。白口，四周双边。

（有书馆　藏）

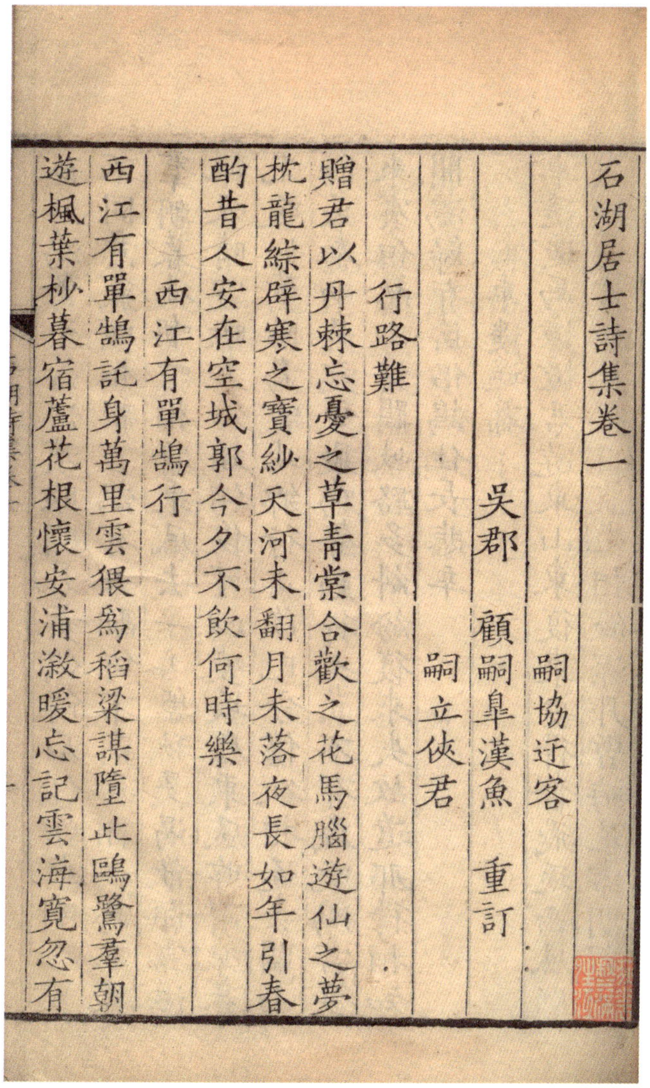

石湖居士詩集卷一

嗣協迂客

吴郡　顧嗣皐漢魚　重訂

嗣立俠君

行路難

贈君以丹棘忘憂之草青棠合歡之花馬腦遊仙之夢枕龍綜辟寒之寶紗天河未翻月未落夜長如年引春酌昔人安在空城郭今夕不飲何時樂

西江有單鵠行

西江有單鵠託身萬里雲偎爲稻粱謀墮此鷗鷺羣朝遊楓葉杪暮宿蘆花根懷安浦漵暖忘記雲海寬忽有

石湖居士诗集

[宋] 范成大　撰

清康熙二十七年（1688）顾氏依园刻本

框高 20 厘米，宽 15 厘米。半页十一行，行二十一字。

白口，左右双边。

（书蠹舫　藏）

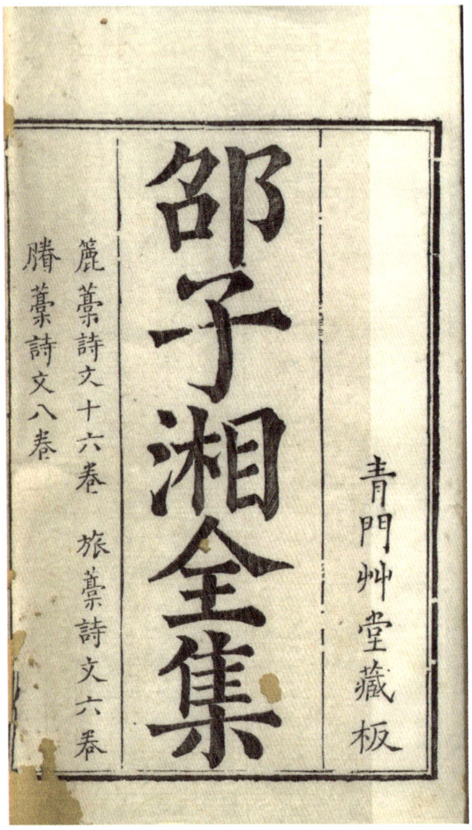

青門艸堂藏板

邵子湘全集

簏藁詩文十六卷　旅藁詩文六卷

賸藁詩文八卷

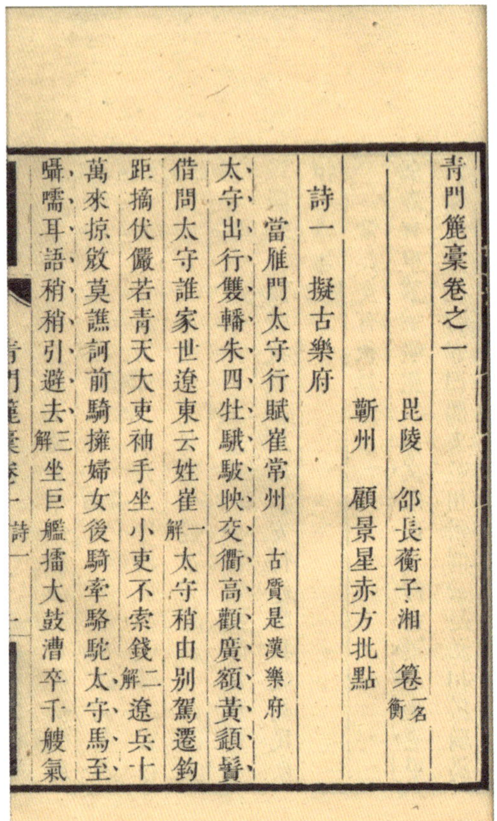

青門簏稾卷之一

毘陵　邵長蘅子湘　篹一名衡

蘄州　顧景星赤方批點

詩一　擬古樂府

當雁門太守行賦崔常州　古質是漢樂府

太守出行雙幡朱四牡騋駮映交衢高顴廣額黃顙鬚借問太守誰家世遼東云姓崔解一太守稍由別駕遷鈎距摘伏儼若青天大吏袖手坐小吏不索錢解二遼兵十萬來掠斂莫譙訶前騎擁婦女後騎牽駱駝太守馬至囁嚅耳語稍稍引避去解三坐巨艦擂大鼓漕卒千艘氣

邵子湘全集

［清］邵长蘅　著

清康熙三十二年（1693）邵氏青门草堂刻本

框高 19 厘米，宽 14.1 厘米。半页十行，行二十一字，小字双行同。黑口，左右双边。

（书蠹舫　藏）

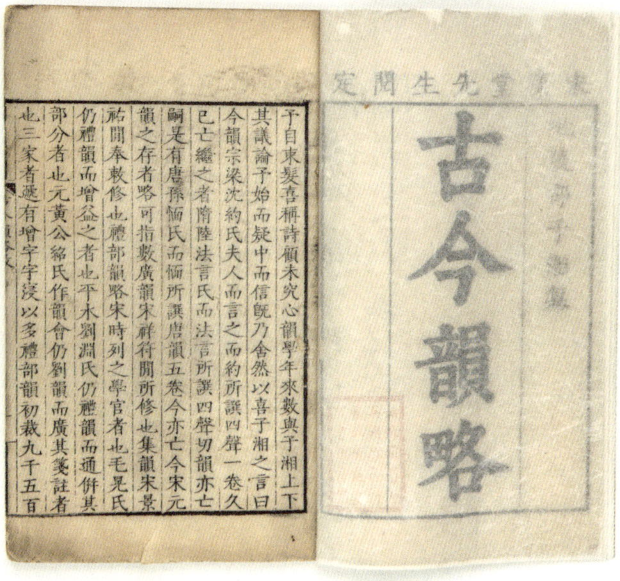

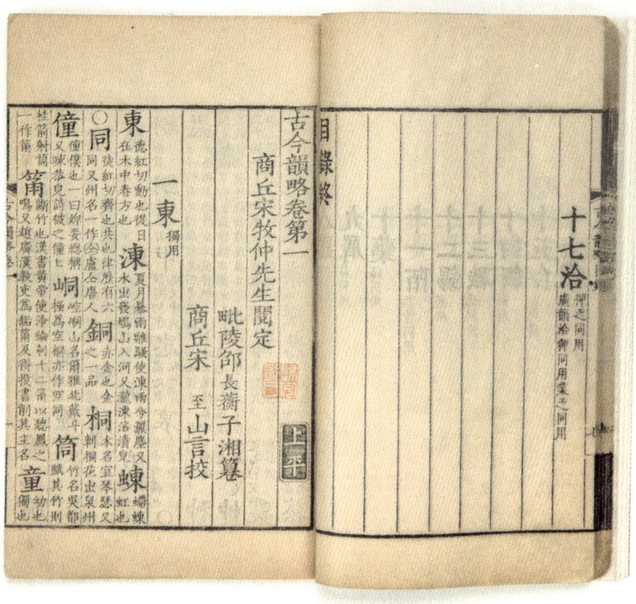

古今韵略

［清］邵长衡　撰

清康熙三十五年（1696）宋荦刻本

半页十行，行二十一字。黑口，四周单边。

有“归安郁氏”藏印。

（有书馆　藏）

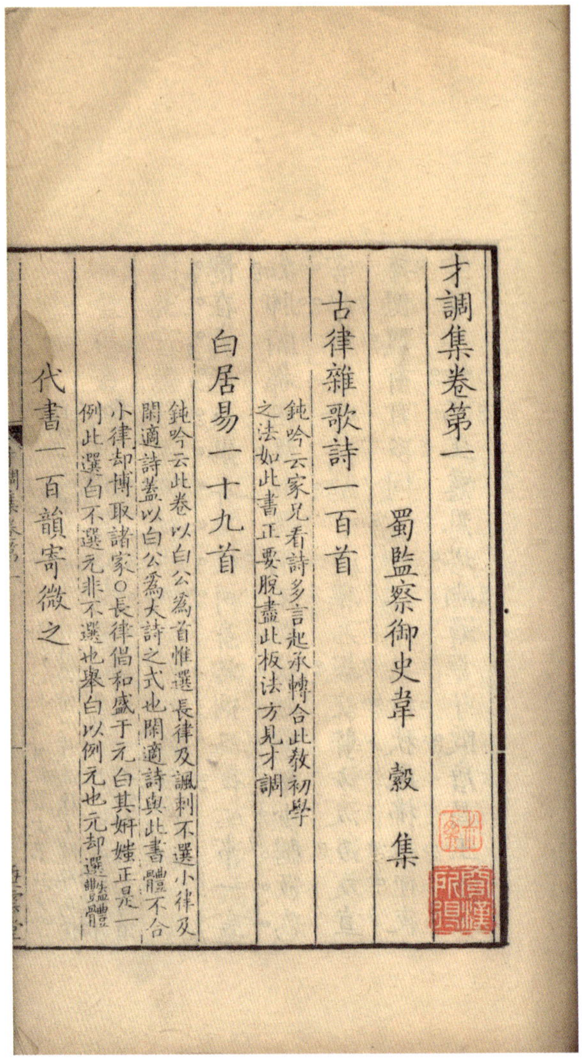
才調集卷第一　　蜀監察御史韋　縠　集

古律雜歌詩一百首

鈍吟云家兄看詩多言起承轉合此教初學之法如此書正要脫盡此板法方見才調

白居易一十九首

鈍吟云此卷以白公爲首惟選長律及諷刺不選小律及閑適詩蓋以白公爲大詩之式也閑適詩與此書體不合小律却博取諸家○長律倡和盛于元白其妍媸正足一例此選白不選元非不選也舉白以例元也元却選豔體

代書一百韻寄微之

才调集

［五代］韦縠　集

清康熙四十三（1704）垂云堂刻本

框高18厘米，宽13厘米。半页八行，行十九字，小字不等。白口，左右双边。

（书蠹舫　藏）

曝書亭集

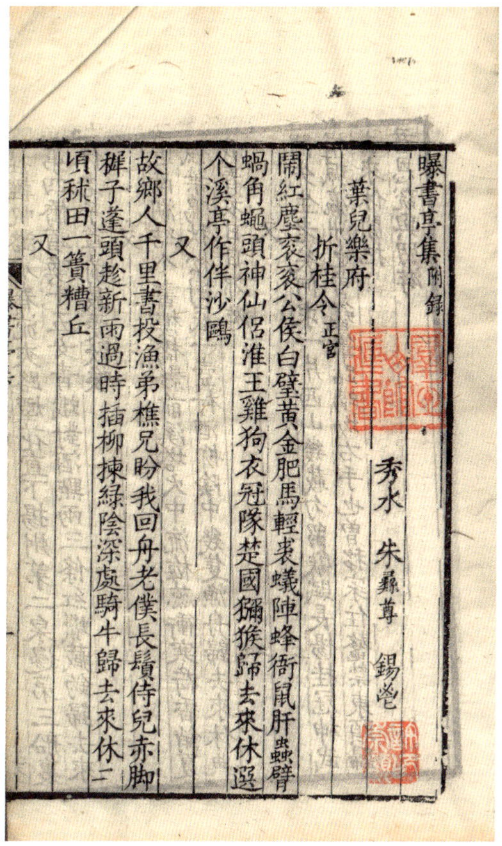

曝書亭集 附錄

秀水 朱彝尊 錫鬯

葉兒樂府

折桂令 正宮

閙紅塵亥豕公侯白璧黃金肥馬輕裘蟻陣蜂衙鼠肝蟲臂蝸角蠅頭神仙侶淮王雞狗衣冠隊楚國獮猴歸去來休遲个溪亭作伴沙鷗

又

故鄉人千里書投漁弟樵兒盼我回舟老僕長鬚侍兒赤脚穉子蓬頭趁新雨過時插柳揀綠陰深處騎牛歸去來休二頃秫田一簣糟丘

又

曝书亭集

［清］朱彝尊　著

清康熙四十七年（1708）刻本

框高 19.3 厘米，宽 13.2 厘米。半页十二行，行二十三字。白口，左右双边。

（书蠹舫　藏）

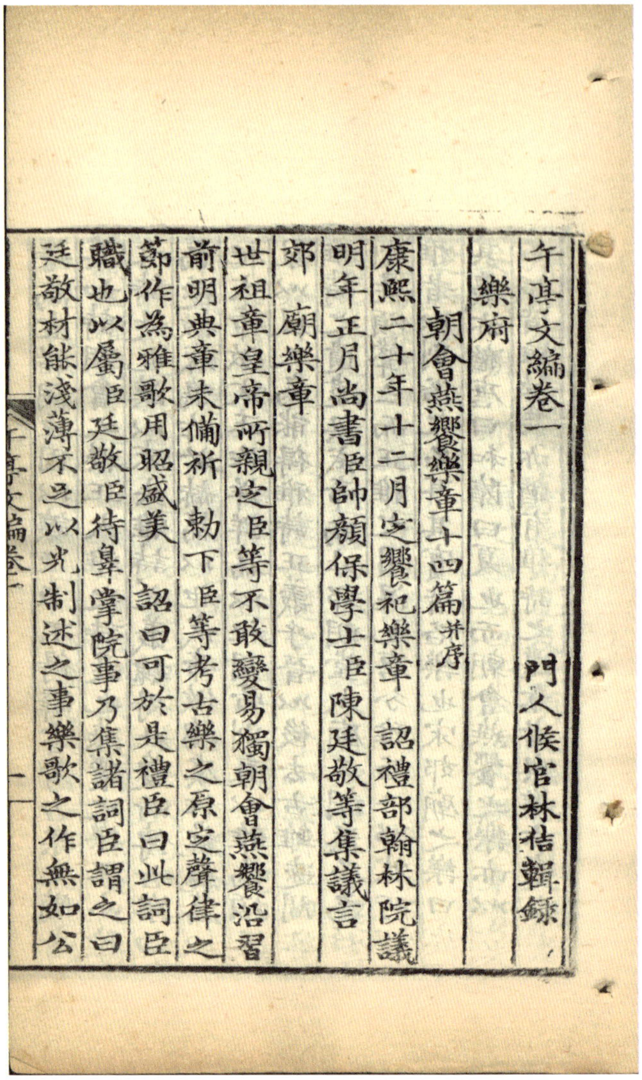
午亭文編卷一　門人候官林佶輯錄
樂府
朝會燕饗樂章十四篇并序
康熙二十年十二月定饗祀樂章　詔禮部翰林院議
明年正月尚書臣帥顏保學士臣陳廷敬等集議言
郊廟樂章
世祖章皇帝所親定臣等不敢變易獨朝會燕饗沿習
前明典章未備祈　勅下臣等考古樂之原定聲律之
節作為雅歌用昭盛美　詔曰可於是禮臣曰此詞臣
職也以屬臣廷敬臣待辠掌院事乃集諸詞臣謂之曰
廷敬材能淺薄不足以光制述之事樂歌之作無如公
午亭文編卷一　一

午亭文编

［清］陈廷敬　撰　［清］林佶　辑录

清康熙四十七年（1708）林佶写刻本

框高 18.6 厘米，宽 14.9 厘米。半页十一行，行二十一字。黑口，左右双边。

（书蠹舫　藏）

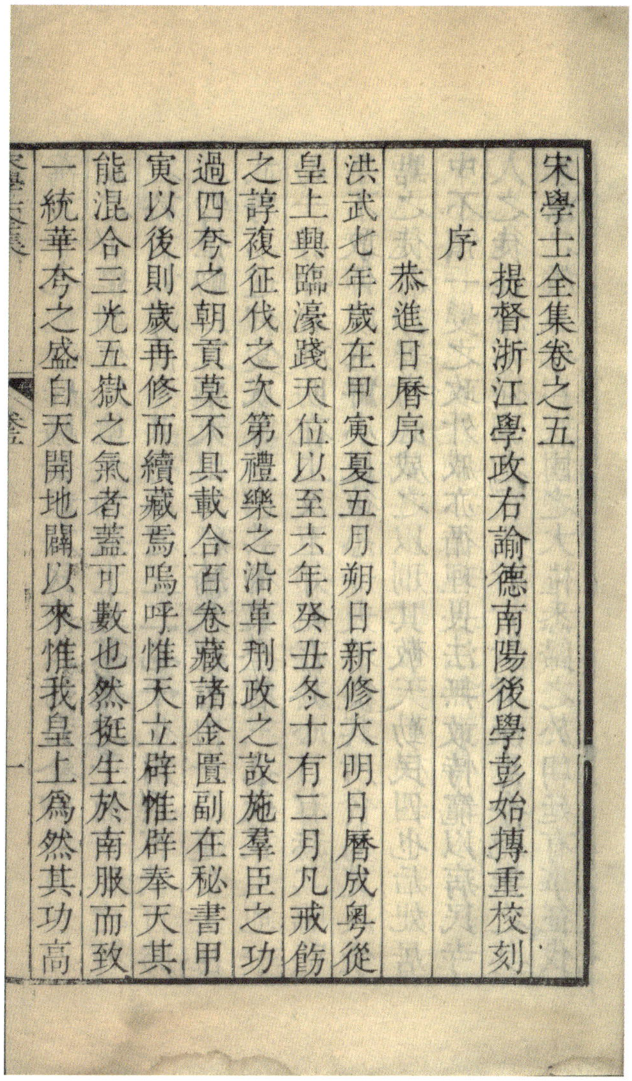
宋學士全集卷之五
提督浙江學政右諭德南陽後學彭始搏重校刻
序
恭進日曆序
洪武七年歲在甲寅夏五月朔日新修大明日曆成粤從
皇上興臨濠踐天位以至六年癸丑冬十有二月凡戒飭
之誥複征伐之次第禮樂之沿革刑政之設施羣臣之功
過四夷之朝貢莫不具載合百卷藏諸金匱副在秘書甲
寅以後則歲再修而續藏焉嗚呼惟天立辟惟辟奉天其
能混合三光五嶽之氣者蓋可數也然挺生於南服而致
一統華夷之盛自天開地闢以來惟我皇上爲然其功高
宋學士全集　卷五　一

宋学士全集

［明］宋濂　撰　［清］彭始抟　校

清康熙四十八年（1709）彭始抟杭州刻本

框高 20.8 厘米，宽 14.7 厘米。半页十一行，行二十二字。白口，左右双边。

（书蠹舫　藏）

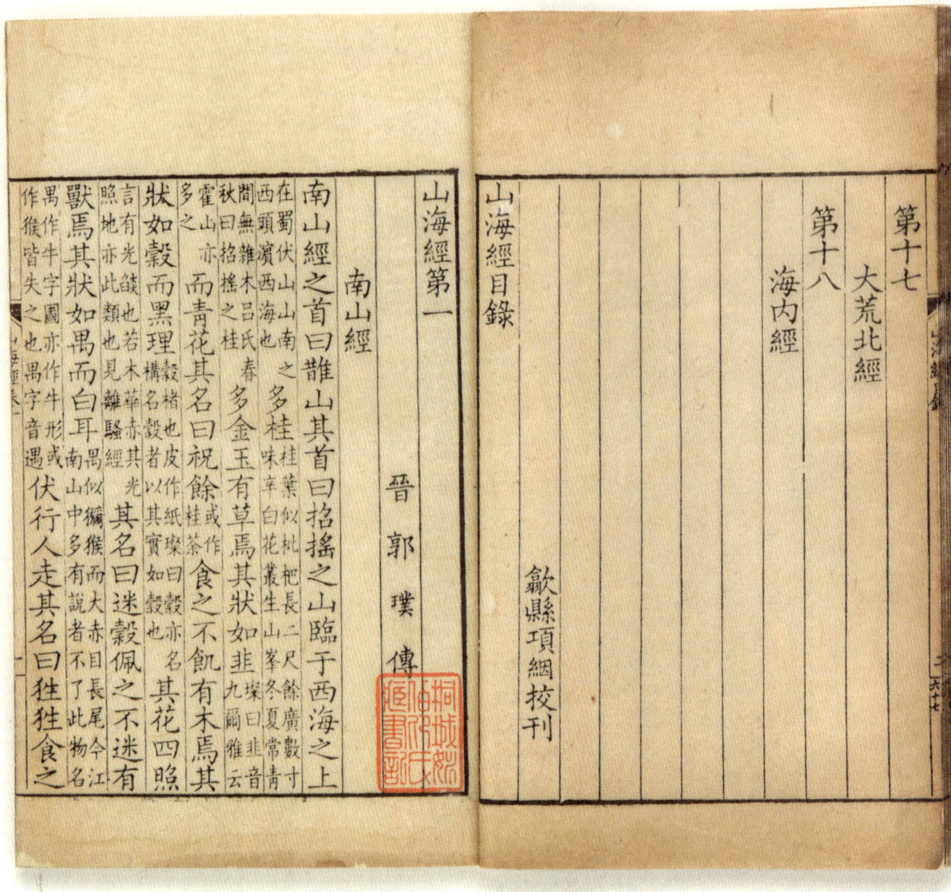

山海经

［晋］郭璞　传

清康熙五十四年（1715）项䌹群玉书堂刻本

框高 18 厘米，宽 13.5 厘米。半页十一行，行二十一字，小字双行同。白口，四周单边。

（书蠹舫　藏）

《金瓶梅》插图

［明］兰陵笑笑生　撰

清康熙刻本

白口，四周单边，版心题“金瓶梅”。

（私人收藏）

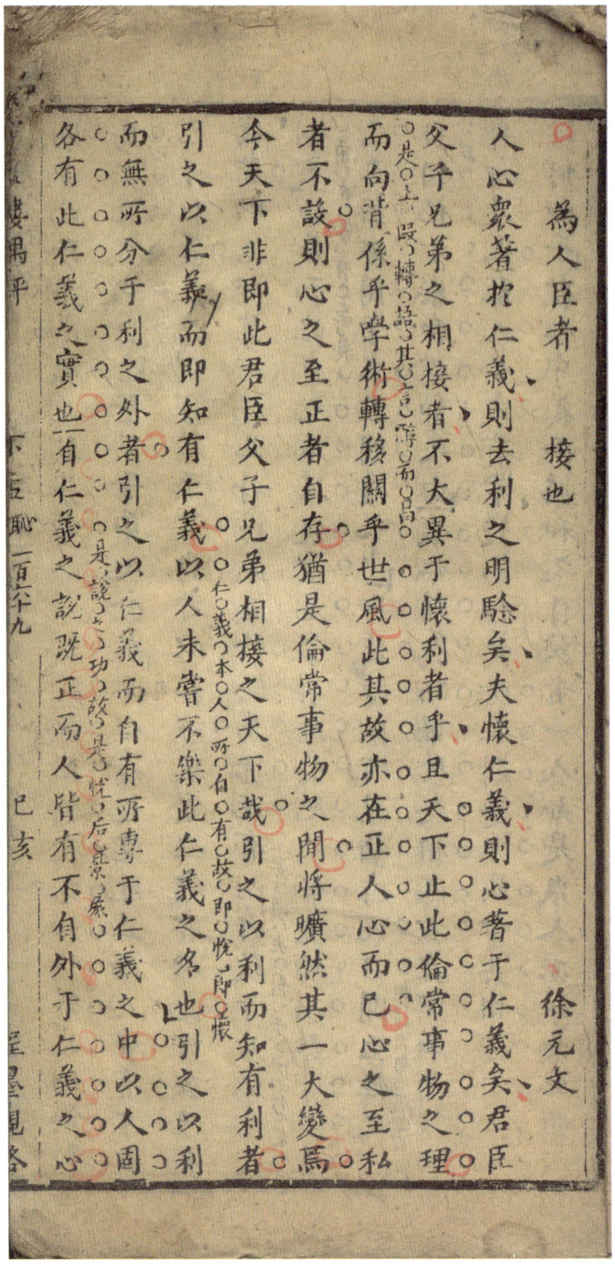
為人臣者　接也　　徐元文
人心衆著於仁義則去利之明驗矣夫懷仁義則心著于仁義矣君臣
父子兄弟之相接者不大異于懷利者乎且天下止此倫常事物之理
而向背係乎學術轉移關乎世風此其故亦在正人心而已心之至私
者不設則心之至正者自存猶是倫常事物之間將曠然其一大變焉
今天下非即此君臣父子兄弟相接之天下哉引之以利而知有利者
引之以仁義而即知有仁義以人未嘗不樂此仁義之名也引之以利
而無所分于利之外者引之以仁義而自有所專于仁義之中以人固
各有此仁義之實也自有仁義之說既正而人皆有不自外于仁義之心

天盖楼偶评

［清］吕留良　辑

清康熙刻本

半页九行，行二十七字。白口，四周单边。

（黄明琰　藏）

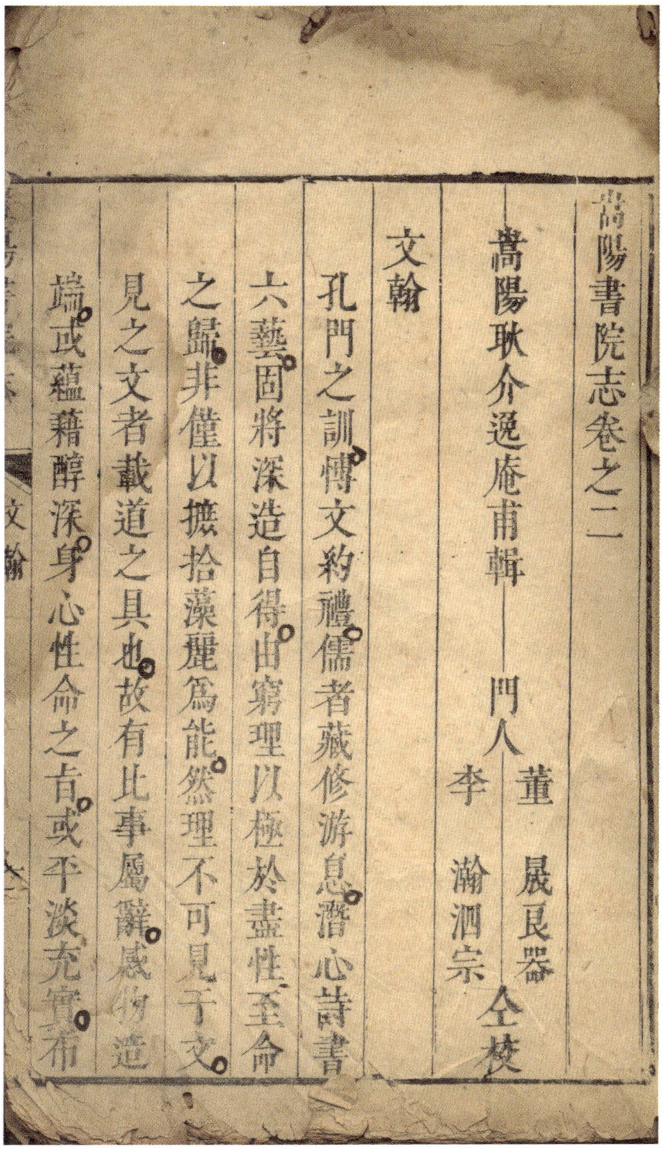
嵩陽書院志卷之二

嵩陽耿介逸庵甫輯　門人　董　晟艮器　李　瀚洄宗　仝校

文翰

孔門之訓博文約禮儒者藏修游息潛心詩書六藝固將深造自得由窮理以極於盡性至命之歸非僅以摭拾藻麗爲能然理不可見于文見之文者載道之具也故有比事屬辭感物造端或蘊藉醇深身心性命之旨或平淡充實布

嵩阳书院志

[清] 汤斌等　撰

清康熙刻本

半页九行，行二十字。白口，左右双边，单鱼尾。

（王飞　藏）

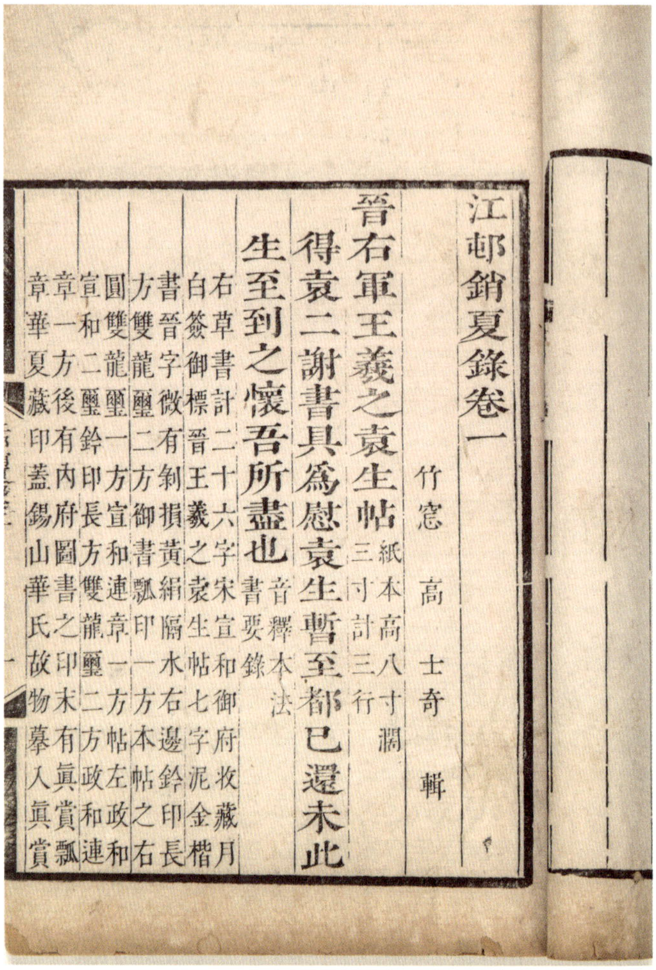

江村销夏录

[清] 高士奇　辑

清康熙朗润堂刻本

框高 18.3 厘米，宽 14.2 厘米。半页九行，行十八字，小字双行同。黑口，左右双边，双鱼尾。

（汲珍阁　藏）

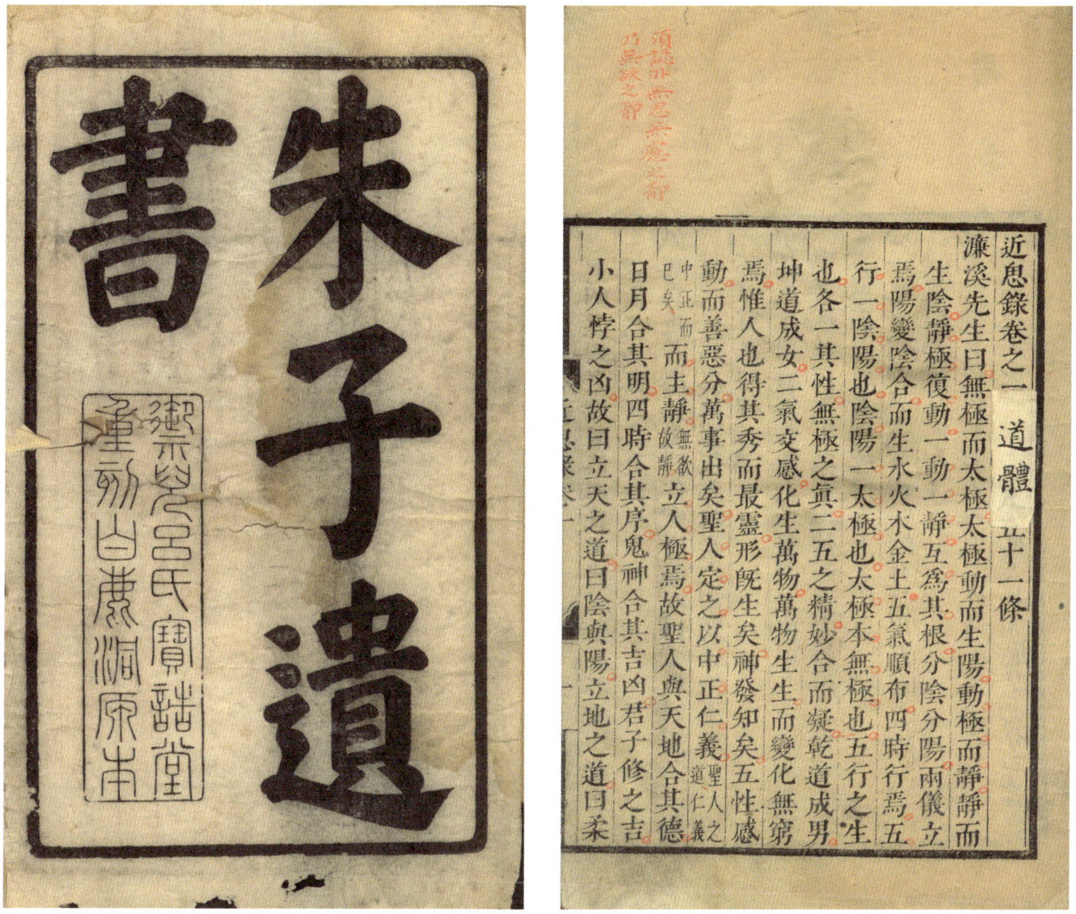

近思錄卷之一　道體　五十一條
濂溪先生曰無極而太極太極動而生陽動極而靜靜而
生陰靜極復動一動一靜互爲其根分陰分陽兩儀立
焉陽變陰合而生水火木金土五氣順布四時行焉五
行一陰陽也陰陽一太極也太極本無極也五行之生
也各一其性無極之眞二五之精妙合而凝乾道成男
坤道成女二氣交感化生萬物萬物生生而變化無窮
焉惟人也得其秀而最靈形既生矣神發知矣五性感
動而善惡分萬事出矣聖人定之以中正仁義（聖人之道仁義中正而已矣）而主靜（無欲故靜）立人極焉故聖人與天地合其德
日月合其明四時合其序鬼神合其吉凶君子修之吉
小人悖之凶故曰立天之道曰陰與陽立地之道曰柔

朱子遗书

［宋］朱熹　撰

清康熙吕留良宝诰堂刻本

框高 17.3 厘米，宽 13.8 厘米。半页十二行，行二十二字，小字双行同。黑口，左右双边。有潘承弼跋。有朱笔批注。

（书蠹舫　藏）

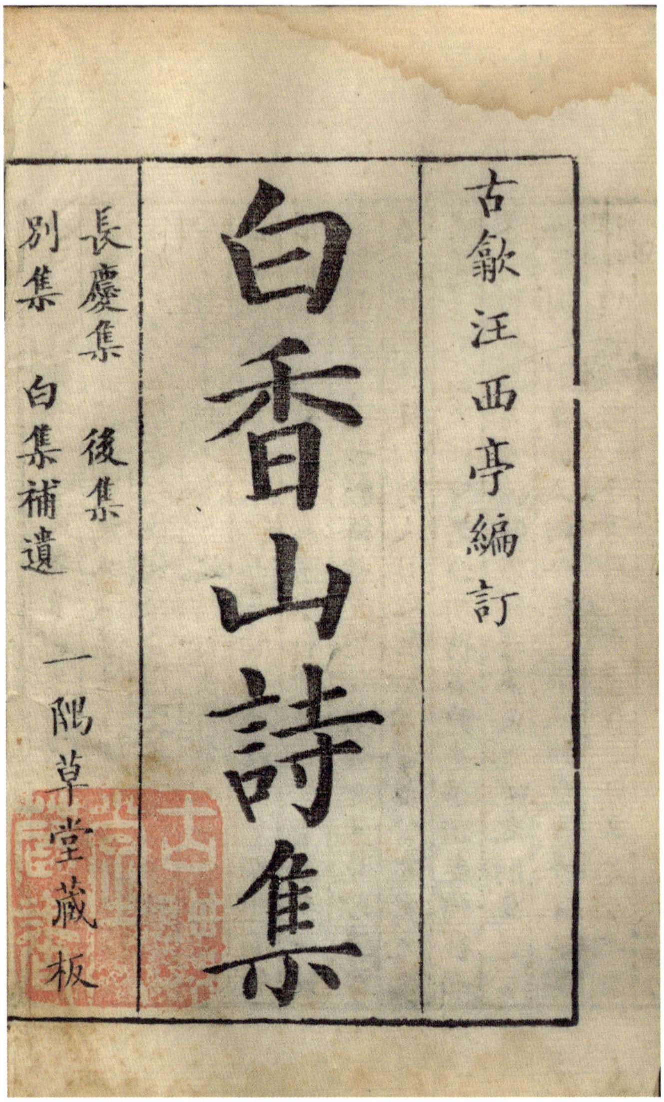
古歙汪西亭編訂
白香山詩集
長慶集　後集
別集　白集補遺
一隅草堂藏板

白香山诗集

［唐］白居易　著　［清］汪西亭　编

清康熙一隅草堂刻本

半页十二行，行二十一字。白口，四周单边。

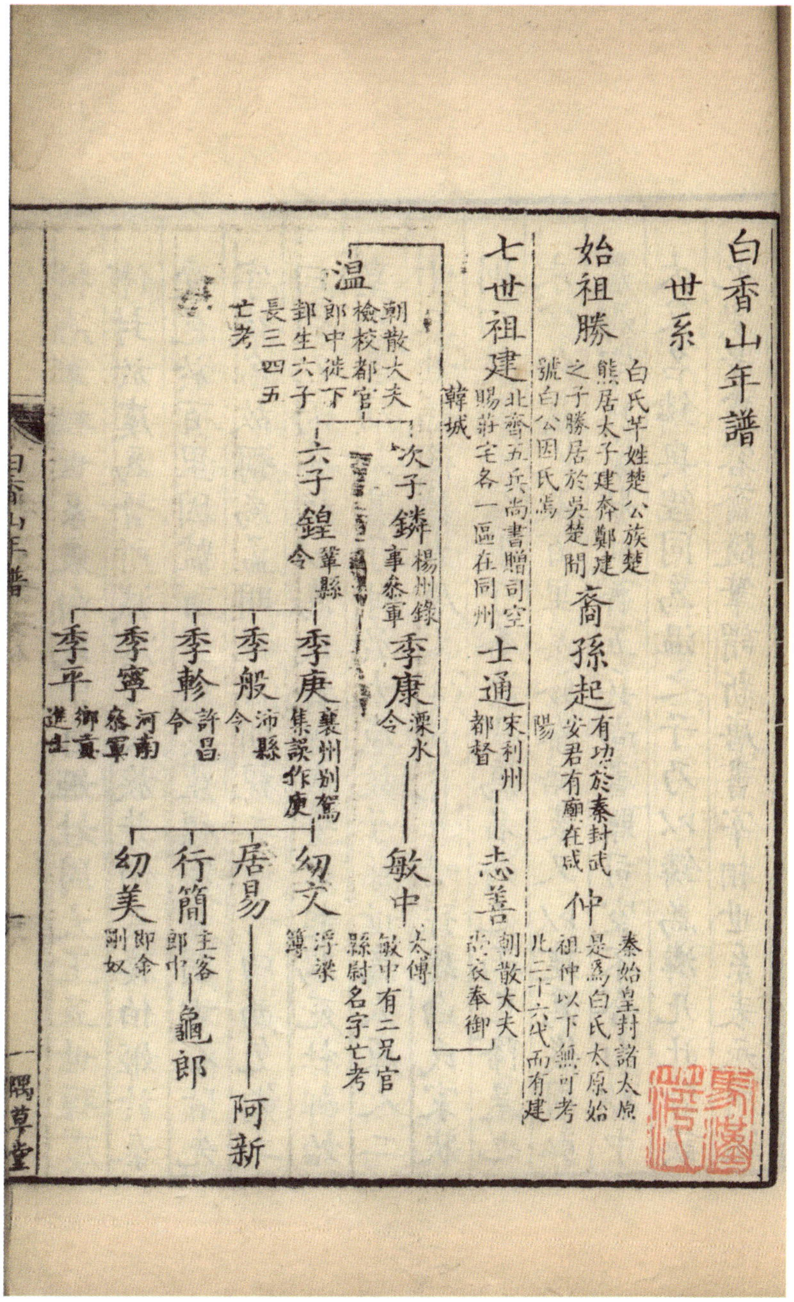
白香山年譜

世系

始祖勝 白氏芊姓楚公族楚熊居太子建奔鄭建之子勝居於吳楚間號白公因氏焉

裔孫起 有功於秦封武安君有廟在咸陽

仲 秦始皇封諸太原是為白氏太原始祖仲以下無可考凡二十六代而有建

七世祖建 北齊五兵尚書贈司空賜莊宅各一區在同州韓城

士通 宋利州都督

志善 朝散大夫尚衣奉御

温 朝散大夫檢校都官郎中徙下邽生六子長三四五亡考

次子鏻 揚州錄事參軍

六子鍠 鞏縣令

季康 溧水令

敏中 太傅 敏中有二兄官縣尉名字亡考

季庚 襄州別駕集說作庚

季般 沛縣令

季軫 許昌令

季寧 河南參軍

季平 鄉貢進士

幼文 浮梁簿

居易

阿新

行簡 主客郎中

龜郎

幼美 卽金剛奴

白香山年譜　一隅草堂

（黄明琰　藏）

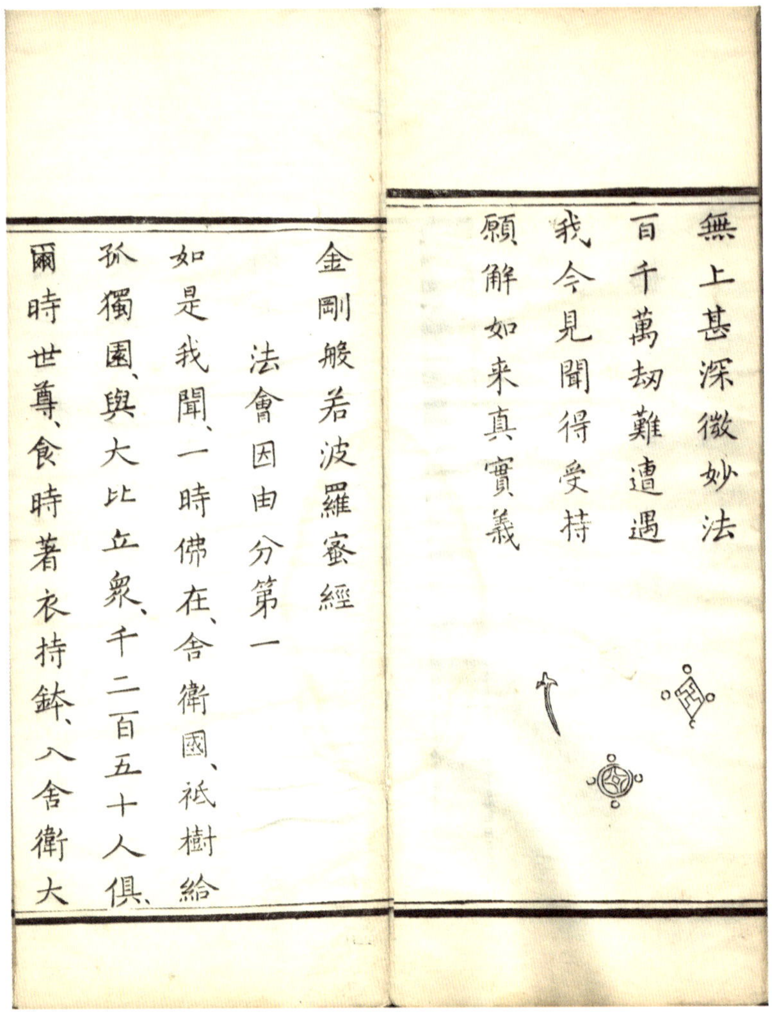
無上甚深微妙法
百千萬劫難遭遇
我今見聞得受持
願解如來真實義

金剛般若波羅蜜經
法會因由分第一
如是我聞、一時佛在、舍衛國、祇樹給
孤獨園、與大比丘衆、千二百五十人俱、
爾時世尊、食時著衣持鉢、入舍衛大

金刚般若波罗蜜经

清康熙十九年（1680）大学士纳兰明珠夫人觉罗氏手书刻本

一版五折二十五行，行十四字，上下双边。卷前有说法图，后有韦陀像。

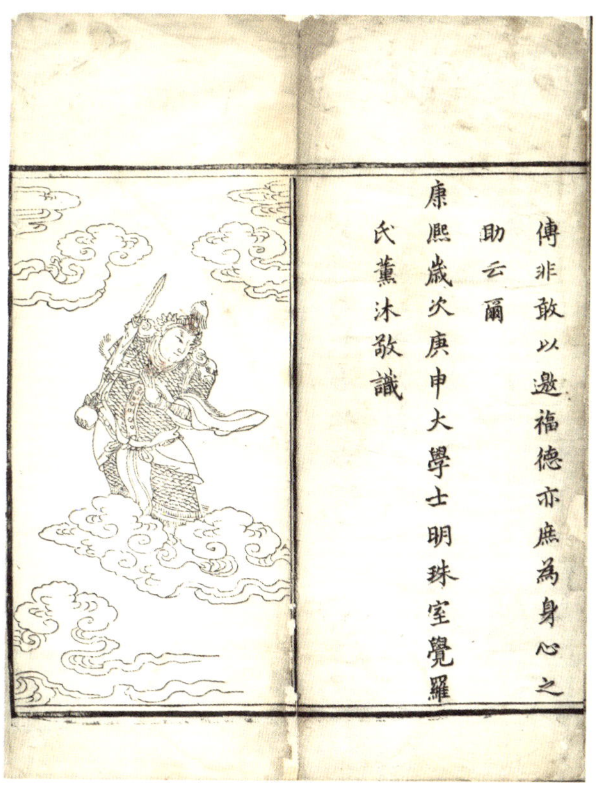

傳非敢以邀福德亦庶為身心之
助云爾
康熙歲次庚申大學士明珠室覺羅
氏薰沐敬識

（静观书屋　藏）

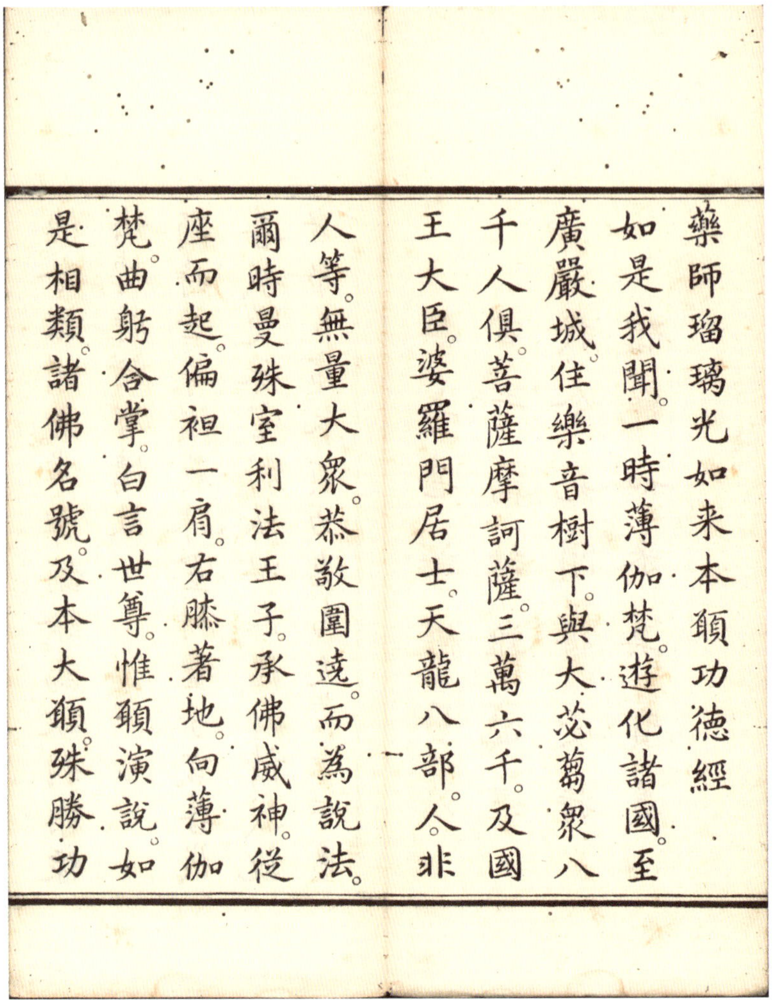

藥師瑠璃光如来本願功德經

如是我聞。一時薄伽梵。遊化諸國。至廣嚴城。住樂音樹下。與大苾蒭衆八千人俱。菩薩摩訶薩三萬六千。及國王大臣。婆羅門居士。天龍八部。人非人等。無量大衆。恭敬圍遶。而為說法。

爾時曼殊室利法王子。承佛威神。從座而起。偏袒一肩。右膝著地。向薄伽梵。曲躬合掌。白言世尊。惟願演說。如是相類。諸佛名號。及本大願。殊勝功

御书《药师琉璃光如来本愿功德经》

清康熙皇帝手书上板，康熙内府刻康熙五十一年和嫔请印本

一版五折二十五行，行十四字，上下双边。前有说法图，后有护法像。

信心佛弟子內監李昇誠捐淨資虔造
消災延壽藥師琉璃本願功德經一百三十三卷恭祝
景仁宮和嬪起居康健福壽綿長
二六時中
吉祥如意
康熙五十一年歲次壬辰十月十五日

（静观书屋　藏）

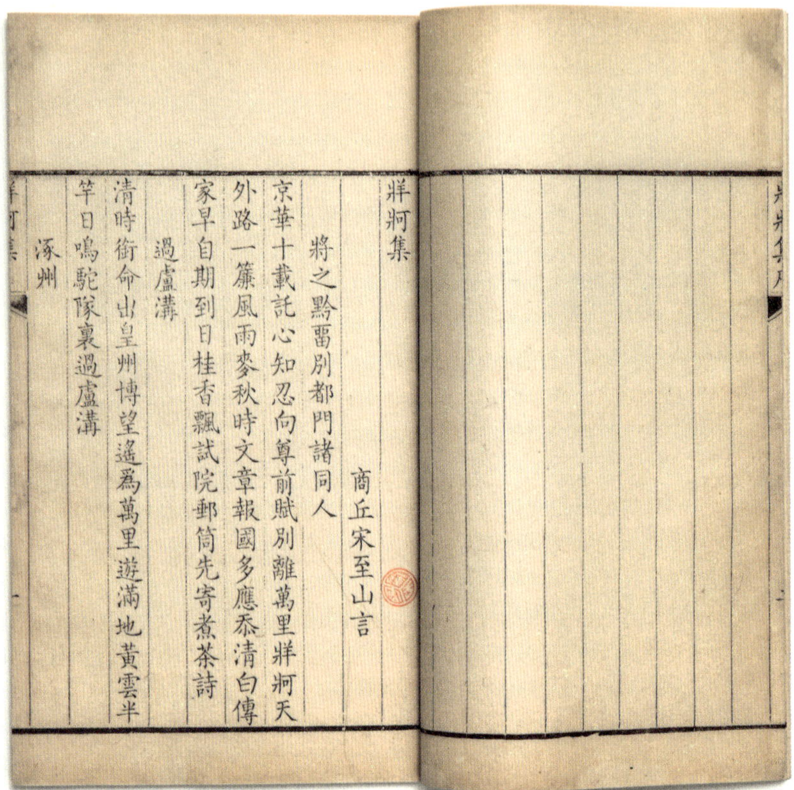
牂牁集
商丘宋至山言
將之黔留別都門諸同人
京華十載託心知忍向尊前賦別離萬里牂牁天外路一簾風雨麥秋時文章報國多應忝清白傳家早自期到日桂香飄試院郵筒先寄煮茶詩
過盧溝
清時銜命出皇州博望遥爲萬里遊滿地黃雲半竿日鳴駝隊裏過盧溝
涿州

牂牁集

［清］宋至　撰

清康熙刻本

半页十行，行十九字。白口，四周单边。

（小残卷斋　藏）

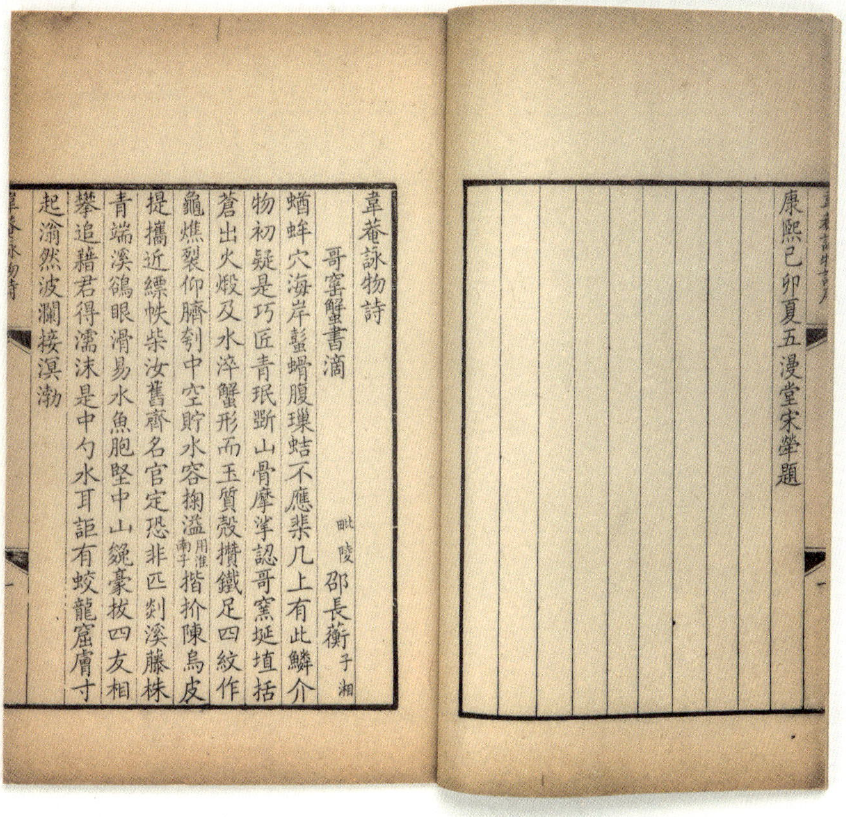

韦庵咏物诗

［清］宋至等　撰

清康熙刻本

半页十行，行十九字。白口，四周单边，双鱼尾。

（小残卷斋　藏）

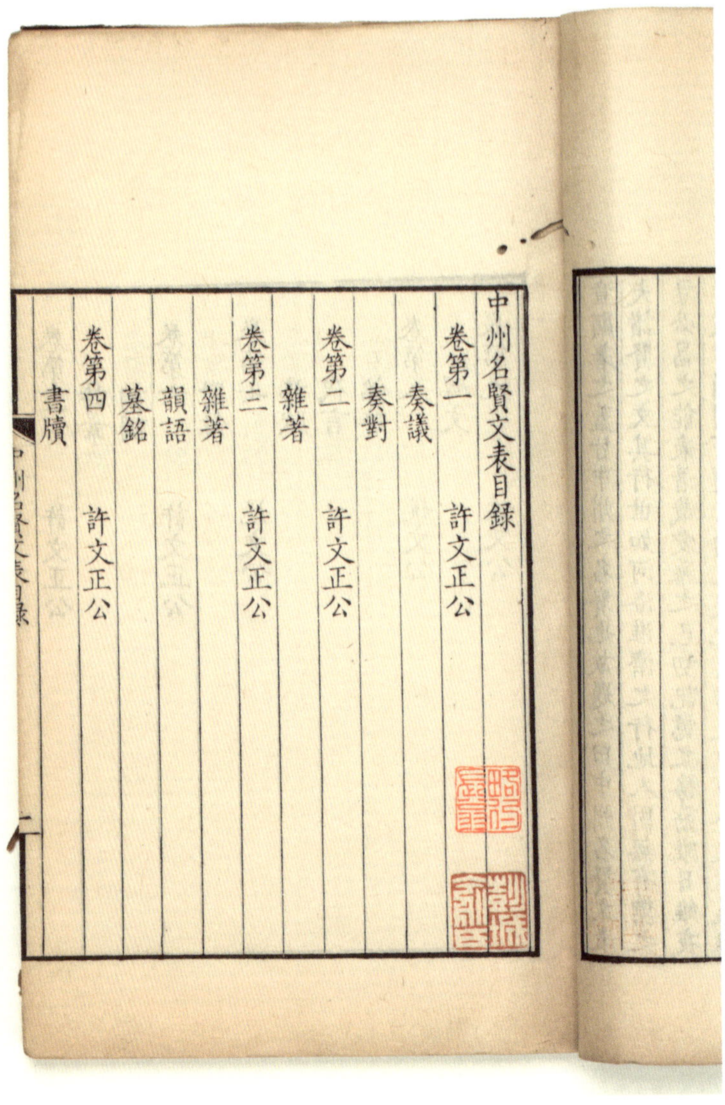
中州名賢文表目錄

中州名贤文表

[明] 刘昌　编著

清康熙四十五年（1706）高山堂刻本

有刊记，太史连纸，半页十二行，行二十二字，细黑口，单鱼尾，左右双边。内收许衡、姚燧等河南名贤六人文章，旨在表彰诸乡贤。

辱之雷號哭大罵不從乃見殺舉家皆被害

中州名賢本傳

中州名賢文表卷第一　内集

姑蘇劉昌欽謨

許文正公　遺書

奏議

時務五事　至元三年

臣衡誠惶誠恐謹奏呈時務五事伏念臣性識愚陋學術荒疎不期虛名偶塵聖聽陛下好賢樂善舍短取長雖以臣之不才亦叨寵遇自甲寅至今十有三年凡八被詔旨中懷自念何以報塞又日者面奉德音丁寧懇至中書大務容臣盡言臣雖昏愚荷陛下知待如此其厚敢不罄竭所有思益萬分但迂拙之學本非求仕言論鄙直不能回互矯趨時好孟子以責難於君陳善閉邪遹爲恭敬孔子

（文藝山房　藏）

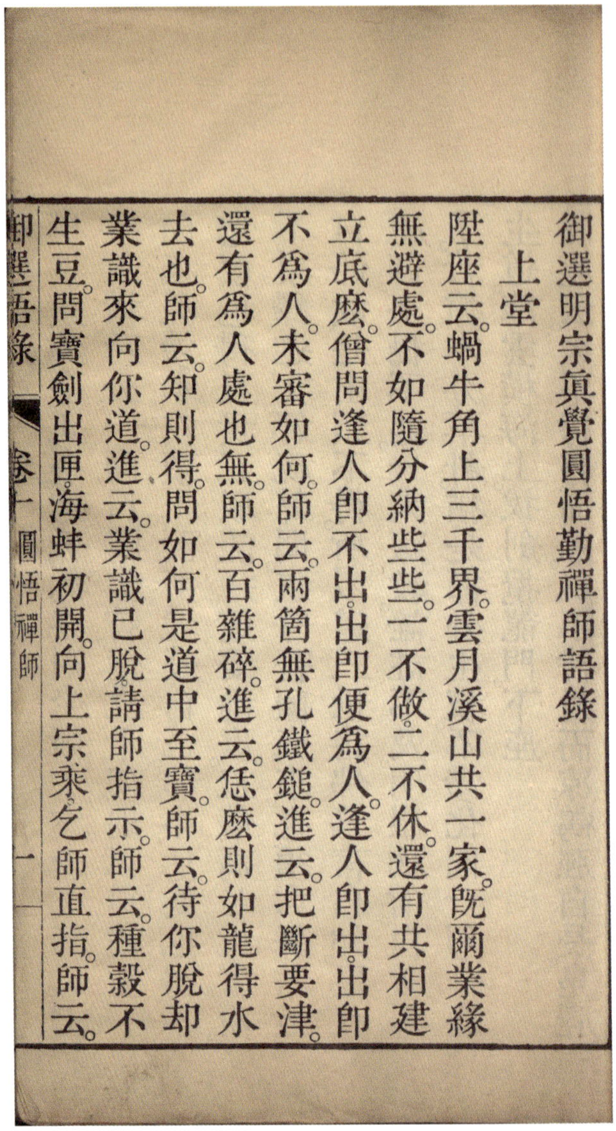
御選明宗真覺圓悟勤禪師語錄

上堂

陞座云。蝸牛角上三千界。雲月溪山共一家。旣爾業緣無避處。不如隨分納些些。一不做。二不休。還有共相建立底麼。僧問逢人卽不出。出卽便爲人。逢人卽出。出卽不爲人。未審如何。師云。兩箇無孔鐵鎚。進云。把斷要津。還有爲人處也無。師云。百雜碎。進云。恁麼則如龍得水去也。師云。知則得。問如何是道中至寶。師云。待你脫却業識來向你道。進云。業識已脫。請師指示。師云。種穀不生豆。問寶劍出匣。海蚌初開。向上宗乘乞師直指。師云。

御選語錄　卷十　圓悟禪師　一

御选明宗真觉圆悟勤禅师语录

[清] 世宗雍正帝胤禛　编

清雍正十一年（1733）内府刊本

半页十行，行二十一字。白口，四周单边。

有“圆明主人”印。

（访书坊　藏）

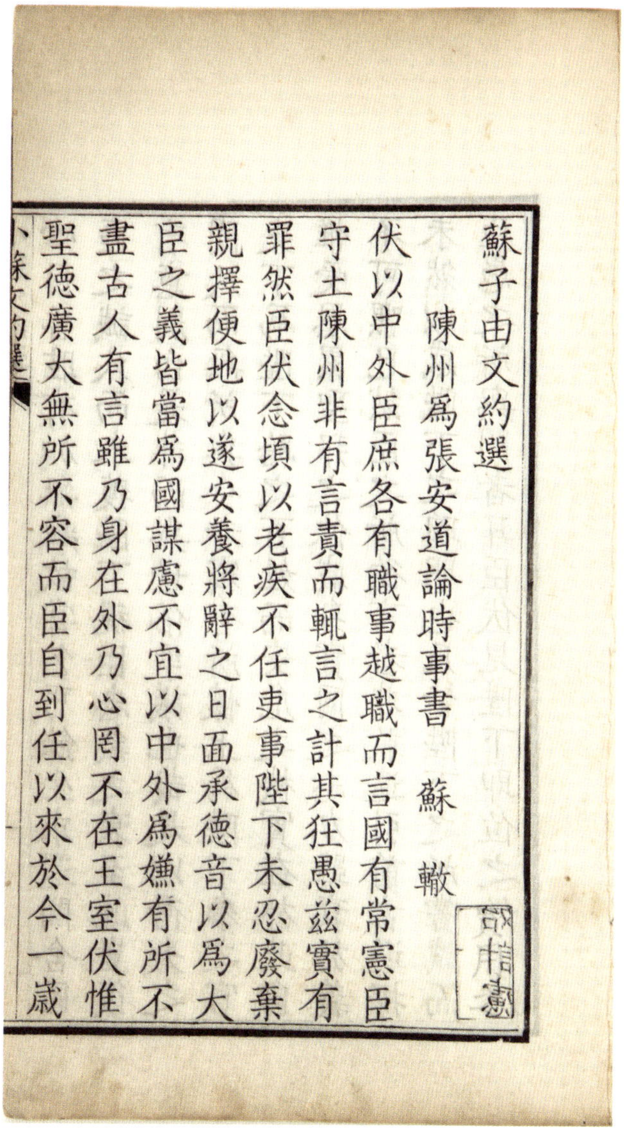
蘇子由文約選
陳州爲張安道論時事書　蘇轍
伏以中外臣庶各有職事越職而言國有常憲臣守土陳州非有言責而輒言之計其狂愚茲實有罪然臣伏念頃以老疾不任吏事陛下未忍廢棄親擇便地以遂安養將辭之日面承德音以爲大臣之義皆當爲國謀慮不宜以中外爲嫌有所不盡古人有言雖乃身在外乃心罔不在王室伏惟聖德廣大無所不容而臣自到任以來於今一歲

古文约选

［清］方苞　辑

清雍正十一年（1733）果亲王府刊本

开化纸印，本框高 21.2 厘米，宽 14 厘米。半页九行，行十九字。白口，四周双边，黑鱼尾。

（汲珍阁　藏）

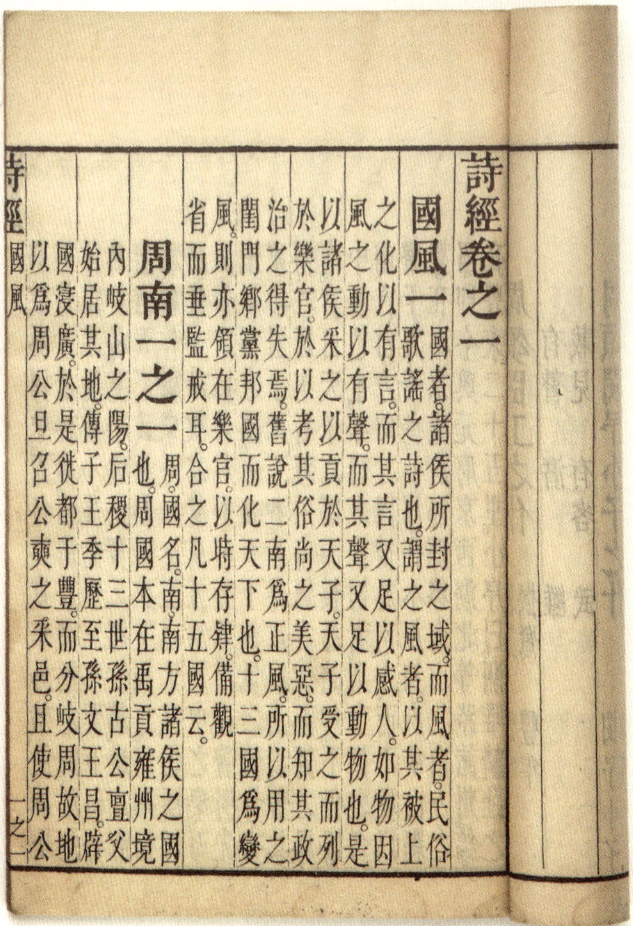

诗经

［宋］朱熹　注

清雍正内府刻本

框高 21 厘米，宽 14.7 厘米。半页九行，行十七字，小字双行同。白口，四周单边。红绫书皮，红锦六合云头套，为嫁妆书式样。

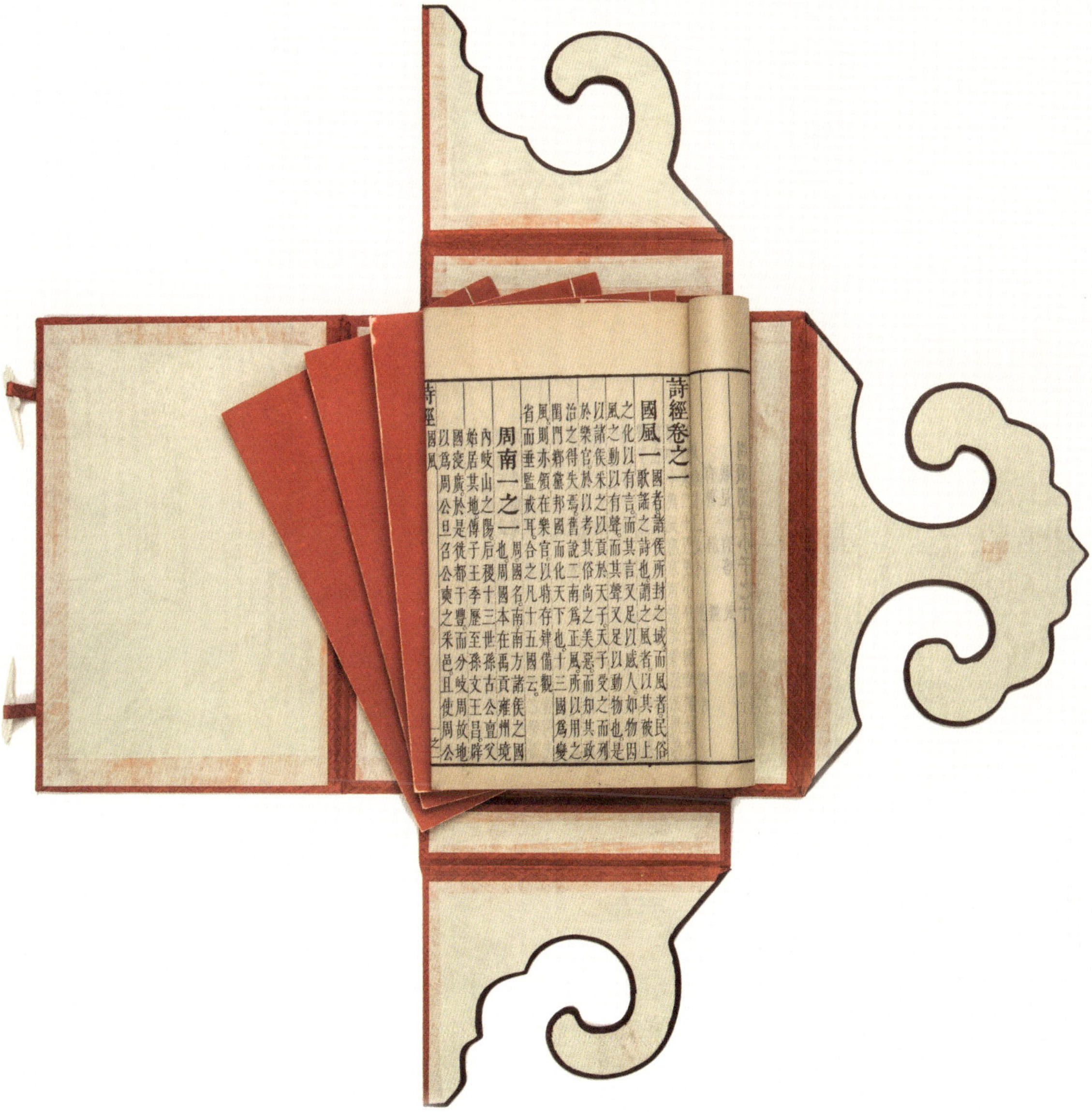

（汲珍阁　藏）

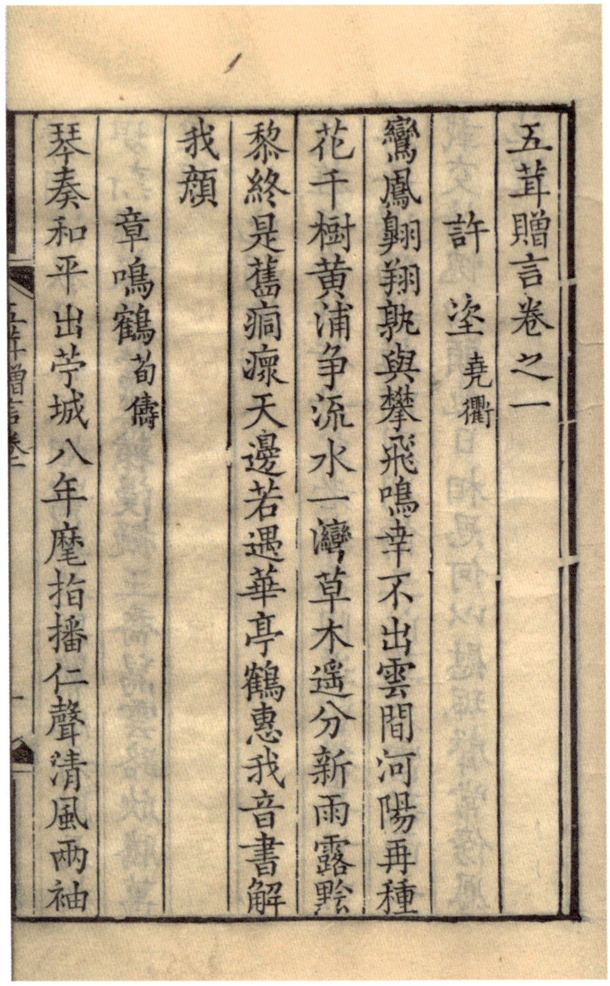

五茸贈言卷之一
許　塗　堯衢
鸞鳳翺翔孰與攀飛鳴辛不出雲間河陽再種
花千樹黃浦争流水一灣草木遥分新雨露黔
黎終是舊痌瘝天邊若遇華亭鶴惠我音書解
我顏
章鳴鶴　萄儔
琴奏和平出学城八年麾指播仁聲清風兩袖

五茸赠言

[清] 卫自浚　辑

清乾隆十年（1745）刻本

框高 15.3 厘米，宽 10.3 厘米。半页八行，行十八字。黑口，左右双边。

（书蠹舫　藏）

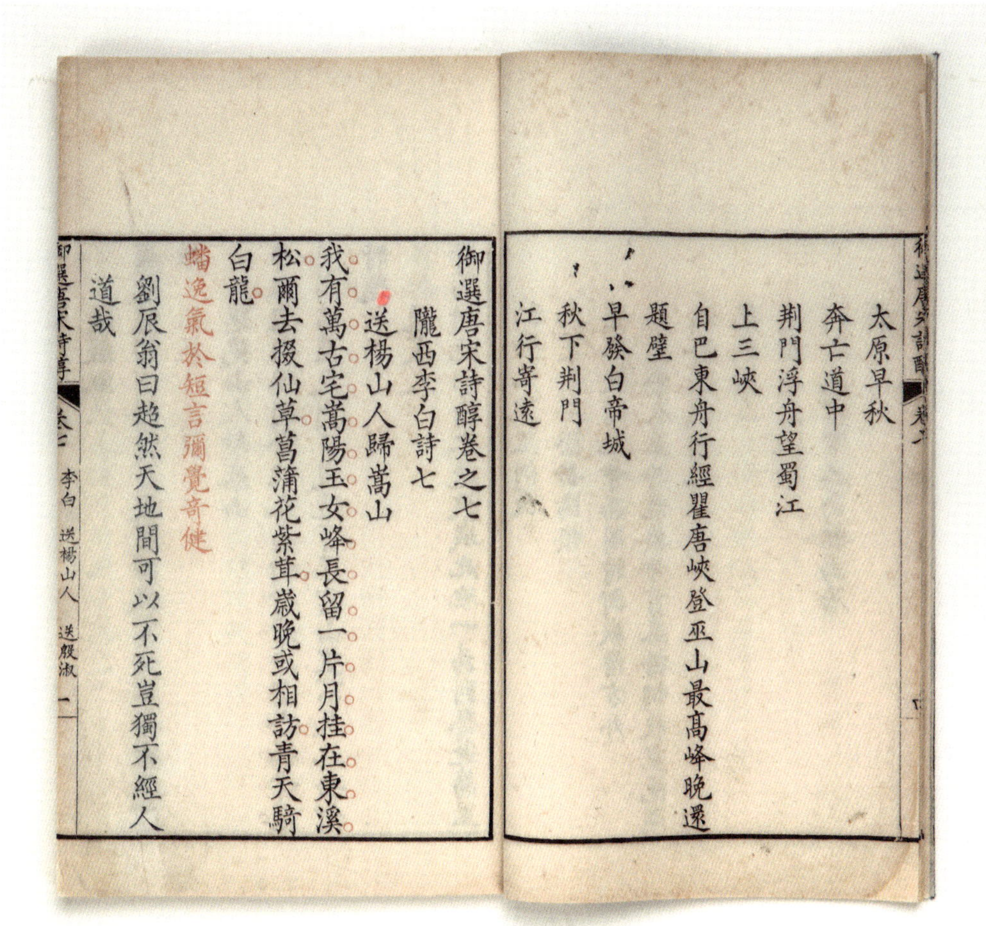

御选唐宋诗醇

［清］乾隆皇帝御定

清乾隆十五年（1750）内府刻四色套印本

半页九行，行十九字。白口，黑鱼尾，四周单边。

（临字学社　藏）

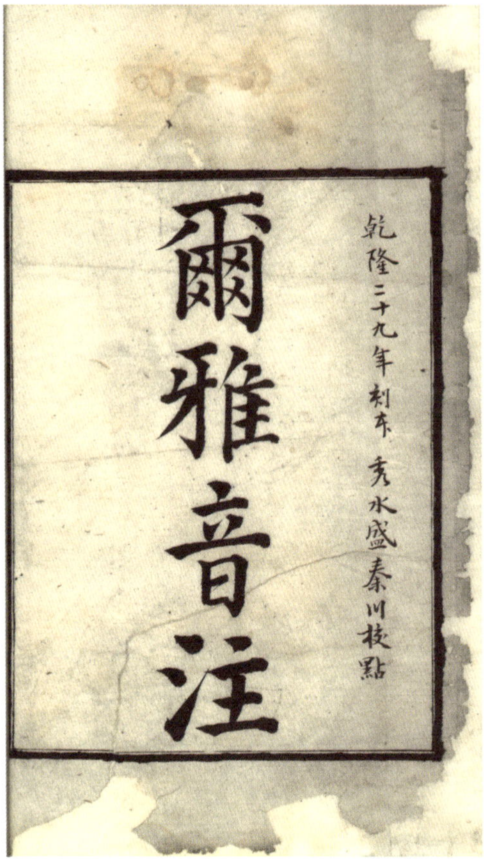

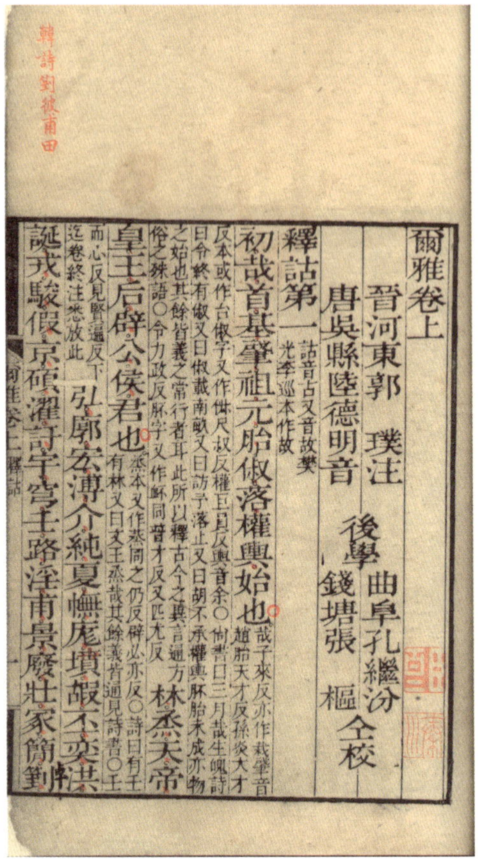

尔雅音注

［晋］郭璞　注　［唐］陆德明　音

清乾隆二十九年（1764）孔继芬刻本

半页十行，行二十字，小字六十。黑口，左右双边。盛秦川批校本。钤印“臣百二”“秦川”。

（书蠹舫　藏）

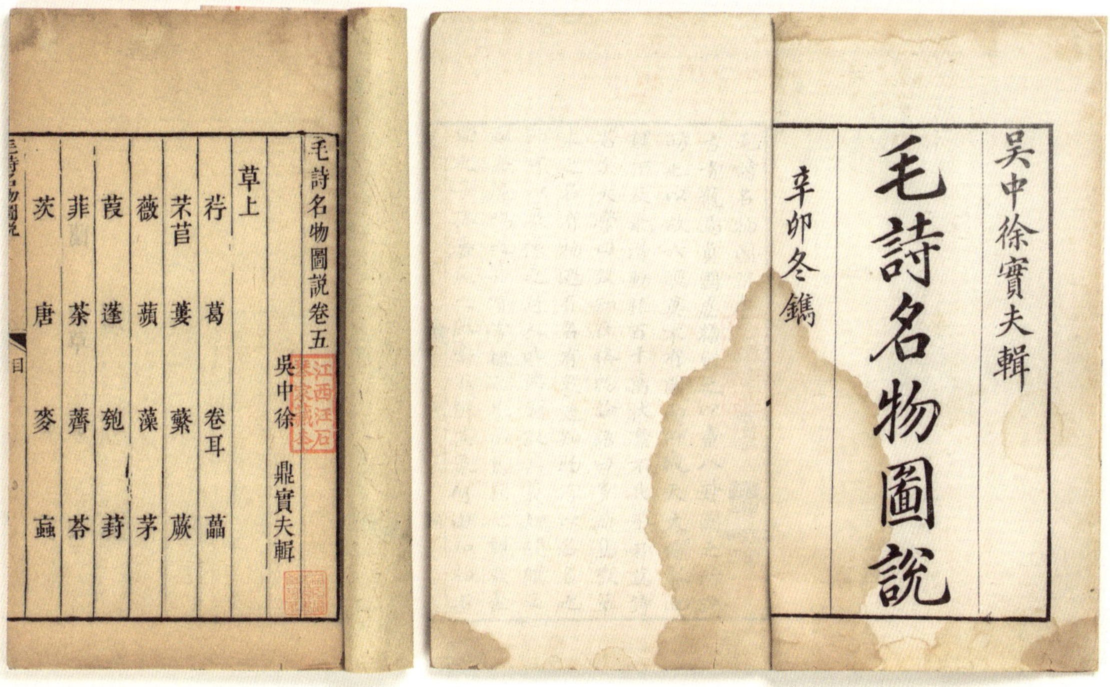

毛诗名物图说

［清］徐鼎　辑

清乾隆三十六年（1771）刻本

框高 21.5 厘米，宽 15 厘米。半页十四行，行二十字，上图下文。白口，四周单边，黑鱼尾。有“江西汪石琴家藏本”“荣氏读未见书斋珍藏”印。

（汲珍阁　藏）

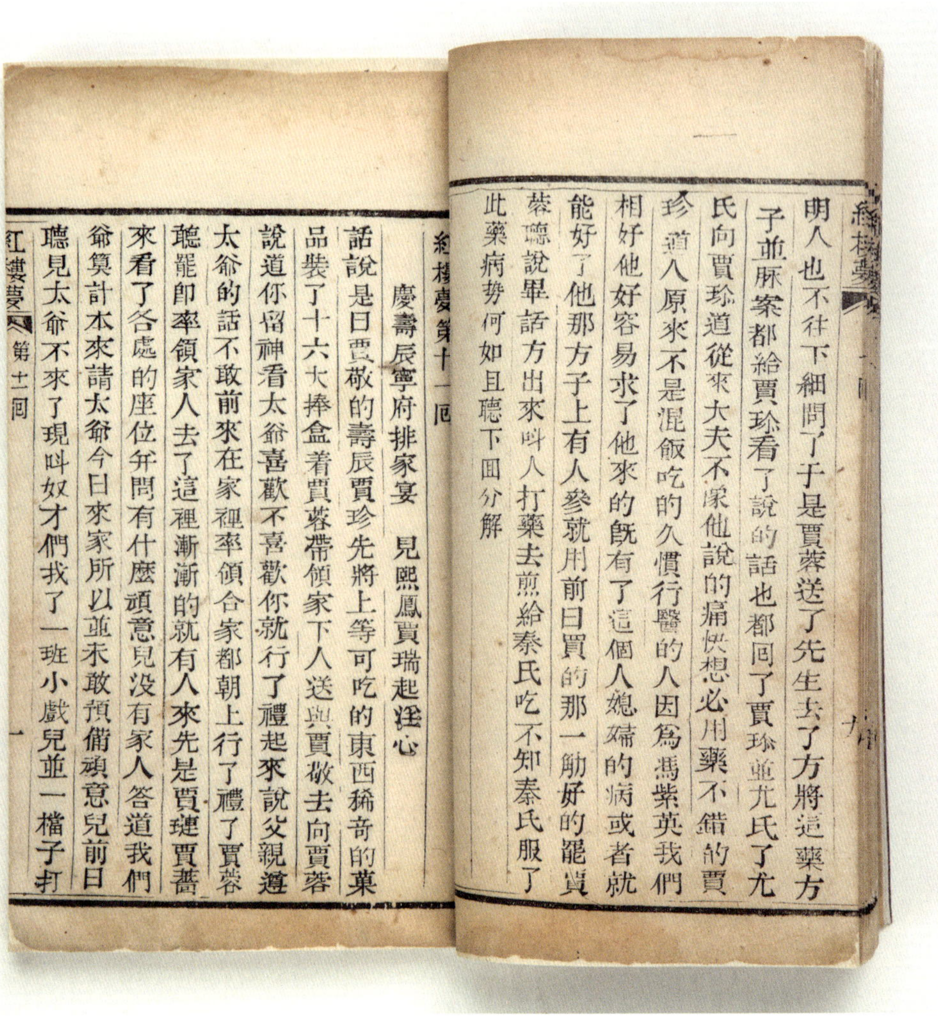

明人也不往下細問了于是賈蓉送了先生去了方將這藥方子並脈案都給賈珍看了說的話也都回了賈珍並尤氏了尤氏向賈珍道從來大夫不像他說的痛快想必用藥不錯的賈珍道人原來不是混飯吃的久慣行醫的人因爲馮紫英我們相好他好容易求了他來的既有了這個人媳婦的病或者就能好了他那方子上有人參就用前日買的那一觔好的罷賈蓉聽說畢話方出來叫人打藥去煎給秦氏吃不知秦氏服了此藥病勢何如且聽下回分解

紅樓夢第十一回

慶壽辰寧府排家宴　見熙鳳賈瑞起淫心

話說是日賈敬的壽辰賈珍先將上等可吃的東西稀奇的菓品裝了十六大捧盒着賈蓉帶領家下人送與賈敬去向賈蓉說道你留神看太爺喜歡不喜歡你就行了禮起來說父親遵太爺的話不敢前來在家裡率領合家都朝上行了禮了賈蓉聽罷即率領家人去了這裡漸漸的就有人來先是賈璉賈薔來看了各處的座位并問有什麼頑意兒沒有家人答道我們爺算計本來請太爺今日來家所以並未敢預備頑意兒前日聽見太爺不來了現叫奴才們找了一班小戲兒並一檔子打

红楼梦

［清］曹雪芹、高鹗　著

清乾隆五十六年（1791）程伟元萃文书屋活字本

框高 17.5 厘米，宽 11.2 厘米。半页十行，行二十四字。白口，四周双边。

（文藪山房　藏）

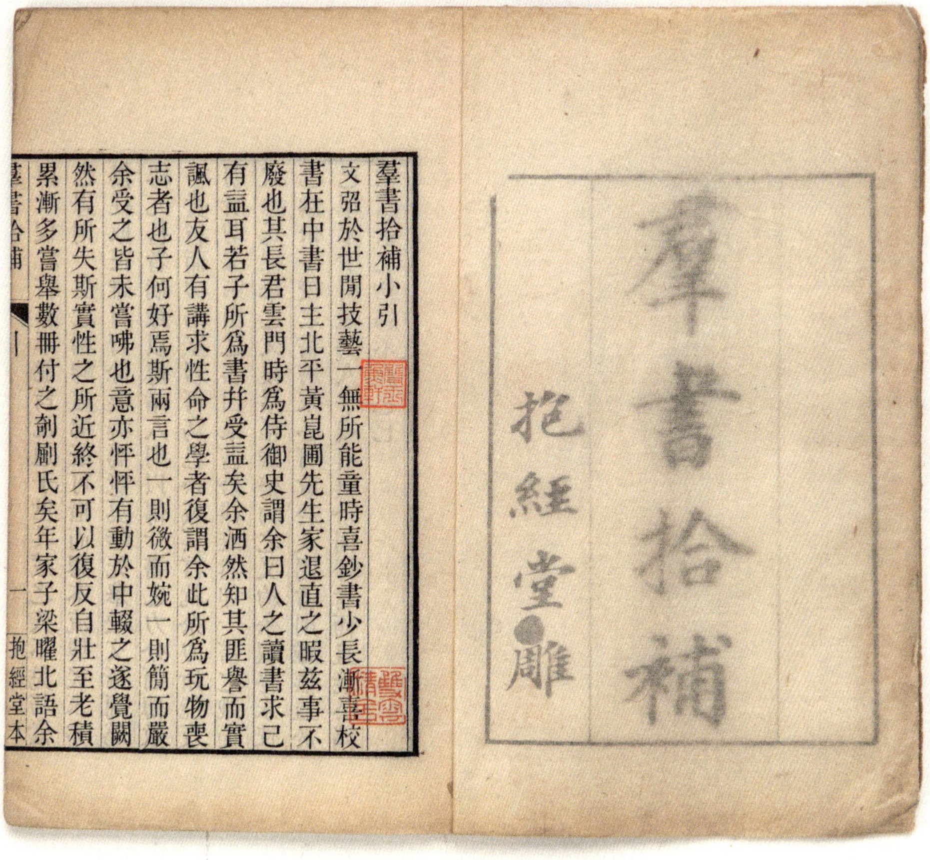

群书拾补

［清］卢文弨　著

清乾隆抱经堂刻本

半页十行，行二十一字。白口，左右双边。

（有书馆　藏）

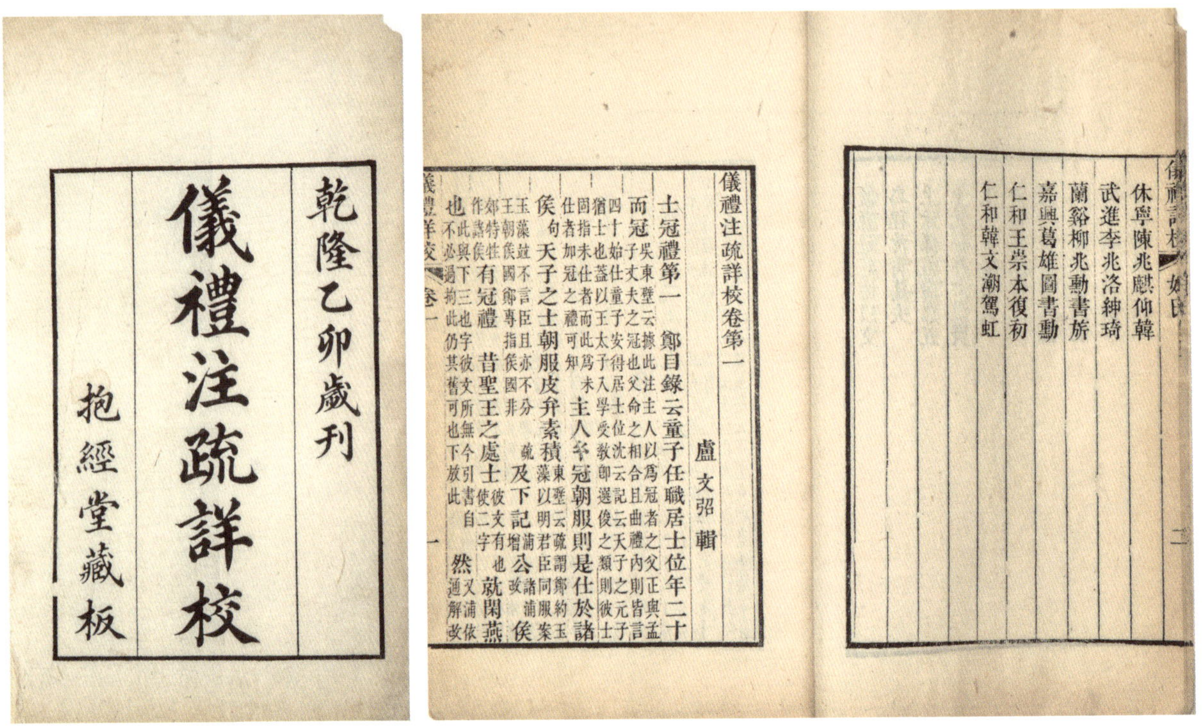

仪礼注疏详校

［清］卢文弨　撰

清乾隆六十年（1795）卢文弨抱经堂刻本

半页十行，行二十一字。白口，左右双边。

（有书馆　藏）

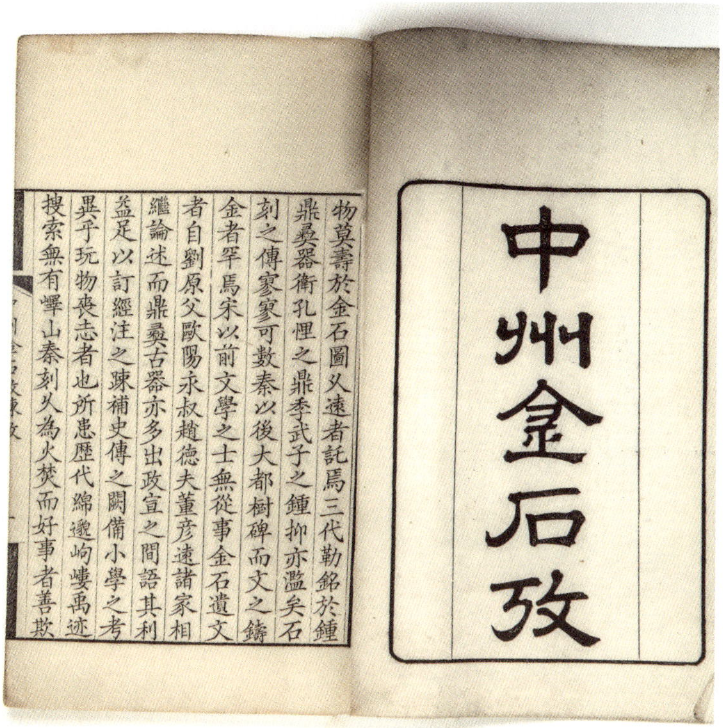

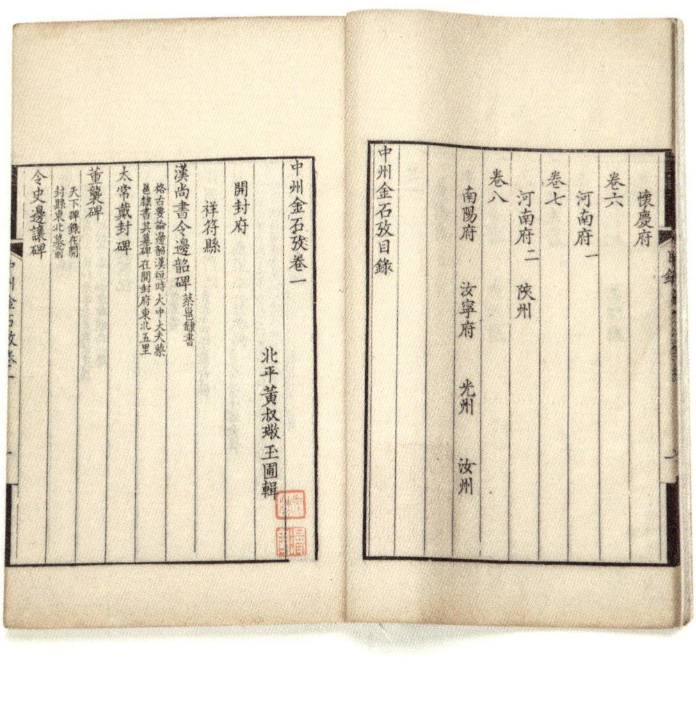

中州金石考

［清］黄叔璥　辑

清乾隆刻本

半页十行，行二十一字，小字双行二十一字，上下黑口。四周单边。

（小残卷斋　藏）

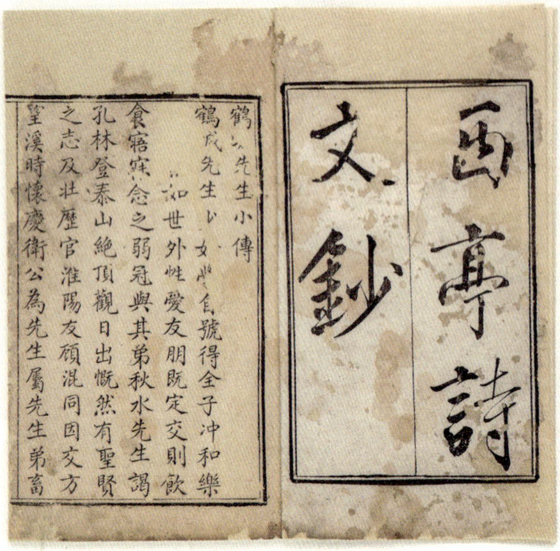

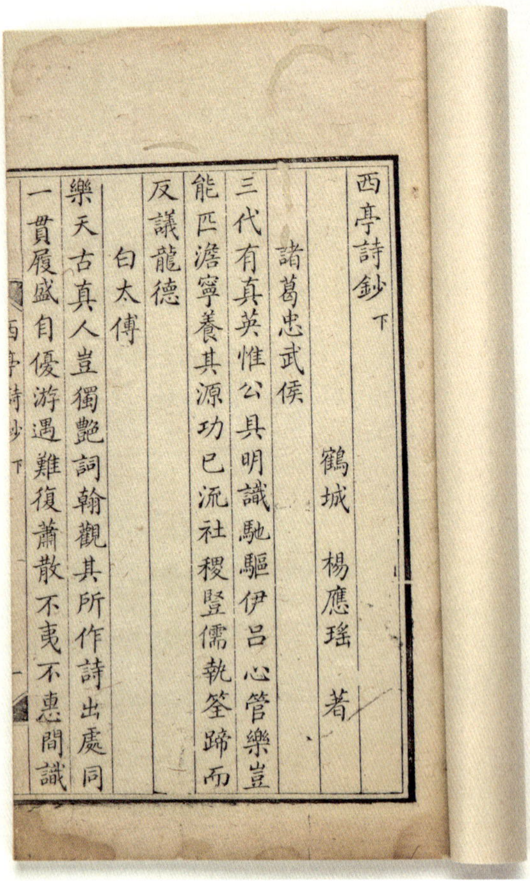

西亭诗抄

[清] 杨应瑶　著

清乾隆刻本

半页九行，行十八字。白口，四周双边。

（临字学社　藏）

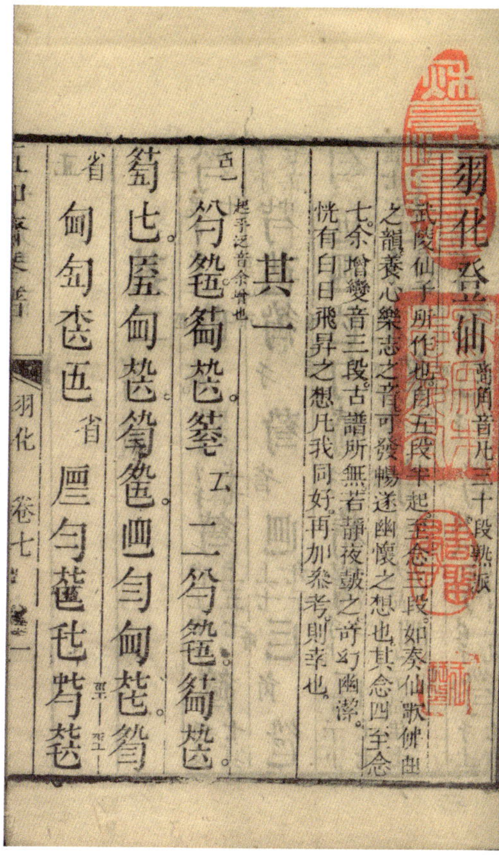

羽化登仙　商角音凡二十段熟派

武陵仙子所作也前五段平起至念一段如泰仙歌律由之韻養心樂志之音可發暢遂幽懷之想也其念四至念七余增變音三段古譜所無若靜夜鼓之奇幻幽深恍有白日飛昇之想凡我同好再加參考則幸也

其一

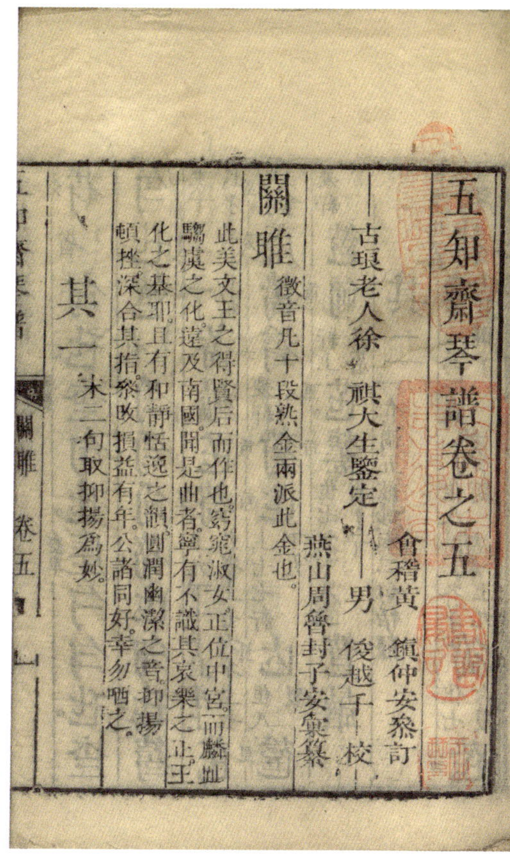

五知齋琴譜卷之五

古琅老人徐　祺大生鑒定　會稽黃　鎮仲安參訂

燕山周魯封子安彙纂　男　俊越千　校

關雎　徵音凡十段熟金兩派此金也

此美文王之得賢后而作也窈窕淑女正位中宮而麟趾騶虞之化遠及南國聞是曲者鮮有不識其哀樂之正王化之基耶且有和靜恬逸之韻圓潤幽潔之音抑揚頓挫深合其指參攷損益有年公諸同好幸勿哂之

其一　末二句取抑揚爲妙

五知斋琴谱

［清］周子安　编

清乾隆刻本

半页七行，行十二字，小字双行二十四字。白口，左右双边。

（豫雅书局　藏）

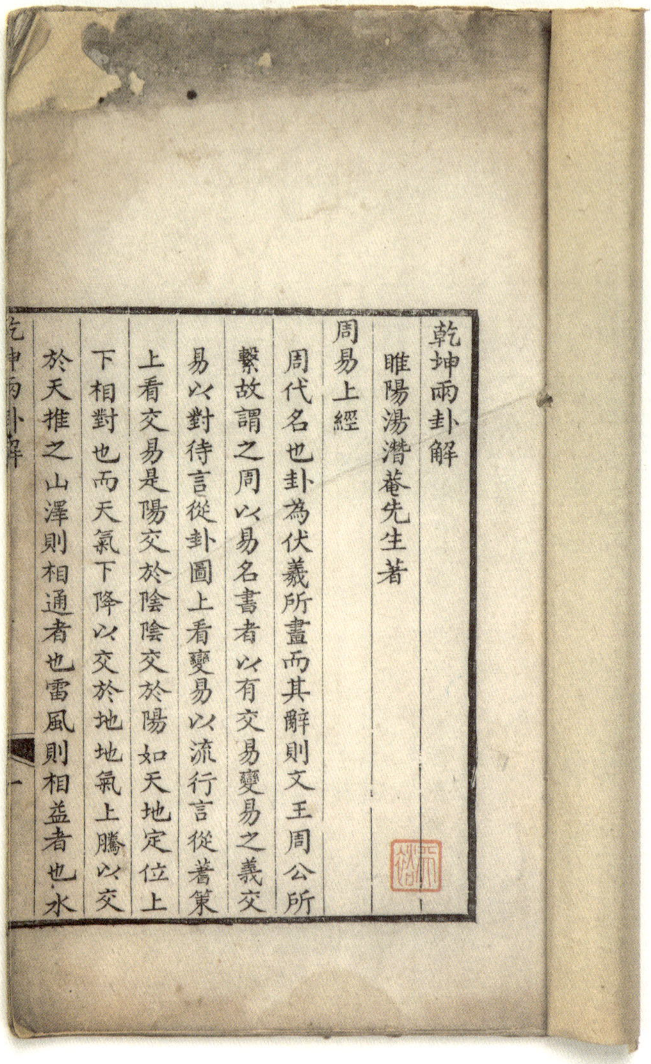

乾坤两卦解

［清］汤斌　撰

清乾隆刻本

框高 16.7 厘米，宽 13 厘米。半页九行，行二十字。白口，四周单边。

（豫雅书局　藏）

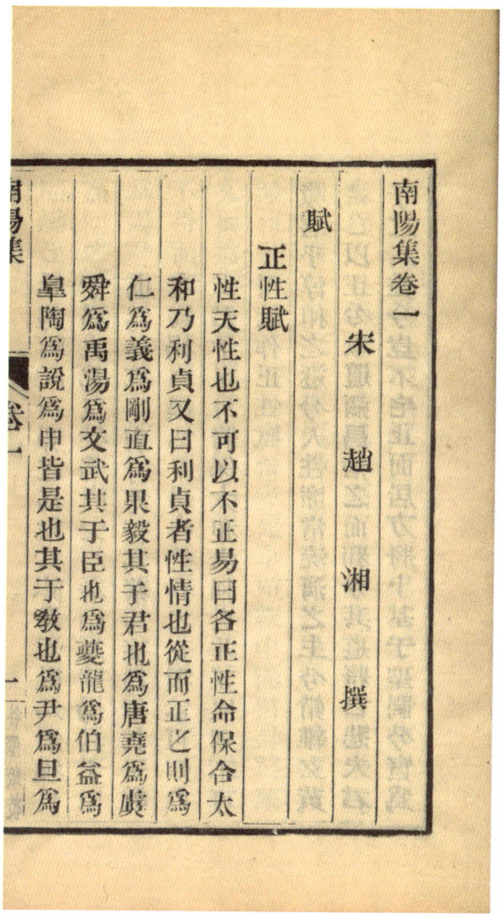
南陽集卷一　宋　趙　湘　撰
賦
正性賦
性天性也不可以不正易曰各正性命保合太
和乃利貞又曰利貞者性情也從而正之則爲
仁爲義爲剛直爲果毅其于君也爲唐堯爲虞
舜爲禹湯爲文武其于臣也爲夔龍爲伯益爲
皋陶爲說爲申皆是也其于教也爲尹爲旦爲
南陽集　卷一　一

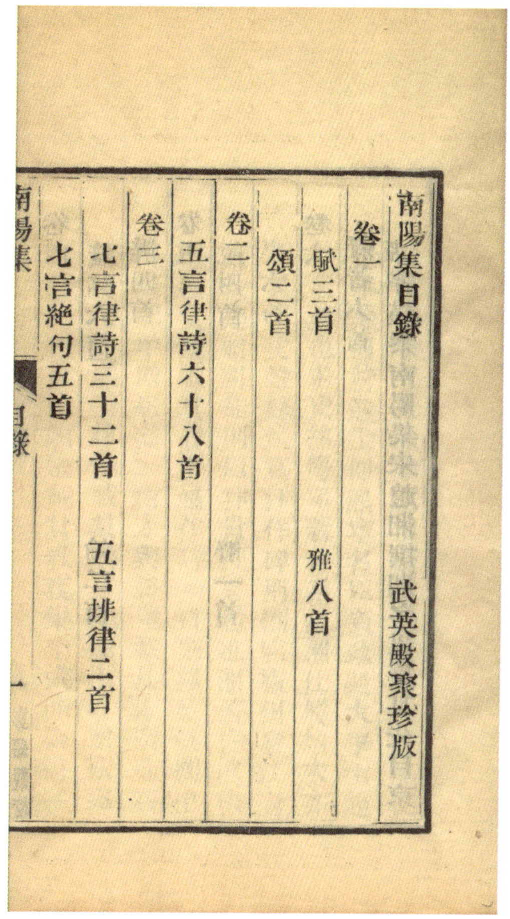
南陽集目錄　武英殿聚珍版
卷一
賦三首　雅八首
頌二首
卷二
五言律詩六十八首
卷三
七言律詩三十二首　五言排律二首
七言絶句五首
南陽集　目錄　一

南阳集

[宋] 赵湘　撰

清乾隆武英殿聚珍活字本

半页九行，行二十一字。白口，单鱼尾，四周双边。

（静观书屋　藏）

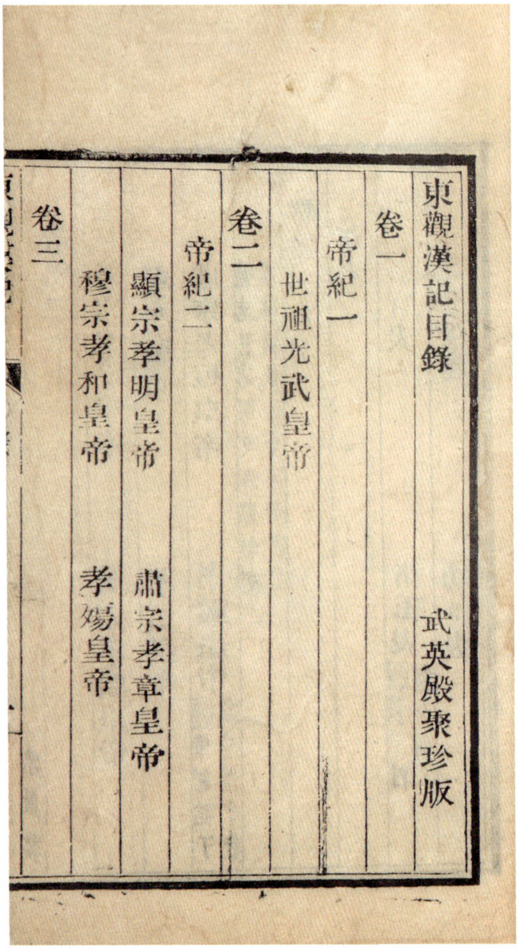
東觀漢記目錄　武英殿聚珍版
卷一
帝紀一
世祖光武皇帝
卷二
帝紀二
顯宗孝明皇帝　肅宗孝章皇帝
穆宗孝和皇帝　孝殤皇帝
卷三

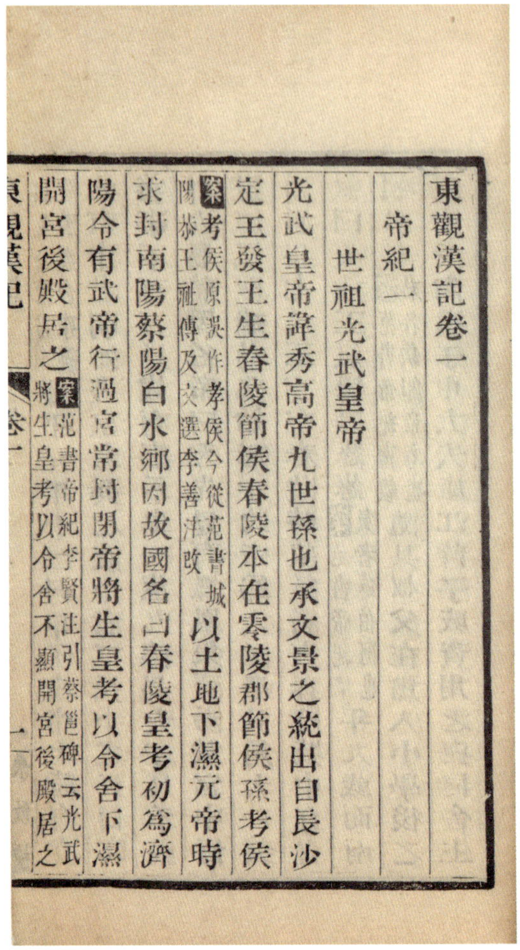
東觀漢記卷一
帝紀一
世祖光武皇帝
光武皇帝諱秀高帝九世孫也承文景之統出自長沙定王發王生舂陵節侯舂陵本在零陵郡節侯孫考侯案考侯原誤作孝侯今從范書城陽恭王祉傳及文選李善注改以土地下濕元帝時求封南陽蔡陽白水鄉因故國名曰舂陵皇考初爲濟陽令有武帝行過宮常封閉帝將生皇考以令舍下濕開宮後殿居之案范書帝紀李賢注引蔡邕碑云光武將生皇考以令舍不顯開宮後殿居之

东观汉记

［汉］班固等　撰

清乾隆武英殿聚珍活字印本

半页九行，行二十一字。白口，单鱼尾，四周双边。

（静观书屋　藏）

姑苏版画　花卉图

清乾隆套印本

（东壁书屋　藏）

姑苏版画　西湖图

清乾隆木刻水印本

（东壁书屋　藏）

避暑山庄版画（上色）

欧洲制铜版画

手工上色。

（东壁书屋　藏）

平定准噶尔回部得胜图

1765 年欧洲铜版画

（东壁书屋　藏）

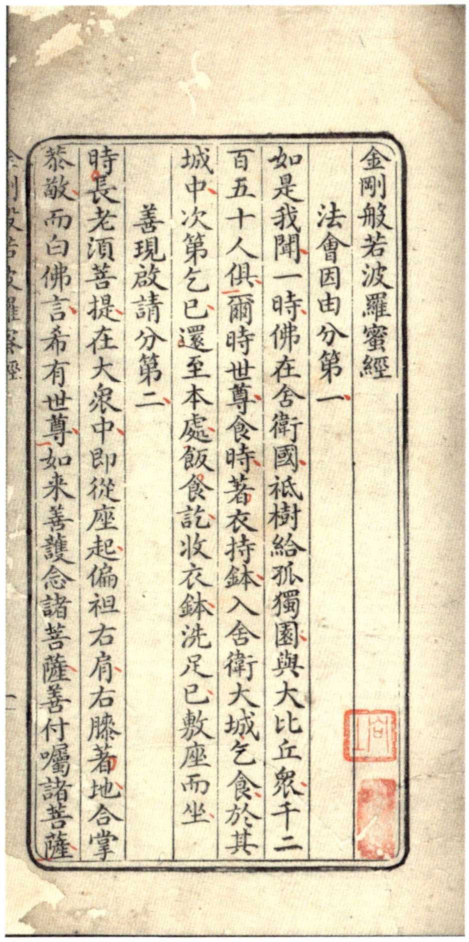

金剛般若波羅蜜經
法會因由分第一
如是我聞一時佛在舍衛國祇樹給孤獨園與大比丘衆千二
百五十人俱爾時世尊食時著衣持鉢入舍衛大城乞食於其
城中次第乞已還至本處飯食訖收衣鉢洗足已敷座而坐
善現啟請分第二
時長老須菩提在大衆中即從座起偏袒右肩右膝著地合掌
恭敬而白佛言希有世尊如来善護念諸菩薩善付囑諸菩薩

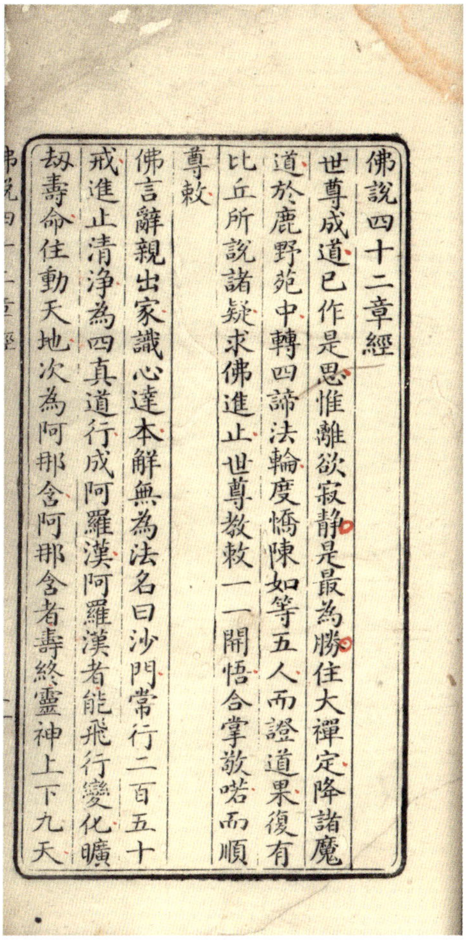

佛說四十二章經
世尊成道已作是思惟離欲寂靜是最為勝住大禪定降諸魔
道於鹿野苑中轉四諦法輪度憍陳如等五人而證道果復有
比丘所說諸疑求佛進止世尊教敕一一開悟合掌敬諾而順
尊敕
佛言辭親出家識心達本解無為法名曰沙門常行二百五十
戒進止清淨為四真道行成阿羅漢阿羅漢者能飛行變化曠
劫壽命住動天地次為阿那含阿那含者壽終靈神上下九天

金刚般若波罗蜜经　佛说四十二章经

清早期刻本

框高 19.7 厘米，宽 10.5 厘米。半页八行，行二十四字。白口，四周双边。

（书蠹舫　藏）

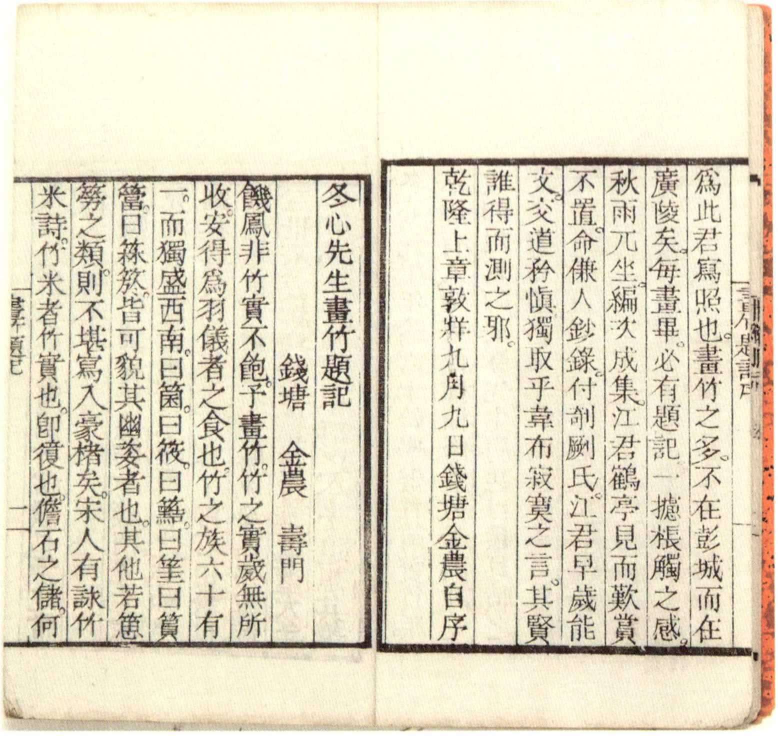

巾箱小品

［清］金农、郑燮等　著

清光绪木活字本

框高 8.8 厘米，宽 7.1 厘米。半页八行，行十六字。白口，

左右双边。

（汲珍阁　藏）

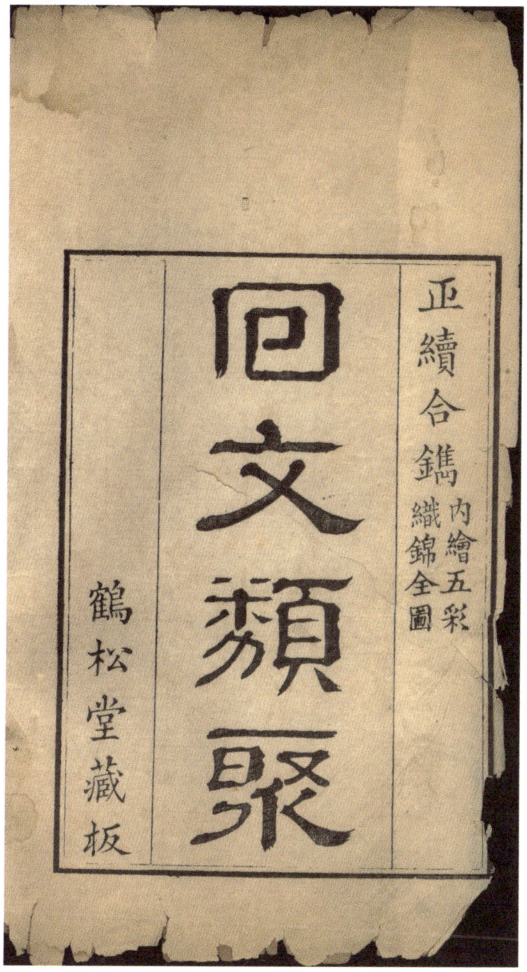
正續合鐫 內繪五彩織錦全圖

回文類聚

鶴松堂藏板

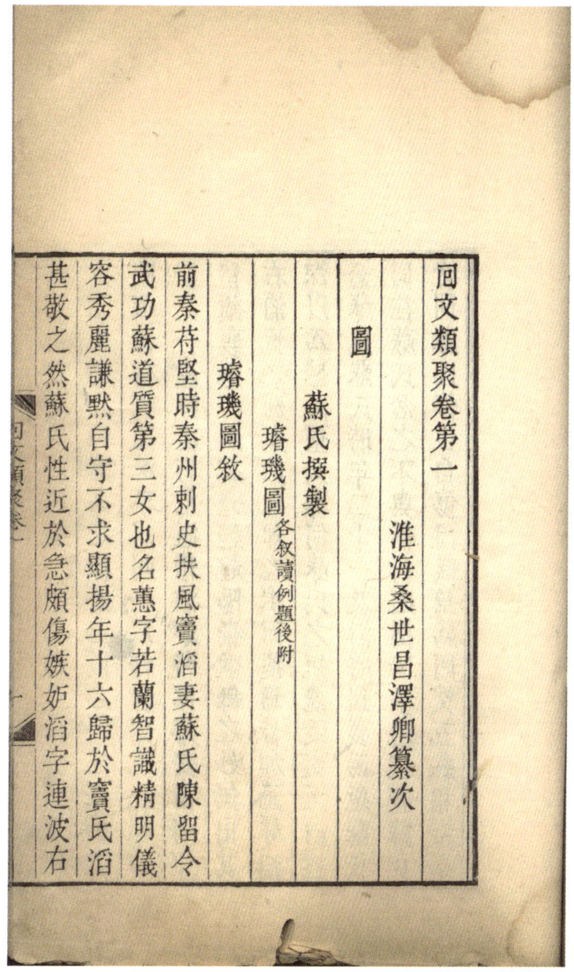
回文類聚卷第一　淮海桑世昌澤卿纂次

圖

蘇氏撰製

璿璣圖各叙讀例題後附

璿璣圖敘

前秦苻堅時秦州刺史扶風竇滔妻蘇氏陳留令武功蘇道質第三女也名蕙字若蘭智識精明儀容秀麗謙默自守不求顯揚年十六歸於竇氏滔甚敬之然蘇氏性近於急頗傷嫉妒滔字連波右

回文类聚

［宋］桑世昌　辑

清中期刻本

框高 17.6 厘米，宽 12.8厘米。半页十行，行十九字。细黑口，左右双边。书首有套色印刷织锦回文。

（汲珍阁　藏）

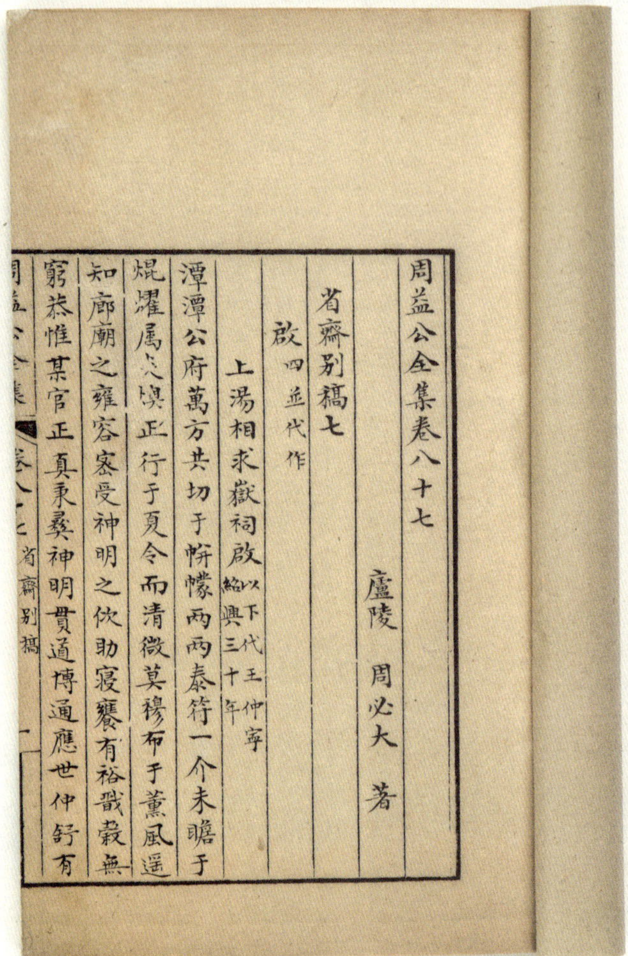
周益公全集卷八十七
廬陵　周必大　著
省齋别稿七
啟四並代作
上湯相求嶽祠啟以下代王仲寧紹興三十年
潭潭公府萬方共切于帡幪兩兩泰符一介未瞻于
焜燿屬炎燠正行于夏令而清微莫穆布于薰風遥
知廊廟之雍容寀受神明之佽助寢饔有裕戩穀無
窮恭惟某官正真秉彝神明貫通博通應世仲舒有
周益公全集　卷八十七　省齋别稿　一

周益公全集

［宋］周必大　著

邱氏三省斋抄本

半页九行，行二十字，小字双行二十字。下黑口，左右双边。

（夏寒江　藏）

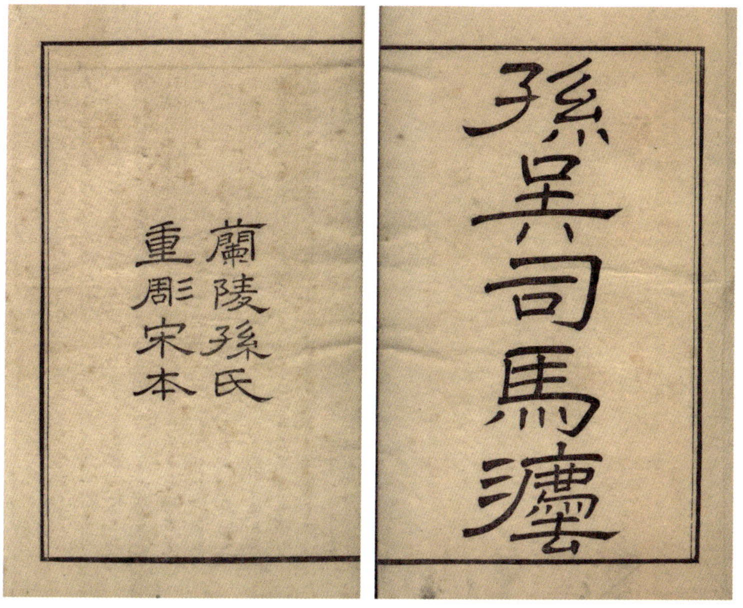

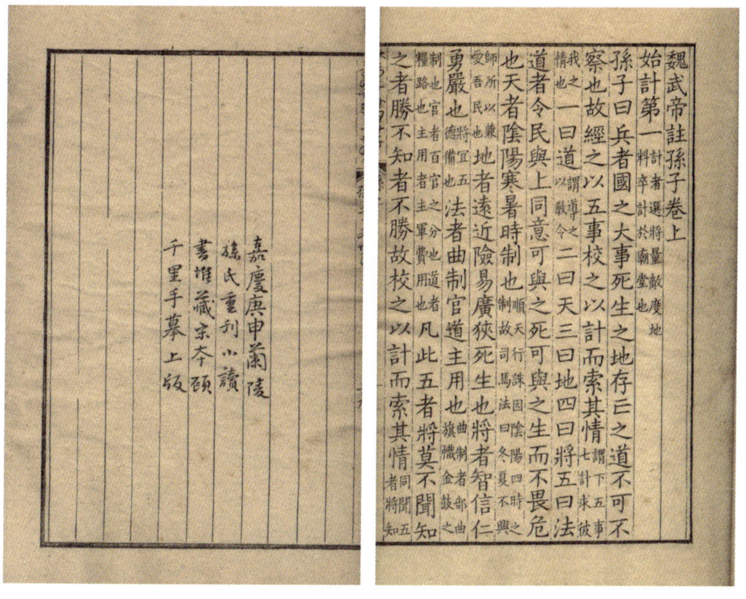

孙吴司马法

［春秋］孙武等 著

清嘉庆五年（1800）兰陵孙星衍刻本

框高 17.2 厘米，宽 11.1 厘米。半页十一行，行二十字，小字双行同。白口，左右双边。卷末牌记题“嘉庆庚申兰陵孙氏重刊小读书堆藏宋本，顾千里手摹上版”。

（书蠹舫　藏）

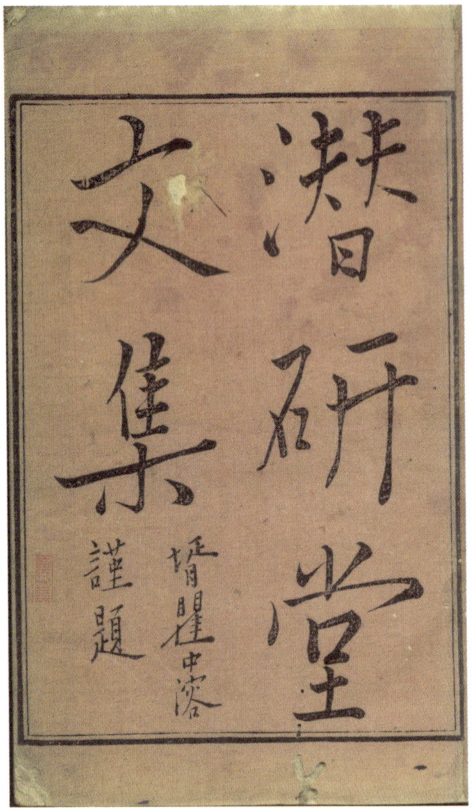

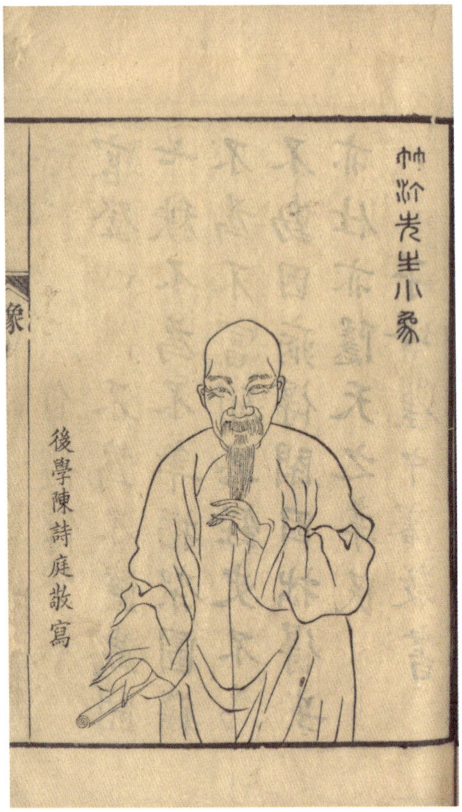

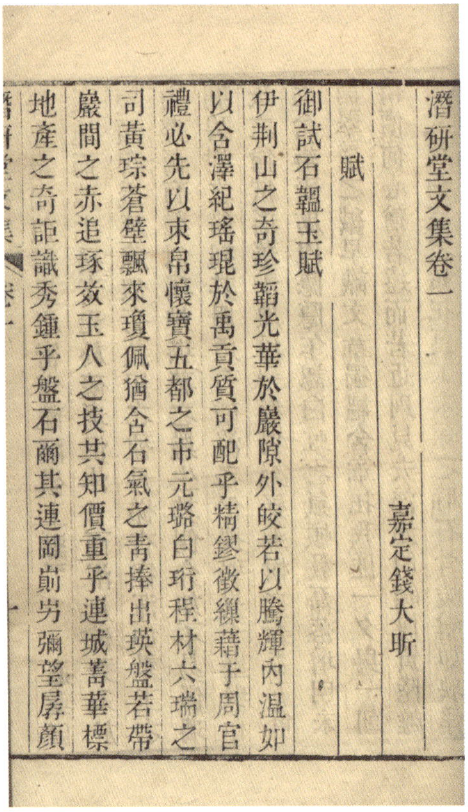
潛研堂文集卷一　　　嘉定錢大昕

賦

御試石韞玉賦

伊荆山之奇珍韜光華於巖隙外皎若以騰輝內溫如以含澤紀瑤琨於禹貢質可配乎精鏐徵纁藉于周官禮必先以束帛懷寶五都之市元璐白珩程材六瑞之司黃琮蒼璧飄來瓊佩猶含石氣之青捧出瑛盤若帶巖間之赤追琢效玉人之技共知價重乎連城菁華標地產之奇詎識秀鍾乎盤石爾其連岡崱屴彌望孱顏

潛研堂文集

［清］钱大昕　著

清嘉庆十一年（1806）刻本

框高 19.5 厘米，宽 13.7 厘米。半页十行，行二十一字。白口，四周单边。

（书蠹舫　藏）

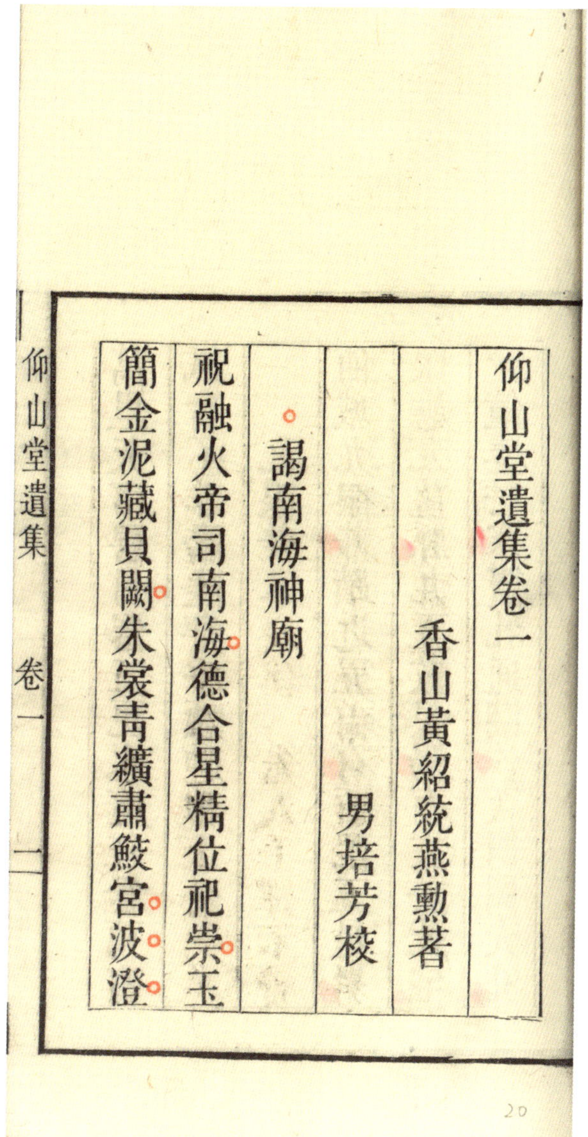

仰山堂遺集卷一

香山黃紹統燕勳著

男培芳校

謁南海神廟

祝融火帝司南海德合星精位祀崇玉

簡金泥藏貝闕朱裳青纊肅鮫宮波澄

仰山堂遺集　卷一　一

20

仰山堂遗集

［清］黄绍统　著　［清］黄培芳　校

清嘉庆刻本

框高 17.1 厘米，宽 13.2 厘米。半页六行，行十五字。白口，双边。

（书蠹舫　藏）

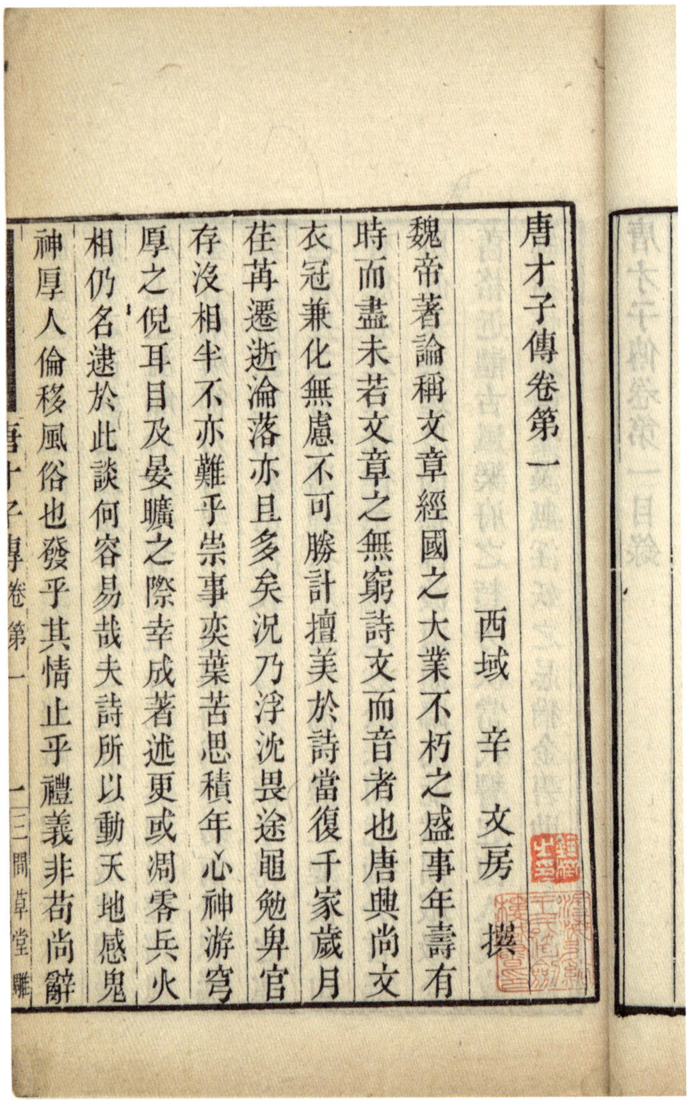
唐才子傳卷第一
西域　辛　文房　撰
魏帝著論稱文章經國之大業不朽之盛事年壽有時而盡未若文章之無窮詩文而音者也唐典尚文衣冠兼化無慮不可勝計擅美於詩當復千家歲月荏苒遷逝淪落亦且多矣況乃浮沈畀途黽勉卑官存沒相半不亦難乎崇事奕葉苦思積年心神游穹厚之倪耳目及晏曠之際幸成著述更或凋零兵火相仍名逮於此談何容易哉夫詩所以動天地感鬼神厚人倫移風俗也發乎其情止乎禮義非苟尚辭
唐才子傳卷第一　一　三間草堂雕

唐才子传

［元］辛文房　撰

清嘉庆三间草堂刻本

框高 17.8 厘米，宽 13.8 厘米。半页十行，行二十字。黑口，左右双边。有“沪海引溪王氏倚剑楼藏书印”“铨济之印”。

（汲珍阁　藏）

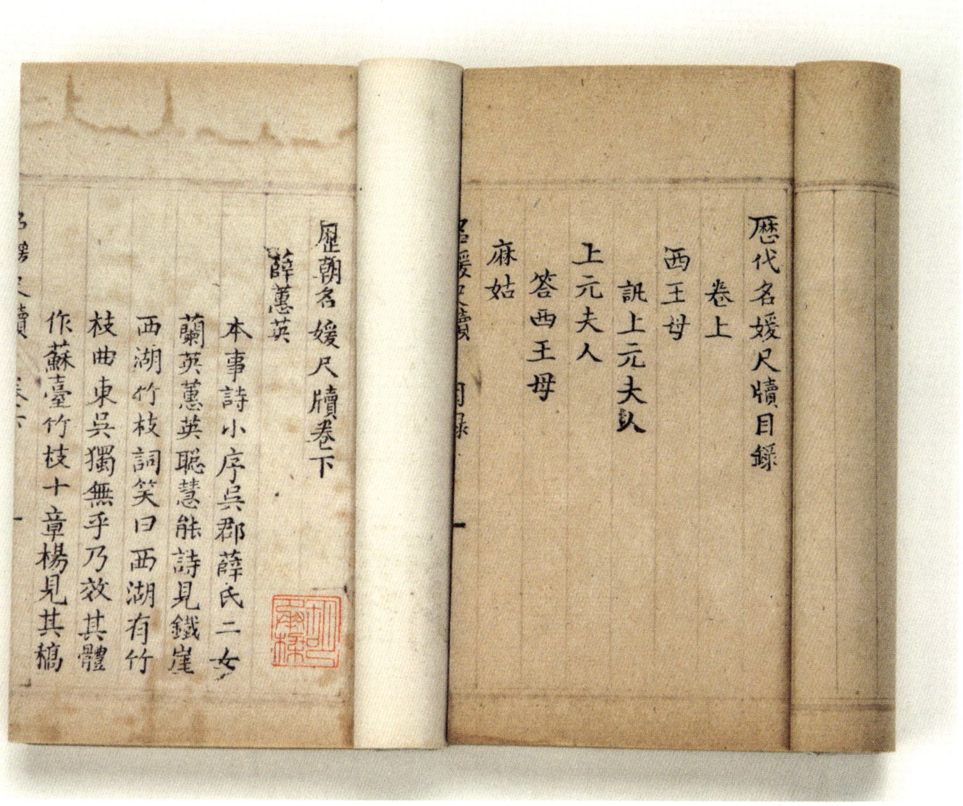

历代名媛尺牍

清中期朱墨套印巾箱本

框高 10.6 厘米，宽 7.1 厘米。半页七行，行十四字。白口，四周双边。

（书蠹舫　藏）

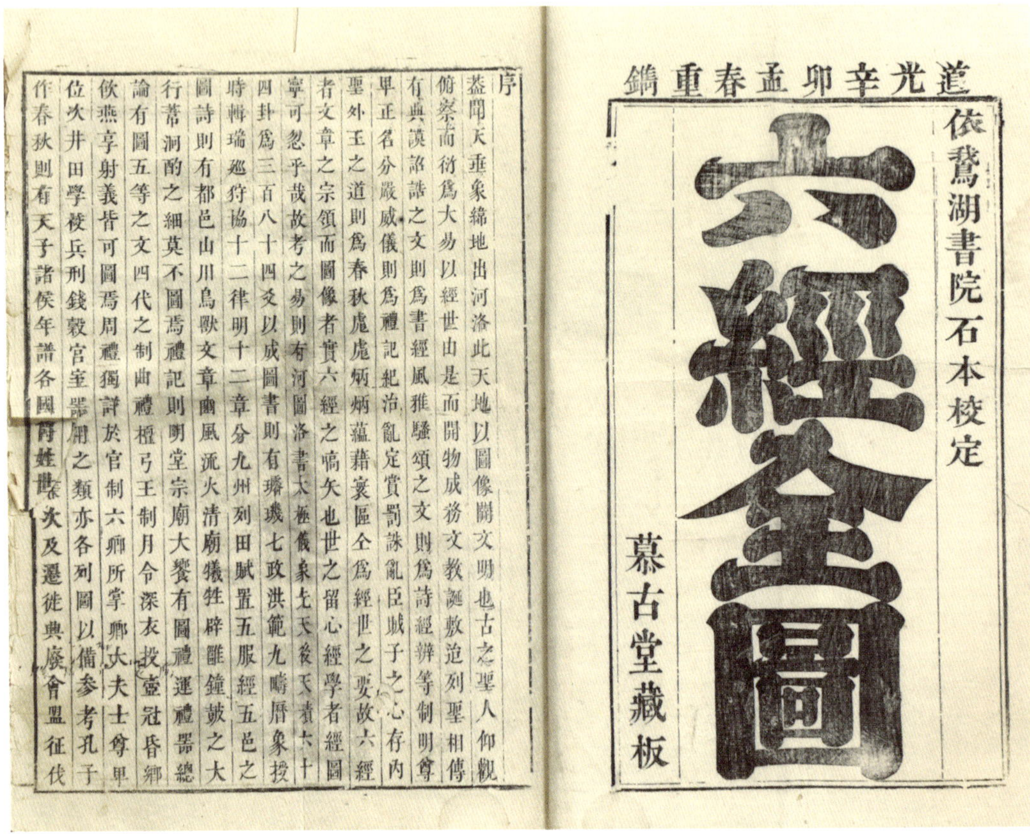
道光辛卯孟春重鐫

依鵞湖書院石本校定

六經全圖

慕古堂藏板

序

葢聞天垂象締地出河洛此天地以圖像闡文明也古之聖人仰觀俯察而衍爲大易以經世由是而開物成務文教誕敷迨列聖相傳有典謨誥誓之文則爲書經風雅騷頌之文則爲詩經辨等制明尊卑正名分嚴威儀則爲禮記紀治亂定賞罰誅亂臣賊子之心存内聖外王之道則爲春秋虍虍炳炳蘊藉裒匯仝爲經世之要故六經者文章之宗領而圖像者實六經之嚆矢也世之留心經學者經圖寧可忽乎哉故考之易則有河圖洛書太極儀象先天後天貴六十四卦爲三百八十四爻以成圖書則有璿璣七政洪範九疇曆象授時輯瑞廵狩協十二律明十二章分九州列田賦置五服經五邑之圖詩則有都邑山川鳥獸文章豳風流火清廟犧牲辟雝鐘鼓之大行葦泂酌之細莫不圖焉禮記則明堂宗廟大饗有圖禮運禮器總論有圖五等之文四代之制曲禮檀弓王制月令深衣投壺冠昏鄉飲燕享射義皆可圖焉周禮獨詳於官制六卿所掌卿大夫士尊卑位次井田學校兵刑錢穀宮室器用之類亦各列圖以備參考孔子作春秋則有天子諸侯年譜各國爵姓世次及遷徙興廢會盟征伐

六经全图

[清] 牟钦元　辑

清道光辛卯年（1831）慕古堂刻本

框高 43 厘米，宽 30.6 厘米。行格不定，字不定。

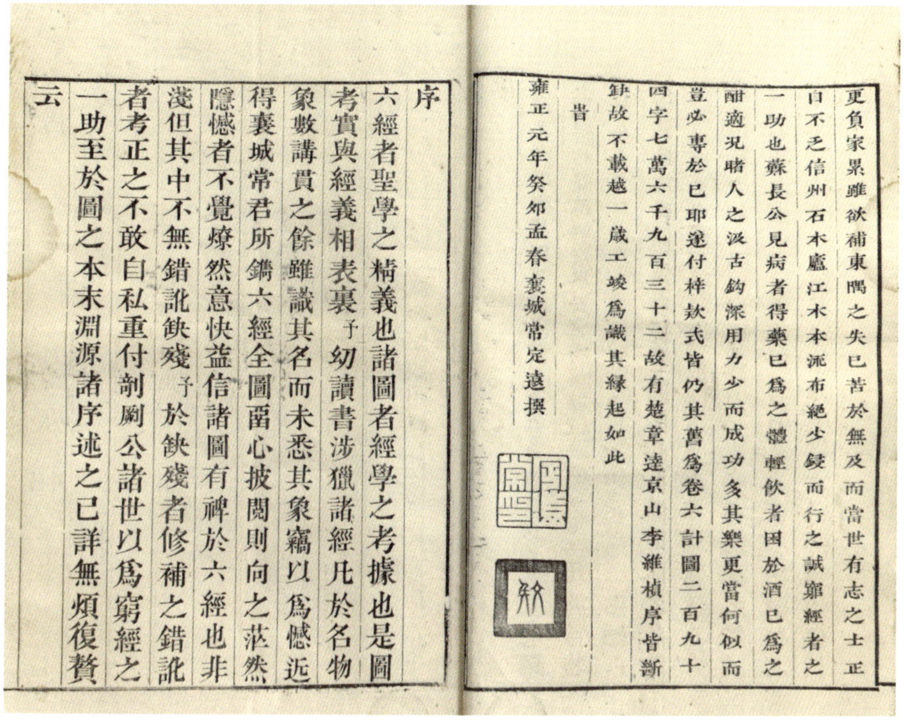
更負家累雖欲補東隅之失已苦於無及而當世有志之士正目不乏信州石木廬江木本派布絕少錢而行之誠窮經者之一助也蘇長公見病者得藥已爲之體輕飲者困於酒已爲之酣適況睹人之汲古鈎深用力少而成功多其樂更當何似而豈必專於己耶遂付梓款式皆仍其舊爲卷六計圖二百九十四字七萬六千九百三十二故有楚章逵京山李維楨序皆斷缺故不載越一歲工竣爲識其緣起如此

旹

雍正元年癸卯孟春襄城常定遠撰

序

六經者聖學之精義也諸圖者經學之考據也是圖考實與經義相表裏予幼讀書涉獵諸經凡於名物象數講貫之餘雖識其名而未悉其象竊以爲憾近得襄城常君所鐫六經全圖函心披閱則向之茫然隱憾者不覺燎然意快益信諸圖有裨於六經也非淺但其中不無錯訛缺殘予於缺殘者修補之錯訛者考正之不敢自私重付剞劂公諸世以爲窮經之一助至於圖之本末淵源諸序述之已詳無煩復贅云

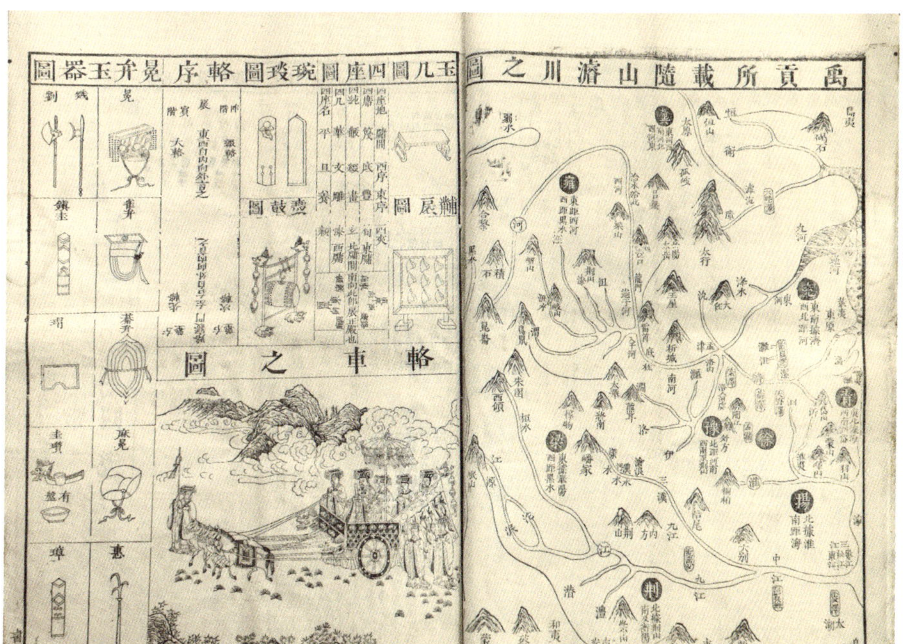

（书蠹舫　藏）

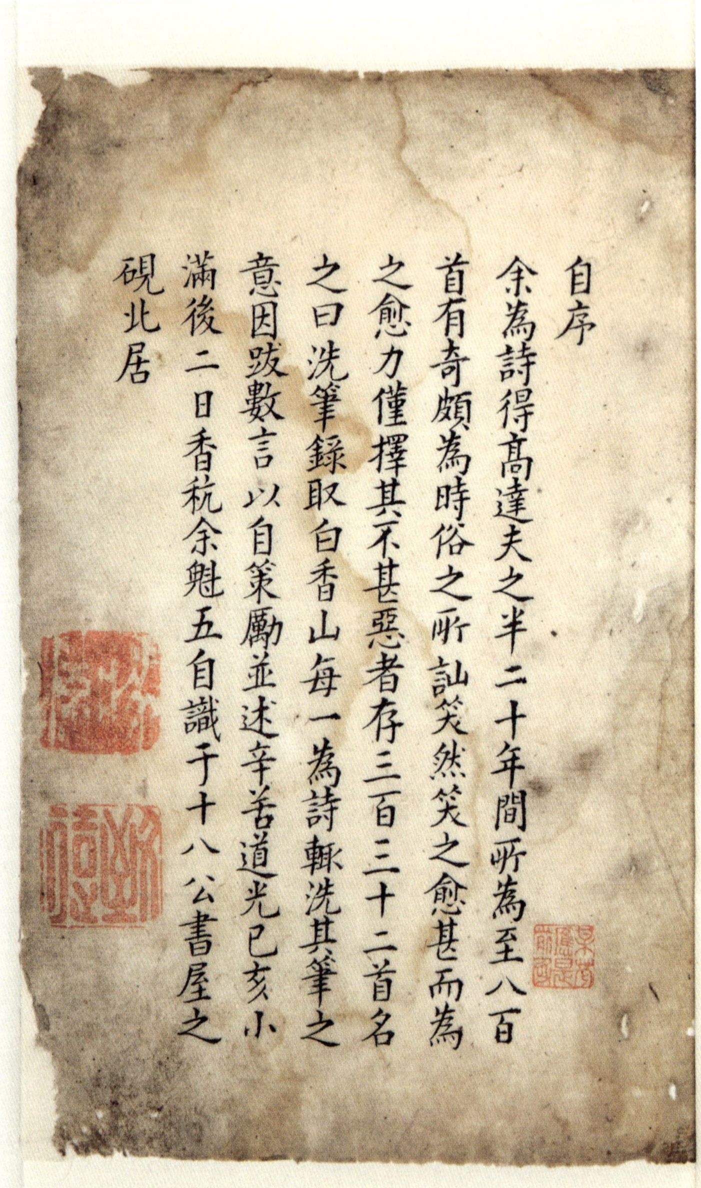

自序

余為詩得高達夫之半二十年間所為至八百首有奇頗為時俗之所訕笑然笑之愈甚而為之愈力僅擇其不甚惡者存三百三十二首名之曰洗筆錄取白香山每一為詩輙洗其筆之意因跋數言以自策勵並述辛苦道光己亥小滿後二日香杭余魁五自識于十八公書屋之硯北居

洗笔录

［清］余魁五　著

清道光十九年（1839）宝丰县余魁五砚北居稿本

半页九行，行十八字，小字双行十八字。白口，无版框。

受業 楊 淮編
丁 旭校

洗筆錄卷一

寶豐余魁五冠多著

五古

偶成 耿東山評水到渠成卓有家數

一日復一日一月復一月相推而明生輪廻無休歇百年斯須耳當及時補闕毋效殷深源怪事常咄咄 東山評欲覺聞晨鐘令人發深省

人生百年内夜常居其半孳孳聞雞起所為在平旦善利一分途遂將舜蹠判人禽本幾希能

(致道堂　藏)

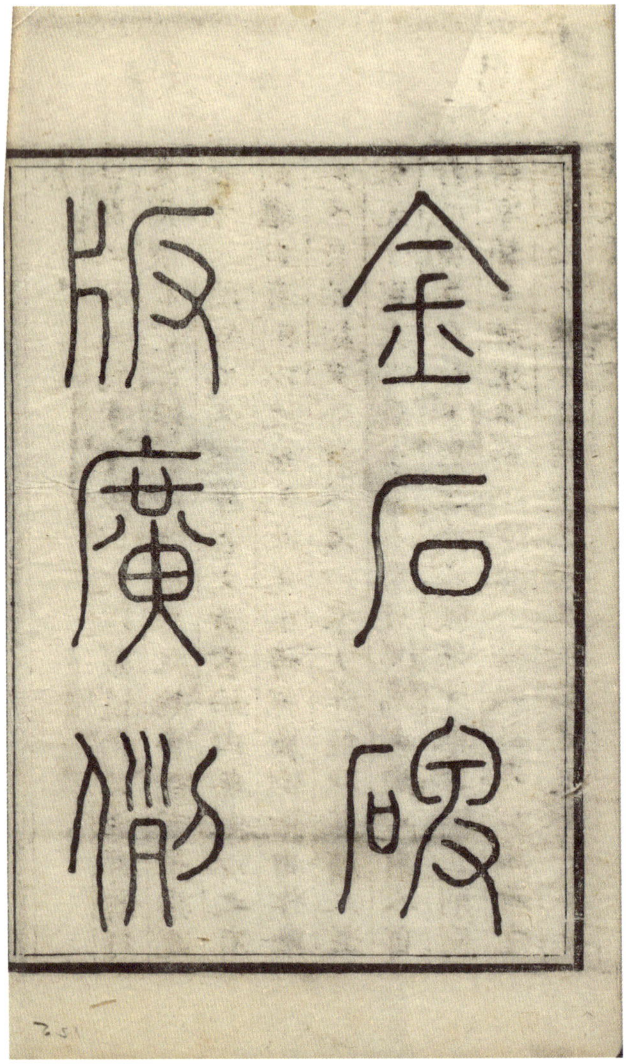

碑版文广例

［清］王芑孙　撰

清道光二十一年（1841）刻本

框高 17.5 厘米，宽 13.5 厘米。半页十行，行二十字。

白口，左右双边。

碑版文廣例卷一

長洲王芑孫念豐輯

吾以文章正統與韓歐矣顧乃上追秦漢而尤詳於漢何也昌黎言之矣非三代兩漢之書不敢觀兩漢之書昌黎固嘗熟觀而取法焉弗敢弗詳也詳於漢而見諸司馬班氏書者略弗道何也此爲承學治古文者言世無承學治古文而未讀司馬班氏書者也然則方以昌黎孕諸漢烏在其以正統與韓歐也觀乎漢而後知韓歐之道之難韓歐之文之貴也古文莫貴乎事

（书蠹舫　藏）

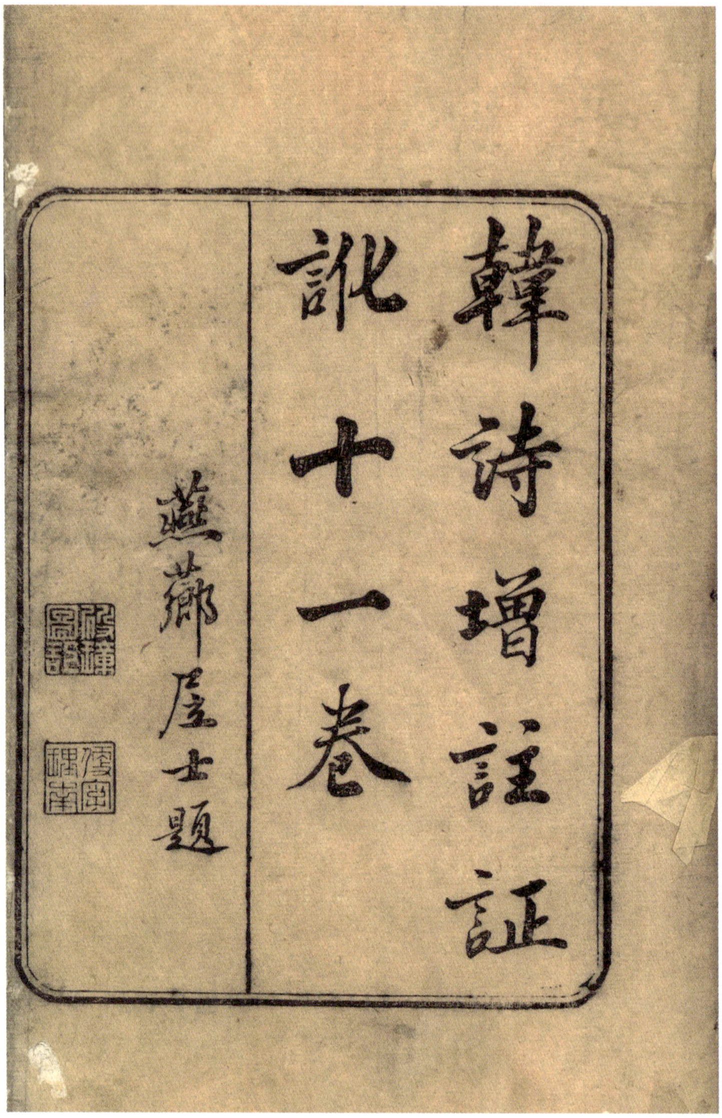

昌黎先生诗增注证讹

［唐］韩愈　著　［清］顾嗣立　删补　［清］黄钺　增注证讹

清咸丰七年（1857）二客轩刻本

框高 19.3 厘米，宽 14.8 厘米。半页十一行，行二十字，小字六十。白口，左右双边。

昌黎先生詩增注証訛卷第一

長洲顧　嗣立　俠君　刪補

當塗黃　鉞　左田　增注証訛

男中民　校刊

古詩三十一首

元和聖德詩 幷序

【嗣立補注】唐書憲宗皇帝紀。帝。順宗長子。永貞元年八月詔立為皇帝。乙巳即位。癸丑。劍南西川行軍司馬劉闢自稱留後。十一月壬申。夏綏銀節度留後楊惠琳反。元和元年三月辛巳。惠琳伏誅。九月辛亥。克成都。十月戊子。闢伏誅。二年正月己丑。朝獻于太清宮。庚寅。朝享于太廟。辛卯。有事于南郊。大赦。

臣愈頓首再拜言。一有曰字臣伏見皇帝陛下即位已來。誅流姦臣。【嗣立補注】舊唐書順宗紀。八月庚子。詔冊皇太子即皇帝位。壬寅。貶右散騎常侍王伾為開州司馬。前戶部侍郎度支鹽鐵轉運使

（书蠹舫　藏）

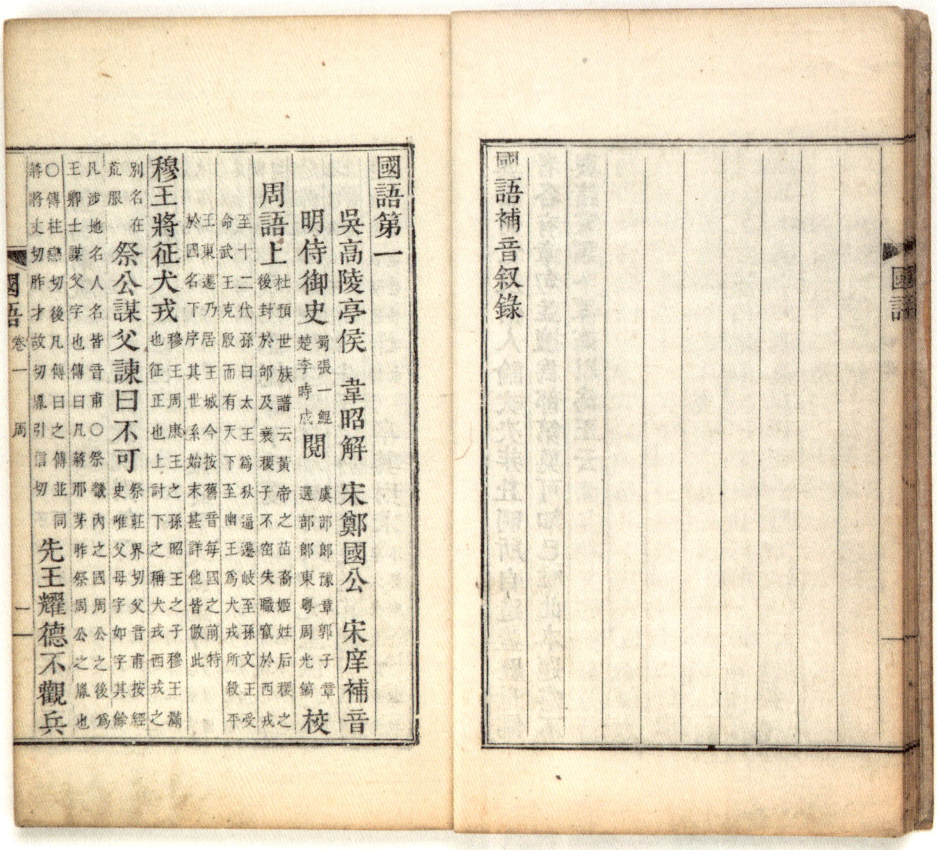

国语

［三国吴］韦昭　注　［宋］宋庠　补音

清咸丰九年（1859）朝鲜内府铜活字印本

半页十行，行二十字，小字双行同。白口，四周双边。

（致道堂　藏）

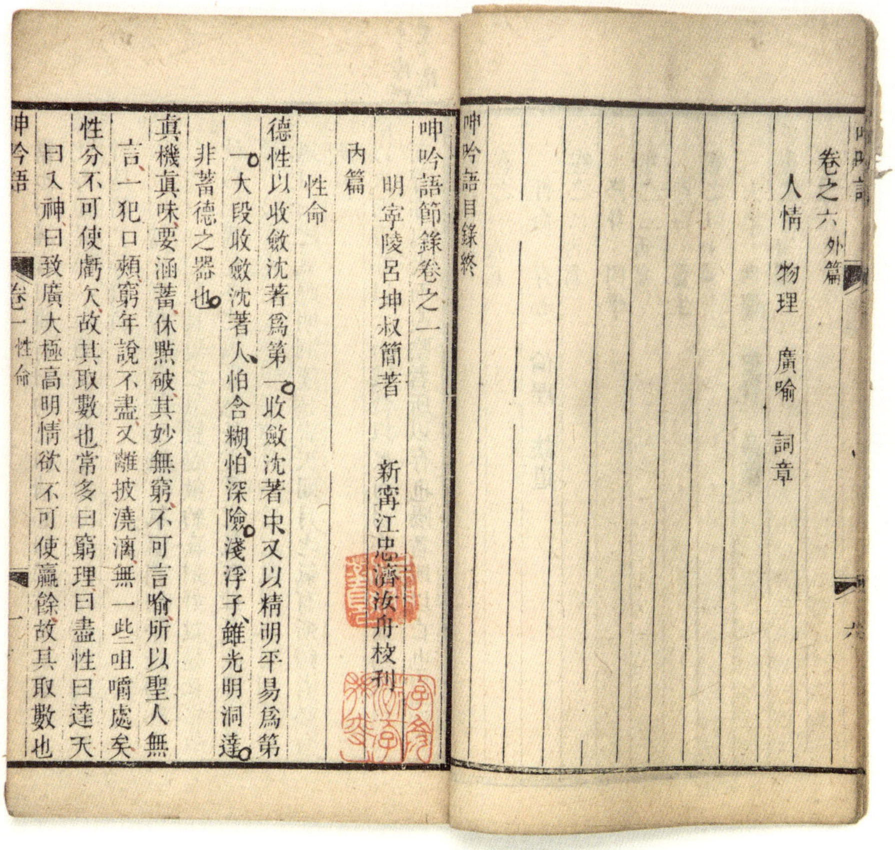

呻吟语节录

［明］吕坤　著

清咸丰六年（1856）长沙刻本

半页十一行，行二十三字。白口，左右双边。

（有书馆　藏）

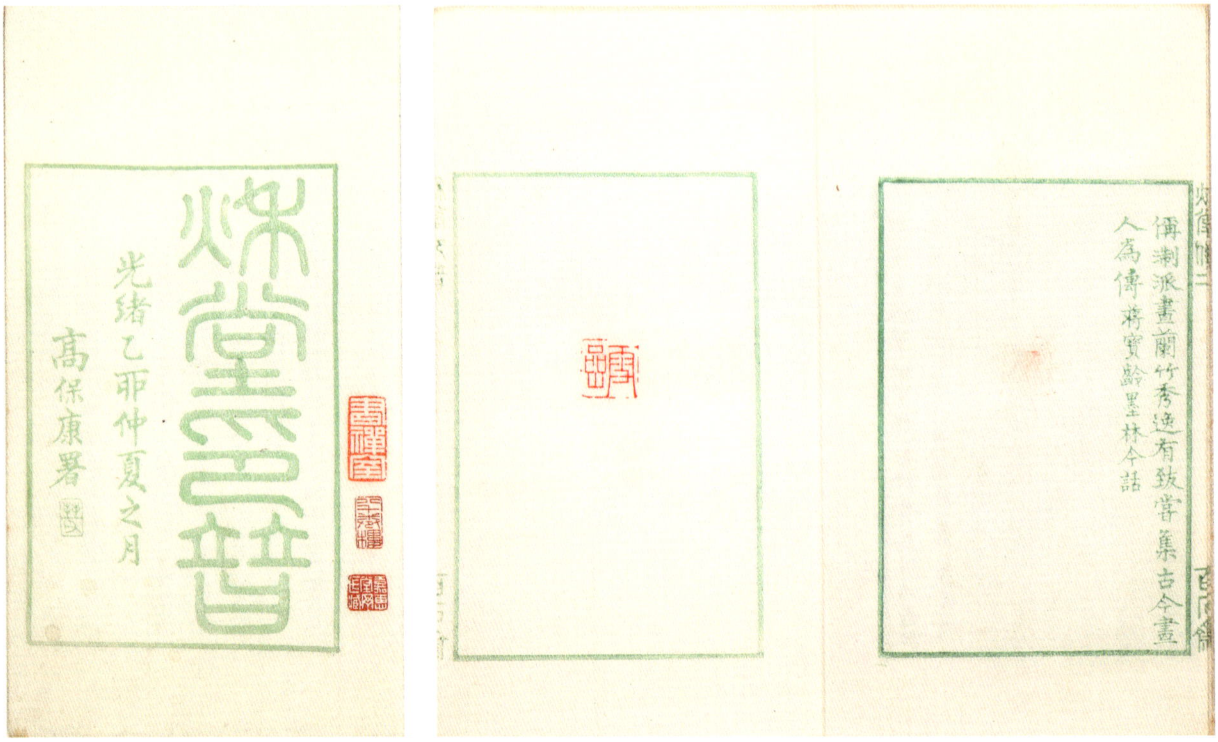

西泠四家印谱

［清］丁丙　辑

清光绪（1885）丁氏百石斋绿印钤印本

书内含丁敬《龙泓山人印谱》、蒋仁《吉罗居士印谱》、奚冈《蒙泉外史印谱》、黄易《秋影盦主印谱》、陈豫钟《秋堂印谱》、陈鸿寿《曼生印谱》、赵之琛《次闲印谱》，共收七家印蜕二百七十余方，每页一印，间拓边款。框高 17.3 厘米，宽 11.6 厘米。绿印边栏。有“八千卷楼”“嘉惠堂丁氏藏”“书禅室”等藏印。

（汲珍阁　藏）

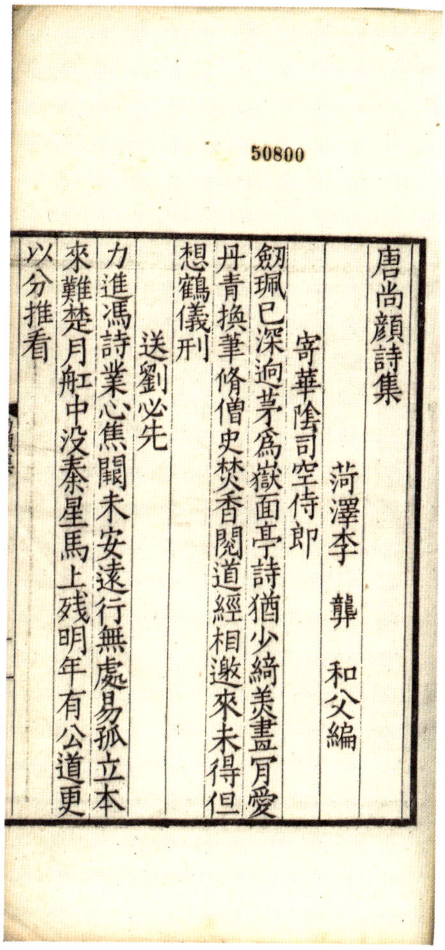
50800

唐尚顏詩集

菏澤李　龏　和父編

寄華陰司空侍郎

劔珮已深逈茅爲嶽面亭詩猶少綺美晝冝愛

丹青換筆脩僧史焚香閱道經相邀來未得但

想鶴儀刑

送劉必先

力進馮詩業心焦關未安遠行無處易孤立本

來難楚月舡中没秦星馬上殘明年有公道更

以分推看

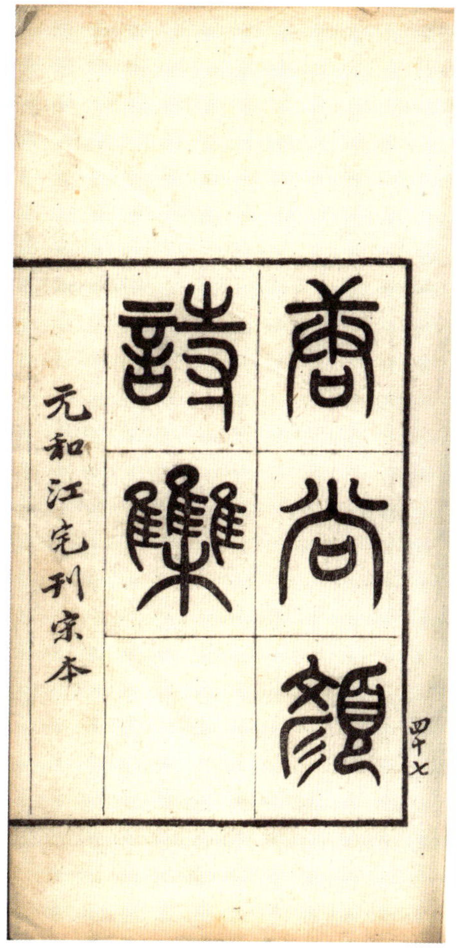
唐尚顏詩集

元和江宨刊宋本

四十七

唐尚颜诗集

［唐］尚颜　撰　［宋］阮逸　注

清光绪二十一年（1895）元和江标灵鹣阁影宋刻本

框高 17.8 厘米，宽 12.8 厘米。半页十行，行十八字。白口，左右双边。

（书蠹舫　藏）

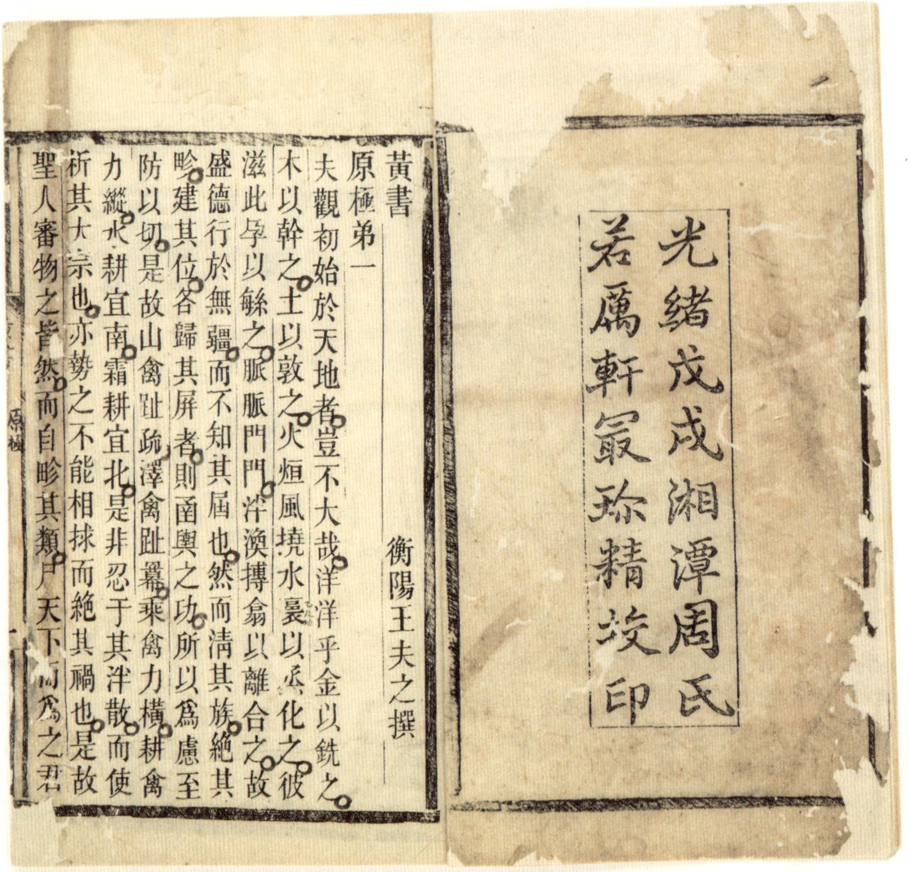

黄书

［明］王夫之　撰

清光绪戊戌（1898）湘潭周氏若厉轩木活字印本

框高 23 厘米，宽 13.5 厘米。半页十一行，行十九字。黑口，四周单边，黑鱼尾。

（汲珍阁　藏）

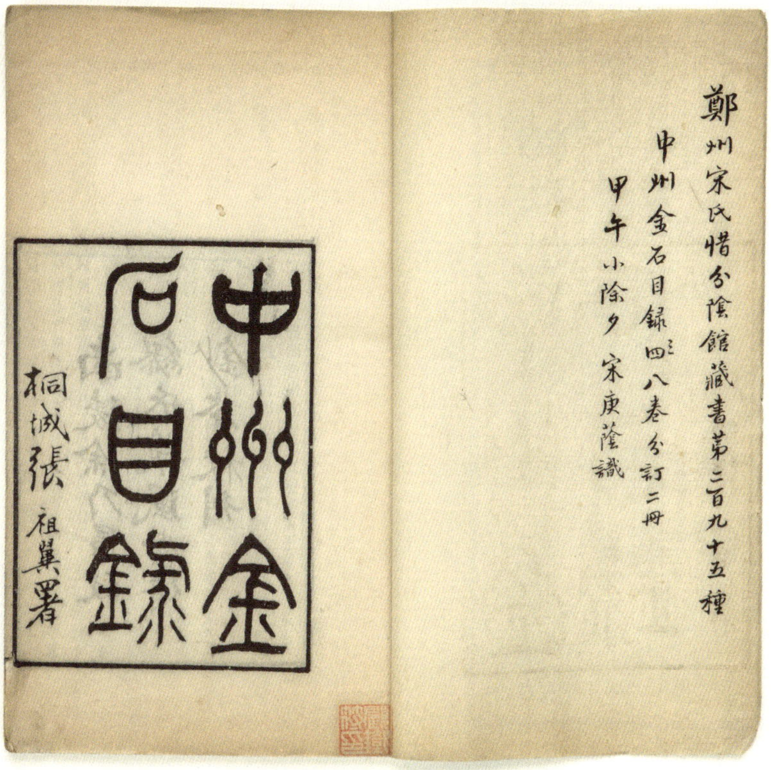

中州金石目录

［清］杨铎　辑

清光绪徐乃昌刻本

半页十一行，行二十一字，小字双行同。黑口，左右双边。

（访书坊　藏）

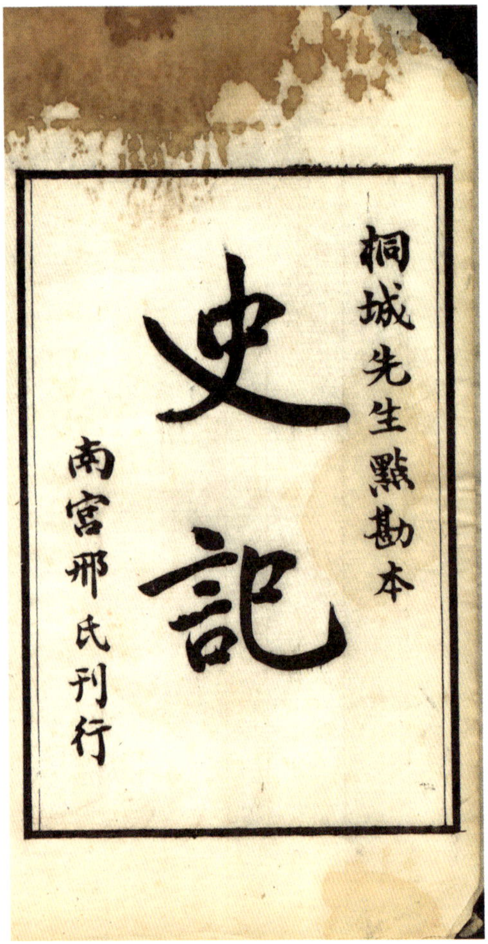
桐城先生點勘本

史記

南宮邢氏刊行

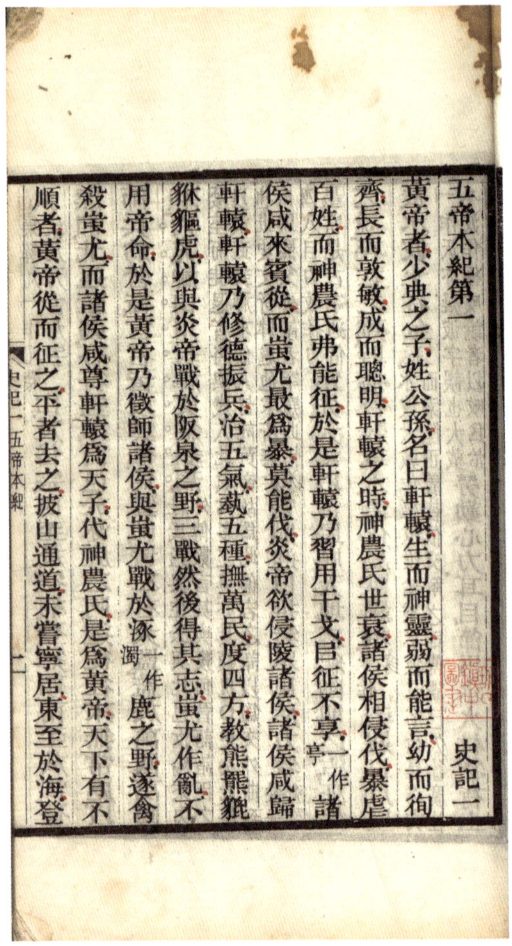
五帝本紀第一　史記一

黃帝者少典之子姓公孫名曰軒轅生而神靈弱而能言幼而徇齊長而敦敏成而聰明軒轅之時神農氏世衰諸侯相侵伐暴虐百姓而神農氏弗能征於是軒轅乃習用干戈以征不享一作亨諸侯咸來賓從而蚩尤最爲暴莫能伐炎帝欲侵陵諸侯諸侯咸歸軒轅軒轅乃修德振兵治五氣蓺五種撫萬民度四方教熊羆貔貅貙虎以與炎帝戰於阪泉之野三戰然後得其志蚩尤作亂不用帝命於是黃帝乃徵師諸侯與蚩尤戰於涿一作濁鹿之野遂禽殺蚩尤而諸侯咸尊軒轅爲天子代神農氏是爲黃帝天下有不順者黃帝從而征之平者去之披山通道未嘗寧居東至於海登

史記一　五帝本紀　一

桐城先生点勘本史记

［汉］司马迁　撰　［清］吴汝纶　点勘

清宣统元年（1909）南宫邢之襄刻本

框高 19.8 厘米，宽 14.6 厘米。半页十行，行二十五字，小字双行同。白口，左右双边。

（书囊舫　藏）

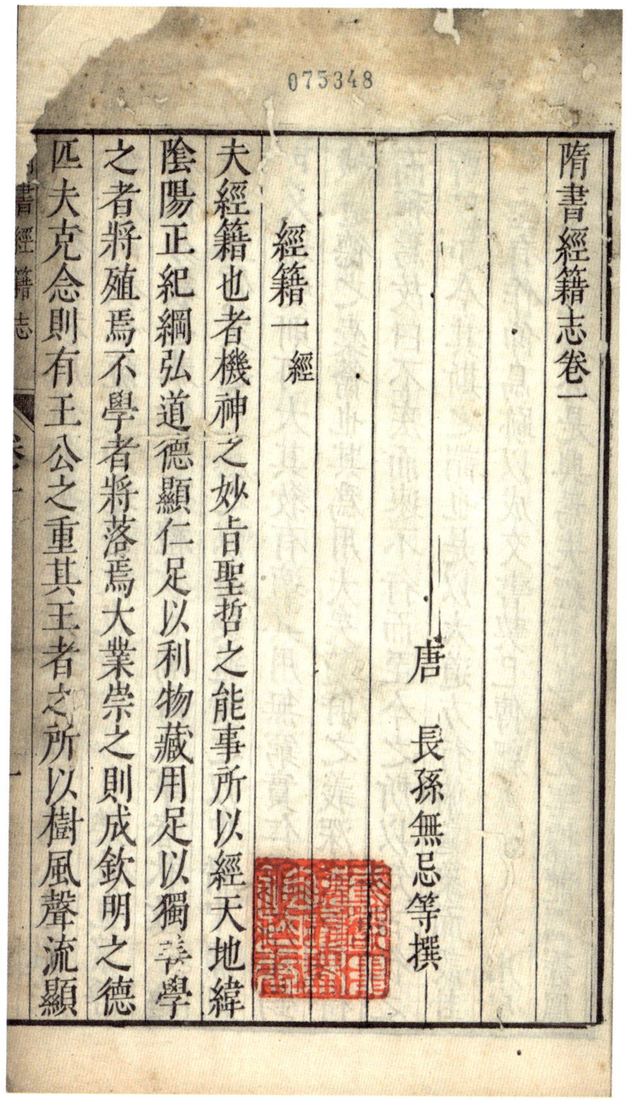
075348

隋書經籍志卷一

唐　長孫無忌等撰

經籍一　經

夫經籍也者機神之妙旨聖哲之能事所以經天地緯陰陽正紀綱弘道德顯仁足以利物藏用足以獨善學之者將殖焉不學者將落焉大業崇之則成欽明之德匹夫克念則有王公之重其王者之所以樹風聲流顯

隋书经籍志

［唐］长孙无忌等　撰

清刻本

框高 22.2 厘米，宽 15.4 厘米。半页十行，行二十一字。白口，左右双边。

（汲珍阁　藏）

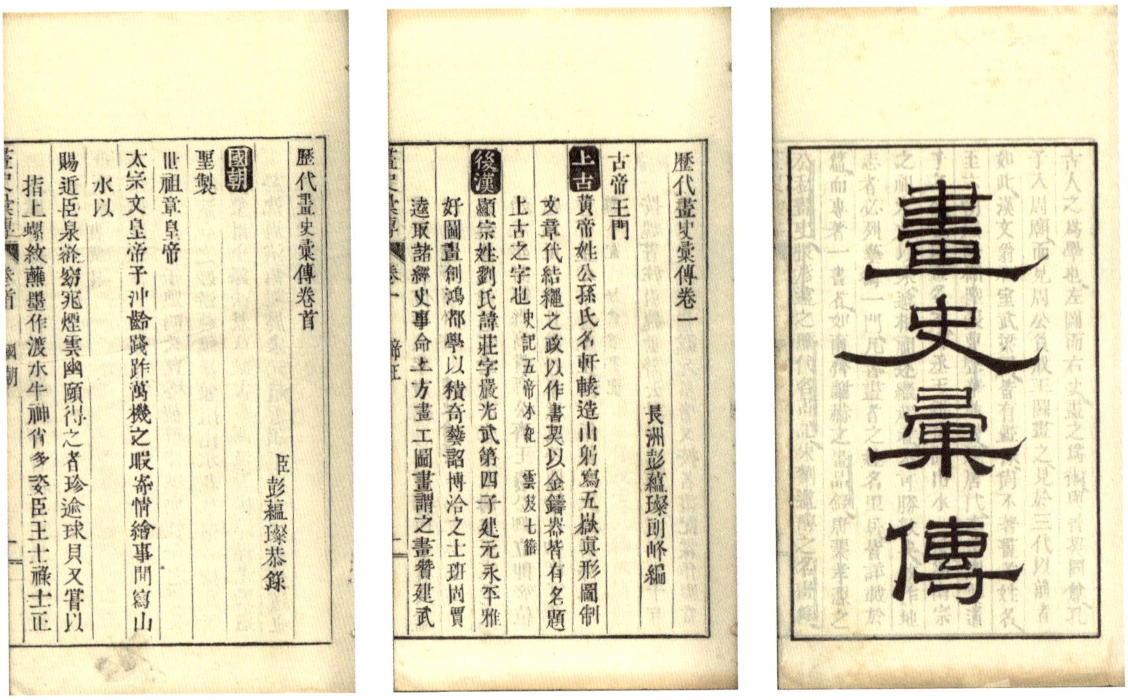

历代画史汇传

[清] 彭蕴璨　录

清木活字刊本

框高 19.1 厘米，宽 12.5 厘米。半页九行，行二十一字，小字双行同。白口，左右双边。

（书蠹舫　藏）

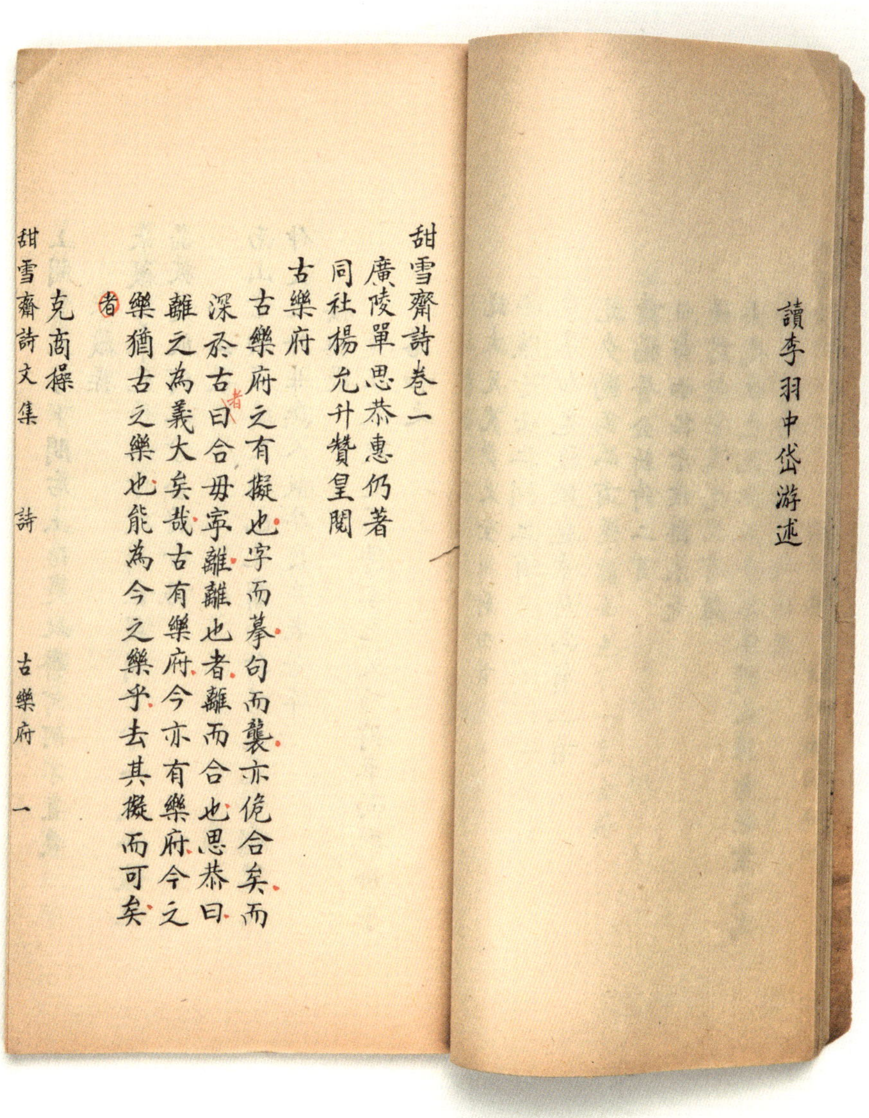

甜雪斋诗文集

［明］单思恭　著　［明］杨允升　阅

清未刊稿本

无框格。半页十行，行二十字。

（书蠹舫　藏）

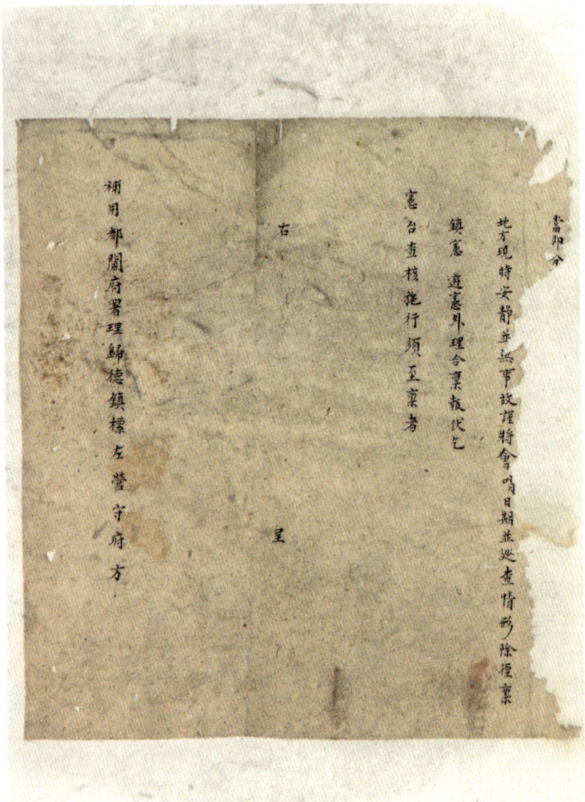

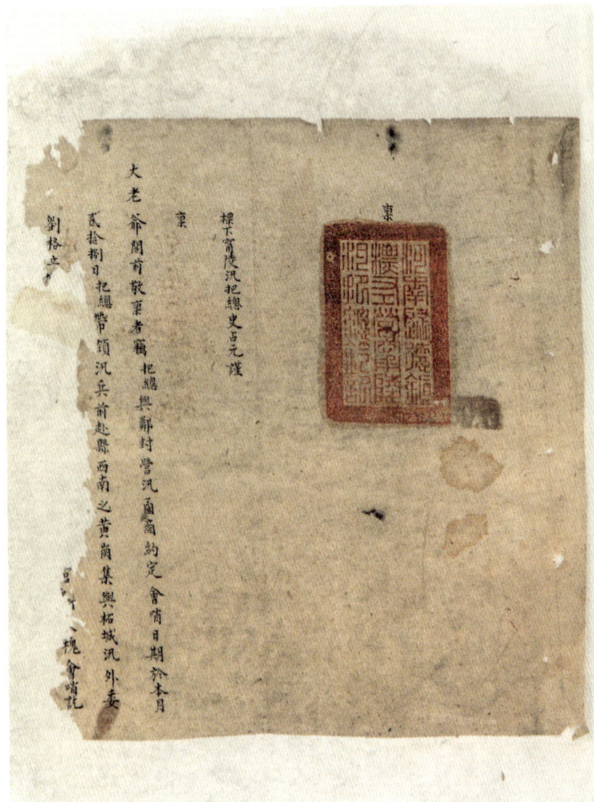

清代归德府黄河防汛营档案

清写本

尺寸不一。

河运关乎国运。黄河治理始终体现了历朝独特的政治特色。此件藏品是在国家治理视角下的黄河治理护卫史的重要代表性文物。历史一次又一次证明，“国运”盛则“河运”兴。

（路坦　藏）

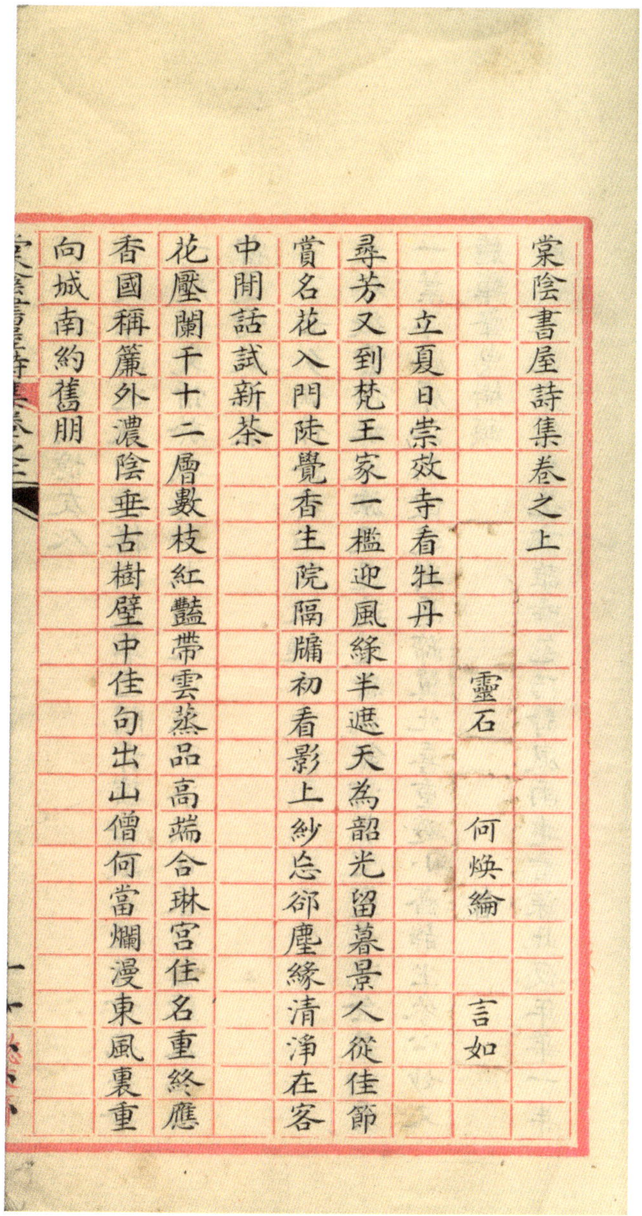

棠陰書屋詩集卷之上

靈石　何煥綸　言如

立夏日崇效寺看牡丹

尋芳又到梵王家一檻迎風綠半遮天為韶光留暮景人從佳節賞名花入門陡覺香生院隔牖初看影上紗忘卻塵緣清淨在客中閒話試新茶

花壓闌干十二層數枝紅豔帶雲蒸品高端合琳宮住名重終應香國稱簾外濃陰垂古樹壁中佳句出山僧何當爛漫東風裏重向城南約舊朋

棠阴书屋诗集

［清］何焕纶　撰

清光绪誊清稿

半页九行，行二十五字。白口，四周双边。用懿文斋红格纸抄写。

（豫雅书局　藏）

黄河图

清手绘本

宽 47 厘米，长 850 厘米。

描绘了黄河下游，主要是山东段到入海口的河流走向以及沿河城镇、河流的缓急等。

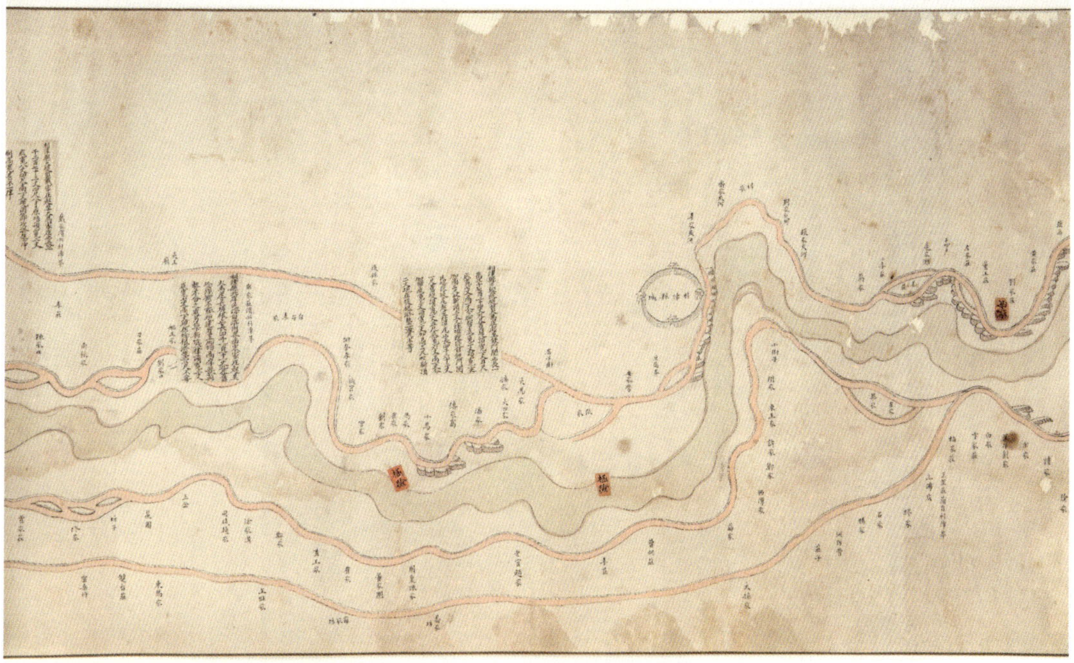

（私人收藏）

绘像往生法宝宝忏

清雕版

此雕版手写上板，雕刻精美。整体构图和谐雅致，以圆形往生法宝经咒为主体，经文内容为《金刚般若波罗蜜经》四句偈语。上方正中为释迦牟尼佛主佛，线条流畅，整体保存完好。此件雕版为研究民间佛教版刻提供了宝贵实物依据，十分难得。

（文藪山房　藏）

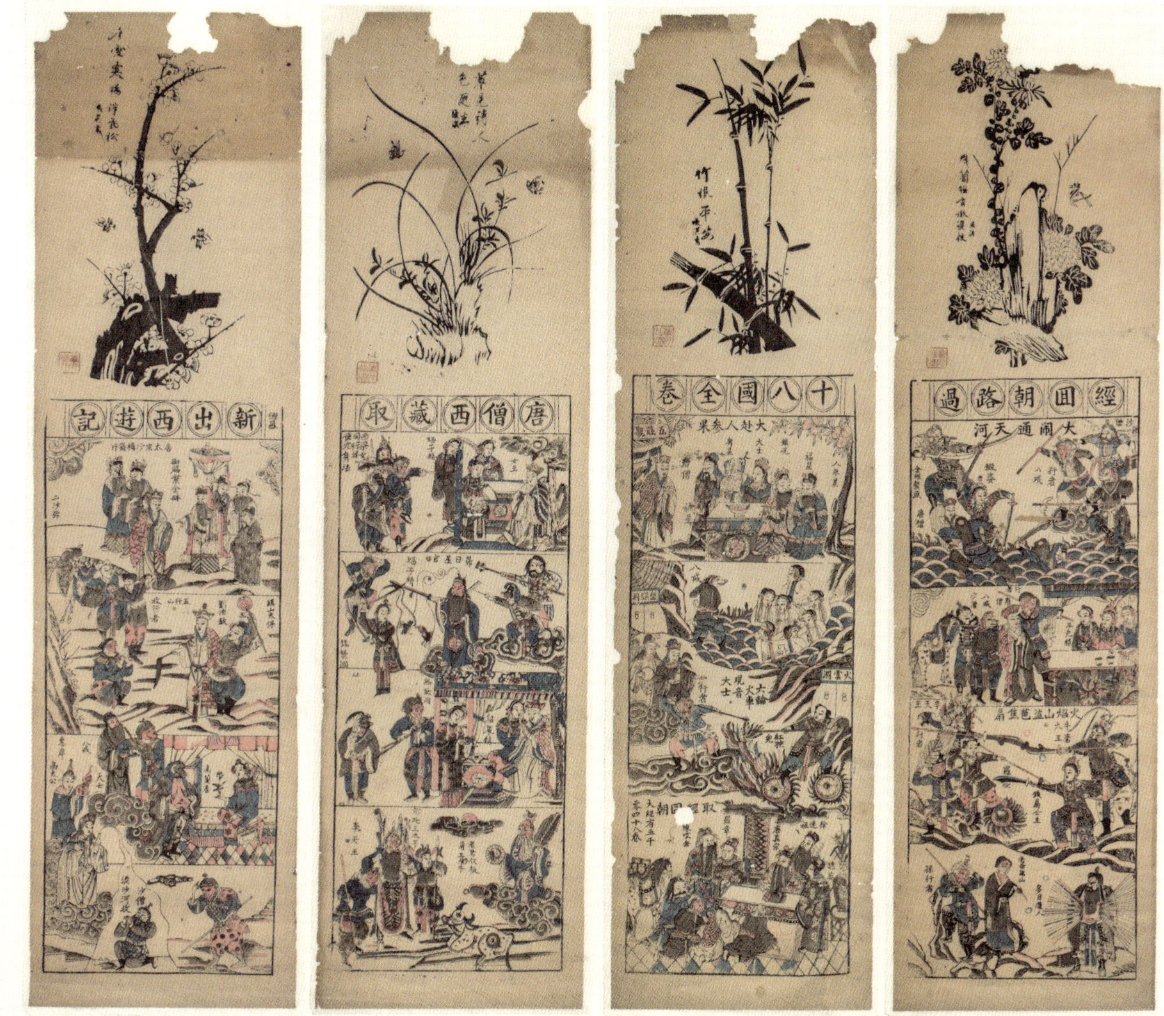

上海旧校场《西游记》

民国雕版套印

木板高 108 厘米，宽 29.5 厘米。单页一套 4 张。

上海的雕版年画以小校场最为知名。清末桃花坞年画业主和艺人躲避战乱到上海城南小校场经营年画形成业态。中国传统年画产地众多，素有“四大四小”之说，少有人知道校场年画，但因其脱胎于桃花坞年画，又受城市“洋风”浸染，逐渐形成了独特风格，是中国雕版年画最后繁荣的收笔品种。

（云藏收　藏）

魁星点斗　独占鳌头

清代雕版套印加绘

木板直径32厘米。单页1张，纸本。

此年画用了几个主题汇集为一幅画，体现了古代文人的价值观：魁星点斗、独占鳌头、鱼龙变化、打马游街，把一个古代文人的得意和追求表现得淋漓尽致。

（云藏收　藏）

三国演义

清代雕版套印加绘

木板高 100.5 厘米，宽 28 厘米。单页一套 4 张。

曹州（今山东菏泽）木版年画兴盛于清末民初。曹州木版年画一般由六块雕版套色印刷而成，以大红、水红、草绿、茄紫、甘黄为主色，题材多以古代小说戏剧和民间神话传说故事为主，装饰上有很强的地缘文化特色和浓厚的乡土意识。本套年画选取了《三国演义》中民间耳熟能详的一些故事片段。

（云藏收　藏）

书中自有颜如玉

清代雕版套印加绘

木板高112厘米，宽30厘米。单页1张，纸本。

杨柳青邻近北京，天津作为海运重要港口亦不断繁盛。根据城市和农村对年画不同档次的需要形成粗细两种不同的风格，此为细路活儿。此画应为套屏之一张，内容描绘古代妇女相夫教子的家庭生活场景，也不乏对三妻四妾制度的向往和礼赞。画面设色清雅明丽，艳而不俗，版印犹未离书籍插图之规范，为杨柳青古版年画中的珍品。

（云藏收　藏）

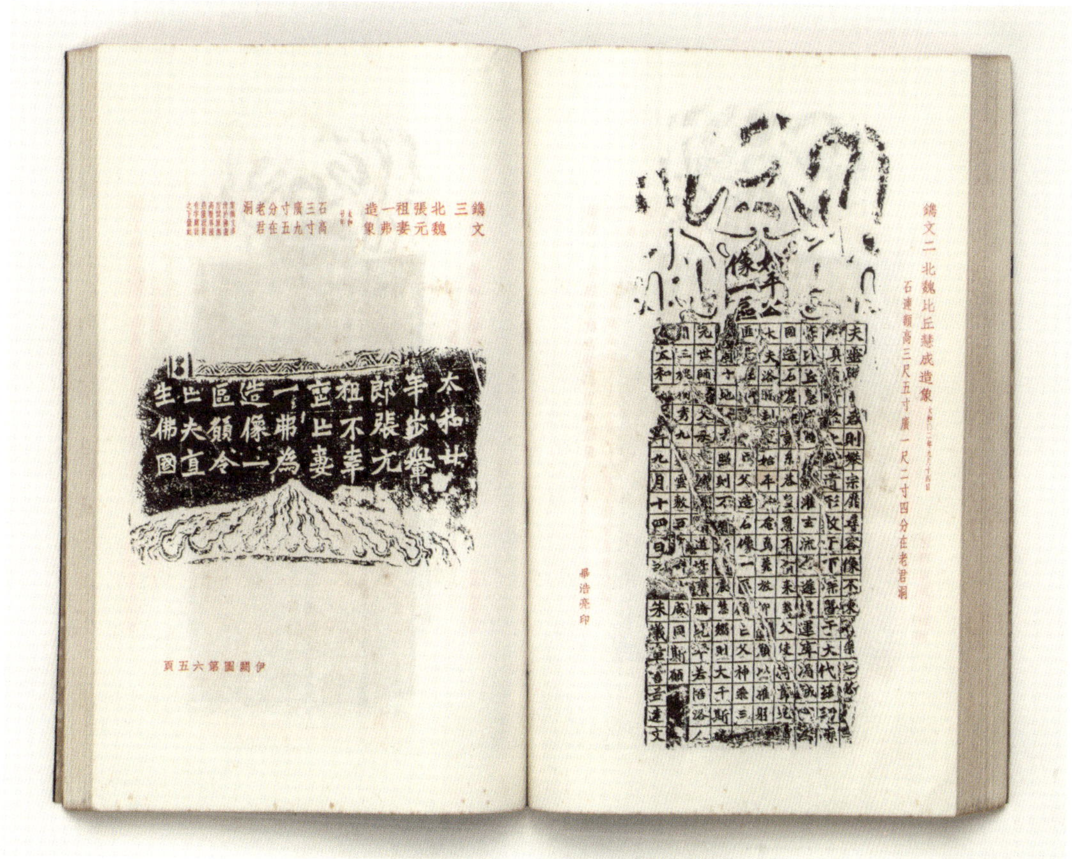

伊阙石刻图表

［民国］关百益　编著

民国24年（1935）河南博物馆印本

（刘洪金　藏）

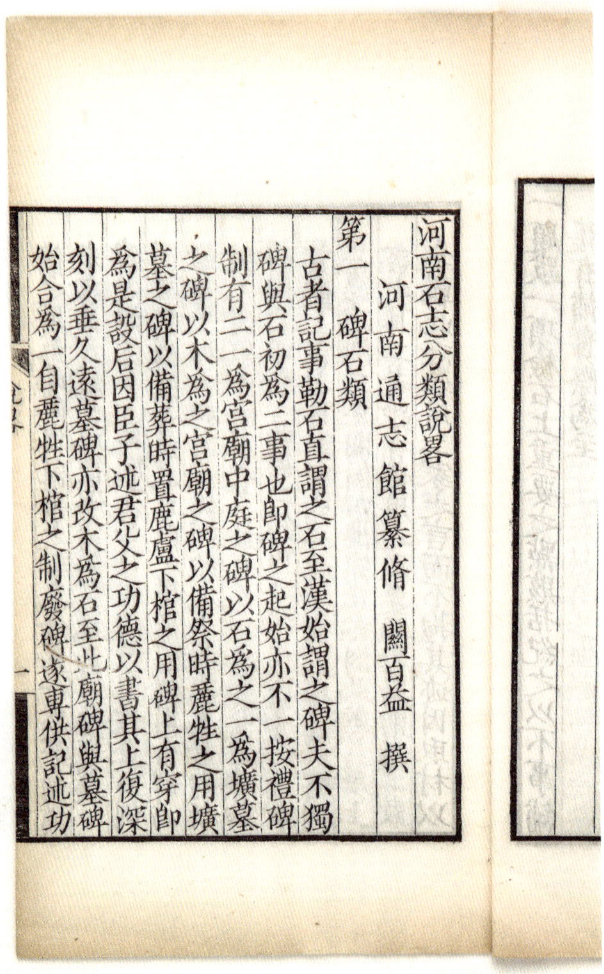

河南石志分類說畧

河南通志館纂脩　關百益　撰

第一　碑石類

古者記事勒石直謂之石至漢始謂之碑夫不獨碑與石初爲二事也即碑之起始亦不一按禮碑制有二一爲宮廟中庭之碑以石爲之一爲壙墓之碑以木爲之宮廟之碑以備祭時麗牲之用壙墓之碑以備葬時置鹿盧下棺之用碑上有穿即爲是設后因臣子述君父之功德以書其上復深刻以垂久遠墓碑亦改木爲石至此廟碑與墓碑始合爲一自麗牲下棺之制廢碑遂專供記述功

河南石志分类说略

［民国］关百益　撰

民国 25 年（1936）河南通志馆纂修

半页十一行，行二十字。黑口，四周单边。

（刘洪金　藏）

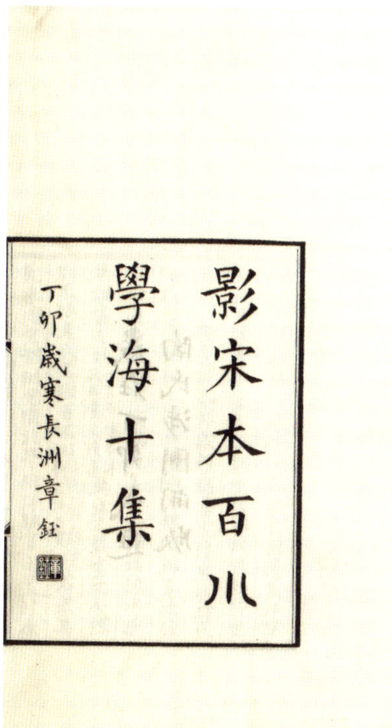

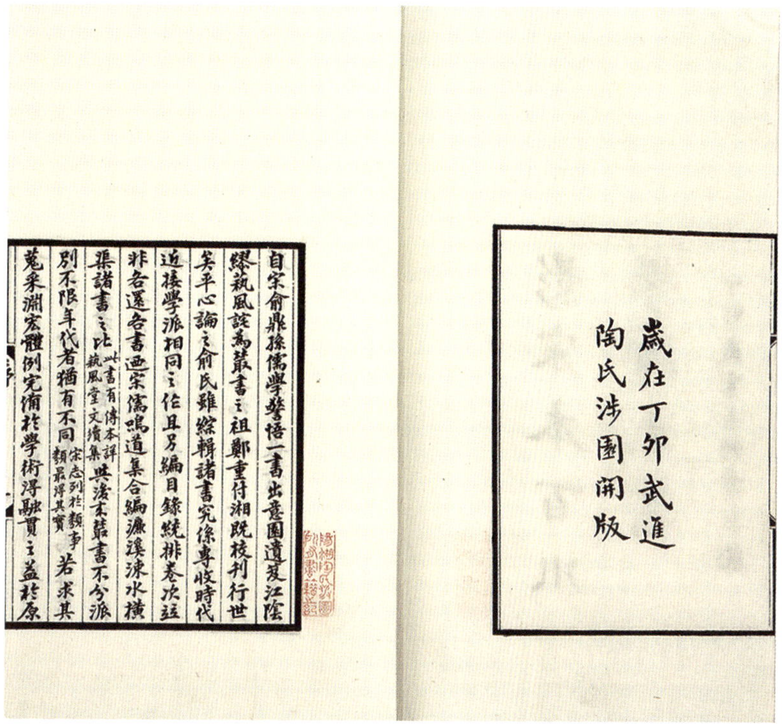

自宋俞鼎孫儒學警悟一書出意園遺笈江陰
繆藝風詮為叢書之祖鄭重付湘既校刊行世
矣平心論之俞氏雖綜輯諸書究係專收時代
近接學派相同之作且另編目錄統排卷次茲
非各選各書迺宋儒鳴道集合編濂溪涑水橫
渠諸書之比（此書有傳本詳藝風堂文續集）與後來叢書不分派
別不限年代者猶有不同（宋志列於類事類最得其實）若求其
蒐采淵宏體例完備於學術得融貫之益於原

影宋本百川学海

［宋］左圭　辑

民国 16 年（1927）武进陶湘涉园刻本

框高 17.5 厘米，宽 13.4 厘米。半页十二行，行二十字。白口，左右双边。有涉园题签：“左氏百川学海，一函甲乙集，六册，陶刻双印。”有“阳湖陶氏涉园所有书籍之记”“涉园手检”“陶湘私印”“兰泉印”。此书装潢符合傅增湘所描述之陶装：“被以磁青之笺，衮以靛布之函，包角用湖州之绫，订册用双丝之线，务为整齐华焕，新若未触。”

（汲珍阁　藏）

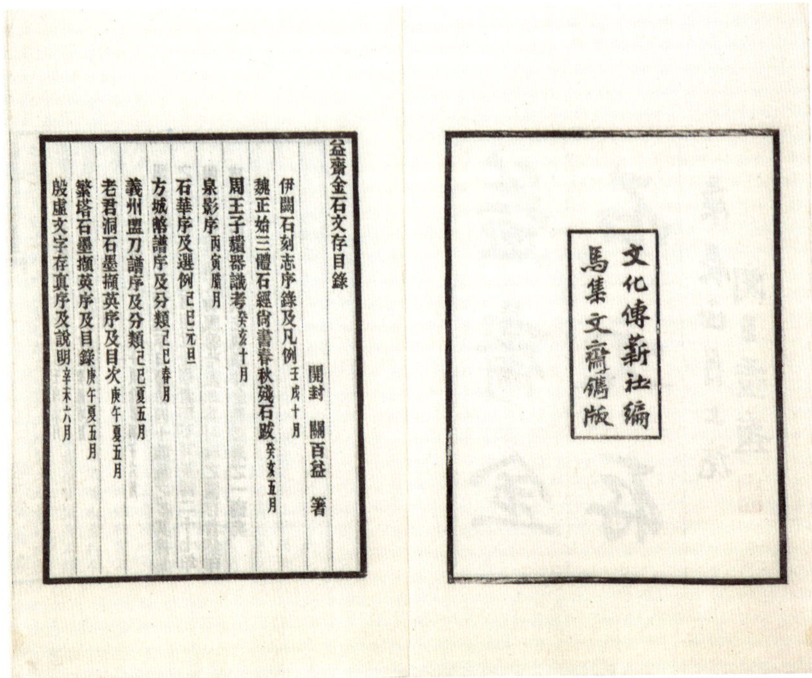

益斋金石文存

[民国] 关百益　著

民国 29 年（1940）马集文斋刻本

半页十二行，行二十三字，小字双行同。各篇目行格不一。

（访书坊　藏）

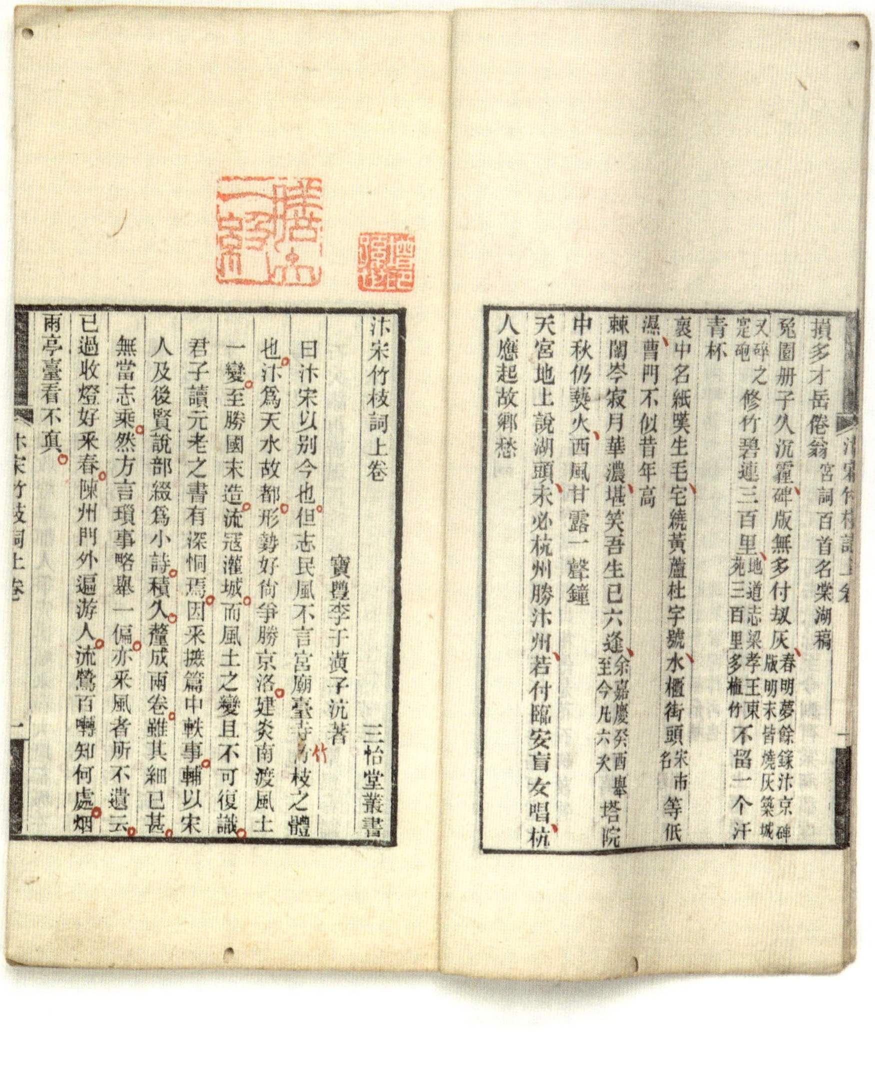

汴宋竹枝詞上卷　三怡堂叢書

寶豐李于潢子沆著

曰汴宋以別今也但志民風不言宮廟臺寺竹枝之體也汴爲天水故都形勢好尙爭勝京洛建炎南渡風土一變至勝國末造流寇灌城而風土之變且不可復識君子讀元老之書有深恫焉因采摭篇中軼事輔以宋人及後賢說部綴爲小詩積久釐成兩卷雖其細已甚無當志乘然方言瑣事略舉一偏亦采風者所不遺云

已過收燈好采春陳州門外遍游人流鶯百囀知何處烟雨亭臺看不真

汴宋竹枝詞上卷　一

損多才岳倦翁宮詞百首名棠湖稿

兔園册子久沉霾碑版無多付刼灰春明夢餘錄汴京碑版明末皆燒灰築城又碎之窀砲修竹碧蓮三百里地道志梁孝王東苑三百里多植竹不留一个汗青杯

褭中名紙嘆生毛宅繞黃蘆杜宇號水櫃街頭宋市名等低溼曹門不似昔年高

棘闈岑寂月華濃堪笑吾生已六逢余嘉慶癸酉舉至今凡六次塔院中秋仍爇火西風甘露一聲鐘

天宮地上說湖頭未必杭州勝汴州若付臨安盲女唱杭人應起故鄉愁

汴宋竹枝词

［清］李于潢　著

民国 11 年（1922）河南官书局刻本

半页十行，行二十二字，小字双行同。黑口，四周双边。

（豫雅书局　藏）

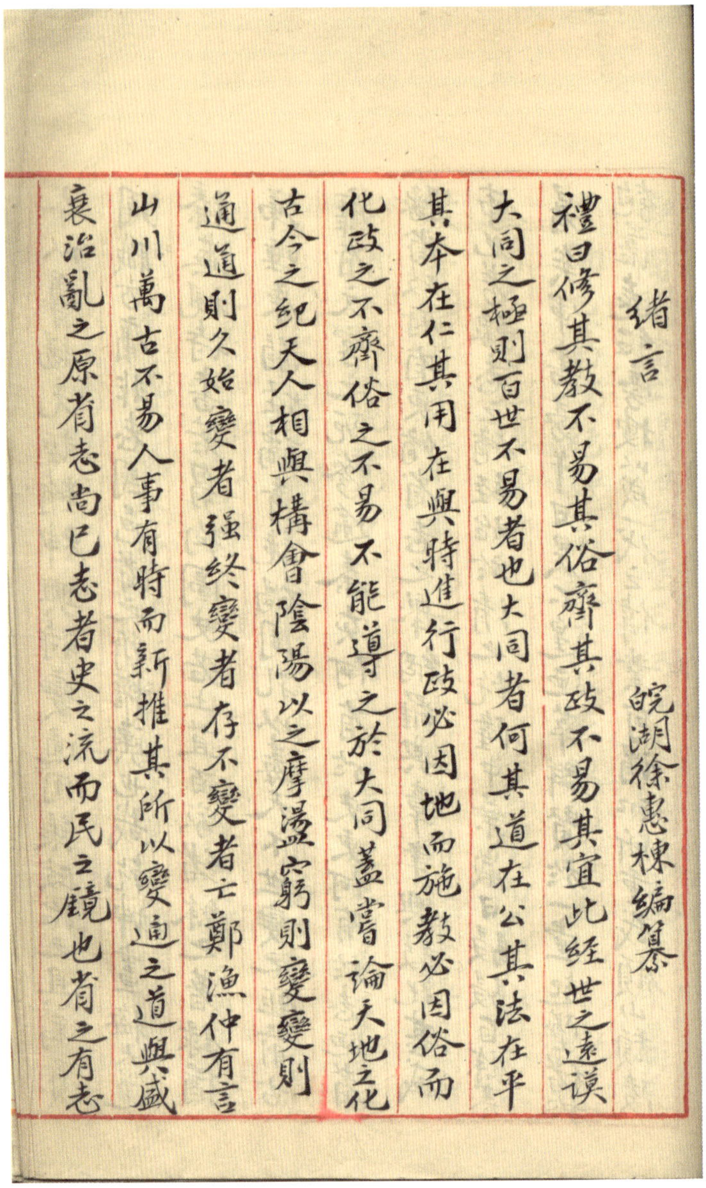
绪言

皖湖徐惠棟編纂

禮曰修其教不易其俗齊其政不易其宜此經世之遠謨大同之極則百世不易者也大同者何其道在公其法在平其本在仁其用在與時進行政必因地而施教必因俗而化政之不齊俗之不易不能導之於大同蓋嘗論天地之化古今之紀天人相與構會陰陽以之摩盪窮則變變則通通則久始變者強終變者存不變者亡鄭漁仲有言山川萬古不易人事有時而新推其所以變通之道與盛衰治亂之原者志尚已志者史之流而民之鏡也有之有志

河南通志·清代职官表稿本

［民国］徐惠栋　编纂

民国写本。

半页九行，行二十一字，小字不等。

名宦一　專紀皖人士宦豫政績卓著有信史可徵者

丁田樹字晉占安徽懷寧人清乾隆辛未進士授職編修歷河南山東道御史有聲擢禮科給事中巡視中城因事左遷選兵部主事洊升郎中引疾歸主講大梁書院卒於汴著粵游蜀游北游等草詩古文詞蒼勁有法

徐鶤字清泉安徽懷寧人秉性忠孝幼有大志痛母殉難誓殺賊自効清咸豐三年從袁端敏公討苗捻迭克鳳陽廬州六安泗州定遠各府州縣且於粮斷援絶時

（书蠹舫　藏）

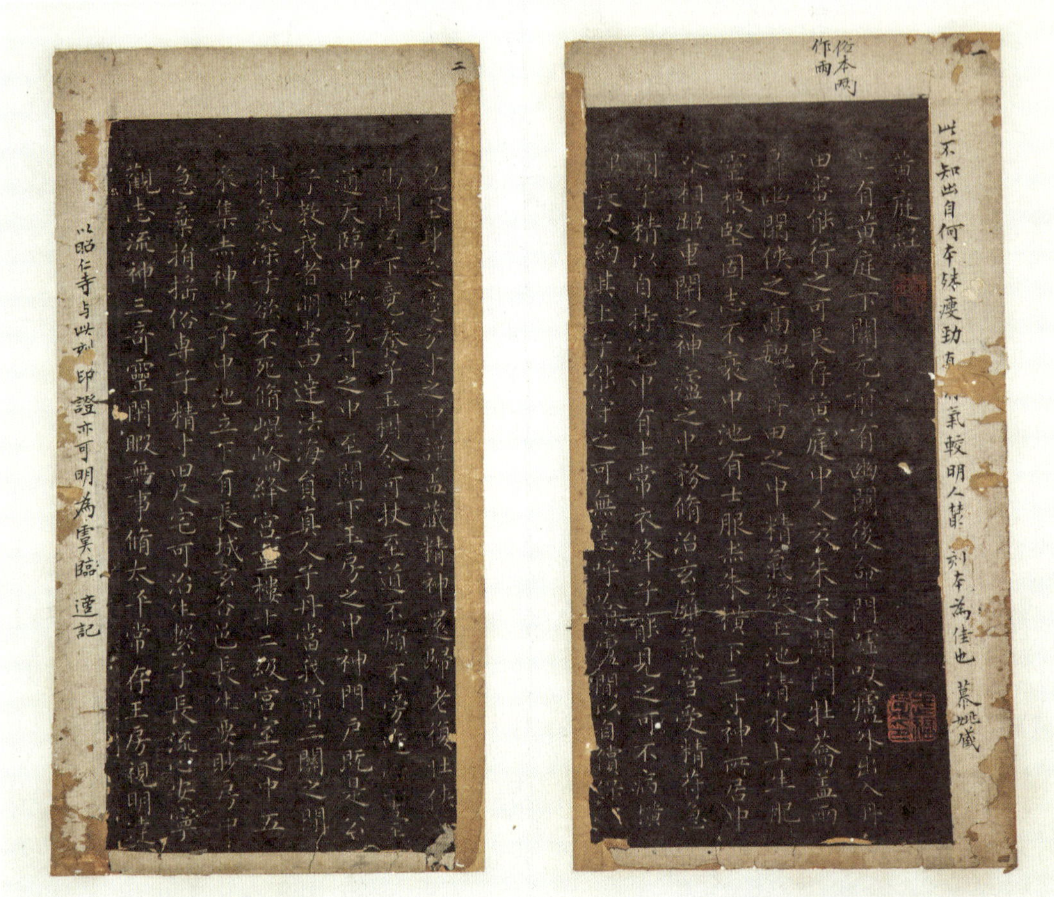

黄庭经

明拓本

武慕姚题跋

（李欣宇　藏）

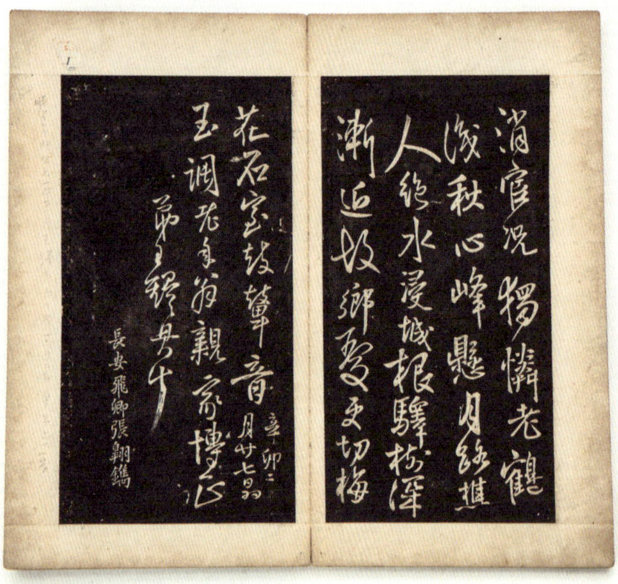

琅华馆帖

［明］王铎　书

清初拓本

王铎《琅华馆帖》原石，1958 年在河南洛阳洛宁县明末清初兵、刑二部侍郎张鼎延别墅遗址出土。此册为原石入土前拓本。

（百一山房　藏）

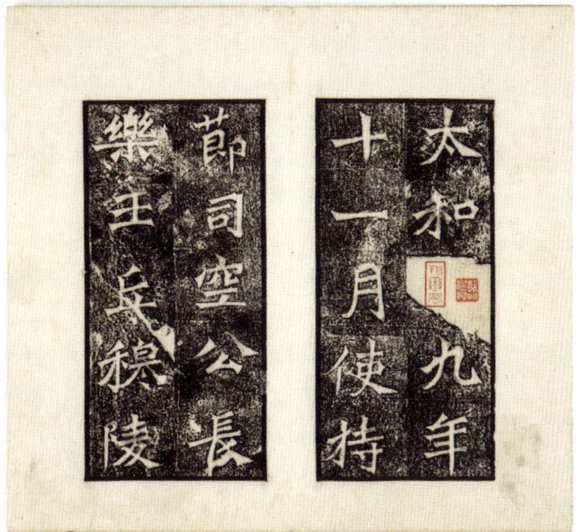

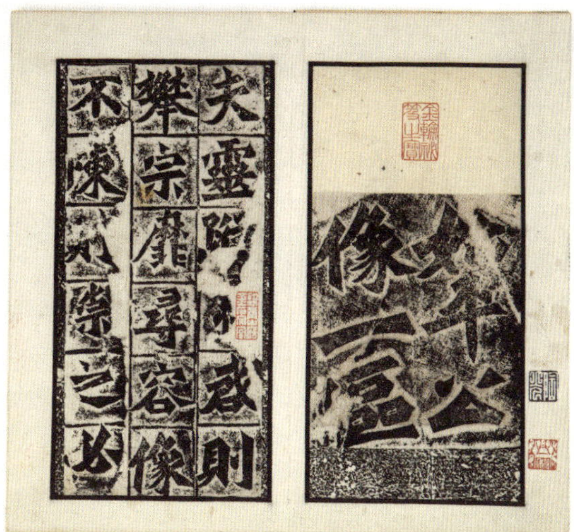

龙门八品

清乾隆中期拓本，陶北溟、王戟门旧藏

本品包含《始平公造像记》《杨大眼造像记》《魏灵藏造像记》《孙秋生造像记》《牛橛造像记》《一弗造像记》《司马解伯达造像记》《高树造像记》。

石刻现存龙门石窟古阳洞。

《始平公造像记》为未铲底本，六行“匪乌”之“乌”字下四点皆存。

（小残卷斋　藏）

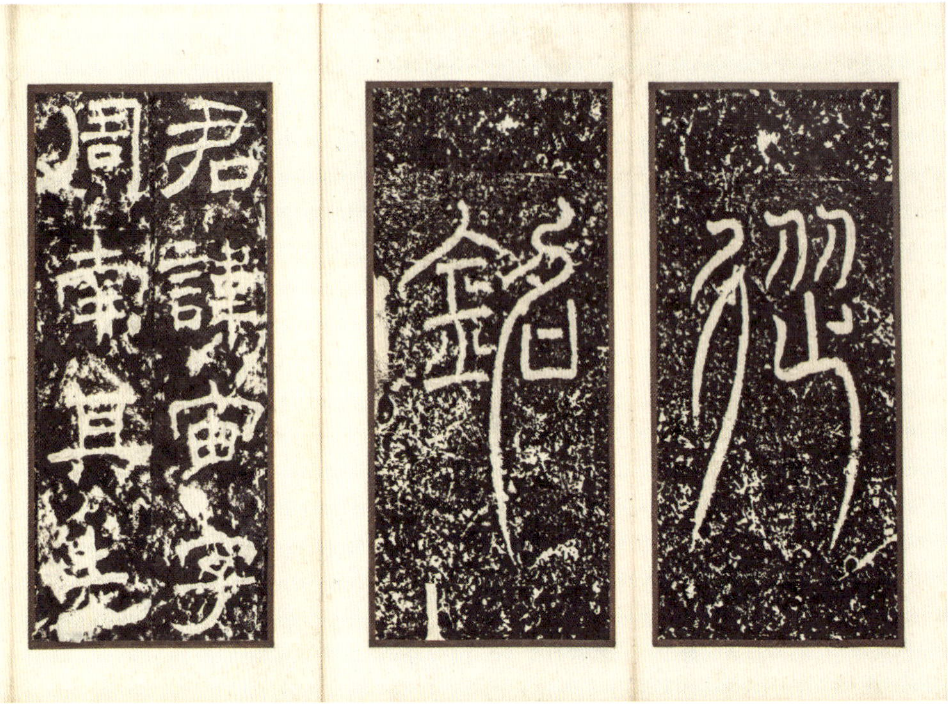

尹宙碑

东汉熹平六年（177）四月立。

清乾隆拓本

碑存河南鄢陵县孔庙。今庙已改为鄢陵县初级中学，此碑位于中学操场。

第十三行“位不福德，寿不随仁”之“寿不”二字损，“不”字尚存大半。

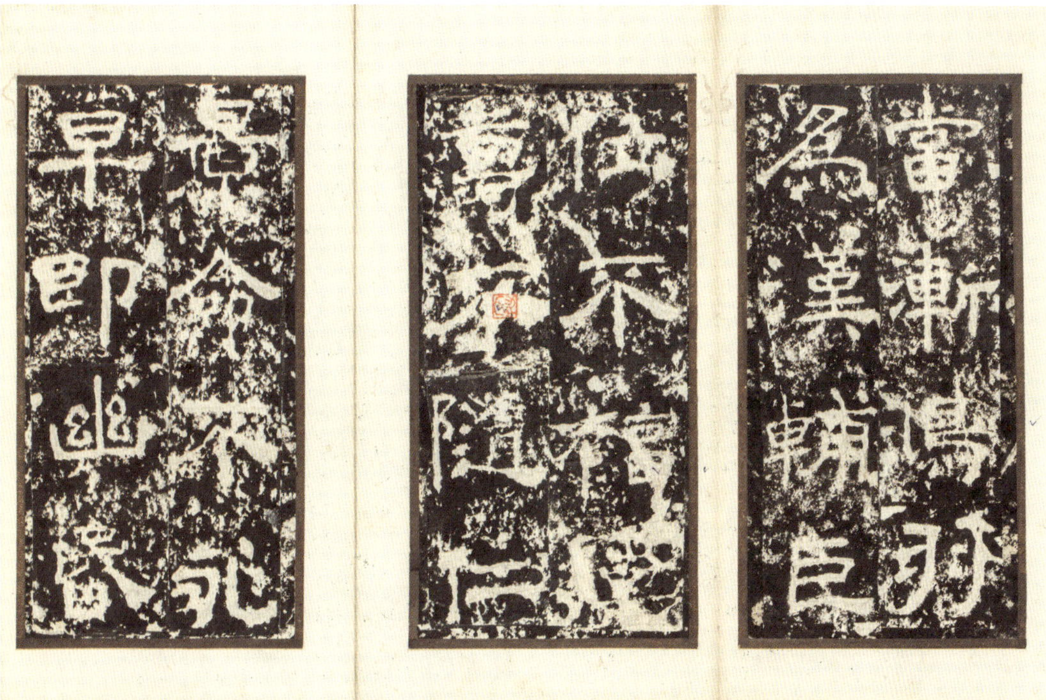

（百一山房　藏）

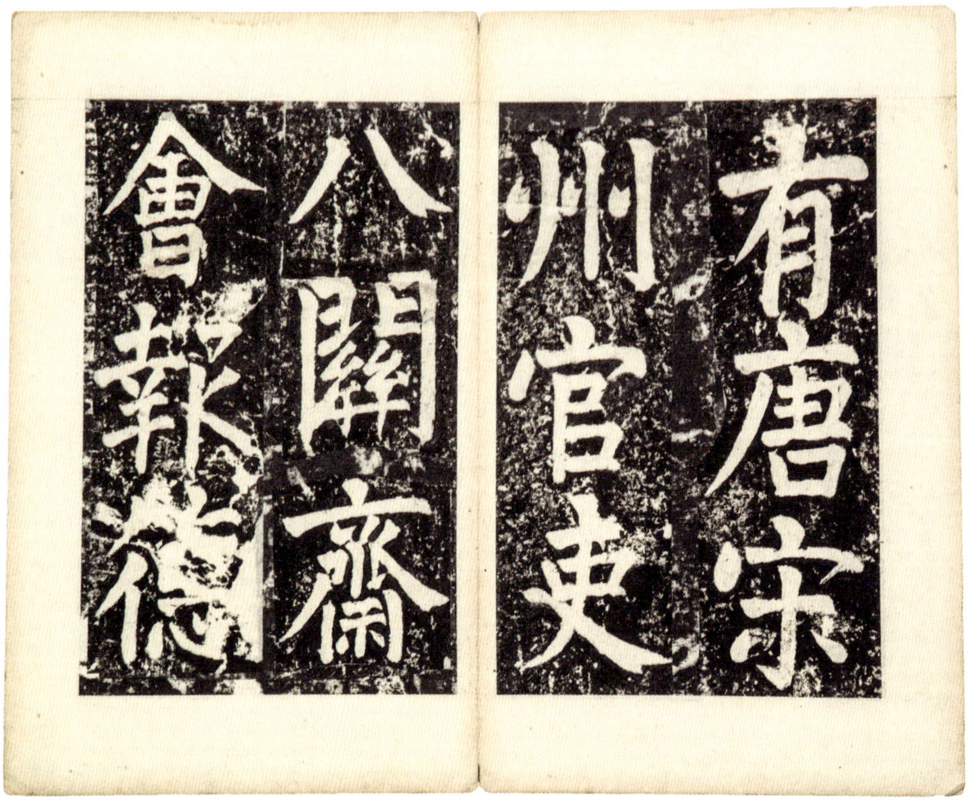

八关斋会报德记

［唐］颜真卿　撰并书

清乾隆拓本

第一面二行“鲁郡开国公颜真卿撰并书”之“国公颜”三字皆存，“书”字完好。

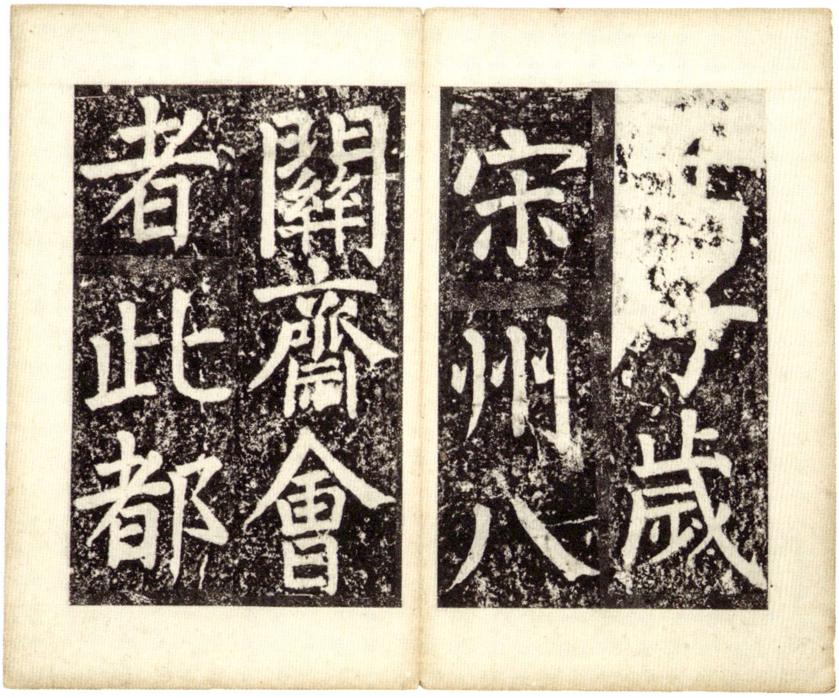
歲
宋州八
關齋會
者此都

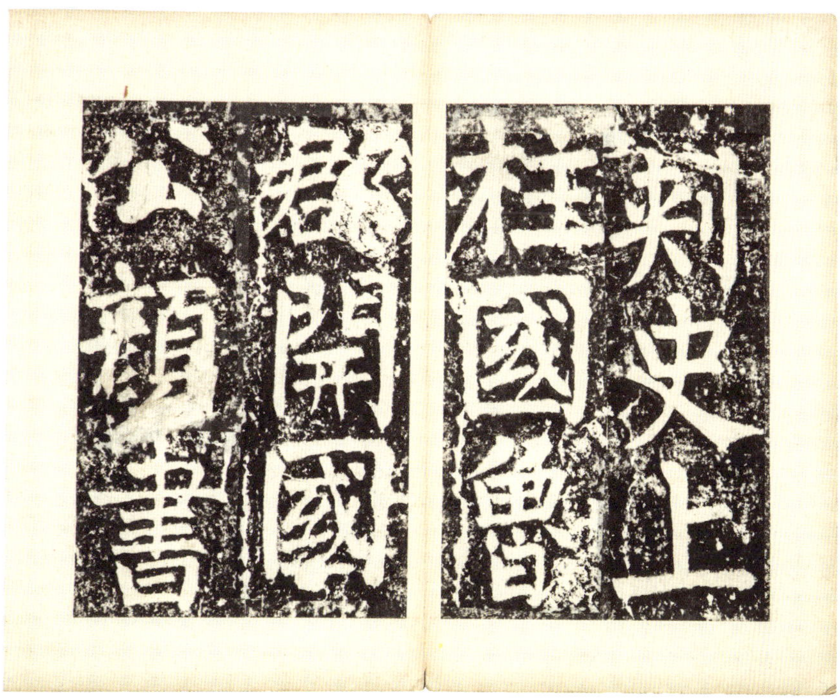
刺史上
柱國魯
郡開國
公顏書

（百一山房　藏）

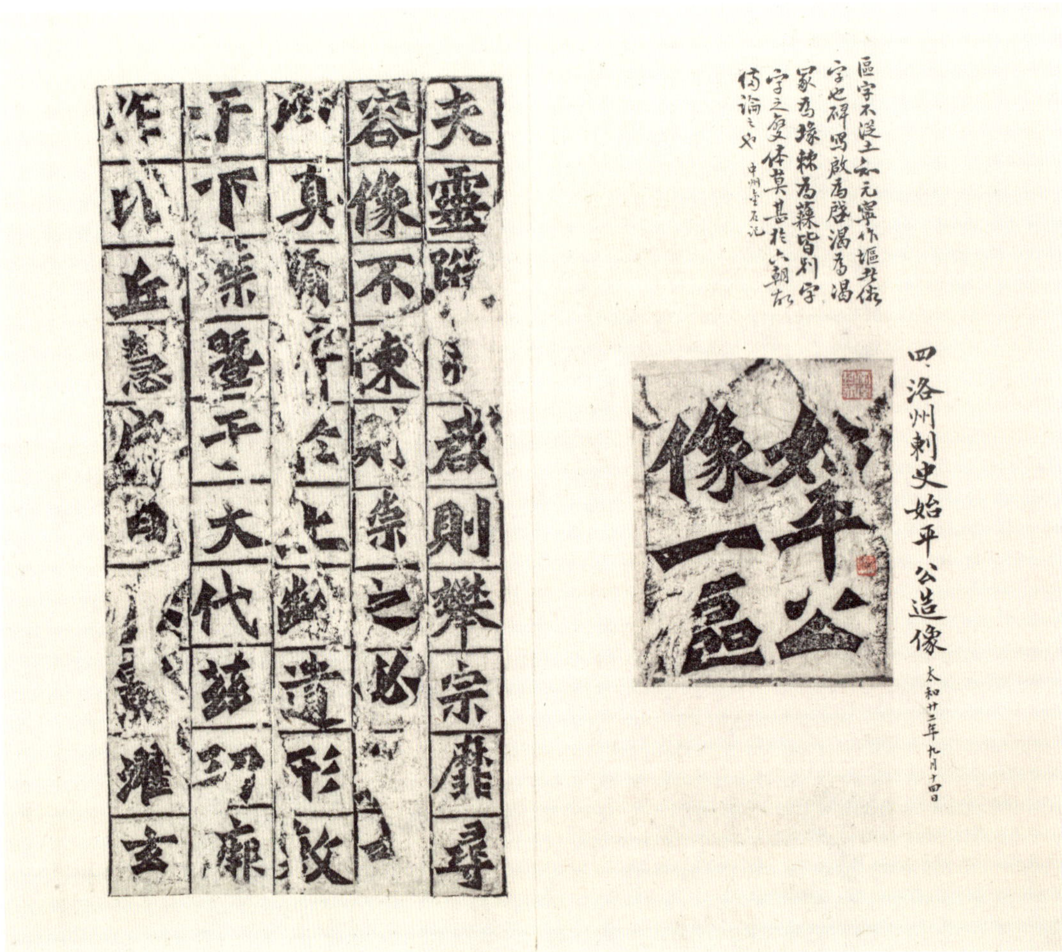

龙门五十品

清同治拓本，方其道旧藏

石刻现存龙门石窟。

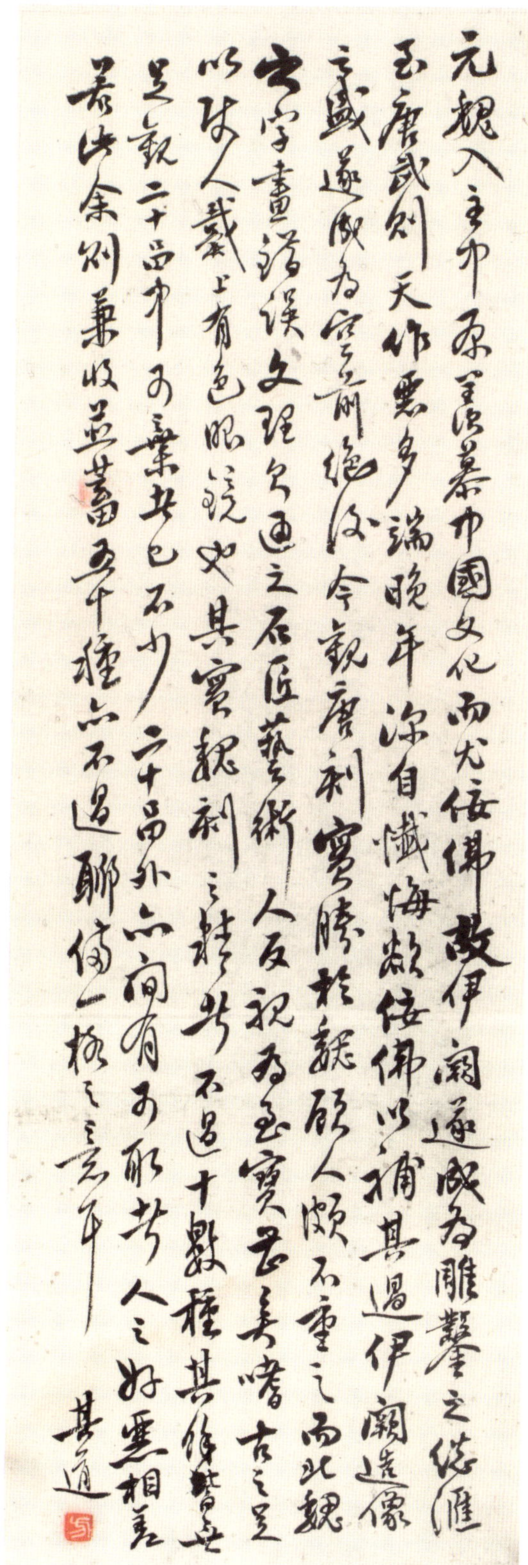

（霁月堂　藏）

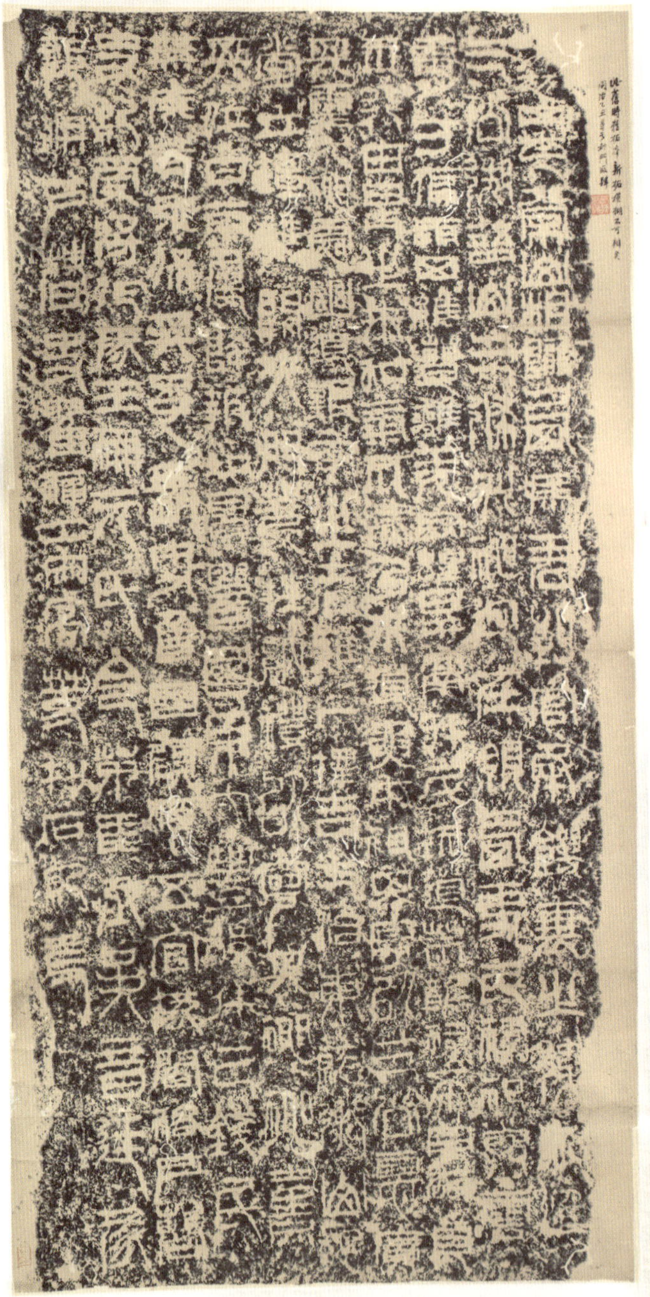

祀三公山碑

东汉元初四年（117）立

清乾隆拓本

沈树镛跋碑存于河北省元氏县封龙山。

（私人收藏）

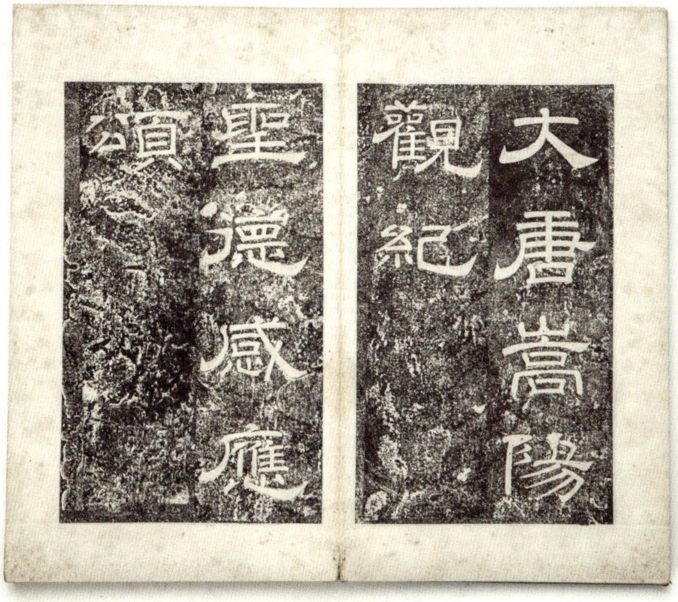

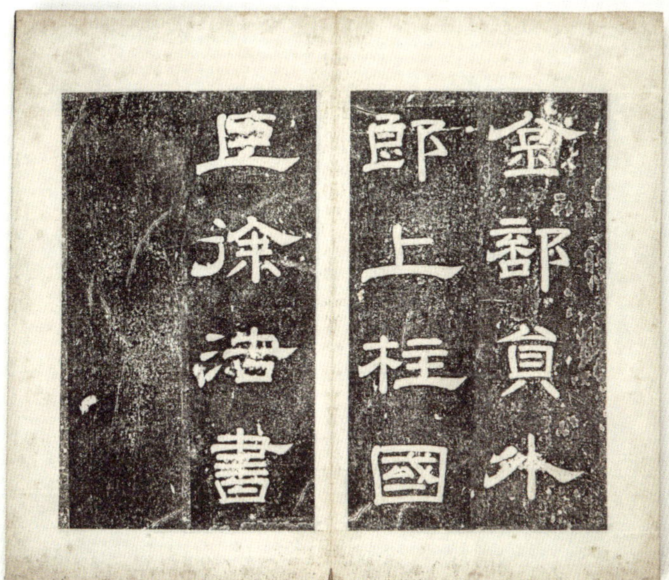

嵩阳观记

［唐］李林甫　撰　［唐］徐浩　书

唐天宝三载（744）二月刻，清拓本

碑存河南登封嵩阳书院。

（百一山房　藏）

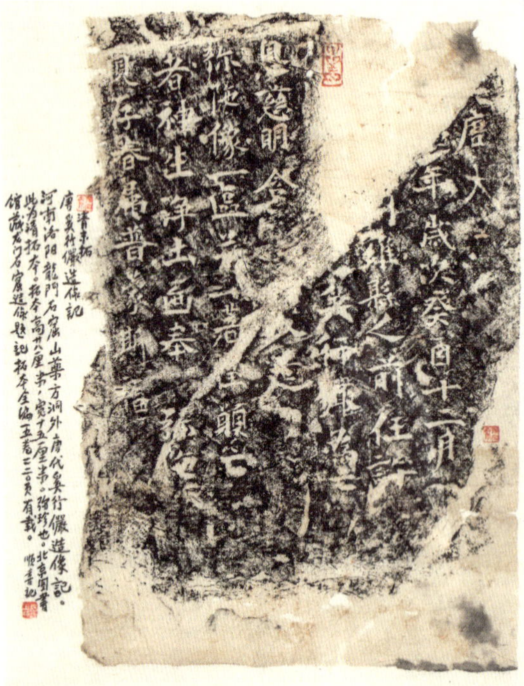

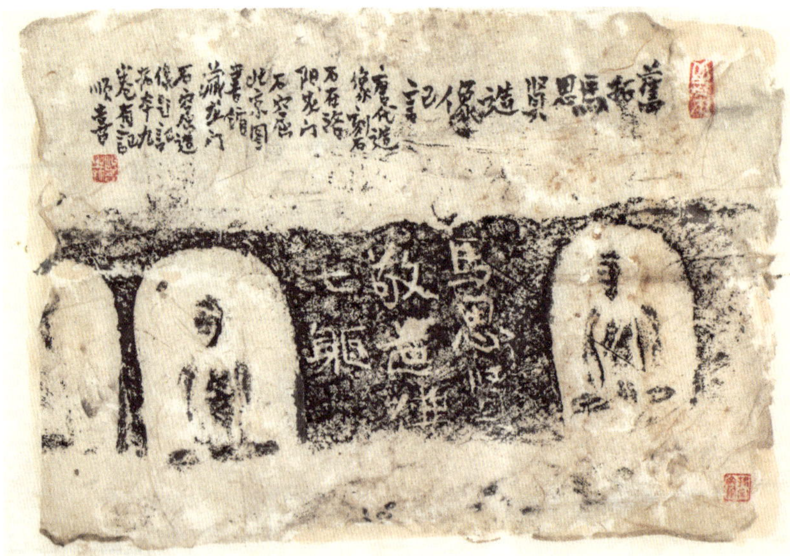

龙门唐百品之五

清拓本

含《唐吕行敏造像记》《唐奚行俨造像记》《唐马思贤造像记》《唐杨二娘造像记》《唐贾本造像记》等。王顺喜考证并题记

石刻现存龙门石窟。

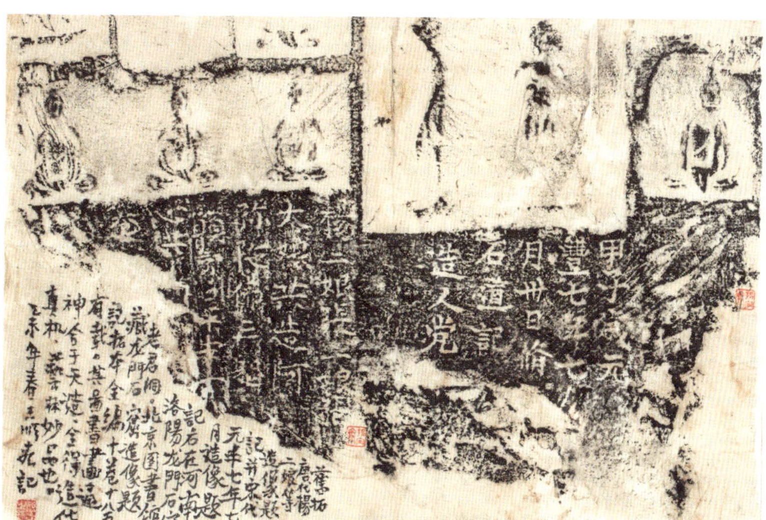

（拓宝斋　藏）

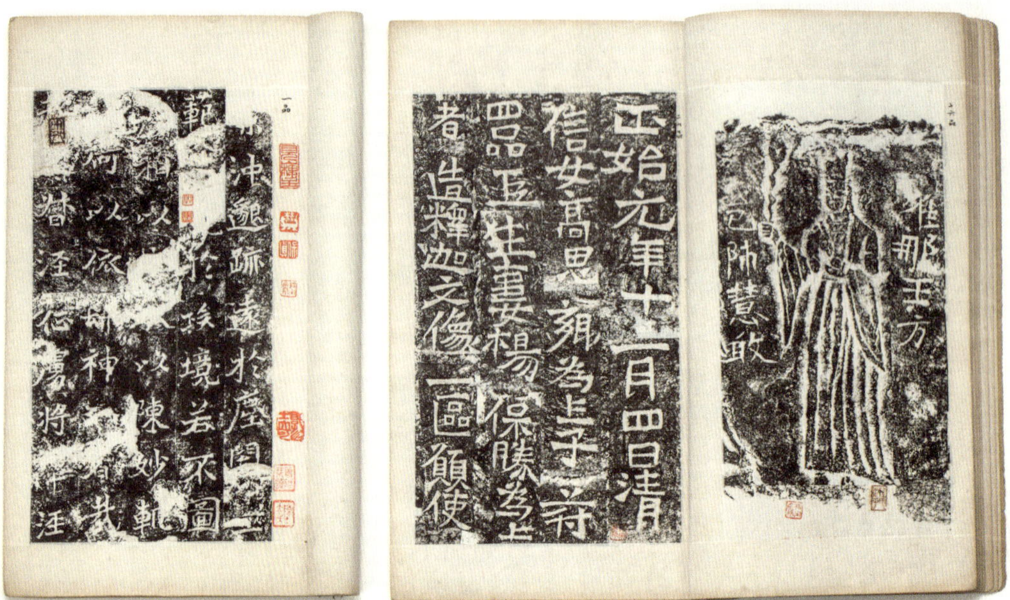

龙门三十品

清拓本

含《齐郡王元祐造像记》《苏胡仁造像记》《尹爱姜造像记》《道慧造像记》《郑天意造像记》《广川王祖母太妃侯造像记》《道匠造像》《赵阿欢造像记》《杜迁造像记》《常法端造像记》《高悲造像记》《宋景妃造像记》等。

石刻现存龙门石窟。

（拓宝斋　藏）

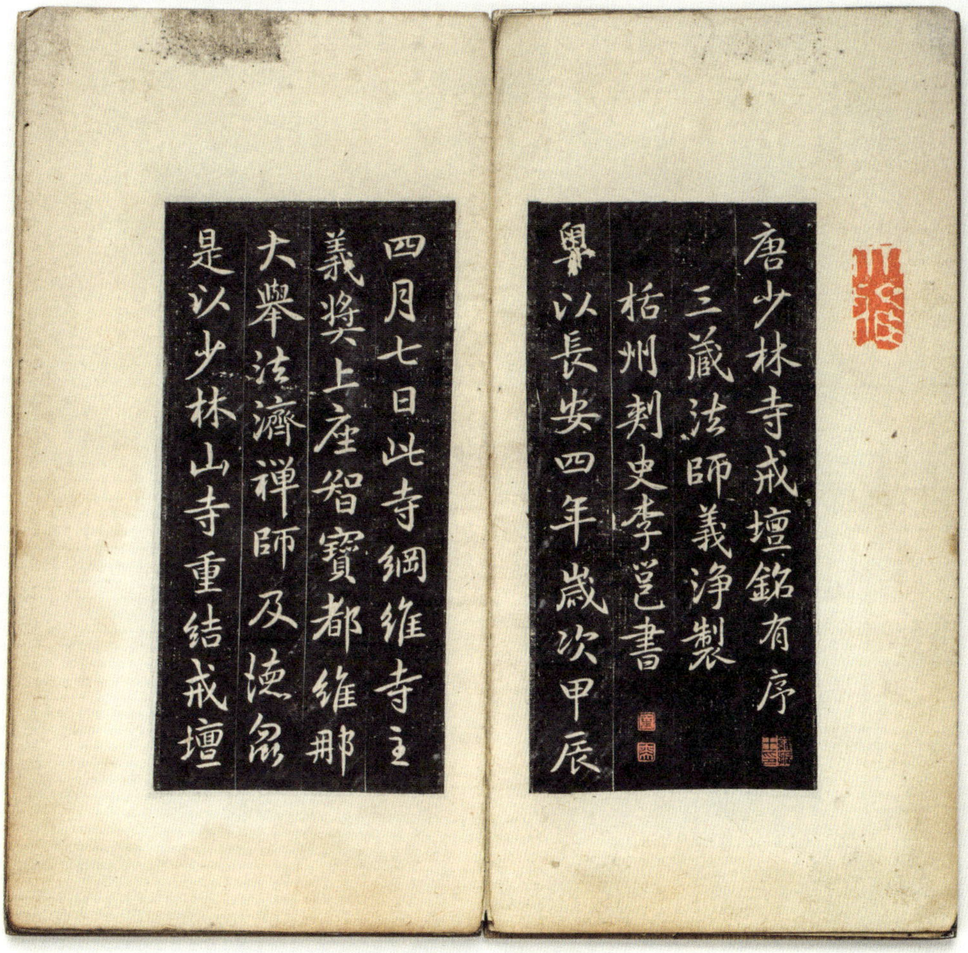

唐少林寺戒坛铭

[唐] 李邕　书丹

清拓本

后刻“伏灵芝刻字”。

（霁月堂　藏）

李孟初碑

汉桓帝永兴二年（154）立

清拓本

存河南南阳市卧龙岗汉碑亭。

首行“襄阳”二字尚存。

（霁月堂　藏）

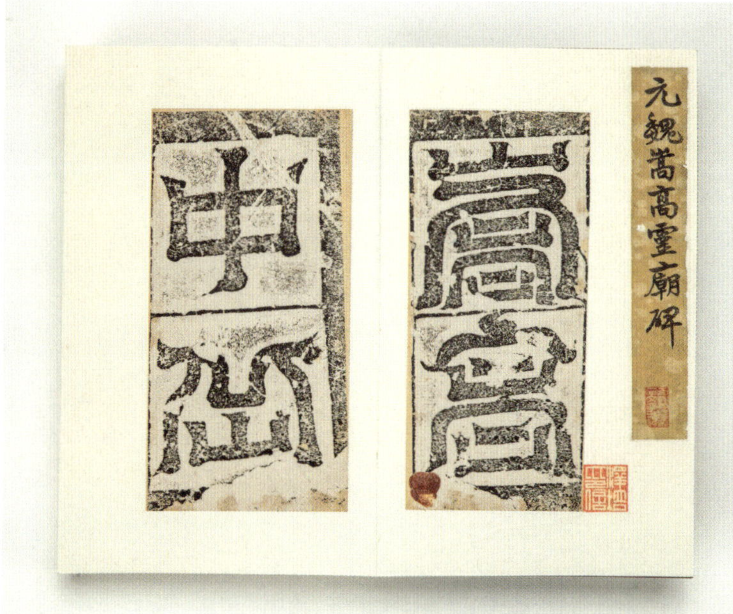

嵩高灵庙碑

刻于北魏太安二年（456）

清拓本

原石现保存于河南登封中岳庙内。

（霁月堂　藏）

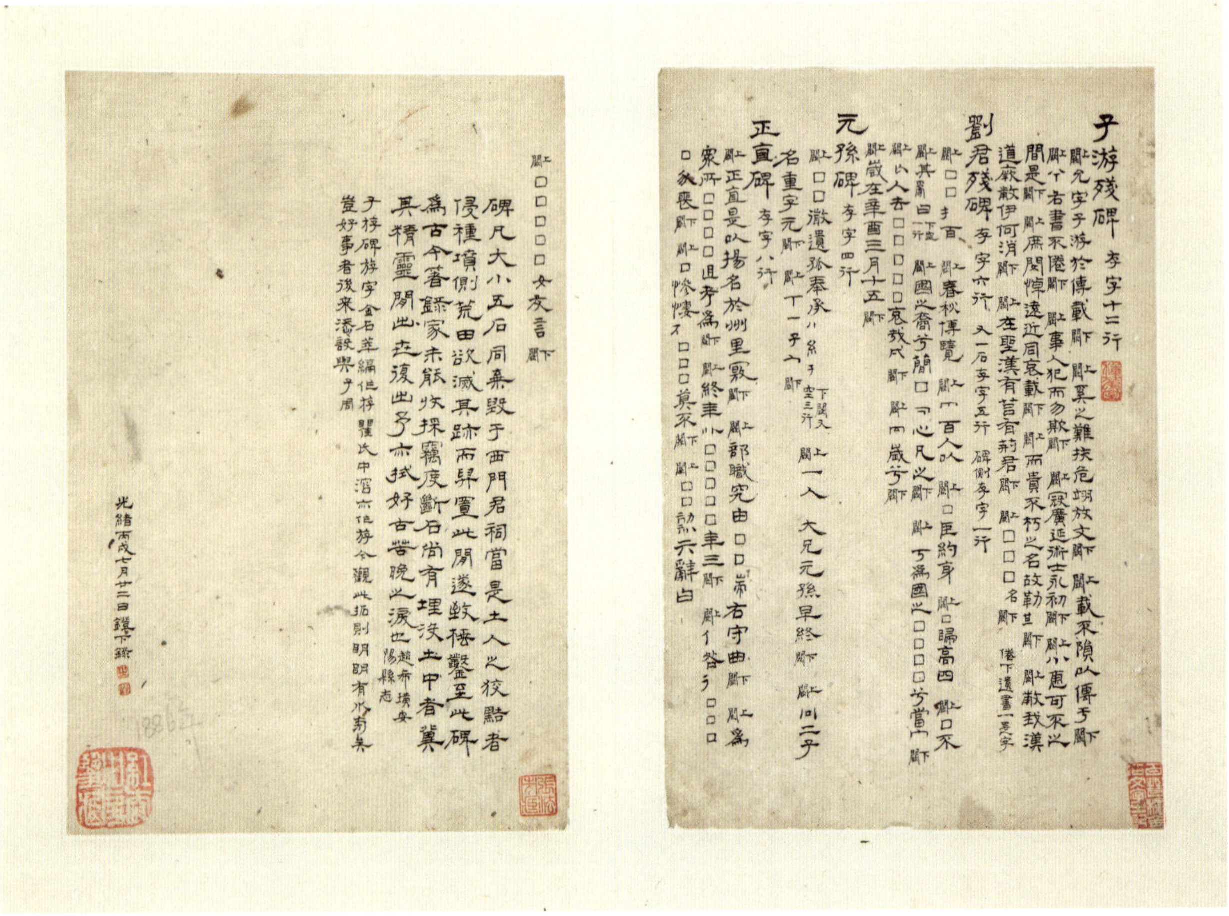

汉安阳四残石碑

清拓本

含《子游残碑》《正直碑》《元孙碑》《刘君残碑》四种。

原石曾置安阳孔庙，现存安阳市文化馆。

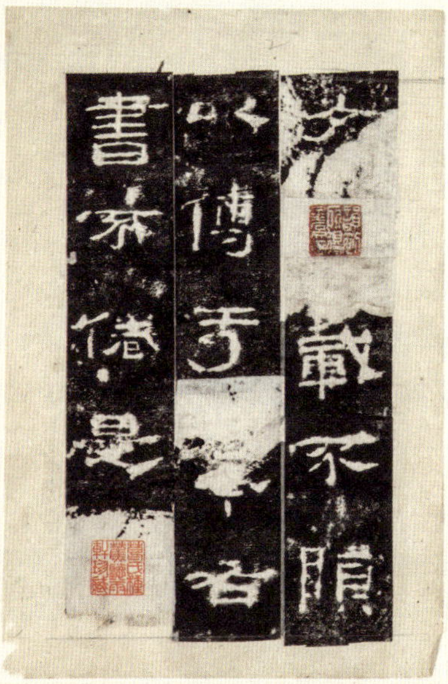

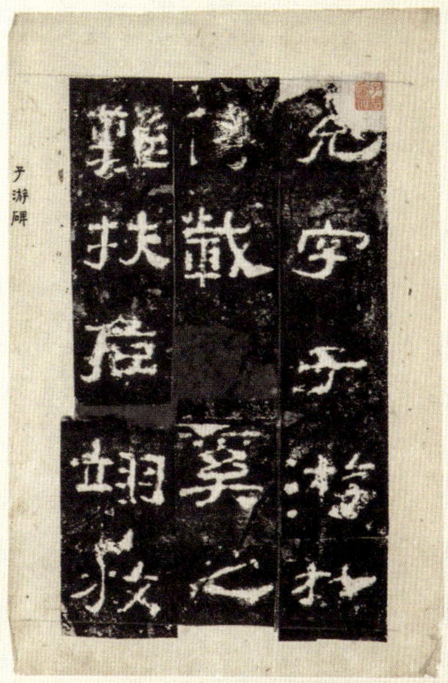

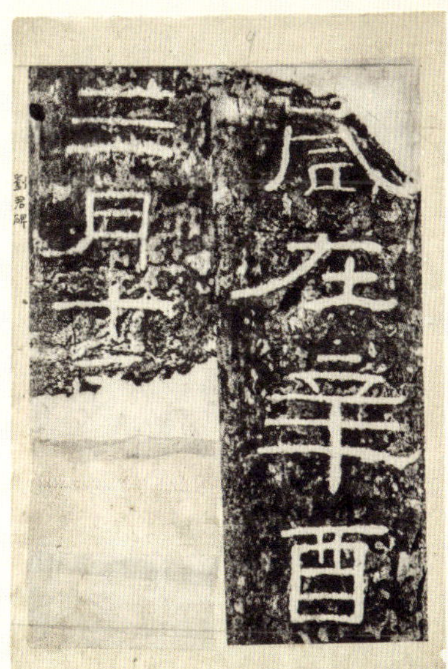

（霁月堂　藏）

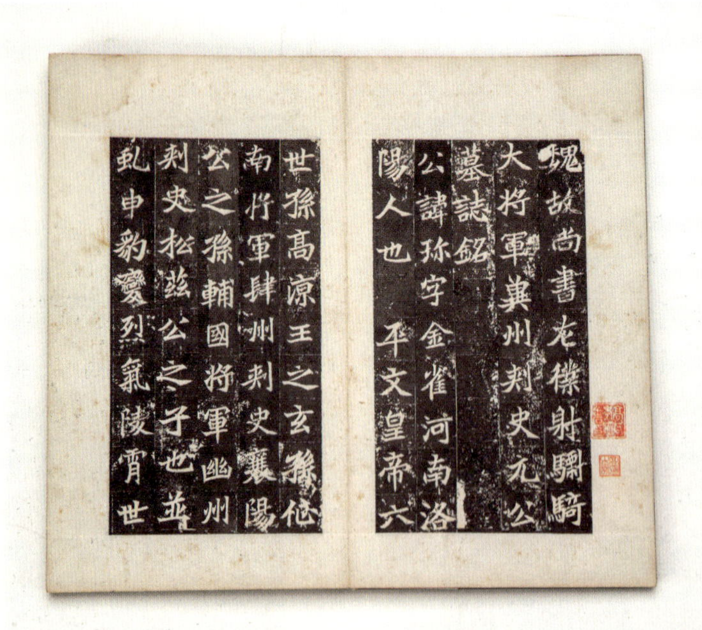

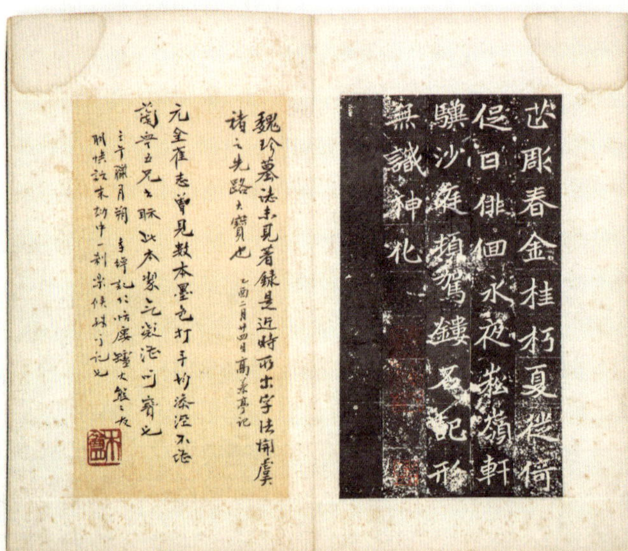

元珍墓志

北魏延昌三年（514）刻

民国拓本

1920 年洛阳城北北陈庄村南岭出土。

（霁月堂　藏）

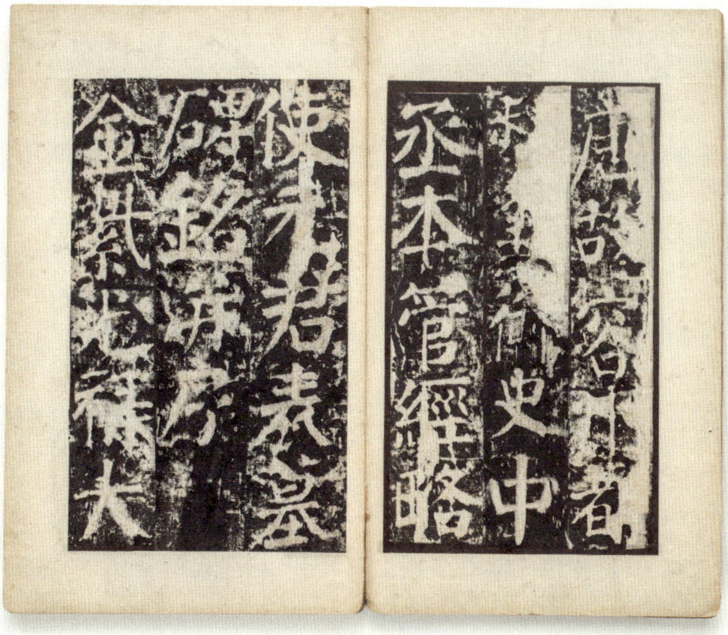

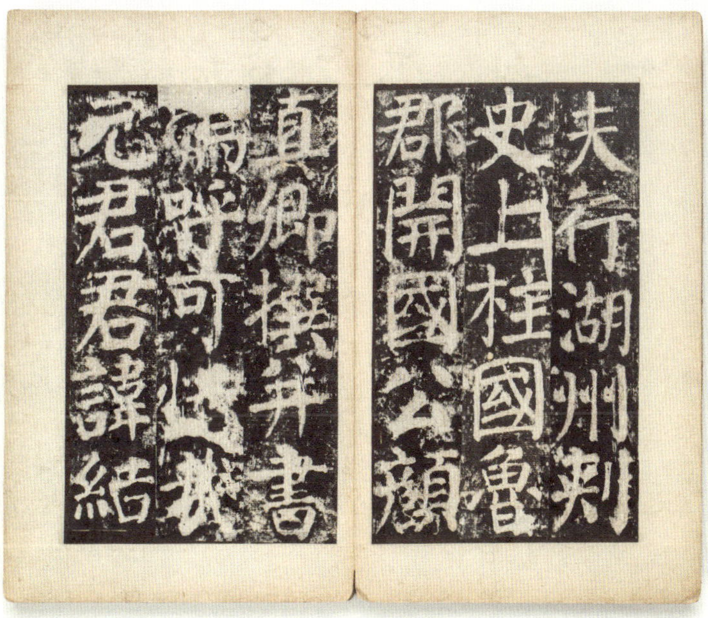

元次山碑

［唐］颜真卿　大历七年（772）书丹

清拓本

碑原在河南鲁山县城北青岭元结墓前，现位于鲁山县鲁山一高校园内。

（私人收藏）

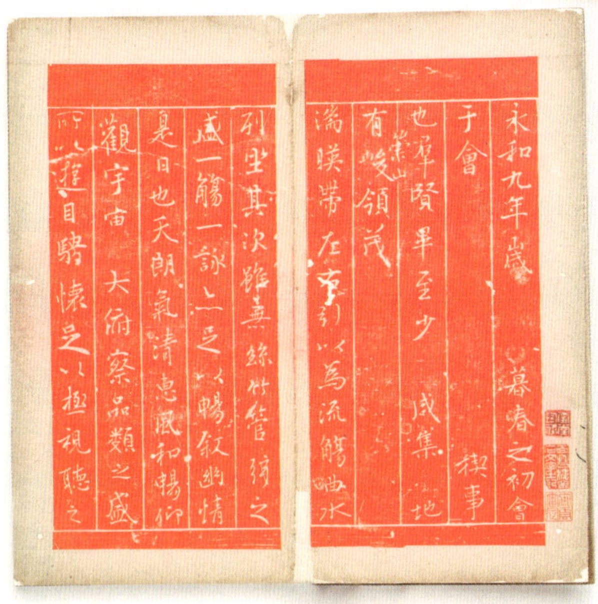

颍上兰亭

［唐］褚遂良　书

清朱墨拓本

（霁月堂　藏）

袁安碑

东汉永元四年 (92) 立

朱拓本

1929 年在河南偃师县城南辛家村发现，现藏河南博物院。

（霁月堂　藏）

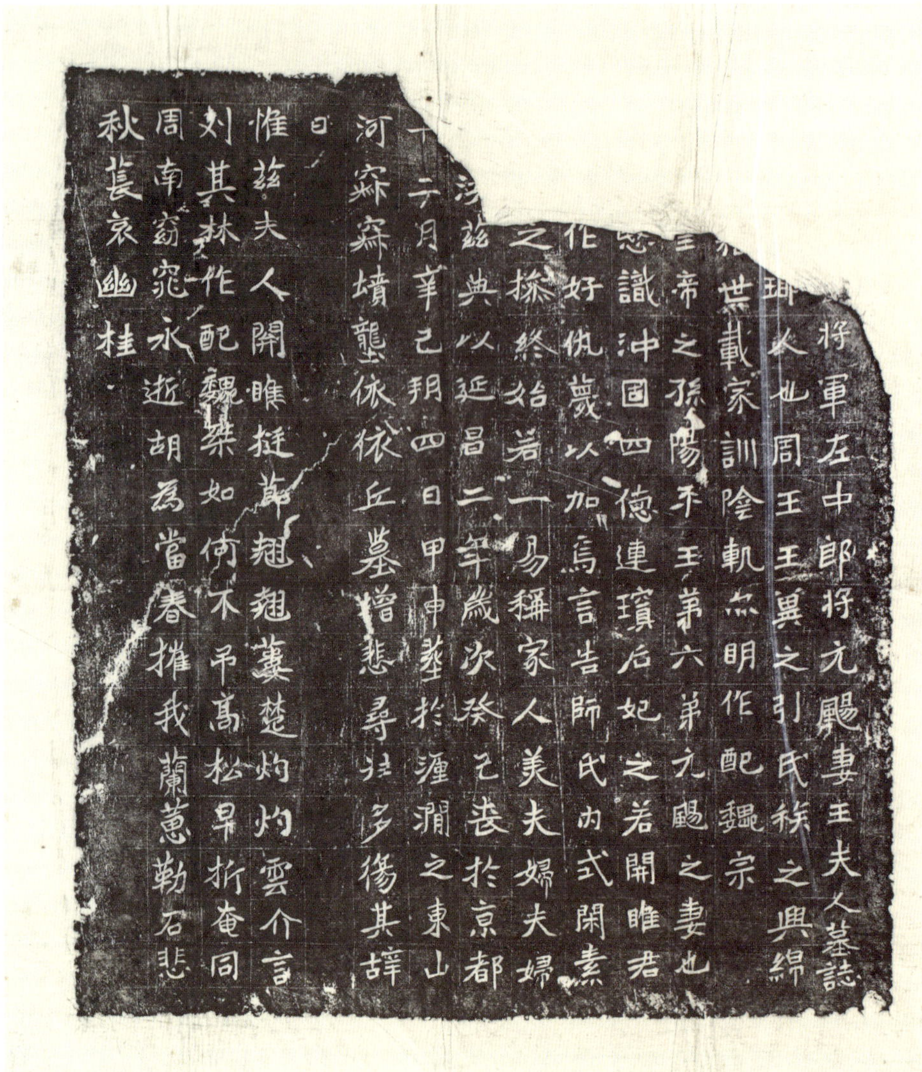

元飏、元飏妻墓志

元飏墓志刻于北魏延昌三年（514）

民国拓本

该志于清宣统二年（1910）出土于河南洛阳。毁于日本大地震。

魏故使持節冠軍將軍燕州刺史元使君墓誌銘
君諱賜字遺興司州河南郡洛陽縣敷義里人 世宗景穆皇帝之
孫侍中內都大達官夏州刺史陽平王之第六子也君抽妙緒於慶
雲挺英蹤於岳生而標岸多則奇偉恭孝之心睦睦於齠年忠亮
之操蹇蹇於弱歲韻宇神凝雅度清簡頤衿慕道懇懃引德儁士遊
於高門英奕翔於雲館若夫優遊典籍之中縱容史籍之表才逸自
天裁每驚絕騎冠有背拜奉車都尉俄如[illegible]尚[illegible]鷹駕臨戎根旅荊
宛從君親賢見擢作 帝股肱又能舉北巡仍[illegible]符殿暨於凱旆除
羽林監又為步兵校尉並非其好君高枕華軒之下安情琴書之室
命賓交賦篇章引淥酒參清絃追嵇阮以為儔望異代而同侶古由
今也何以別諸遷左中郎將加顯武將軍雖首冠纓冕不以機要為
榮腰佩龜組未以寵浮為貴故常求閑任安義養素懷恕之色弗形
於視聽毀譽之端未見於攄撰窮達晏如藏否若一志散丘園心逍
濠水善不來祥殲山良木春秋卌五延昌三年歲次甲午八月丁丑
朔廿七日癸卯薨於第 聖皇興悼[illegible]雲杖痛惻於下遊哀傷情
僚友悲怛詔贈使持節冠軍將軍[illegible]州刺史禮也越十一月丙寅
朔四日己巳窆于洛陽之西陵幽扉一閉永夜無光季弟散騎常侍
度支尚書大宗正卿思若哀王山之半摧痛良居之中折悲喻[illegible]聽
慕深九泉敬鐫玄石以述清徽乃作銘曰
崐丘瓊岫雲枸妙枝唯君誕載綴萼天池以仁以孝[illegible]成乃奇姿[illegible]
冰轂文結霧馳英振翮冠作 帝股肱恭亮[illegible]禁[illegible]綜衍宮雍容圖
篆優遊文中徽德徽望光始光終桂落秋下開[illegible]春雲堂毀綵風
空疑歷朝英猷翰家袖然淪悲慟邦哀痛結宗[illegible][illegible]縑雖有卜述己
君龍轎哀動鳳軒楚畢松戶酸月哀閨瑤日日晦[illegible]刊雖芳質

（小残卷斋　藏）

曹望憘造像

北魏造像

民国拓本，陈介其旧藏

石像原为潍县陈介其所藏，1921 年售于法国巴黎博物馆，现存美国费城大学博物馆。

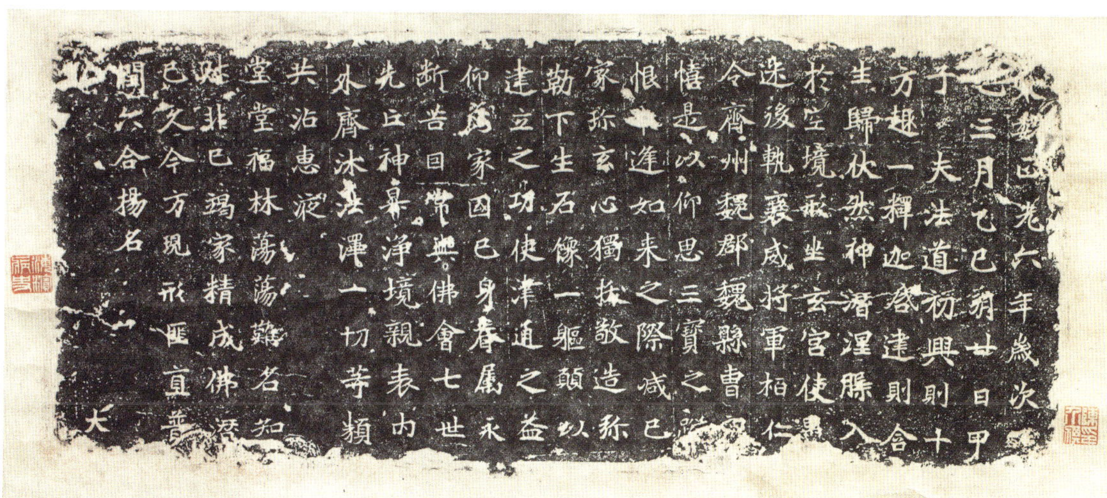

正光六年歲次
三月乙巳朔廿日甲
子夫法道初興則十
方趣一揮迹啓達則合
生歸伏然神潛涅槃入
於空境祕坐玄宮使[illegible]
迷後執襄威將軍栢仁
令齊州魏郡魏縣曹[illegible]
懎是以仰思三寶之[illegible]
恨[illegible]逢如來之際咸已
家孫玄心獨拔敬造孫
勒下生石像一軀願以
建立之功使津通之益
仰為家國己身眷屬永
斷苦因常與佛會七世
先亡神昇淨境親表內
外脩沐法澤一切等類
共沾惠澤
堂堂福林蕩蕩巍名知
姓非已瑪家精成佛潛
已久今方現形匪直普
聞六合揚名
大

（私人收藏）

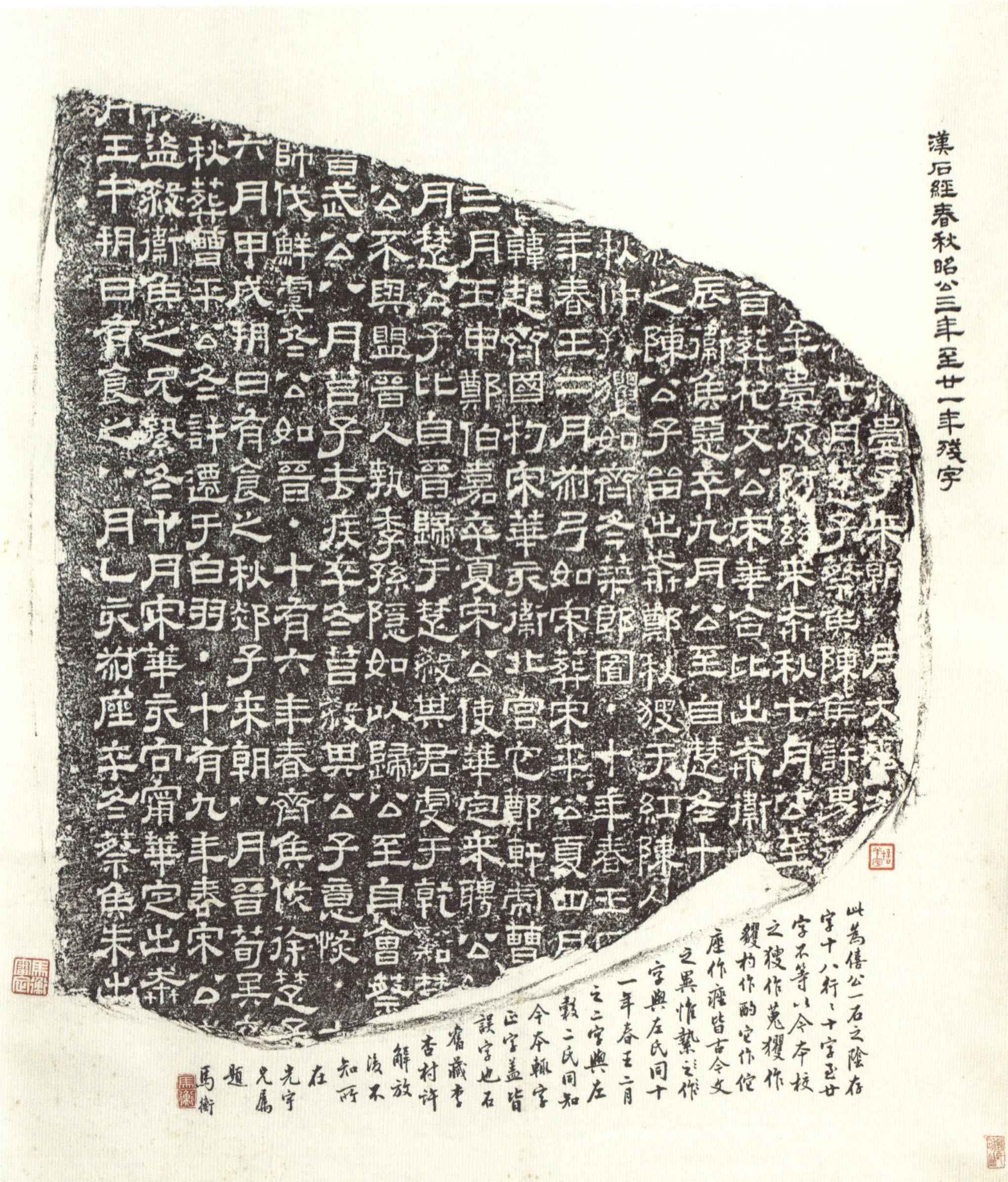

熹平石经

刻于东汉灵帝熹平四年（175）至东汉光和六年（183），蔡邕等人书丹

民国拓本

马衡跋

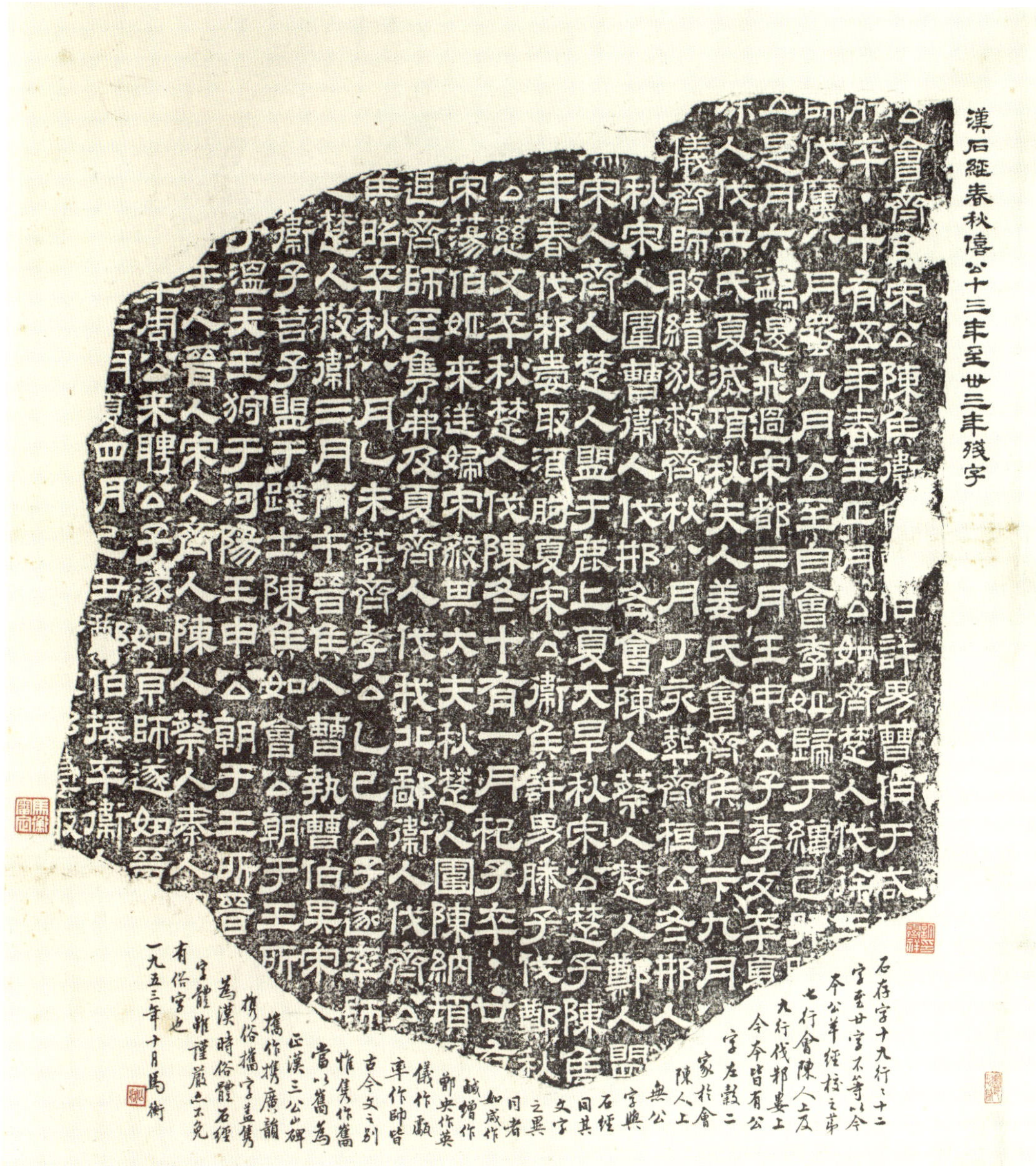
漢石經春秋僖公十三年至廿三年殘字
石存字十九行行十二字至廿字不等以今本公羊經校之第七行會陳人上及九行伐邾婁上今本皆有公字左穀二家於會陳人上無公字與石經同其文字之異同者如咸作鹹增作繒鄭央作英儀作巘卒作師皆古今文之別惟隽作巂當以巂為正漢三公山碑巂作携廣韻携俗巂字益隽為漢時俗體石經字體雖謹嚴亦不免有俗字也
一九五三年十月馬衡

（小残卷斋　藏）

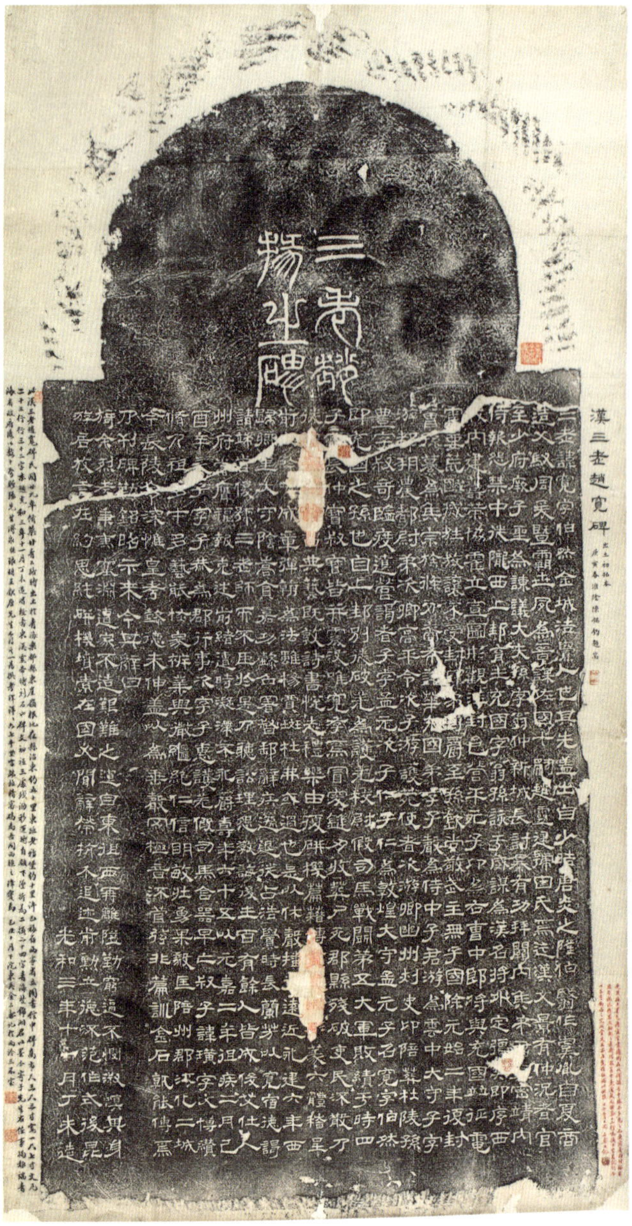

赵宽碑

东汉光和三年（180）造碑

民国拓本

金石寿跋

该碑民国 29 年（1940）在青海出土，1951 年失火被焚毁。

（私人收藏）

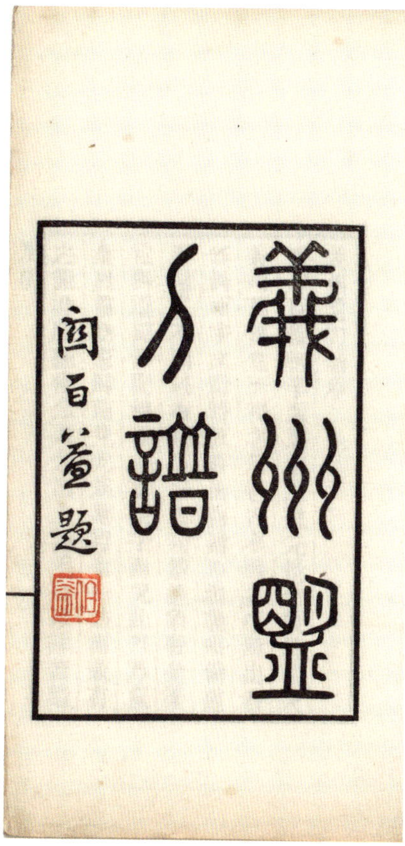

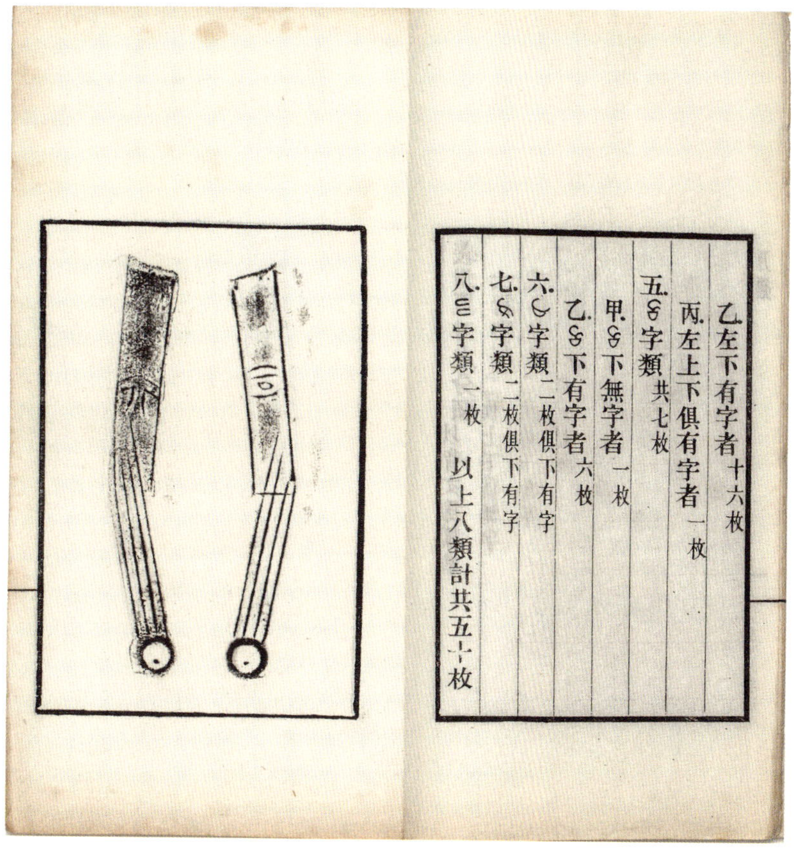

义州盟刀谱

［民国］关百益　编著

民国文化传新社于民国 18 年（1929）拓本

四周单边。每页拓印刀币正反面。

（刘洪金　藏）

收藏者简介

八 本 堂

袁武奇，又名袁本，字寉堂，号一钵、半偈，痴兰山馆主。淮阳人，现居郑州、北京。国家画院吴悦石工作室画家。性恬适好古，精赏鉴，喜收藏，不乐仕进，唯以书、画自娱，苦学不辍。其书取法高古，熔铸碑帖。以王、欧为本，兼取褚、米。后取法倪瓒、金农，故书作无丝毫时下作家习气，画学远师宋元，近取青藤白阳、缶翁白石，尤擅用水。喜写山水，偶作兰竹，不专一家。或肆为纷披，或为简淡，皆天真自然，不求妍妙。现为河南八本堂艺术品有限公司负责人、郑州画廊总经理。

百一山房

唐雪康，1992 年生，籍贯天津。先后就读于四川大学、台湾大学、复旦大学。复旦大学中国古典文献学专业博士。学术兴趣为汉唐文献、石刻文献学、版本目录学与近现代学术。兼事收藏古籍碑帖，特重古籍，尤喜稿抄校本与明代精椠本。

楚国俊

楚国俊，1981年生人，自幼喜欢收藏，酷爱中国传统文化。小学二年级开始收藏古钱币并珍藏至今。对金铜佛像、和田子料、古籍善本情有独钟。现就职于郑州某知名上市公司，担任金融期货中心总经理。业余时间经营古玩收藏十年有余，影响了一批金融、地产实业家投身民间文物的收藏和保护工作。

滌心堂

刘彦佐，1980年生于山西忻州。郑州大学考古学及博物馆学专业，硕士研究生。致力于国学、砚文化、赏石文化的传播与研究，尤喜明刻本河南地方文献收藏。

东壁书屋

翁连溪，斋号东壁书屋，故宫博物院研究员。现任中国古版画研究会副会长、中国古籍保护协会古籍鉴定专业委员会委员、民间古籍收藏工作委员会副主任。出版论著《清代宫廷版画》《清代内府刻书图录》等，主编《中国佛教版画全集》《欧洲藏冯氏中国古版画丛刊》等。

海源续阁

张玉坤，斋号海源续阁，收藏海源阁散佚宋元版书十余种，出版有《海源续阁藏善本古籍掇英》。

黄明琰

黄明琰，河南信阳人，现供职于中移铁通漯河分公司。幼喜读书，20世纪90年代末开始收藏连环画。2003年开始收藏古籍，2007年曾学习古籍修复。现主要收藏烹饪饮食类古籍文献，藏有明清及民国珍稀饮食文献一百余种。

汲珍阁

辛渭，斋号汲珍阁。2010年大学期间，开始经营流通书店旧书店；2012年经营流通古籍书店，开始接触古籍。现供职于荣宝斋北京荣宝拍卖佛教典籍部，负责古籍拍卖拍品征集工作。个人喜好明刻本及版画类古籍。

集文斋

祖籍江苏江阴，雅好丹青，偶遇佳作而心动，后渐有所藏。以弘扬中华优秀瑰宝为己任，集文会友，汇天下文化之珍，结交海内外收藏书画各界朋友，斋号集文斋。珍藏多件近现代名家力作，而古代书画、瓷器杂项、古籍善本也小有建树。唐人写经为古代书画之高古书法，古籍中唐代写本典籍，偶得其二，助此大展，以嗜同好。

霁月堂

张法市，斋号霁月堂。河北省南皮县人，晚清重臣张之洞后裔。青年时期酷爱碑帖，一直坚持学习、研究、收藏碑帖拓片至今。现收藏清末以前拓本（片）一千余件，其中明代以前拓本十余件。

京古斋

刘俊青，字其兰，1964年生于郑州市。喜交文友，热爱收藏，尤其是中原地区文物、文献及书画的收藏，四十余年而痴心不改。长期从事诗词书画创作，现任京古斋艺术品公司及京古斋拍卖公司首席顾问。

李光昊

生于1981年，祖籍南阳，毕业于郑州大学法学院。自幼热爱国学，初次接触古籍善本就被它的古朴、雅致所吸引，继而研究古籍善本专业知识。现收藏有部分善本。

李欣宇

河北衡水冀州区人，1977 年生。西北大学中文系毕业。现从事古籍碑帖收藏与研究，已出版《趣味藏书》《趣味连环画》《情系红印花——邮坛伉俪王纪泽与张包平》《秦纪——光影里的陕西百年》等专著；主编《永不落幕的经典——石刻篆书篇》《永不落幕的经典——汉碑篇》。现为陕西省收藏家协会副会长、古籍碑帖专业委员会副主任、西安市收藏协会副秘书长、大唐西市古玩城特聘鉴定专家、西安市图书馆鉴定专家。

刘洪金

山东诸城人，毕业于中山大学中文系。业余从事古籍收藏与研究，先后两次参加国家图书馆古籍大展，在《印学研究》《西泠艺丛》等刊物发表论文多篇，举办古籍讲座二十余次，现为中国古籍保护协会民间古籍收藏工作委员会委员、中国古版画研究会（筹）会员、中国文物学会会员、潍坊市博物馆学会常务理事。

路　坦

中国文物学会青铜器专业委员会理事。酷爱中国传统文化，收藏与著作颇丰。

沐唐斋

自幼秉承家学，书画习绘，始于舞勺之年，得入学府，专祟斯业，法缘巧聚，方知敦煌遗书之珍。更习敦煌，每每钻研，未敢懈怠，后随国内诸位名师游历学习，才有所涨，始入门中。自每遇残经断片，定笃心募集视若莹珠，十数年仅积此微功。

攀古堂

潘向东，山东威海人，字楚文，号攀古堂主人。祖籍绍兴，后迁徙沧州，诞生齐鲁，根系燕赵。乘江南文人之风，兼冀中侠客之气。生于动乱，年少好古，借复兴之风，收集所好，集木器、瓷器、金铜造像、古籍佛经、杂项等。

书蠹舫

席聪，号书蠹舫，郑州大学图书馆学专业，现为河南省图书馆馆员、河南省民间古籍保护协会（筹）秘书长，第一、二届河南民间珍贵古籍展主策展人。自幼喜爱读书藏书。1985 年购入了第一套明版古籍，现收藏明版古籍七十余种两千多卷。其收藏精品有：明内府彩绘写本《六壬秘书》、宋刻思溪藏、南明弘光年刊本《同时尚论录》、清道光年巨型刊本《六经全图》、9 世纪羊皮卷写本《格里高利圣咏》等。

拓宝斋

王顺喜，斋号拓宝斋，开封人，从军四十年，喜爱碑帖、书画，编纂有《中原百年书画家》《碑帖收藏刍议》等著作，专藏龙门石窟造像题记拓片。

王　飞

王飞，1976 年生，创建豫泉收藏网。自幼爱好收藏，主要收藏古籍和钱币，任河南省收藏协会特聘钱币鉴定师。

夏寒江

夏寒江，江苏邳州人。自幼随家移居南京，1999 年开始藏书，2001 年开始接触线装书，藏书达千余册，收藏抱经楼、壹是堂、艺芸书舍、五研楼、万宜楼、旧山楼、结一庐、周良金、周元亮、顾有孝、龚翔麟、钱曾、季振宜、徐乾学、田雯、沈树镛、史开基、刘鹗等旧藏。苏州潘氏顾家旧藏有十数种，收藏有《芥子园画传三集》康熙原刻本等。

小残卷斋

孟宪钧，斋号小残卷斋。1980 年开始从事专业文物工作，1985 年毕业于上海复旦大学历史系文博专业，长期从事文物编辑和文物鉴定工作，曾师从启功先生学习碑帖鉴定，擅长古籍版本和碑帖鉴定，历任文物出版社副编审、特聘编审，北京市文物鉴定委员会委员，国家古籍保护中心专家委员会委员。工作之余，间事收藏，藏品以清代精刻本和汉魏善本碑帖著称。

脩 竹 轩

顾大群，斋名脩竹轩。倾心七弦，因思学藏兼修，故稍着意于琴书，矢志成一系列焉。又眼界所及，佳本不少，因罄余资所得些许，此《乐律全书》其一也。

杨 翔 飞

资深收藏家，30 余年收集与研究，藏有珍贵的历史档案文献等 10 多万件。先后在国家博物馆、国家图书馆、北京农业展览馆、中国人民抗日战争纪念馆、中华世纪坛、南京大屠杀纪念馆等地举办过上百次展览，现任全国纸品收藏联盟副主席兼书刊文献委员会会长、中国收藏家协会书报刊委员会副主任、中国抗战文献研究中心荣誉主任。

豫雅书局

马学才，商丘睢县人，2001 年大学毕业后开办实体书店——豫雅书局，主营古籍善本、碑帖印谱。

云　藏

李雨，1970年出生，河南郑州人，职业空间设计师，古代雕版年画收藏者。致力于古代雕版年画的收藏研究，旁涉插图本话本小说、戏剧古籍收藏，藏品近千种（套）。举办两次古版年画个人收藏展，多次参与策展参展古籍、版画专题展览。

致道堂

丁德朝，河南宝丰人，号致道堂。北京伍伦国际拍卖有限公司创始人。性耽古物，致力于收藏、整理、研究唐宋古物，尤其注重收集中国、朝鲜、日本、越南等国家的历史典籍和墨迹、文物。